文化交流视野中的琼学

文化交流视野中的琼学研究（项目编号：14BZX035）

琼学

■ 黄守红

刘霞

许永华◎著

人民日报出版社

北京

图书在版编目（CIP）数据

　　文化交流视野中的琼学 / 黄守红，刘霞，许永华著
. -- 北京：人民日报出版社，2022.12
　　ISBN 978-7-5115-7593-7

　　Ⅰ.①文… Ⅱ.①黄… ②刘… ③许… Ⅲ.①地方文
化—文化研究—海南 Ⅳ.①G127.66

　　中国版本图书馆 CIP 数据核字（2022）第 229659 号

书　　　名：**文化交流视野中的琼学**
　　　　　　WENHUA JIAOLIU SHIYE ZHONG DE QIONGXUE
作　　　者：黄守红　刘　霞　许永华

出 版 人：刘华新
责任编辑：寇　诏
封面设计：人文在线

出版发行：人民日报出版社
社　　　址：北京金台西路 2 号
邮政编码：100733
发行热线：（010）65369527　65369512　65369509　65369510
邮购热线：（010）65369530
编辑热线：（010）65363105
网　　　址：www.peopledailypress.com
经　　　销：新华书店
印　　　刷：三河市龙大印装有限公司

开　　　本：710mm×1000mm　　　1/16
字　　　数：310 千字
印　　　张：20.25
印　　　次：2023 年 6 月第 1 版　　2023 年 6 月第 1 次印刷

书　　　号：ISBN 978-7-5115-7593-7
定　　　价：88.00 元

目　录

CONTENTS

前 言

一、琼学何以必要

源远流长、博大精深的中华文化，是由若干特色各异的地域文化共同构成的。地域文化是中华文化的重要组成部分，以自身特色丰富与拓展着中华文化。研究、挖掘地域文化的深刻内涵和思想精华，可以为弘扬中华民族精神提供丰富素材，是促进文化繁荣、社会和谐、民族团结的重要举措。

当前，我国学术界对地方文化的研究正在不断加强，关涉地方文化的考证和解读日渐深化，对传统典籍中蕴含的优秀地域文化资源的挖掘方兴未艾。这一波波的地域文化研究热潮，对于振兴民族文化及从传统中接引现代力量是有益的。

各省区市党委和政府非常重视本地的传统文化研究，纷纷建立地域文化研究平台，加强地方特色学科的建设，扩大各省区市的文化影响和提升学术研究水平。例如，湖南提出湘学研究，四川提出蜀学研究，山东提出鲁学研究，山西提出晋学研究，江西提出赣学研究，福建提出闽学研究，广西提出桂学研究，云南提出滇学研究，等等。其中，兰州大学敦煌研究中心、四川大学中国藏学研究中心、内蒙古大学蒙古学研究中心、安徽大学徽学研究中心已经相继被批准为教育部百强重点研究基地，而宁夏大学西夏研究中心也被批准为教育部省属高校重点研究基地。

海南省内的地域文化研究机构仍然处于分散的、各自为政的状态。例如，省内有"海南历史文化研究基地""黎族研究中心""民族文化研究所"等，这些机构长期认真从事研究，取得了一定的成绩，但是尚未形成较大的品牌效应。如果能够将海南省内的各种地方文化研究整合成"琼学

研究",相信必会形成更大影响力,有助于海南实施"文化强省"的战略。

二、琼学何以成"学"

简单地说,琼学就是关于从古到今海南社会经济文化的知识、学问、研究。从狭义上说,它是指在历史发展中诞生并对海南地区产生广泛影响的、以传统人文精神为核心的学术思想。作为学术观念形态的琼学,是中华传统文化在海南的本土化和具体表现形式,在海南经济社会发展的历史中逐步形成、积淀和发展,并对当前的海南建设具有重要意义,是海南传统文化的精神内核,具有鲜明的地域特征和深厚的历史底蕴。

以地域命名的琼学,其研究对象当然是与海南的历史、文化、经济、民族等相关。从广义上说,琼学是关于海南文化的学术总称,它不是海南某些学派之"学",也不仅仅是海南学者之"学",而是能够充分体现海南特色的传统人文精神,因其特色,故能成学。理由如下:

其一,从历史的角度看,海南自古被称为"琼",因此琼学是以历史地域命名的一门学科,也就是研究海南的历史和现状的学科。从远古的落笔洞人到本地黎族居民、从贬谪官员到海南士人,都曾创造灿烂的文化,只是在中华民族漫长的历史发展进程中,海南由于地处偏远、交通不便、孤悬海外,在传统社会长期被统治者视为鞭长莫及的"化外之地",海南文化的一些优秀因子也湮没在人们的偏见和漠视之中。即使在今天,许多人对海南的理解也仅停留于旖旎风光与民俗风情,而对作为海南传统人文精神核心的琼学知之甚少。随着海南自贸港建设深入推进,琼学研究已经成为学者特别是海南哲学社会科学工作者关注的一个重点。"美丽海南"不能缺少琼学的传承,"生态海南"也不能缺少琼学的魅力。

其二,从地理空间的角度看,海南特殊的地理形态,形成了特殊的自然生态,从而形成独有的文化生态。例如,海岛特征对海南文化的影响、海洋对海南文化的影响、热带气候对海南文化的影响,这些都是独一无二的。早期的海南先民利用海南岛得天独厚的地理特征,创造出令人赞叹不已的灿烂文化;唐宋时期,统治者利用海南岛相对封闭的特点,将一些官员贬谪至此,反而成就了海南文化的进一步发展。当前的海南岛,拥有令人向往的生态环境,对海南经济社会实现高质量发展非常重要。

其三，从研究对象的特征看，琼学研究的对象具有突出的特质。海南岛是我国黎族群众的最大聚居地，他们创造了独特的文化，这些文化因为没有文字记载而不断流失，急需抢救和保护。黎族先民在创造自己文化的同时，也仰慕、包容、学习来自中原地区的先进文化，使中原文化先后以零星方式、自发方式、自觉方式进入海岛，并在明清时期弘扬和反哺了中原文化，书写了琼学的发展史。海南岛是中华文化对外辐射的前沿，也是外来文化进入中华的重要途径。其文化的多样性与和谐性表现为黎族文化、儒家文化、佛教文化、道教文化、伊斯兰教文化、妈祖文化、华侨文化的相互激荡与交流。研究对象的上述特征，使得琼学研究势在必行，且大有可为。

有的学者认为没有琼学，海南文化的历史及规模不能称之为"学"。须知事物是客观的，事物之间的联系也是客观的，它需要我们不断发挥主观能动性，从实际对象出发，探求事物的内部联系及其发展的规律性，认识事物的本质。只要我们认真去挖掘，琼学的精彩内容就必然能够呈现。反之，如果我们不去挖掘，琼学将继续被埋藏在历史发展的进程中。

三、琼学研究的主要内容

1. 琼学的社会历史渊源

海南先民创造了丰富的文化遗产。通过这些文化遗产，探究早期居民的精神世界。落笔洞人早在一万年就存在。有人的地方，就一定有文化，只是看我们能不能很好地挖掘。古代海南文化，虽因没有文字而遗失大部分，可是我们仍然能够从现存的语言、传说、民歌、舞蹈、建筑、日用工具等方面，来探究海南先民的宇宙观、世界观、人生观，探究他们是如何看待人与自然、人与社会、人与心灵的关系，而在现实生活中又是如何发展完善自身的组织管理模式和生活模式。

这一部分的研究，以黎族文化作为主体对象，从史学、民俗学、社会学等角度出发，多角度再现黎族先民的人文精神世界，有利于当代海南社会的发展。

2. 文化交流与琼学发展史

海南文化的形成史，既是一部中原文化进入海南实现本土化的历史，也是一部本土文化吸收、反哺中原文化的历史，更是一部多元文化体系相互渗透融合的历史。海南文化可以分为形成、交融与发展三个层次，其形成主要包括早期的黎族文化的形成以及中原文化进入海南、成为海南主流文化的历史进程；其融合主要表现为黎族文化、儒家文化、佛教文化、道教文化、伊斯兰教文化、妈祖文化、华侨文化的相互激荡与交流；其发展则除了历史的发展外，还表现为当代经济社会发展过程中海南文化的建设与推进。但是，我们很难将这三个层次截然分开，它们总是交织在一起，在形成中交融，在交融中发展。

这一部分研究，以中华优秀传统文化，尤其是儒家文化进入海南的历史进程为主体。从魏晋时期的零星阶段，到唐宋时期的自发阶段，再到明清的自觉阶段，千百年不断吸取中原文化的优点，成为中华文化大家庭中独具特色的一支。

3. 琼学的精神实质及其现代化

学习的目的全在于应用。我们研究的目的不是纯粹地为了研究而研究，而是要有利于社会发展。研究海南文化，有必要提炼出其中的传统精神，它既是千万年来海南先民的智慧结晶，又是当前海南人民的某种精神写照，更能够为海南自贸港建设提供丰富的文化养料。

在琼学的传统里，既有面朝大海的宽广胸怀，又有仰慕先进的包容精神；既有乐天知命的乡土情怀，又有不甘落后的奋发图强。希图学者严谨论证。

绪　论

　　马克思主义认为，交往作为人类所特有的社会行为，是个人以及人类社会进步的重要推动力。文化交流，究其本质而言，属于社会交往的重要组成部分。海南文化在与中原文化长期交流的过程中不断发展，进而形成具有丰富学术内涵与地域特征的琼学，成为中华文化大花园中的一朵小花。

　　简单地说，琼学就是关于从古到今海南社会、经济、文化的知识、学问、研究或学科。以地域命名的琼学，其研究对象当然是有关海南的社会、历史、文化、经济等。因此，从广义上说，琼学是关于海南文化的学术总称，它不是海南某些学派之"学"，也不仅仅是海南学者之"学"，而是能够充分体现海南特色的传统人文精神，因其特色，故能成学。

一

　　中原文化与海南本土文化的交流始于秦代。自秦代至汉晋南北朝，中原文化都是陆陆续续进入海南。

　　先秦时期，人们对海南的了解只限于"雕题""离耳""贯匈奴"等一些词语。因此，先秦时期的中原文化与海南黎族原始文化并没有直接的交集。到秦王朝统一六国以后，随着象郡的建立和各种制度的推行，罪徒和戍防的汉人，特别是汉族商人开始进入海南，中原文化与海南本土文化不可避免地会出现相互碰撞和交流。这也是中原文化在海南传播的初始阶段。

　　西汉元鼎五年（前112年）秋，汉朝大军在伏波将军路博德等人率领下，平定南越，掀开了中央王朝对海南直辖统治的第一页。元封元年（前

110 年），汉朝大军自合浦、徐闻南部渡过琼州海峡来到海南岛。汉武帝在海南岛设立儋耳、珠崖二郡，下辖 16 县。

西汉元丰元年（前 110 年），汉武帝在海南设置珠崖、儋耳二郡后，中央政权与海南的联系开始明显加强。至西汉末年，流徙而至的中原人与当地居民相互杂居，他们为海南带来了先进的思想和文化。据《三国志》描述："自斯以来，颇徙中国罪人杂居其间，稍使学书，粗知言语，使驿往来，观见礼化。"[①]中原文化开始在语言、文字、礼仪、衣行及生活的其他方面影响海南黎族先民。随后，东汉"锡光为交阯，任延为九真太守，乃教其耕犁，使之冠履；为设媒官，始知聘娶；建立学校，导之经义。由此已降，四百余年，颇有似类"[②]。在中央政权的推动下，中原文化中先进的生产技术、生产工具、衣着服饰以及文化习俗，开始在海南当地的农业耕作、文化教育、民风民俗等领域传播。

建武五年（29 年）十二月，"苍梧太守杜穆、交阯太守锡光等，相率遣使贡献，悉封为列侯"。[③]海南的风貌、物产也随之传到中原。随后，汉族官僚一般都会劝喻黎族先民接受中原文化，海南原本刀耕火种的农耕技术也随之发生改变。直至三国时期，海南黎族文化已在婚丧嫁娶等习俗和礼仪方面有所改变，只不过成效仍不显著。

建武十八年（42 年），光武帝任命马援为伏波将军，南征交阯平定叛乱。马援南征交阯促进了包括海南在内的大交阯地区与中原的各种交流。马援南征胜利后，还留下了一批将士在南疆戍边，自称"马留人"，即"马援南征时留下来的人"，这批"马留人"定居于南疆，促进了民族交流，也形成和传播了马援南征的军旅文化。此外，马援南征时主动教民田耕、奉行汉律等则是直接将中原先进的农耕文化和法律文化传播至大交阯

---

① 陈寿撰，裴松之注：《三国志·卷五十三·吴书·张严程阚薛传第八》，北京，中华书局，1999 年，第 925 页。

② 陈寿撰，裴松之注：《三国志·卷五十三·吴书·张严程阚薛传第八》，北京，中华书局，1999 年，第 925 页。

③ 司马光编著，胡三省音注：《资治通鉴·卷四十一·汉纪三十三·世祖光武皇帝上之下》，北京，中华书局，1956 年，第 1308 页。

地区（包括海南）。

自汉武帝建郡以来，海南多由交阯部或交州统辖。历任交阯刺史或交州牧都是由中原派遣而来的官员，汉晋以来正史可考的交阯刺史或交州牧有石戴、罗宏、邓让、张乔、樊演、夏方、朱俊、贾琮、葛祗、周敞、朱符、张津、吕岱、戴良等三四十人。这些地方政要所采用的中原统治方式和生活方式，对其下辖的海南地区也会有一定的影响。

对于当时的海南地区来说，中原文化最为直接的影响方式，莫过于汉族群众的到来。在汉晋时期，尤以汉朝官吏的登岛管辖影响为最。汉武帝在海南岛设立儋耳、珠崖郡后，二郡下辖的 16 县权力多为当地的雒人首领掌控，汉朝对海南地区的权力掌控主要通过任命郡太守来实现。这些郡太守都是自中原远道而来的人，其对海南的人文化成作用是实实在在的。汉晋时期儋耳、珠崖郡建置几经更迁，为数不多有史可考的几任郡太守有：孙幸、孙豹、僮尹、聂友、陆凯。

孙幸和孙豹是父子俩。汉武帝时期，会稽（今浙江境内）人孙幸任珠崖太守，在珠崖任职期间，为献上求媚大肆搜刮黎族民众的广幅布，珠崖民众不堪其扰，最终叛乱攻破珠崖郡城，杀死太守孙幸。孙幸的儿子孙豹为报仇率领汉人收归郡城。几年后，珠崖郡基本安定。孙豹则派遣使者将汉武帝赐予其父亲孙幸的太守印绶归还汉朝，并陈述珠崖郡叛乱前后的详细情况。汉武帝得知后下诏任命孙豹继任珠崖太守①。

僮尹是东汉时期丹阳（今安徽宣城）人，因能孝顺亲长、廉能正直被推举入郎署为郎官，在京中候补职缺。汉明帝永平十七年（74 年），僮尹在张奋的引荐下，得以在便殿对答汉明帝。汉明帝发现僮尹很有才华，便任命他为儋耳太守。僮尹对海南最大的影响在于他戒敕官员不要贪吝残暴，要处理好与当地人的关系外，还劝导当地的黎族百姓改变纹面的习俗。这是以中原的文化习俗改变黎族民俗的最鲜明的记载。此后，海南"雕题之俗自是日变"。而汉章帝建初年间，僮尹因"能匡俗信民"被厚加

---

① 范晔：《后汉书·卷八十六·南蛮西南夷列传第七十六》，北京，中华书局，2007 年，第 835 页。

赏赐，迁为武陵太守。这是中央政权对僮尹传播中原文化的肯定。[①]

汉献帝建安年间，著有《释名》和《孟子注》的著名的经学家、训诂学家刘熙曾经为躲避战乱来到交州，在交州（海南岛属其管辖）地区教学授徒，传播儒家文化。虽然刘熙没到过海南岛，但他的学生薛琮却曾踏足珠崖。关于薛琮与海南的关联主要见于《三国志·薛琮传》的一段记载："自臣昔客始至之时，珠崖除州县嫁娶，皆须八月引户，人民集会之时，男女自相可适，乃为夫妻，父母不能止""珠崖之废，起于长吏睹其好发，髡取为髲。"[②]可见薛琮不仅到过珠崖，而且对珠崖地区的民风民俗，珠崖郡政治统治存在的问题都有深入的了解和深刻的认识。因此，薛琮在任合浦郡守管辖珠崖期间，自会对珠崖地区政治、文化改善产生一定的影响。

聂友、陆凯均为三国时期吴国人。赤乌五年（242年）七月，孙权派遣将军聂友、校尉陆凯领兵三万讨伐珠崖、儋耳。他们不仅实实在在地踏上了海南这片土地，而且还分别作为珠崖和儋耳太守治理海南，在海南待了很长一段时间。二人不仅武功赫赫，文采也是斐然。能被象数易学大家虞翻相中并举荐，说明聂友必定才气非凡。而陆凯也是手不释书，精通《太玄经》，著有《太玄经注》多卷，此外还有多篇谏文被文献学家严可均收录于《全三国文》中，多成为传世名篇。这样两个文采斐然、酷爱典书的太守在治理海南期间，必然会或多或少地传播中原文化。

汉晋南北朝时期，路博德、马援两位伏波将军对早期海南的开发，任延、锡光等交阯刺史和其他各郡郡守对海南的影响，孙幸、孙豹、僮尹、聂友、陆凯等儋耳、珠崖郡守对海南地区政治文化的引导，加强了中原与海南的联系和交流。而虞翻、刘熙这样的大经学家、思想家南迁交阯、教学授徒更是直接促进了整个交阯地区中原文化的传播和发展。张禄、薛琮等人踏足珠崖，名姓不考的兵士、商人自中原远道来琼以及众多中原流民杂居其间，也在一定程度上加强了民族交流，改变了海南地区的民风民俗，促进了中原文化的传播。

---

① 戴璟：《嘉靖广东通志初稿·琼州府》，海口，海南出版社，2006年，第412页。

② 陈寿撰，裴松之注：《三国志·卷五十三·吴书·张严程阚薛传第八》，北京，中华书局，1999年，第925页。

在整个零星阶段，文化交流的高峰出现在冼夫人治理岭南时期。冼夫人虽侍三朝，但一心为国，致力于民族团结，她与丈夫冯宝一起奏请隋文帝批准在儋耳旧址上设置崖州，结束了汉元帝罢郡六百多年来海南不直接归属中央的历史。自此以后，海南地区的郡县设置不论如何变更，都基本保持着中央政权对它的直接管辖。冼夫人及其后人（如受过中原儒释道文化熏陶的冯智戴等）将中原地区先进的农耕技术、中原的思想文化和习俗在海南传播，促进了中原与海南地区的交流。

二

唐宋是传统中原文化较为发达的时期之一。在完备的行政建置、大量的中原迁徙民众以及各种民族交流政策的影响下，中原文脉于唐宋时期进一步在海南延伸开。

整个唐宋时期，都是中原文化自发进入海南的重要时期。"自发"一词，主要指人们未认识、未掌握客观规律时的一种活动。在活动过程中，为客观必然过程所支配，往往不能预见其活动的后果。唐宋时期，统治者并未实施有意识地将中原文化大举进入海南的措施，而是通过贬谪戴罪之臣到海南，使得中原文化随之进入海南并在此开花结果。

贬谪，作为对罪臣的惩罚手段，自古就有。战国时期的屈原、西汉时期的贾谊，就被流放到远离当时文化中心的湖南地区，随着历史的发展，湖南地区却以"屈贾伤心地"而感到自豪，并将二人视为湖湘文化的重要源头之一。在唐代，罪臣们被流放到距离文化中心更远的海南，这些被贬谪的官宦往往具有较强文化背景和较高文化品格，他们失去了在庙堂的话语权后，就把传承文化当作自己的人生抱负与精神依托，在偏远的海岛上传道授业解惑，客观上促进了海南文化的发展。海南本土居民对于中原文化心存向往，他们努力学习被贬谪者所带来的先进中原文化并且取得成效。

唐代，海南是朝廷高官贬谪流放之地之一。这些贬谪至琼的官宦往往曾是朝中肱骨重臣，也是传统文化的传承者，他们投荒承贬、举家移居海南后，无论是为官，还是为民，多数仍秉承儒家的道义名节，积极传播中原文化，从而成为海南中原文化传播的重要力量。他们赋诗撰文章、走访山水亭阁，为海南留下大量的文化著作和文化史迹；他们聚徒讲学，教育民众，在海南广泛传播了中原文化；他们助民耕建，为海南带来了先进的中原生产技术。与此同时，部分贬官在量移、赦还后，还会将海南本土的特产、风情和文化传播至中原。例如，吉安县丞王义方，被贬琼后开班讲学，传授礼乐；崖州司户参军韦执谊创办里学、兴修水利、教百姓牧羊，促进海南文化和农业生产的发展；李德裕赋诗著书，为海南留下了宝贵的文化财富；吴贤秀耕读办学、兴建庙祠，积极促进儒家文化的传播；辜玑修渠凿井灌溉田地，协助百姓抗旱；等等。正是在他们积极努力下，海南本土居民才能接受并学习中原文化。

两宋时期，海南地方官学的正式建立，中原民众的大量涌入以及众多被贬官员来到海南，使得海南与内地的文化交流更为频繁。南宋著名宰相李光曾写文章记载："（海南）近年风俗稍变，盖中原士人谪居相踵，故家知教子，士风渐盛。"①

北宋中后期，朝廷进行了三次兴学运动，前后历经七八十年，三次兴学运动虽未达到预期效果，但是对北宋教育事业的发展起到促进作用，兴学运动后，中国传统教育的基本模式逐步形成，基本定型，并且在教育的方针、政策、法规及观念诸方面，为之后的封建王朝提供了范本。海南也正是在三次兴学运动中建立了正式的官学制度，据《宣统琼山县志》卷四记载："宋庆历四年，始建于郡城东南隅，诏立殿堂、御书阁，郡守宋守之建尊儒亭，躬自讲授，置学田。"海南就在这一年创办了琼州学，这是海南最早的官办学府。除了琼州学，海南还设立了儋州学、崖州学和文昌县学、临高县学。而琼山、澄迈、文昌、万州、陵水、崖州、感恩等州县学，也在宋代兴建。自北宋开始，海南有人考取进士等功名，培养出了本土的文化人，并为海南文化的进一步发展奠定了良好的制度和文化基础。

两宋时期是汉人移居海南岛的重要时期。据记载，南宋时期海南的汉人有十万人②。不同地域、不同行业的各式人等，因不同的原因迁移到海南

---

① 陈有济：《李光居琼集·儋耳庙碑》，海口，南海出版公司，2017年，第172页。

② 陈铭枢：《海南岛志·人民·户口·海南历代丁口比较表》，海口，海南出版社，2004年，第122页。

岛。在汉族与黎族各自的传统文化的磨合的过程中，海南岛原有的文化生态逐渐在转化，两族人民在共同生活中衍生出一种新的文化形态。即苏轼所谓："自汉末至五代，中原避乱之人，多家于此。今衣冠礼乐，盖班班然矣。"①

据统计，被流贬到海南的官员在宋朝高达八十人以上②，这些贬谪到海南的官员多是饱学之士，具有很强的文化造诣和影响。他们到海南后，或著书立说，或传道授业，客观上促进了海南文化教育的发展。

宋代第一位被贬海南的官员是宋太宗时的宰相卢多逊。卢多逊对海南文化影响最大的莫过于他对水南村的深情吟咏与赞颂，他创作的《水南村为黎伯淳题》七律二首传诵至今，对水南文化具有不可替代的开创之功。卢多逊不仅和当地人友好往来，还以传播中原文化为己任，积极兴教助学，他的子孙后代也大多是饱读诗书之人。后来，朝廷录用他的儿子卢雍为公安主簿。他的另一个出生于水南村的儿子卢察在景德二年（1005年）考中进士，并为州簿尉。在大中祥符三年（1010年），家人将卢多逊归葬于襄阳。但是由于路途遥远，卢家有部分家属仍散居于崖州，卢多逊因此被称为崖州乃至海南卢氏入琼始祖。

北宋贬谪到崖州的还有宋真宗时的宰相丁谓，丁谓为海南沉香创作的《天香传》，从儒家之礼、道家经典、释家典籍等方面谈论用香历史，产沉香之地区，香材之优劣，是中国古代对沉香品质进行评价与鉴定的第一部文献，肯定了海南岛所产沉香的地位。除了为沉香立传，丁谓还积极致力于移风易俗，讲学明道，并创作出大量诗文。宋代历史学家朱弁说："公谪崖州，日赋一诗，皆一字题，每成集即寄归洛阳家中""居崖未尝废笔砚也""在贬所，专事浮屠因果之说，其所著诗并文亦数万言。"③欧阳修曾说丁谓"晚年诗笔尤精，在海南吟咏尤多"④，"公自迁谪，日赋一诗，号

①　孔凡礼校点：《苏轼文集·卷十七·伏波将军庙》，北京，中华书局，1986年，第506页。

②　曾庆江，周泉根，陈圣燕：《海南历代贬官研究》，海口，海南出版社／南方出版社，2008年，第17页。

③　脱脱：《宋史·列传第四二》，北京，中华书局，1985年，第6834页。

④　欧阳修：《归田录·卷一》，北京，中华书局，1981年，第12页。

《知命集》"①。丁谓现存诗也以谪居海南之作为压卷，这些诗文不仅丰富了海南优秀的贬谪文化，而且对后人了解海南的历史文化提供了宝贵的历史资料。

被贬到海南的北宋官员，大文学家苏轼无疑是最为引人注目的。作为饱读诗书的一代文豪，苏轼来到海南，给文化相对落后的海南人民带来了文化发展的可能。虽然苏轼是戴罪之身，但淳朴的海南人不但热忱地接待了他，还虚心向苏轼父子请教。而苏轼父子也竭尽所能在海南传播文化，他在这里办学堂，传授知识，以致许多人不远千里，追至儋州。自我国实行科举考试至苏轼来琼的漫长历史时期，海南从没有人进士及第。但苏轼北归不久，这里的姜唐佐就举乡贡。为此苏轼题诗："沧海何曾断地脉，珠崖从此破天荒。"苏轼北归不久，其学生符确就成为海南历史上第一位进士。人们一直把苏轼看作是儋州文化的开拓者、播种人，对他怀有深深的崇敬。苏轼把儋州当成了自己的第二故乡，"我本儋耳氏，寄生西蜀州"，在这里积极传授知识文化；淳朴善良的海南人们也从来没有忘记他，至今在东坡书院尚贴有这样一对楹联："灵秀毓峨眉，纵观历代缙绅，韩富以来如公有几？文明开儋耳，遥想三年笠屐，符黎而后名士滋多。"

李纲从被贬海南到接旨被赦，其实只有三天，而他在海南待的时间也不过十多天，因此只具有象征意义，甚至《宋史》李纲本传中都没有提及，但是他因坚持抗金而被流贬海南的这种爱国情怀，在海南留下了深远的影响，此外，还有他的一些诗文，描写了海南当时的情景，具有较高的史料价值。如他的《南渡次琼管并序》是一首非常优秀的记游诗，"南渡次琼管，江山风物，与海外不殊。民居皆在槟榔木间，黎人出市交易，蛮衣椎髻，语音兜离，不可晓也"。这段文字写出了海南独特的风土人情；李纲在赴海南贬所以及北还路途中，不仅追和苏轼的诗作，还追怀先前贬官如李德裕、丁谓等人，使海南贬官文学的创作题材更为丰富多彩。

在南宋贬琼四大名臣（李纲、赵影、李光、胡铨）中，赵鼎的宦海生涯颇为曲折，际遇也极为悲壮。赵鼎受命与金和谈中，在岁币、划界以及礼节等诸多问题上与金方发生了激烈的争执，这使急于求和成功的宋高宗

---

① 龚明之：《中吴纪闻·卷一·丁晋公》，上海，上海古籍出版社，1986年版，第17页。

产生了强烈的不满，再加上秦桧大力排挤，赵鼎最终被流放三亚水南村。赵鼎以死明志，他给自己书写了墓志铭："身骑箕尾归天上，气作山河壮本朝。"不久，赵鼎绝食而死，天下为之悲痛。赵鼎卓越的政治才干、忠贞的爱国情怀以及悲壮的人生际遇一直感召着海南百姓，不仅为他设置衣冠冢，每逢清明时节，当地百姓纷纷到墓地缅怀"赵鼎公"。同为南宋四大名臣的胡铨曾动情地写下一首《哭赵公鼎》诗来缅怀这个让自己非常佩服的前辈："以身去国故求死，抗疏犯颜公独难。阁下特书三姓世，海南惟见两翁还。一丘孤冢留琼岛，千古高名屹泰山。天地只因悭一老，中原何日复三关？"明朝临高才子王佐也有诗《赵忠简公鼎》："身骑箕尾壮山河，气壮中原胜概多。立赞建康开左纛，坐挥羯虏倒前戈。孤忠惟有皇天在，万口莫如国是何？直待崖州沧海涸，英雄遗恨始消磨。"这些诗作都对赵鼎卓越的政治才干、忠贞的爱国情怀以及悲壮的人生结局进行了咏叹。

宋代贬谪海南的文人中，谪居时间最长的是李光。李光在海南招徒办学，积极传播中原文化。在谪居琼州时，他在其《庄简集》中，经常提到该地"书馆""书会所""会友堂"之类的教学场所，他还曾给当时谪居吉阳军的胡铨的书信中说："近黄舜杨秀才已到书馆，相近得此一士，少慰孤寂。……吉阳之居，公之不幸，而一时士类之幸也。"这些都说明了当时琼州私学不少，甚至李光也去私学课考诸生作诗赋。从《昌化肉不常得并序》的序文中说"则招一二友生同饭"，我们可以看出，李光在儋州时有招徒讲学，或者说当时有不少人拜李光为师，并且他与朋友和学生的关系很亲密。如1148年冬，他曾到"吴由道书会所，课诸生作梅花诗"[1]。年过80的李光仍积极为海南士子传授知识，为海南的教育作贡献，海南人民为纪念这位忠贤，立"五公祠"于府城祀之。而《宋史》记载李光谪居海南期间，"论文考史，怡然自得，年逾八十，笔力雄健"[2]。他的论文考古和诗歌写作成为他在海南传播中原文化的又一种方式。据统计，李光今存诗词总数为486首，海南所作238首，海南作品占其全部作品的49%。

---

① 陈有济：《李光居琼集》，海口，南海出版公司，2017年，第119页。

② 脱脱：《宋史·卷三六三·李光传》，北京，中华书局，1985年，第7958页。

特别是《琼州双泉记》《昌化军学记》《儋耳庙碑》等文章，详细记载了海南当时的教育、民风民俗等，他的这些文学作品是研究海南历史文化不可多得的重要文献。

与李光前后被贬谪到海南的还有胡铨，也是在海南教育史上占有一席之地的重要人物。在朝为官期间，胡铨坚决反对与金议和，因此触怒秦桧，于绍兴十八年（1148 年）十一月被贬海南吉阳。胡铨在吉阳居住了八年有余，是继李光之后贬谪官员中在海南生活时间最长的人。他在被贬期间，除了跟前人一样赋诗作文，移风易俗，还积极推广农业技术，改善当地落后的农业方式。胡铨最重视的还是当地的文化教育，为了改变当地儒学教育落后的状况，他不仅四处筹措资金，兴办书院，编印经传，招收贫困子弟入学并减免学费，还亲自授课讲学，传授《春秋》《礼记》等儒家经典。《琼山县志》中记载："（胡铨）日以训传经书为事，黎酋闻之，遣子入学。"[①] 胡铨与李光还共同参与了昌化军学的重修及纪念活动，李光作一记，胡铨题字。当地受到胡铨教育的人士，都成为正直之人，所谓"吉阳士多执经受业者，凡经坏冶，皆为良士"[②]。李光曾在信中表扬胡铨："吉阳之居，公之不幸，而一时士类之幸也"。[③]

按照传播学理论来讲，传播者和接受者，他们之间的关系都是相互的。同样，对于海南文化与中原文化而言，它们之间也是互相影响的。虽然相对于中原文化，海南文化处于比较边缘的地位，但它对中原文化的影响，也是不容忽视的，最明显的就是对贬谪文人的影响。人们通过阅读贬谪文人在海南的作品，开始对海南有了一些了解。苏轼去世后，他在海南的作品，得到人们的追捧，史书中记载："崇宁、大观间，海外诗盛行，后生不复有言欧公者。是时朝廷虽尝禁止，赏钱增至八十万，禁愈严而传愈多，往往以多相夸。士大夫不能诵坡诗者，便自觉气索，而人或谓之不韵。"此外，这些贬谪文人的交友活动，也在一定程度上传播着海南文化。例如，苏轼被贬谪海南时，就有吴复古、郑清叟、葛延之、李彦威等许多

---

① 张嶲等编著，郭沫若点校：《崖州志》，北京，中国文史出版社，2010 年，第 361 页。

② 永瑢、纪昀：《四库全书》，上海，上海古籍出版社，1990 年，第 79 页。

③ 陈有济：《李光居琼集·与胡邦衡书（十）》，海口，南海出版公司，2017 年，第 145 页。

人前往探视。这种经历，使他们能够接触到海南的自然人文风情，返回之后的讲述，是另一种方式的传播。

三

中原文化进入海南的第三个阶段是明朝时期的自觉阶段。"自觉"当指主体有所认识而主动为之。之所以将它称为"自觉"阶段，是基于以下史实：

其一，统治者改变了对海南的传统看法，并彻底否定了以往朝代将海南作为罪臣流放地的做法。《明太祖实录》中记载，吏部官员对太祖建议，将罪臣们流放到儋耳、崖州等地，可是太祖明确反对："前代谓儋崖为化外，以处罪人，朕今天下一家，何用如此。若其风俗未淳，更宜择吏以化导之，岂宜以有罪人居耶？"不仅如此，明太祖还不断称赞海南，在《洪武二年十一月宣谕海南》中说："海南、海北之地，自汉以来列为郡县，习礼仪之教，有华夏之风。"又在《劳海南卫指挥》中说："南溟之浩瀚，中有奇甸，方数千里。""南溟奇甸"因而得名。众所周知，一个区域经济社会文化的发展，除了其先天的自然地理条件外，更重要的是中央政府的高度重视与大力扶持。明朝执政者能够如此高度评价海南，不谓"自觉"而何？当然，令朱元璋没有想到的是，他这鼓舞戍边兵将士气的夸赞措辞却在实际中得以应验。对于朱元璋的"神谕"，丘濬曾夸赞为"圣人之心与天通，物之美恶，必豫有以知其后之所必然于千百载之前"[①]。尽管朱元璋并非如丘濬所说的能预测未来的圣人，但他对海南"南溟奇甸"的夸赞之词，却成了对明代海南文化的最佳诠释。

其二，在行政上提高海南的地位，加强对海南的管理。明洪武二年（1369 年，海南从少数民族众多、经济水平较低的广西行省，改隶于经济社会文化发展较好的广东行省。此后明朝政府不断加强对海南的治理，设置各种文化教育管理机构，推行各种有利于海南文化发展的举措，大大促进了中原文化在海南的发展。

---

① 丘濬著，周伟民、王瑞明校：《丘濬集·南溟奇甸赋（序）》，海口，海南出版社，2006年，第 4456 页。

　　正是由于执政者的自觉作为，中原文化终于大规模地、系统地进入海南，成为海南的主流文化。海南学子们努力学习中原文化，其中为数众多的学有所成者进入主流文化圈内，弘扬和反哺了中原文化，为中华文化的传承与发展作出了一定的贡献。可以说，明代中原文化与海南文化实现了畅通的双向交流。由此，中原文化实现了在海南的本土化，一批海南籍名贤脱颖而出，以这些名贤为载体的琼学得以逐渐形成和发展。

　　首先，明代海南文化教育进一步发展。洪武十二年（1379 年），明朝政府任命浙江余姚人赵谦为琼山教谕，赵谦慨然受命，在海南大力兴办学校，提高教育质量，不仅本地学子风从云集，还吸引了安徽、福建等外省学子前来就学。据明代正德、万历年间的海南旧志记载，明代海南有儒学、社学、义学、书院、阴阳学、医学等各类学校共计达到近 300 所，培养了大批掌握儒学、医学、天文历法等知识的各种人才。明代海南共有进士和举人近 700 人，以平均人口数量计算，超过了不少地区。这说明，明代海南无论是办学规模，还是科举中第的人数，还是本土人才的知名度，都得到了长足的发展。通过正规的儒学教育，中原宋明理学得以系统地、有规模地进入海南，海南士子也有机会学成大儒而得以进入主流文化圈。这些优秀的本土文人回乡后又不断地传播中原文化，海南文化教育得到了较大发展，中原文化得以成为海南的主流文化。同时，明代海南文化进入了快速多元的发展时期，唐宋时期佛教、道教、基督教、伊斯兰教文化逐渐传入海南，并在海南生根发芽。随着海上丝绸之路的发展和明朝商品经济的萌芽，西洋、南洋文化逐渐汇入海南，使海南形成了中原文化为主体、多种文化形式并存的文化格局。

　　其次，明代海南文人众多，鼎臣继出。有了肥沃的文化土壤，自然也会在一定的条件下生长出文化的大树。有明一代，海南的官私教育和科举文化达到了封建王朝前所未有的发展，中原文化在海南岛上蔚然成风。海南不仅科举中举、及第人士到达有史以来的巅峰，而且还诞生了很多声震海南、誉满全国的、名垂青史的名人贤才。对此，海南清末民国初著名学者王国宪在为其曾祖父王承烈遗集《扬斋集》写的序中说道："海南风雅盛于有明。其时人文蔚起，出而驰誉中原，垂声海内。自丘文庄、王桐乡、唐西洲、钟筼溪、海忠介、王忠铭而后，有专集者数十家。海外风雅之盛，莫盛于是时。不仅理学经济，文章气节，震动一世也。""丘文庄、王桐乡、唐西洲、钟筼溪、海忠介、王忠铭"即明代海南名贤丘濬、王佐、唐胄、钟芳、海瑞和王弘诲，他们皆有文集或专著流传于世。所以说明代是海南人文蔚起、才贤辈出的时代。按照科考中举或及第的大致时间顺序，明代海南先后诞生了文昌名贤邢宥，"明代通儒、中兴贤辅、有明一代文臣之宗"丘濬，"吟绝"诗人王佐，"海南十大廉吏之一"廖纪，"岭南人士之冠"唐胄，"南溟奇才、岭南巨儒"钟芳，石湖奇才郑廷鹄，有"再世包公"之誉的"海青天"海瑞，"螫英翰苑"的王弘诲，"一村双杰"之一的梁云龙，"一里三贤"之一的许子伟等享誉全国的名人。其中，明代成化二年（1466 年）秋，海南学子薛远、邢宥、丘濬同月分别晋升兵部尚书、都御史和侍讲学士，时人诗赞："三杰同于一月升，尚书学士与中丞"，人称"海外衣冠盛事"。

邢宥，字克宽，号湄邱，明代琼州府文昌县水北都（今海南文昌文教镇）水吼村人。邢宥在记述海南风景民俗、致力府县儒学教育、劝勉文昌后学、修缮家族谱系等方面所作的努力都是值得敬佩的。邢宥平生所著有《湄丘集》十卷，大多已失传，今仅存一卷。其著述大多为写景、记事、抒志的诗歌，闲暇惬意的游记，府州县殿堂儒学记和墓碑记一类，就其思想内容而言主要有以下几个方面：尊崇儒道，抑制佛老；德行为先，仁德为本；隐而求道，敦进后学。邢宥致仕归乡后一直奉行儒家"修齐治平"之道，居于文昌十余年，不仅致力于修缮家谱、制定家规，严格以儒家礼法之道治家，而且还关心地方风教，多次为府县儒学作记、为乡里后学赠字作序以砥砺后学传播儒道、弘扬人伦礼法。邢宥作为一个正统的儒者，即使致仕在家也不忘教育乡里后学、致力人文兴盛，在中原儒学海南化的过程中起了重要的作用。

丘濬，字仲深，号琼台，溢文庄，今海南省琼山市府城镇人。他是明代中叶著名的政治家、思想家、经济学家和文学家。历迁太子太保兼文渊阁大学士、少保兼武英殿大学士、户部尚书，参与国家机务。著有《大学衍义补》160 卷、《世史正纲》、《家礼仪节》、《伍伦全备忠孝记》、《朱子学的》、《丘文庄集》、《琼台集》等，计有三万多卷。明代《本朝分省人物考》称丘濬"著述甚富，世称博学，为我朝之冠"。清代《四库全书》提要说丘濬"冠绝一时，文章尔雅，有明一代，不得不置作者之列"。丘濬不仅诗文名满天下，而且精通儒学义理，并在经济思想领域有所成就，将中国传统文化提升到了一个新的高度。列宁称其为"中国十五世纪经济思想的杰出代表人物"，钱穆赞誉丘濬"不仅为琼岛一人物，乃中国史上之第一流人物也"。丘濬是博览群书、通晓古今的明代大儒，他在哲学、政治、经济、历史、法律、教育、民族、军事等诸多领域都有自己深刻的见解，其学说拒斥高谈阔论、力主经世致用。理学是丘濬思想的核心，也是明代中原儒学向海南文化输出的核心。丘濬理学思想的彰显与传播是促使明代琼学逐渐形成的重要基础，因而探究明代海南诸名贤尤其是丘濬的理学思想则是进一步揭示琼学的内容与发展脉络的基础性步骤。

廖纪字廷陈，别号龙湾，祖籍广东琼台府万州陵水县（今海南省万宁市），明弘治三年（1490年）中进士。屡次升迁，直至吏部尚书。廖纪勤于读书，精于思考，善于著述，主要传世学术著作为《大学管窥》和《中庸管窥》，以及所附《性学原》和《心学原》两篇文章。他与当时的旷世奇才、大思想家王守仁（别号阳明），人称"明朝第一才子"的杨慎（号月溪），被视为"朱学巨擘"的罗钦顺（号整庵）等人交好，并一再向朝廷举荐他们。应该说，这些人之后在中国思想史上的成就，与廖纪的赏识和举荐不无关系。这也是海南文化反哺中原文化的一个表现。罗钦顺称赞廖纪为人"沈静端庄，笃于操履。遇事必精虑，未尝轻发，既发亦不可回"，评论他读书治学"尤喜读书，微言奥义，多所自得"。

钟芳字仲实，号筠溪，原籍琼山县，出生于崖州高山所（卢多逊、赵鼎、胡铨等人的谪居地水南村），是明代著名的学者、政治家，他"上继文庄（丘濬），下启忠介（海瑞）"，具有承先启后的作用。被尊称为"岭南巨儒"。著有《春秋集要》《学易疑义》《筠溪先生诗文集》《皇极经世图》《钟筠溪家藏集》《续古今经要》《少学广义》《崖州志略》《养生经要》《读书札记》等著作。其哲学思想著作《春秋集要》《学易疑义》两书，提出"知行本自合一，知以利行，行以践知"的哲学观点，是当时考生的辅导书籍，连王守仁都对其欣赏有加，曾约钟芳一起谈经论道。

王弘诲，字绍传，号忠铭，海南定安县人。历任庶吉士、翰林院检讨、国子监祭酒、南京史部右侍郎、南京礼部尚书等。王弘诲平生著有

《尚友堂稿》《南滇奇甸录》《来鹤轩集》《天池草》《南礼奏牍》《文字谈苑》《国朝名臣录》《实录》等书。明隆庆四年（1570年）王弘诲在翰林院任实录馆纂修时，便开始向皇帝递交关于解决琼州儒生渡海应试艰辛的奏疏。万历四年（1576年），朝廷招考贡士，王弘诲主持会试，再次递交《奏改海南兵备道兼提学疏》，请求万历皇帝在海南设提学道，设立院试考场，让海南儒生就地参加考试。皇帝准奏，下旨施行。从此以后琼州儒生都在琼州应试，不需再踏海历险。后人称此为"奏考回琼"，对海南文化的发展产生巨大的影响，当地学子们甚至集资为王弘诲建立生祠以祀之。

在汉晋南北朝时期中原南征将士、来琼官员零星移风化俗的影响下，在唐宋时期贬官文人文化教育的积淀下，在明代统治者和文人大兴教育的作用下，明代海南得以脱去"蛮荒之地""文化沙漠"的帽子，而被冠之为"南滇奇甸""海外邹鲁"。也正是在这一历史长河中，中原文化经历了零星阶段、自发阶段和自觉阶段而逐渐完成了它向海南传播的完整过程，从而造就了明代海南文化的辉煌和人才的兴盛。而以这些文人名贤为载体的文化活动促进了中原文化与海南文化的融合，推动了海南文化的发展。

四

清朝作为中国最后一个封建王朝，封建文化已日趋没落，总体而言较明朝已逊色不少，此外由于清初统治者推行"文字狱"等高压政策，全国文化教育发展缓慢。受此大环境的影响，有清以来海南岛的文化教育一直没能达到明朝的高度，在人才培养和成就方面都不如明朝。但在清代，海南岛居民受教育的普及程度比明朝要高，这与宋明两朝文教的不断积累有很大的关系。同时清朝后期，由于资本主义政治经济和文化的渗透，海南的文化教育也出现了一些新的形式和内容。

清代海南对中华文化的发展也作出了重要贡献，主要表现为对南海海洋文化的丰富。

1. 完善涉海行政建制

清代，涉海行政建制承明制，南海大部分区域划归琼州府管辖。道光十二年（1832年）清政府制定巡海会哨制度，规定每年四月和十月的十日为巡海会哨日期，南海巡逻更加制度化和完善有效。这样，中国南海在行政建制和军事防守上都有了制度化的保障，提供了作为中国领土主权无可争议的证据。同时，在明清时期我国政府和渔民开始大规模给南海诸岛各岛礁洲滩等取名，并一直沿用至今。这些岛礁的命名，充分反映南海诸岛与祖国大陆有不可分割的联系，同时也彰显了清政府对于进一步加强南海岛礁统治的愿望。

2. 强化南海舆图编绘

清代对南海诸岛有了进一步的认识，为了能够更加准确地绘制《大清中外天下全图》（康熙年间），清政府派人对"万里长沙""万里石塘"进行了实际测绘。雍正八年（1730年），陈伦炯在《海国闻见录》中绘制了《四海总图》，是现阶段我国能见到的早期较为详细的南海诸岛地图。此外还有雍正二年（1724年）《清直省份图》、乾隆二十二年（1757年）《大清一统天下全图》、嘉庆五年（1800年）《清绘府州县厅总图》，以及嘉庆二十二年（1817年）《大清一统天下全图》等，这些官方的地图无一例外都将西沙群岛、南沙群岛分别标绘为"万里长沙""万里石塘"列入清朝版图之内。这些地图充分说明在清代，我国对南海各海区认识更加详细、具体和深入，初步形成了南海海疆和版图概念。

3. 拓宽南海海航路线

清政府虽然对外实行了"海禁"政策，但海上贸易仍然是清政府对外贸易的一种重要方式。除了沿用和发展唐宋以来古老航线以外，明清时期还开辟了几条新航线："第一条航线是广州—马尼拉—拉丁美洲航线，第二条航线是广州—果阿—里斯本航线，第三条航线是从美国纽约到广州的北美航线，第四条航线是俄罗斯到广州的俄罗斯航线，第五条航线是从广州到新南威尔士的大洋洲航线"[①]，其中大部分航线使得海南的海洋空间得到了有效的利用，促进了海口、三亚等港口的发展，大大推动了海南海路文化的发展。

由于长期海洋航行知识的积累，人们对于南海航路路况的认识进一步提高，渔民手中的《更路簿》更加精细化。在已公布的南海诸岛标准地名中，同时作为"渔民名称"出现在《更路簿》中的有 187 个，占 65%。这

---

① 司徒尚纪：《岭南海洋国土》，广州，广东人民出版社，1996 年，第 124 页。

类"渔民名称"，多属海南方言称谓，且起源很早，故有些用字生僻，含义难明，但却有很丰富的地理内涵。这些足以显示出海南人民很早就参与了创建南海海域海洋文化的活动。

4.丰富海洋资源认识

当时的人们，对海南海洋资源的认识有所深入。从海南地方志的留存情况来看，明代以前的地方志没有流传下来。即使是明代海南的地方志，也仅仅有《正德琼台志》一种。而清代海南的地方志就多了起来，据统计，清代海南的地方志有20余种。这些地方志中，凡属于沿海州县的地方志，几乎无一例外地都记述着本地的海洋资源。

可以看出，清代有关海南海洋资源的材料，比以往任何朝代的记载都要丰富得多。这在一定程度上反映了人们对于海南海洋资源的认识程度，反映了这一时期海南海洋文化资源的丰富性。

总之，清代在行政建置、军事活动和布局、舆图绘制等方面牢牢地奠定了中国对中国南海传统疆域的基石，而民间的海上活动，也为此提供了有力的佐证，标志着清代中国南海疆域文化达到一个新高度。

当历史翻开近代新篇章的时候，清代政权"天朝大国"的美梦被西方的枪炮轰得粉碎。此时的中原大地，终于开始睁眼看世界。湖南人魏源在林则徐等人的帮助下，提出了"师夷长技以制夷"的口号，中原大地掀起了学习西方器物的洋务运动；中日甲午战争终结了洋务运动，却开启了中国学习西方政治改良的戊戌变法；当变法因阻力而失败之后，革命就被提上了历史议程。海南与中国近代革命紧密相连。

林缵统，字承先，号天民，海南三亚崖城拱北村人，清末戊戌维新运动志士。光绪十九年（1893年），赴广州入"广雅书院"读书。适逢康有为在广州万木草堂和邝氏祠讲学，慕名而至，受业于康氏门下，与梁启超、麦孟华等人成为同门好友。康有为常与之讨论《春秋》"三世之义"、《易经》"阴阳之变"，对其才学颇表赏识。光绪二十年（1894年），林缵统乡试中举。次年春，随康、梁等人入京会试，正逢中日甲午战争结束、《马关条约》签订，朝野义愤，于是随同康有为一道，参加"公车上书"，请求变法。事后朝廷利诱威胁上书举人，不少动摇者陆续撤除名单，有朋友劝其尽快"取回知单"，被林缵统拒绝："康南海通古今之变，万国之理，我本万里天涯一介微儒，得遇良师乃如云开见月，三生之幸也。读书人当勇赴国难，吾意不移，虽九死而不悔矣！"时人赞曰"南荒斯人，真义士也"。

光绪二十三年（1897年）六月，康有为自桂返粤讲学，林缵统再次赴广东，追随康有为入京参与创办"粤学会"和"经济学会"。光绪二十四年（1898年）三月，又参与康有为、梁启超等发动的百余应试举人上书都察院（小公车事件）。四月，林缵统加入维新团体"保国会"。六月二十三日，光绪皇帝下"定国是诏"，宣布变法，"百日维新"开始，林缵统被"保国会"推举为负责"条陈时事奏善具"的"领衔人"，成为协助康、梁理政的得力助手。然而维新派所推行的改革，触犯了以慈禧太后为首的顽固派利益，最终发展成一场带血的斗争。八月，变法失败，慈禧通令缉捕维新党人，康梁出逃日本，谭嗣同等"六君子"遇难，海南唯一参加"戊戌变法"的林缵统，在北京崧云庵附近的一家旅馆里，将"保国会"拟定的一些文件和康有为交给他缮清的几道奏折匆匆焚毁，星夜出逃北京城，绕道广西，几经辗转，挣脱朝廷的缉捕网，回到崖州。

在家居的岁月里，林缵统带头呼引开发西沙。光绪二十六年（1900年）和以后的几年时间里，林统赞先后两次率领乡绅到万宁、琼海、琼山、文昌、安定、海口等地作鼓动工作。他自己则越海往来于广东沿海诸县串联，召集富有股户议事。林缵统一边把开发西沙事宜写成议案递交各级官府，一边着手成立开发公司，筹办开发事务。一时应者甚众，风潮大振。这次行动，揭开了清末海南人民大规模开发西沙群岛的历史序幕。

宋嘉树，原名韩教准，出生于海南文昌。九岁时随哥哥到印度尼西亚的爪哇当学徒，1875年随宋姓堂舅赴美洲古巴，遂改姓宋。先后在北卡罗来纳州杜克大学圣三一学院、万德毕尔特大学神学院、田纳西州范德堡大学神学院学习，1886年回国在苏州、上海等地传教，并执教于教会学校，胡适即为其学生之一。

1894年夏，孙中山北上途经上海，与宋嘉树相识，两人成为革命事业上志同道合的挚友。宋嘉树倾其财力物力帮助孙中山革命。宋育有子女六人，依次为霭龄、庆龄、子文、美龄、子良、子安。宋庆龄后来成为孙中山夫人、中华人民共和国副主席，宋美龄为蒋介石夫人，宋子文为民国时期的政治家、外交家、金融家，蒋介石手下红人。

当辛亥革命以失败告终，学者们在思考中国文化何去何从，学术界出现了从"中体西用"的文化讨论，到新文化运动的兴起。就在这个时期，海南学者发声了。

陈序经，海南文昌人，是一位学贯中西的文化学家、历史学家、社会学家、民族学家、教育家，曾任中山大学等多所高校领导职务。1933年12月29日，陈序经在广州中山大学作了题为"中国文化的出路"的演讲，他把关于中国文化的不同主张划为三派："复古派——主张保存中国固有文化的""折中派——提倡调和办法中西合璧的""西洋派——主张全盘接受西洋文化的"，而他自己就主张"中国文化彻底西化"，并提出"彻底全盘西化的理由"。这比胡适在《独立评论》发表文章早两年。陈序经的文化思想结论明显是偏颇、过激和错误的，他看不到中国旧社会的病根，当然也开不出拯救中国的科学药方。但从中国思想文化史的角度看，它也是中华文化变革的一个环节，有利于实现中国文化的创造性转化。陈序经的文化思想及主张已成为历史，但在中国文化现代化的进程中，认真解读陈序经的文化思想与主张，总结其经验和教训，或许能为今天的文化建设提供些许借鉴。

陈序经先后出版著作《疍民的研究》《文化学概论》《南洋与中国》《大学教育论文集》《社会学的起源》《越南问题》和《东南亚古史研究》8种（分别是《东南亚古史初论》《越南史料初辑》《林邑史初编》《扶南史初探》《猛族诸国考》《掸泰古史初稿》《藏缅古国初释》《马来南海古史初述》，这8本书1992年结集为《陈序经东南亚古史研究合集》）等。

第一章
汉晋时期海南与中原的文化交流

中原文化最初零星地进入海南地区。政权统治者身处中原，高居庙堂，不懂得"人文化成"的文化交流客观规律，简单粗暴的做法并未使中原文化进入取得成功，以至于只能流于零星。在汉武帝设郡县之后，大部分前来海南的郡县官吏对黎族民众进行简单粗暴的管理，对海南本土文化并不尊重，引起了黎族民众的反抗。汉昭帝始元五年（前82年），朝廷不得不下诏罢儋耳郡将其并入珠崖郡，汉元帝初元三年（前46年）又罢珠崖郡，中原与海南的交流并不热络。

不过，民间文化交流却已经开始。晋汉以来，中原各地的汉族不断进入海岛，苏轼在《伏波将军庙碑记》中记载："自汉末至五代，中原避乱之人，多家于此。"丘濬在《南溟奇甸赋》中也说："魏晋以来，中原多故，衣冠之族，或宦或商，或迁或戍，纷纷日来，聚庐托处。"他们带来先进的中原文化，逐渐与海南本土文化相互沟通、学习，中原文化对海南文化的影响自此日渐加深。

西汉元封元年（前110年），汉朝大军自合浦、徐闻南部渡过琼州海峡来到海南岛。汉武帝在此设立儋耳、珠崖郡，下统16县。以官员及其家属、士兵和商人为主体的中原人大量移居海南，与海南本土人发生文化交流。汉晋时期儋耳、珠崖郡建置几经更迁，有史可考的几任郡太守有：孙幸、孙豹、僮尹、聂友、陆凯。他们对海南地区政治文化的发展，对加强中原与海南的联系和交流发挥了一定的作用。而虞翻、刘熙这样的大经学家、思想家南迁交阯、教学授徒更是直接促进了整个交阯地区中原文化的传播和发展。张禄、薛琮等人踏足珠崖，大量兵士、商人自中原远道来琼以及众多中原流民杂居其间也在一定程度上促进了汉黎融合，改变了海南地区的民风民俗，促进了中原礼义文化的传播。

第一节　伏波将军路博德、马援对海南的开发

将军是军队中高级军事将领的统称，春秋时期既是高级武官的职位，也是军政官员的名誉职衔，甚至作为爵号使用，到战国时期才成为正式官名。秦朝虽沿袭了战国时期的这一做法，将其作为正式官职确定下来，但往往在战争结束之后就取消了任命，因此具有不常置、不确定的特点。直到汉代，汉武帝励精图治，开疆拓土，征伐之事颇多，所以增设了不少将军的称号。这些将军可以分为两类，有地位较高的固定职位，如大将军、骠骑将军、卫将军、车骑将军等，也有依据战争的实际需要临时设置的称号，如强弩将军、拔胡将军、横海将军、伏波将军、楼船将军等，这些称号具有很明确的针对性和功能性，如伏波将军的称号，便有降伏波涛、平定海疆之意。

"伏波将军"作为一种官职设置，就意味着不限定于某一人。历朝以来，曾有多人被授予"伏波将军"封号。首位便是西汉汉武帝时期的路博德，其次则是最著名的一位伏波将军，东汉光武帝时期的马援。此后的中国历史上，姓名可考的伏波将军多达40余人。但在众多伏波将军之中，有的文官任武职，有名无实；有的功绩平平，名不副实；还有的弃印修丹，无视该称号；甚至有太监官拜伏波将军者，致使"伏波将军"蒙羞。因此，历史上只有路博德和马援二位将军，真正发扬了"伏波"的内涵，而此二人的"伏波"内涵，恰好又都与平定南疆、开发海南有关。

路博德，生卒年不详，西汉武帝时期西河平州（今山西离石）人。

《史记·卫将军骠骑列传》中有载"将军路博德，平州人。以右北平太守从骠骑将军有功，为符离侯。骠骑死后，博德以卫尉为伏波将军，伐

破南越，益封。其后坐法失侯。为强弩都尉，屯居延，卒"①。

《汉书·卫青霍去病传》也有对路博德的载述②，大体与《史记》中一致。只是在言述路博德家乡时更确切，指出是西河平州；至于路博德被封的侯名，《汉书》记载为邳离侯。

《史记》《汉书》专论路博德的记载言简意赅，再结合其他篇幅的相关记载，则可以大致地勾勒出路博德的生平。

路博德早年任右北平太守，元狩四年（前119年）春，汉武帝派兵攻打匈奴时，路博德从属骠骑将军霍去病帐下，击敌有功被封为符（邳）离侯③。

元鼎四年（前113年），汉武帝派使者出使南越国，由卫尉路博德屯兵桂阳作为后应④。

元鼎五年（前112年）秋，南越国丞相吕嘉叛乱，汉武帝拜卫尉路博德为伏波将军出征南越。

元鼎六年（前111年）冬，伏波将军挥师番禺，招降越人。

元封元年（前110年）征战海南岛，设儋耳、珠崖郡。后路博德因罪被削去侯爵，贬为强弩都尉。

太初三年（前102年），武帝派路博德筑于居延（今内蒙古境内），抵

---

① 司马迁：《史记·卷一百一十一·卫将军骠骑列传第五十一》，北京，中华书局，2006年，第654页。

② 班固：《汉书·卷五十五·卫青霍去病传第二十五》，北京，中华书局，2007年，第560页。

③ 司马迁：《史记·卷一百一十一·卫将军骠骑列传第五十一》，北京，中华书局，2006年，第651页记载："右北平太守路博德属骠骑将军，会与城，不失期，从至梼余山，斩首捕虏二千七百级，以千六百户封博德为符离侯。"班固：《汉书·卷五十五·卫青霍去病传第二十五》，北京，中华书局，2007年，第558页中亦有相似记载。

④ 司马迁：《史记·卷一百一十三·南越列传第五十三》，北京，中华书局，2006年，第663页记载："元鼎四年，汉使安国少季往谕王、王太后以入朝，比内诸侯；令辩士谏大夫终军等宣其辞，勇士魏臣等辅其缺，卫尉路博德将兵屯桂阳，待使者。"班固：《汉书·卷九十五·西南夷两粤朝鲜传第六十五》，北京，中华书局，2007年，第956页有相似记载。

挡匈奴①。

太初四年（前 101 年），曾被派去涿邪山（今蒙古国境内）与因杅将军公孙敖会合共击匈奴②。

天汉二年（前 99 年），汉武帝欲使强弩都尉路博德半道接应李陵的军队，但曾任伏波将军的路博德却心有不愿，上书武帝③。后来李陵深入匈奴无所救援而被俘虏，也与路博德有一定关联。所以，武帝晚年懊悔之时曾说出"李陵无救"是"老将生奸诈"④，这个老将就是指路博德。

天汉四年（前 97 年），路博德领一万多步兵与贰师将军骑、步兵会合共击匈奴。⑤

此后长待居延至死。

南越（前 203 年—前 111 年），是由南海郡尉赵佗在秦末战乱之际起兵兼并桂林郡和象郡后所建。赵佗本是秦朝恒山郡真定县（今河北省正定县）人，秦初平定南越、一统天下之时，曾立下汗马功劳。秦在南越地区设置了桂林、南海、象郡三个郡。任命任嚣为南海郡尉，赵佗则为南海郡龙川县的县令。秦二世末期，烽烟四起，陈胜吴广起义，项羽、刘邦相继起兵，南海尉任嚣病重将死，招来亲信赵佗，未经朝廷认可便将南海尉传给赵佗。并告之天下形势，重言相托，让赵佗依据有利的地理位置和军事守备聚兵自守、自立为国。任嚣死后，赵佗依其言，杀了秦朝设置的长

① 班固：《汉书·卷六·武帝纪第六》，北京，中华书局，2007 年，第 49 页记载："强弩都尉路博德筑居延。"

② 班固：《汉书·卷九十四上·匈奴传第六十四上》，北京，中华书局，2007 年，第 931 页记载："汉又使因杅将军出西河，与强弩都尉会涿邪山，亡所得。"

③ 班固：《汉书·卷五十四·李广苏建传第二十四》，北京，中华书局，2007 年，第 547 页记载："博德故伏波将军，亦羞为陵后距，奏言：'方秋匈奴马肥，未可与战，臣愿留陵至春，俱将酒泉、张掖骑各五千人并击东西浚稽，可必禽也。'"

④ 班固：《汉书·卷五十四·李广苏建传第二十四，》北京，中华书局，2007 年，第 549 页记载："久之，上悔陵无救，曰：'陵当发出塞，乃诏强弩都尉令迎军。坐预诏之，得令老将生奸诈。'"

⑤ 班固：《汉书·卷六·武帝纪第六》，北京，中华书局，2007 年，第 50 页记载："强弩都尉路博德步兵万余人与贰师会。"又班固：《汉书·卷九十四上·匈奴传第六十四上》，北京，中华书局 2007 年，第 931 页载："强弩都尉路博德将万余人，与贰师会。"

吏，并封锁周边道路、聚兵自守。秦朝灭亡后，赵佗又兴兵兼并了桂林和象郡，建立南越国，定都番禺（今广东省广州市），自立为南越武王。南越国经赵佗创建后历传赵眜、赵婴齐、赵兴、赵建德五世。公元前 111 年被汉武帝所灭，共历 93 年。

南越国建于汉朝之前。刘邦一统天下之后，南越国王赵佗经由陆贾的劝说，曾前后两度臣服汉朝。一为汉高祖时期，一为汉文帝时期。中间因吕后的粗暴政策，这种臣属关系一度中断。大部分时候，南越国是作为汉朝的外藩属国而存在的。南越国与汉朝虽互有猜忌，但也一直相安而立。直至南越丞相吕嘉叛乱后，南越国才被汉武帝所灭。吕嘉之乱虽与吕嘉个人久居高位、野心膨胀有关，但也是南越国长期潜伏的政治隐患显性化的必然结果。

建元六年（前 135 年），闽越王向南越国发动战争，南越国第二代王赵眜求助于汉武帝，最终虽得以免除祸乱，但也因此不得不将其太子赵婴齐作为人质送入汉朝。从此，赵婴齐开始了他在汉武帝身边做宿卫的人生，时间长达 12 年之久，直至父亲赵眜去世才回到南越。赵婴齐在入汉之前，曾娶越女为妻，生下长子赵建德。在长安时，又娶邯郸樛家的女儿为妻，生下次子赵兴。赵眜死后，赵婴齐回南越国继王位，在吕嘉等重臣的极力反对下，仍执意弃长立幼，立次子赵兴为太子。这便为南越国埋下了政治大患。吕嘉本为越人首领，赵佗建南越国后和辑百越、重用吕嘉，并鼓励汉越通婚。所以吕嘉虽为丞相，但某种程度上来说，他与赵佗是共坐天下，他的儿子、女儿们多与赵佗的子孙通婚，结为一家①。南越国几十年来其实一直是汉越共治，所以相安无事。及至赵婴齐祸端始出。赵婴齐常年在汉，不晓南越之事，回国继任王位本已地位堪忧。后又执意立次子赵兴为太子，更使得汉越矛盾被激化。赵兴继位后，吕嘉在南越国的势力

---

① 司马迁：《史记·卷一百一十三·南越列传第五十三》，北京，中华书局，2006 年，第 663 页载 "其相吕嘉年长矣，相三王，宗族官仕为长吏者七十余人，男尽尚王女，女尽嫁王子兄弟宗室，及苍梧秦王有连。" 班固：《汉书·卷九十五·西南夷两粤朝鲜传第六十五》，北京，中华书局 2007 年，第 956 页有相似记载。

一度超过越王①。此时的太后樛氏作为汉人，为巩固自身地位，积极地寻求朝廷的支持。元鼎四年（前 113 年），汉武帝派使臣出使南越宣召越王与太后入朝觐见，同时派卫尉路博德屯兵桂阳作为接应。可以说，从此时开始，汉武帝征服南越的野心已初见端倪。但丞相吕嘉秉承赵佗的理念一直反对越王入朝，所以对待汉朝使者态度很冷淡。后来太后樛氏与汉朝使者安国少季的私情被曝光，百姓大多不再相信太后②。太后唯恐祸乱生起，想先下手为强，与汉朝使者一道，摆设鸿门宴宴请吕嘉。而太后无力、汉使无能，没能制服吕嘉，反激化了双方矛盾，致使吕嘉图谋叛乱。

汉武帝派韩千秋与樛乐带兵前往南越国终使得南越国内剑拔弩张的紧张局势瞬间爆发。吕嘉遂和他的弟弟一起杀了越王赵兴、太后和汉朝使者，立赵婴齐长子赵建德为王。并在韩千秋、樛乐的 2000 人马快到番禺时，用计大败了汉朝军队。汉武帝闻之大惊，于是下令以十万师前往征讨，由此正式掀开了汉武帝平南越的篇章。

元鼎五年（前 112 年）秋，汉武帝征南越，共派出四路"楼船铁马"。一路由伏波将军路博德领兵从桂阳（今湖南境内）出发，下汇水（又作"湟水"）；一路由楼船将军杨仆领兵从豫章（今江西境内），下横浦；一路由投降汉朝被封侯的越人戈船将军郑严、下厉将军田甲领兵出零陵（今湖南境内），下离水或抵苍梧；一路由驰义侯何遗从贵州一带出发，下牂柯江。四路大军定在南越国都番禺会合。

四路大军中，严、甲、遗领军的两路兵马还没下到南越时，杨仆、路博德的军队已经攻陷了番禺，平定南越。所以浩浩荡荡的十万大军中，在平定南越时真正起到作用的只有杨仆和路博德的两路大军。其中楼船将军杨仆领兵迅猛，于元鼎六年（前 111 年）冬迅速攻陷了赵佗在涩水上修筑

---

① 司马迁：《史记·卷一百一十三·南越列传第五十三》，北京，中华书局，2006 年，第 663 页记载"其相吕嘉……其居国中甚重，越人信之，多为耳目者，得众心愈于王。"班固：《汉书·卷九十五·西南夷两粤朝鲜传第六十五》，北京，中华书局，2007 年，第 956 页有相似记载。

② 司马迁：《史记·卷一百一十三·南越列传第五十三》，北京，中华书局，2006 年，第 663 页记载"王年少，太后中国人也，尝与安国少季通，其使复私焉。国人颇知之，多不附太后。"班固：《汉书·卷九十五·西南夷两粤朝鲜传第六十五》，北京，中华书局，2007 年，第 956 页有相似记载。

的险要关口寻陕（又作"陿"），攻破石门，获得南越的船只和粮食，并带领数万人继续向前等候伏波将军路博德的军队。路博德军道远延期，待与杨仆军会合后一起往番禺前进。杨仆仍领军在前，到达番禺后驻守于城东南，夜幕降临时，杨仆军攻克番禺并纵火烧城。而路博德军在到达番禺后驻守于城西北。路博德并不急于攻城而是在此结营驻扎，派遣使者与城内越人沟通，招降越人并赐汉朝印章。杨、路两种截然不同的伐越手段以及路博德于桂阳屯兵在越人心中建立的威望，使得第二天清晨时，城中越人都降伏于路博德。伏波将军路博德可谓"兵不血刃而定全越"。而逃亡西去的吕嘉、赵建德也在路博德的追查下，分别被南越郎官都稽和路博德的校尉司马苏弘所擒获。至此南越基本平定，汉武帝废除南越国，设立了南海、苍梧、郁林、合浦、交阯、九真、日南七郡。元封元年（前110年），汉朝大军自合浦、徐闻南部渡过琼州海峡，来到海南岛。汉武帝在此设立儋耳、珠崖郡，下统16县，其中儋耳郡统辖5个县，珠崖郡统辖11个县。

关于汉武帝废南越置郡的问题，大多人依据《史记》《汉书》记载[①]直接理解为元鼎六年（前111年），汉军攻克番禺灭南越国时，汉武帝就连设九郡。实际上，这些记载只是大概而论。而《汉书》中还有两条不可忽略的史料：《汉书·地理志》中记载："自合浦徐闻南入海，得大州，东西南北方千里，武帝元封元年略以为儋耳、珠崖郡。"[②]《汉书·贾捐之》中也载："初，武帝征南越，元封元年立儋耳、珠厓郡。"[③]很明确地指出了儋耳、珠崖郡的设置时间是在汉武帝元封元年。至此，海南岛从以前只是

① 司马迁：《史记·卷一百一十三·南越列传第五十三》，北京，中华书局，2006年，第665页记载："……南越已平矣。遂为九郡。"班固：《汉书·卷九十五·西南夷两粤朝鲜传第六十五》，北京，中华书局2007年，第957页记载："……南粤已平。遂以其地为儋耳、珠崖、南海、苍梧、郁林、合浦、交阯、九真、日南九郡。"

② 班固：《汉书·卷二十八下·地理志第八下》，北京，中华书局，2007年，第314页。

③ 班固：《汉书·卷六十四下·严朱吾丘主父徐严终王贾传第三十四下》，北京，中华书局，2007年，第647页。

南越境内的遥远属地，变成了汉朝中央直属管辖的两个郡[①]。这一变化意味着海南岛政治、经济等地位有所上升，汉王朝对海南的统治加强。海南地区也从以前的地方官员自治变为由朝廷直接派遣官吏进行管理。同时，汉朝还会派遣大量的军队常驻海南地区。而官吏与中央的交流及来琼官吏家属、士兵等与汉朝的各种联系都加深了中原人对海南的认识。加之，海南岛多异物，犀角、象牙、珍珠等物品都为中原人所珍爱，所以当时从中原来海南经商的人也越来越多。据《琼台外纪》记载："武帝置郡之初，已有善人三万之数。"这一时期中原文化对海南文化的影响只能是间接的、隐性的。

从路博德的一生来看，他因攻击匈奴有功被封符（邡）离侯，因要征伐南越而官拜伏波将军，可以说这段时期是他最辉煌的时候。其后犯法失侯，直至死于居延，一直功绩平平。然而从整个汉朝来看，即使是在他官运亨通时，他的地位和功绩也并不是特别显著的。实际上，在路博德跟随霍去病攻击匈奴的那场战役中，除了他被封侯外，其他被封侯的人很多，比如，封邢山为义阳侯，封复陆支为壮侯，封伊即轩为众利侯，校尉敢为关内侯，等等[②]，一场战役汉武帝就封了这么多个侯，而汉武帝时期战事不断、征伐不停，其所封的侯更是不胜其数。像路博德这样因一功而获侯的武臣比较常见。

就路博德被赐伏波将军而言，汉武帝时期所设将军繁多，大将军、骠骑将军、卫将军、车骑将军和前、后、左、右、中将军属于将军中地位较高的，而且是常置的将军。路博德所任的伏波将军只是武帝根据统兵征伐

---

① 萧应植：《乾隆琼州府志》，海口，海南出版社，2006年，第39页记载："（海南）唐虞为南交，三代为扬越之南裔，秦为象郡之外徼。"

阎根齐：《海南岛何时纳入中国的版图》，海南大学学报（人文社会科学版），2009年第一期，第4页。阎根齐老师通过研究指出："海南岛在汉代及其以前都是中国版图的一部分，不存在西汉武帝元封元年（前110年）始在海南设立儋耳、珠崖2郡，海南岛才正式划入中国版图的问题……汉代在海南岛的设郡，只是海南从由地方诸侯国管辖变为由汉朝中央政府直接管辖。"

② 司马迁：《史记·卷一百一十一·卫将军骠骑列传第五十一》，北京，中华书局，2006年，第651页。班固：《汉书·卷五十五·卫青霍去病传第二十五》，北京，中华书局，2007年，第558页有相似记载。

的需要临时设置的将军，征伐结束后即取消了任命。因为武帝时期征伐较多，所以临时设置的将军称号，数目也很多，与路博德军事活动有过直接接触的如楼船将军杨仆、因杆将军公孙敖、贰师将军李广利等。

而就路博德平南越的功绩来说，其在战事上的功绩虽不如楼船将军杨仆，其威名却又高于杨仆，原因何在？这是因为对南方百越的战争和对北方匈奴的战争不同，与北方匈奴作战以骑兵陆军为主，而与南方百越作战则以水师为主。汉武帝在攻伐南方百越之前就修昆明池紧锣密鼓地训练水师[1]，楼船将军杨仆即是一位统领水军的将军，因而在平定南越、剿灭东越、征伐朝鲜中都发挥了很大的作用。在平定南越的过程中，杨仆率领楼船水师，以破竹之势对番禺发起猛攻，致使南越城破而败。而路博德率领的陆军在一开始就慢半拍，到了番禺以后，仅仅安营扎寨，并不急于进攻。然而世人却多赞颂路博德，其原因很多。正如太史公所说："楼船从欲，怠傲失惑；伏波困穷，智虑愈殖，因祸为福。成败之转，譬若纠墨。"[2] 杨仆生性残暴，司马迁著《史记》、班固撰《汉书》将杨仆列入酷吏传中即可见一斑。杨仆在攻伐南越中，好功弑杀，攻破番禺纵火烧城已为残暴，而将投降者视为奴仆甚至尽数杀掉也让越人心有不服，而其挖坟开棺割下死人头颅作为战功的举动更是让南越百姓强烈不满[3]。与之相反的是，路博德本在南越叛乱前就已经屯居在南越周边的桂阳，在管辖桂阳期间，与当地人相处友善，其威名早已远播南越，所以有"越素闻伏波名"[4]。在平定南越期间，伏波将军到达番禺城外后，不是急于攻城，而是在西北面安营扎寨，派遣使者与城内沟通招降越人。一边是烧杀掳掠，一

---

① 司马迁：《史记·卷三十·平淮书第八》，北京，中华书局，2006 年，第 187 页记载："是时越欲与汉用船战逐，乃大修昆明池，列观环之。"

② 司马迁：《史记·卷一百一十三·南越列传第五十三》，北京，中华书局，2006 年，第 665 页。

③ 班固：《汉书·卷九十·酷吏传第六十》，北京，中华书局，2007 年，第 896 页记载汉武帝斥杨仆"建德、吕嘉逆罪不容于天下，将军拥精兵不穷追，超然以东越为援，是二过也"。

④ 司马迁：《史记·卷一百一十三·南越列传第五十三》，北京，中华书局，2006 年，第 664 页。班固：《汉书·卷九十五·西南夷两粤朝鲜传第六十五》，北京，中华书局，2007 年，第 957 页有相似记载。

边是和降赐印。越人自是选择后者，所以，第二天黎明，番禺城中的人都降伏于伏波将军路博德。以武压人莫若以德服人。路博德兵不血刃却更胜一筹。再有，擒贼要擒王，南越祸乱的两大主首是伏波将军询问投降者得知其逃亡下落后追捕所得。由此论功，路博德自是高于杨仆。所以，汉武帝在敕责杨仆时曾说："将军之功，独有先破石门、寻陿，非有斩将擎旗之实，乌足以骄人哉！"[①] 所以在平定南越的过程中，杨仆虽然战功更为显赫，但威名却不及路博德。

对于平南越与海南岛相关的问题，《汉书·地理志》只记载"自合浦徐闻南入海，得大州"[②]，主语却被省略了，但我们可以猜测。汉武帝派出的四路大军中，真正平定南越的只有杨仆、路博德两路，而攻破番禺之后，杨、路大军为追以船西去逃亡入海的吕嘉和赵建德则继续领兵西进。合浦（今广西南部）、徐闻（今广东南端）港正好是在番禺城的西南边。所以自合浦、徐闻入海的自是杨、路大军。而海南本地也有传言说杨仆的水军直追到了海南岛的西部，在今儋州市的西海岸登陆，修筑了儋耳郡城。从合浦港一直南下正好是抵达海南岛儋州市的西海岸，所以杨仆大军很可能是从合浦港南下的，以汉朝"高十余丈"[③] 的楼船规模确实也有这个远渡的能力。而路博德的陆军则是从徐闻渡过琼州海峡抵达海南岛北部。而珠崖郡址正好在海南岛北部今海口市地区，很可能是路博德大军来琼之后所建立的。如果这种推测成立的话，那杨仆所建儋耳下辖 5 县，路博德所建珠崖郡下辖 11 县，明显后者规模要大，影响要广。加上儋州地区一直叛乱不断，几经平定后最终被并入了珠崖郡，珠崖郡影响日益扩大。且传言路博德"饮马情耳，焚舟琼山"，力图结束战乱、保证海南地区的和平稳定。这也是海南人民更尊崇路博德的一个原因。

正是这次平南越，汉武帝才在海南设置了儋耳、珠崖二郡，掀开了中央王朝对海南直辖统治的第一页。从而中原与海南地区在政治、经济、文

---

① 班固：《汉书·卷九十·酷吏传第六十》，北京，中华书局，2007 年，第 896 页。

② 班固：《汉书·卷二十八下·地理志第八下》，北京，中华书局，2007 年，第 314 页。

③ 司马迁：《史记·卷三十·平淮书第八》，北京，中华书局，2006 年，第 187 页载："治楼船，高十余丈，旗帜加其上，甚壮。"

化、社会上的交流才逐步增加。所以，不论伏波将军路博德在汉朝是什么地位，也不论路博德后期是不是犯法失侯，伏波将军路博德依旧被南越百姓尤其是海南地区的百姓当作开琼第一人的英雄来看待。对伏波将军路博德的赞颂和推崇从未间断，当地人多建伏波庙供奉他以表思念。而后世谪琼贬官对伏波的著说缅怀更是加深了人们对路博德的爱戴。

自汉武帝时期路博德首任伏波将军，西汉200多年间伏波将军就只有这一位。及至东汉初光武年间，才出现第二位伏波将军，也是最为著名的一位：马援。

马援（前14年—公元49年），字文渊。扶风茂陵（今陕西兴平市）人，是跨越西汉末年四代皇帝、王莽夺权和东汉光武年间的名将，《后汉书》专门为马援做传，详细记载其生平活动[①]。

依据文字记载，马援的先祖本姓赵，是赵武灵王之子、赵国名将赵奢，因赵惠文王赐赵奢封号为马服君，其子孙遂以"马服"为姓，后改为单姓"马"。几经兴衰，到马援时，家境并不显赫，但仍处于官宦之家，他的三个兄长马况、马余、马员在王莽政权中都是有一定地位的二千石官员。

马援父母早丧，少时即胸怀大志，兄长们都视之为奇人。任郡督邮时，奉命押送重罪囚犯，却哀怜囚犯而私放之，自己也因触犯朝廷法度而亡命北地。后遇天下大赦，于是留在当地放牧养畜。四方宾客听闻马援在此，多主动来归附，短时间内马援就已统领了数百户人家，家畜繁多、谷物丰饶。但马援志不在此，他常常对他的宾客们说："丈夫为志，穷当益坚，老当益壮。"看着越来越多的财产，马援感叹："凡殖货财产，贵其能施赈也，否则守钱虏耳。"[②]最终散尽家资，周济众人。

王莽末年，战乱四起，马援由王莽族弟、卫将军林广推荐，被任命为新成大尹。及王莽失败，马援避居凉州，后又至西州，被隗嚣任命为绥德将军，当时隗嚣割据一方、势力极大，对马援信任有加，不但让马援参与

---

① 范晔：《后汉书·卷二十四·马援列传第十四》，北京，中华书局，2007年，第249—260页。

② 范晔：《后汉书·卷二十四·马援列传第十四》，北京，中华书局，2007年，第249页。

决策谋划，甚至谈兴酣时，能通吃住、共起居。

当时，公孙述、刘秀已经先后称帝，隗嚣先后派马援出使蜀地与洛阳，以观公孙述、刘秀其人。公孙述为人傲慢不亲，马援视之为井底之蛙；刘秀待人诚恳大度，与马援朝夕相处，谈论国事，又带马援四处巡视。马援感慨地对刘秀说道："天下反覆，盗名字者不可胜数。今见陛下，恢廓大度，同符高祖，乃知帝王自有真也。"①马援离开时，刘秀还专门派官员持节相送。马援回见隗嚣，大赞刘秀雄才大略、开心见诚、文武兼备，大有高祖刘邦之风，劝隗嚣归附刘秀，颇有良禽择木而栖，贤臣择主而事的味道②。

隗嚣听从马援建议，尊刘秀为帝，并送儿子隗恂去洛阳作人质，马援也带着家属跟着一起去了洛阳。及至隗嚣意图独霸陇西，对抗朝廷，马援数次修书劝说无果，光武帝于建武八年（32年）带兵亲征隗嚣，马援随军出征，于帝前聚米为山谷，指画形势，开示道径往来，分析曲折，昭然可晓。帝曰："虏在吾目中矣。"次日大破隗嚣军。

次年（33年），马援被任命为太中大夫，受命平定凉州。建武十一年（35年）夏，又拜为陇西太守，讨伐自王莽时期就不断侵扰边疆的西羌。此战虽然马援被箭镞穿破小腿而受伤，但仍大获全胜，缴获辎重、牛羊无数。光武帝颁发诏书慰问马援并赏赐大量财物、牛羊，马援全部分给一众部下。针对当时很多朝臣要弃守边城金城破羌以西地区的主张，马援力排众议，上书分析金城地区的战略地位和丰富资源，认为不可放弃，而应派遣官吏，修缮城墙、开导水田、耕种放牧。光武帝悉数采纳马援建议。建武十三年（37年），武都参狼羌叛乱，马援带兵征讨获胜，由此陇右地区基本平定。在陇西期间，马援奏请光武帝援用西汉旧例铸造五铢钱，最终获准执行，有效地促进了当地及与周边的贸易流通。

建武十六年（40年），交阯地区征侧带领其妹征贰发动叛乱，征侧自

---

① 范晔：《后汉书·卷二十四·马援列传第十四》，北京，中华书局，2007年，第250页。

② 范晔：《后汉书·卷二十四·马援列传第十四》，北京，中华书局，2007年，第250页记载："援顿首辞谢，因曰：'当今之世，非独君择臣也，臣亦择君矣。'"所以说马援是一个很有见地的人，他并不愚忠，后来讨伐隗嚣并不能说是背叛旧主，其实是"择善而从"的举措。

立为王，攻略周边 60 余城，声势浩大。光武帝诏命马援官拜伏波将军，与刘隆、段志一道，南征交趾平定叛乱。马援率军自合浦出发，缘海而进，随山勘道千余里，到达浪泊，与征侧作战，大获全胜，斩首数千级，降者万余人。马援乘胜追击，于建武十九年（43 年）正月，斩杀首乱征侧、征贰二人，将其人头送回洛阳。光武帝大喜，诏封马援为新息侯。之后马援继续在岭南地区清剿叛军余党、治理当地郡县，马援所到之处，皆带领军民修建城郭，兴修水利，重申法令，安定民生，深得民心，此后岭南地区一直流传马援的故事。建武二十年（44 年），马援见南疆已定，遂班师回京。光武帝赐马援专乘兵车一部，朝见位列九卿。

建武二十四年（48 年），武陵五溪蛮发动叛乱，武威将军刘尚击敌不成，全军覆没。已经 62 岁的马援主动请缨平定五溪蛮，真可谓"老当益壮"。建武二十五年（49 年），马援军到达临乡（今湖南境内），正好碰上五溪蛮攻打县城，马援迎头回击，大破敌军，迫使敌军逃散到竹林中。军队继续行进，到达下隽时，行军路线选择面临争议，最后采取了马援的计策。权贵子弟耿舒的计策没被采纳，由此也埋下了祸患。马援路线山高水险，前进困难，而此时正值暑热难耐，士兵多中暑死伤，马援也因病最终病死武陵。后又因耿舒谗言①及梁松抱怨②蒙受不白之冤，新息侯印绶被追收，遗体也被草草下葬，难以安葬祖坟。马援素有"男儿要当死于边

---

① 范晔：《后汉书·卷二十四·马援列传第十四》，北京，中华书局，2007 年，第 254—255 页。耿舒和他的兄长耿弇上书光武帝说马援如西域的胡商，停停走走，延误军机，致使士兵生病中暑。实际上正如朱勃为马援陈冤时所奏："夫战或以久而立功，或以速而致败，深入未必为得，不进未必为非。"马援缓进并不是刻意延误军机，实际上是符合当时征战需要的，一为山高水险，难以攻克；二为酷暑难耐，需要休养整顿。

② 范晔：《后汉书·卷二十四·马援列传第十四》，北京，中华书局，2007 年，第 253—255 页。马援南征交趾时曾写《诫兄子严敦书》告诫侄子，这封信被杜季良的仇家利用上书光武帝，意外致使梁松被牵连；其次，马援出征乌桓前曾当众斥诫梁松不要居贵自矜、骄傲放纵，也令梁松不满；再次，马援生病时，贵为驸马的梁松前来看望行礼，马援因其是晚辈没做回应。所以梁松与马援积怨颇深，在光武帝派梁松去调查耿舒所奏之事时，便借机报复。

野，以马革裹尸还葬"①的志愿，一生纵马驰骋、南征北战、功绩卓越，最终却因武陵之祸和薏苡之谤②而蒙冤受辱，令人慨叹。

马援与海南的渊源有其特殊的历史背景。汉武帝派人平定南越后，在南越设交阯部，部长官为刺史（东汉时改名交州部，长官为州牧），管辖合浦、南海、郁林、苍梧、交阯、日南、九真、珠崖、儋耳九郡，郡长官为太守。九郡之下设县，县长官有县令和雒将、雒侯。刺史或州牧、太守和县令都是由朝廷直接派遣任命的中原官员，雒将、雒侯则是越地的特殊官职，多是该地原有的首领。汉置九郡后，仍允许其保留一定的统治权。

建武十六年（40年），交阯郡麋泠县雒将的女儿征侧、征贰两姐妹发动叛乱。姐姐征侧雄壮勇武，嫁给诗索为妻。此时的交阯郡太守是苏定，残暴好杀，为当地越人所不满；而东汉时期改变了对越地的治理政策，增收了赋税进一步加重了这种不满；征侧丈夫诗索犯法，苏定将他绳之以法，更是直接激化了这一矛盾，致使征侧与其妹征贰一起发动叛乱，攻克了交阯郡城。叛乱发生后，九真、日南、合浦郡都有所响应，"二征"趁势侵掠了60多座城池，征侧自立为王，封征贰为大将军。而交阯刺史及其他郡太守都无力平叛，只得勉强自守。于是光武帝就命令长沙、合浦、交阯郡备好车船，修整道路桥梁，打通阻塞的河道，储备足够的粮食随时待命。建武十八年（42年），光武帝任命马援为伏波将军，以扶乐侯刘隆为副将，与楼船将军段志一起，率领长沙、桂阳、零陵、苍梧一万多兵士讨伐"二征"。军队到达合浦郡时，楼船将军段志重病身亡，于是就将他的军队统归马援调遣。马援率军沿海行进、遇山修道，往前1000多里。建武十八年（42年）春，马援率领的汉军在浪泊（今越南境内）与"二征"作战，大破"二征"军，斩首数千人，投降的数万人。马援乘胜追击

---

①　范晔：《后汉书·卷二十四·马援列传第十四》，北京，中华书局，2007年，第253页。马援平定交阯之乱回京后，孟冀前来祝贺。在与孟冀的对话中，马援回应道："男儿要当死于边野，以马革裹尸还葬耳，何能卧床上在儿女子手中邪？"

②　范晔：《后汉书·卷二十四·马援列传第十四》，北京，中华书局，2007年，第255页。马援征战交阯时，常常吃薏仁来去除湿气，因为南方薏仁的果实大、品种好，马援就拉了一车回京。京城人看到后都以为是南方的珍宝心存觊觎。马援死后，有人上书说马援曾经从南方拉回来一满车的珍珠、犀角，并且一人独吞了，致使光武帝大怒。

征侧等人到禁溪（今越南境内），数次打败敌军，逼得她们四散而逃。建武十九年（43 年）正月，马援军攻破交阯郡，斩杀征侧、征贰，将其人头传送洛阳。接着马援统帅大大小小的战船 2000 多艘，战士两万多人，清剿征侧的余党九真郡的都羊（都阳）等人，从无功打到居风，斩获了 5000 多人，将其为首的 300 多人迁到零陵以便加以管束。由此岭南地区基本平定。之后，马援暂留越地整顿治理，直至建武二十年（44 年）秋才班师回朝。

如果说路博德征南越是初次奠定了南越地区的郡县制统治，那么马援征交阯则是进一步稳定和发展了南越地区的郡县制统治。虽然马援在平定交阯后，曾以伏波将军路博德自比而慨叹不如[①]，但实际上马援的一生所建的功勋要比路博德大得多。仅就平南越而言，路博功虽有立郡之功，但毕竟是文德有余而武功不足，且征战过程楼船出力很大；马援平交阯却是独领风骚，武功赫赫，文德兼然。而且就后期治理来说，马援为所经过的南越诸郡县修治城郭、通渠灌溉、教百姓田耕，也促进了当地生产技术的发展和经济水平的提高。而修改越律的举措，也进一步促进了越地与中原的融合，所以有："自后骆越奉行马将军故事。"[②] 再有，就个人威望而言，马援作为东汉开国功臣之一，忠诚耿直、为国尽忠。平陇右、皖地、交阯等有功，战后又治理有嘉。其"老当益壮""马革裹尸"的凌云壮志，后世文武之人常引以自诫自勉。

征侧、征贰姐妹在交阯部的交阯郡叛乱，所以马援下南越平"二征"叛乱，主要是在交阯郡（今越南北部地区），旁及合浦郡（今广西南部地区）、九真郡（今越南中部地区）、日南郡（今越南南部地区）。那么，马援究竟有没有来过与合浦、交阯、九真、日南隔海而邻的海南岛？正史没

---

① 范晔：《后汉书·卷二十四·马援列传第十四》，北京，中华书局，2007 年，第 253 页。马援平定交阯之乱回京后，孟冀前来祝贺。马援曾对孟冀说："吾望子有善言，反同众人邪？昔伏波将军路博德开置七郡，裁封数百户；今我微劳，猥飨大县，功薄赏厚，何以能长久乎？"

② 范晔：《后汉书·卷二十四·马援列传第十四》，北京，中华书局，2007 年，第 253 页记载："援所过辄为郡县治城郭，穿渠灌溉，以利其民。条奏越律与汉律驳者十余事，与越人申明旧制以约束之，自后骆越奉行马将军故事。"

有明确说明，但明末清初的顾祖禹在其《读史方舆纪要》中曾载"大胜岭，县西十里。志云：马援破交阯，峤南悉平，因抚定珠厓，调立城郭，置井邑，屯兵于此，故以大胜名。"①清雍正年间的郝玉麟曾于《广东通志》记载说马援征伐交阯时曾"抚定珠崖立城郭"。清嘉庆年间，张岳崧在《琼州府地》中也记载东汉时，伏波将军曾"往来海南，抚定珠崖，调立城郭，置井邑"。这些文献中都有提及马援"抚定珠崖"。自汉武帝在海南地区设置珠崖、儋耳郡……复立珠崖县。从时间来看，很大程度上是马援平交阯的影响。此外宋代赵汝适所著《诸蕃志》曾载："马伏波之平海南也，命陶者作缸器，大者盛水数石，小者盛五斗至二三斗者，招到深峒归降人，即以遗之，任意选择，以测其巢穴之险夷。"②实际上，近代海南地区黎族仍旧有用大缸储水的习惯，今日生活条件改善，很多黎族已弃缸不用了，但在婚嫁中常以大缸为贺礼即是对这一习惯的传承。明唐胄所撰《琼台志·山川》有载："后伏波将军乘白马跑沙得泉，因为井，去海涛才四十五步，其味清，乡人于井上立伏波庙。"当今海南儋州、东方一带确实有很多关于马援在当地的传说。这一切都似乎印证了马援确确实实是来过海南的。然而传说毕竟不足为据，而相关的文献又因多为宋、明、清时期，相聚东汉甚远而常被有关学者质疑为后世衍说。那么，马援踏足海南的问题就有待进一步考证，有待更确切的证据证明了。

　　然而，以上文献材料虽不足以确证马援来过海南，却完全足以证明马援对海南地区有很大的影响。马援征交阯促进了整个交阯部地区的和平与稳定，包括远在海上的海南岛地区，而马援修道通渠，教百姓灌溉、耕种，造福一方百姓的举措也不只影响到他所具体经过的郡县，实际上他没有亲自踏足的周边郡县也自会有所效仿，所以中原先进农耕文化的传播不排除同属交阯部的海南地区。而且马援变革越律、奉行汉律并广而告之于越人，使得骆越地区都奉行他的政策。骆越是有别于闽越、滇越等地的百越之一，所谓骆越地区大体包括今广东西南部、广西南部、云南东南部、

---

　　①　顾祖禹撰，贺次君、施和金点校：《读史方舆纪要·卷一百五·广东六》，北京，中华书局，2005年，第4769页。

　　②　朱易安等：《全宋笔记·诸蕃志·海南》，郑州，大象出版社，2003年，第228-229页。

海南岛及越南红河流域等。这说明当时的海南百姓也定会受到马援修整、统一法律的影响。海南百姓将马援作为南征的大英雄看待，修伏波祠、立伏波庙加以供奉。

马援南征交阯促进了包括海南在内的大交阯地区与中原的各种交流，中原文化传播的载体依旧包括路博德南征以来的以官员及其家属、士兵和商人为主体的中原人。此外，马援南征胜利北撤后，还留下了一批将士在南疆戍边，自称"马留人"，即"马援南征时留下来的人"，这批"马留人"深受马援老当益壮，当战死疆场、马革裹尸等报国思想的影响，性格多果敢坚毅。他们定居于此，促进了文化交流，也形成和传播了马援南征的军旅文化。除了以这些人为载体的生产方式和社会习俗的潜移默化的文化影响外，马援南征时主动教当地百姓田耕、奉行汉律等则是直接将中原先进的农耕文化和法律文化传播至大交阯地区（包括海南）。

第二节　汉晋南北朝时期中原文化在海南的传播

西汉时期，伏波将军路博德征南越得胜，汉武帝于元封元年（前110年）在海南岛设立儋耳、珠崖二郡，将海南地区直接纳入中央直属统治管理。然而这两郡地区并太平，统治者与被统治者矛盾冲突不断，数年间，当地人民多次反叛杀死汉官夺取城池，而汉朝则常常派兵平定。自置郡后20年间，叛乱与平叛反反复复多达六次[①]。汉昭帝始元五年（前82年），罢撤儋耳郡，其下辖的5个县改由珠崖郡统辖。然而，动乱并未因此而停止，汉宣帝神爵三年（前59年），珠崖郡有三个县发动叛乱，到甘露元年（前53年），反叛地区涉及九个县，汉朝发兵平定了叛乱。汉元帝初元元

---

① 班固：《汉书卷·六十四下·严朱吾丘主父徐严终王贾传第三十四下》，北京，中华书局，2007年，第647页记载："其民暴恶，自以阻绝，数犯吏禁，吏亦酷之，率数年一反，杀吏，汉辄发兵击定之。自初为郡至昭帝始元元年，二十余年间，凡六反叛。"

年（前 48 年），珠崖各县多次叛乱，汉朝派兵击伐难以平定。后在贾捐之"不欲与者不强治""中国衰则先畔""愿遂弃珠崖，专用恤关东为忧"[①] 的"弃蛮夷、保中土"的政治建言下，汉元帝在审慎思虑后终究在初元三年（前 46 年）罢撤珠崖郡，设朱卢县，隶属合浦郡。东汉马援征交阯，抚定珠崖，光武帝于建武十九年（43 年）改置珠崖县，由合浦郡管辖。三国时期，海南地区归属吴国。吴黄武七年（228 年）孙权升珠崖县为珠官郡，赤乌五年（242 年），改珠官郡为珠崖郡。管辖徐闻、朱卢和珠官三县，但郡治不在海南岛上，而是在广东徐闻县，由海北遥领海南。西晋灭吴后，于太康元年（280 年）将珠崖郡并入合浦郡。南北朝时期，海南隶属南朝。刘宋文帝曾于元嘉八年（431 年）重置了珠崖郡，但很快又撤销了。所以宋、齐两朝基本是沿承西晋以来的建置，将海南地区交由合浦郡管理。梁朝梁武帝大同年间，因洗夫人的缘故，在儋耳郡故地设置了崖州，治所设在义伦县（今海南儋州市西北），自此海南地区才结束汉元帝罢郡以来，皆由海北大陆遥领的局面，有效地增强了海南岛与中原的联系。

自汉武帝立儋耳、珠崖郡以来，海南岛郡县建置几经改动，郡县的建置与罢撤、治所在海北还是海南直接关系到海南地区与中原地区关系的紧密程度。海南有郡县建置、且治所在海南岛境内时，来海南的中原人更多，与当地人的各种交流自会频繁许多；而自海南去中原进献的人在让中原人领略到海南风情时，也或多或少地将中原文化习俗带回海南。所以海南文化受中原文化的影响也会更大。但需要指出的是，海南岛郡县被罢撤而遥属海北期间，并不意味着海南与中原就中断了联系。实际上，不管海南岛内郡县建置如何变动，它都没有脱离中原王朝的统治。自汉武建置以来，一直由交阯部或交州统辖。历任交阯刺史或交州牧都是由中原派遣而来的官员，汉晋以来正史可考的交阯刺史或交州牧有石戴、罗宏、邓让、张乔、樊演、夏方、朱俊、贾琮、葛祗、周敞、朱符、张津、吕岱、戴良等三四十人。这一时期交阯地区动乱不断，这些刺史或州牧往往需要平定

---

① 班固：《汉书卷·六十四下·严朱吾丘主父徐严终王贾传第三十四下》，北京，中华书局，2007 年，第 647–649 页记载贾捐之对汉元帝的上书，后世称《弃珠崖议》。

各郡蛮人的叛乱①而进行有效的统治。

除交阯刺史潜移默化的文化影响外，汉晋时期交阯部所属的一些郡太守更有直接的文化教习和传播活动。其中比较著名的有西汉末东汉初的九真太守任延和交阯太守锡光。西汉末年，九真郡的百姓都以原始渔猎为主，不晓田耕，所以常常缺衣少粮。建武初，任延到任后教他们铸造农具，教导农垦，百姓日益富足，并依汉人父子之序、夫妻之道，制定相关礼法教导越民，使其习俗日渐合乎汉礼。为表达对任延的认可和爱戴，许多越人生子后以任为姓②。锡光在西汉平帝时就任交阯太守，王莽时期闭境自守，东汉建国后，锡光派遣使者觐见光武帝，光武帝仍令锡光为交阯太守，赐封盐水侯。锡光在任期间，教导交阯民众农垦耕稼，学习汉朝礼仪和穿戴，其影响力与任延相当③。《后汉书》南蛮传中专门记载说："光武中兴，锡光为交阯，任延守九真，于是教其耕稼，制为冠履，初设媒娉，始知姻娶，建立学校，导之礼义。"④两太守甚至都以建立学校来教导礼义，致力于推广中原文化。而九真郡、交阯郡与海南岛隔海相望，同属交阯部管辖。这些郡守长期人文化成、播撒汉风的举措势必对周边郡县有所影响。所以，中原的文化思想都有可能渐渐地传播至海南地区，然而相比九真、交阯郡来说，中原文化对海南的影响毕竟是较为间接和隐性的。

对于海南地区来说，中原文化更为直接的影响，莫过于汉族官民的到来。汉武帝在海南岛设立儋耳、珠崖郡后，二郡下辖的16县权力多为当地的雒人首领掌控，汉朝对海南地区的权力掌控主要通过任命郡太守来实

---

① 范晔：《后汉书·卷六·孝顺孝冲孝质帝纪第六》，北京，中华书局，2007年，第77页记载："九真太守祝良、交阯刺史张乔慰诱日南叛蛮，降之，岭外平。"第80页记载："冬十月，日南蛮夷攻烧城邑，交阯刺史夏方招诱降之。"范晔：《后汉书·卷八·孝灵帝纪第八》，北京，中华书局，2007年，第101页记载："交阯刺史朱俊讨交阯、合浦乌浒蛮，破之。"第102页记载"交阯屯兵……遣交阯刺史贾琮讨平之。"

② 范晔：《后汉书·卷七十六·循吏列传第六十六》，北京，中华书局，2007年，第719页。

③ 范晔：《后汉书·卷七十六·循吏列传第六十六》，北京，中华书局，2007年，第720页。

④ 范晔：《后汉书·卷八十六·南蛮西南夷列传第七十六》，北京，中华书局，2007年，第835页。

现。这些郡太守都是自中原远道而来的人，其对海南的人文化成作用是实实在在的。汉晋时期儋耳、珠崖郡建置几经更迁，为数不多有史可考的几任郡太守有：孙幸、孙豹、僮尹、聂友、陆凯。

孙幸和孙豹是父子俩。汉武帝时期，会稽（今浙江境内）人孙幸任珠崖太守，在珠崖任期间好搜刮珠崖财宝，压迫珠崖百姓。为献上求媚大肆搜刮黎族民众的广幅布，珠崖民众不堪其扰，最终叛乱攻破珠崖郡城，杀死太守孙幸。孙幸的儿子孙豹为报仇率领汉人收归郡城，统领郡中大小事项，并进一步讨击叛乱余党。几年后，珠崖郡基本安定。孙豹派遣使者将汉武帝赐予其父亲孙幸的太守印绶归还汉朝，并陈述珠崖郡叛乱前后的详细情况。汉武帝得知后下诏任命孙豹继任珠崖太守①。

僮尹，生卒年不详，《后汉书》无传。明朝戴璟的《广东通志》中有对僮尹的记载。僮尹是东汉时期丹阳人，因能孝顺亲长、廉能正直被推举入郎署为郎官，在京中候补职缺。汉明帝永平十七年（74年），此年雨水充沛、树枝内附，恰逢儋耳降附来朝进贡，百官都认为这是祥瑞显应，汇集朝堂称殇上寿。这些官员中便有张奋，而僮尹正是在张奋的引荐下，得以在便殿对答汉明帝。也正是这次交谈中，汉明帝发现僮尹很有才华，于是任命僮尹为儋耳太守。永平十八年（75年），僮尹治理儋耳不久，便被提升为交阯刺史。这其中有个问题，东汉明帝时期，海南岛还处于两郡被罢的状态，没有郡的建置，何来太守一说？或者说任命僮尹为儋耳太守是恰逢儋耳归附所采取的应时的特殊举措？所以僮尹才很快又被任命为交阯刺史？因正史无记载，只能再做考订。僮尹对于海南有无影响不在于他是否担任过儋耳太守，他对海南最大的影响在于他任交阯刺史回到珠崖时，除了戒敕官员不要贪吝残暴，要处理好与当地人的关系外，还劝导当地的黎族百姓改变纹面的习俗。这是以中原的文化习俗改变黎族民俗的最鲜明的记载。当代有部分学者以当今海南黎族还有纹面习俗来说明僮尹的劝谕是收效甚微的。窃以为，这样的认定是不够中肯的。僮尹放弃文面的劝谕只是针对珠崖境内的而且是已归属其管辖的黎族百姓，当

---

① 范晔：《后汉书·卷八十六·南蛮西南夷列传第七十六》，北京，中华书局，2007年，第835页。

时其实还有很多偏远黎峒的黎族是没有主动归属汉朝统治的。所以才有僮尹"劝谕其民毋镂面颊,以自别于峒俚"之说。对于这些归属僮尹的黎族,僮尹让其放弃文面的劝谕还是很有效果的,所谓"雕题之俗自是日变"即是对其效果的最好表征。而汉章帝建初年间,僮尹因"能匡俗信民"被厚加赏赐,迁为武陵太守更是官方对僮尹能够积极传播中原文化的直接认定。①

聂友、陆凯均为三国时期吴国人。赤乌五年(242 年)七月,孙权派遣将军聂友、校尉陆凯领兵三万讨伐珠崖、儋耳。

聂友(200—253 年),字文悌,豫章(今江西省)人。聂友颇有口才,早年曾担任县吏。虞翻被贬往交州,临行时县令曾派聂友去送他。虞翻在与聂友的一番交谈中惊奇地发现聂友是个很有才干的人,于是向当时的豫章太守谢斐推荐聂友为功曹。谢太守为此罢撤了原来的功曹转而任用了聂友。而后聂友出使都城时,又与掌领大权的诸葛恪交好。诸葛恪将其与当时很有名气的顾谭(字子默)、顾承(字子直)相提并论,使得聂友逐渐被世人所知晓。此时,正值吴国君主孙权很想出兵珠崖,他曾咨询过他的大军师全琮,全琮却认为珠崖荒远异域、毒瘴弥漫不值得花费兵力去平定,得不偿失。但孙权并没有听取意见,用兵珠崖的想法一直没有停止过。后来在诸葛恪的推荐下,孙权于赤乌五年(242 年)年夏,任命聂友为珠崖太守,加封将军,与陆凯一起领兵三万攻打儋耳、珠崖。这次攻打海南岛获胜后,孙权令聂友先留在珠崖治理一段时间,聂友考虑到军队在海南岛上待久了,怕染上暑疫,就只留下少部分军队自卫,其他的就都遣回都城了。孙权对此感到非常高兴,继而任命聂友为丹杨(今安徽境内)太守。和聂友交好的诸葛恪晚年权势大涨,不顾众人非议硬要出兵伐魏,用兵过程中又刚愎自用,终落得惨败收场。归国后又因权力争斗,被孙亮、孙峻设计杀害。诸葛恪死后,生前与其交好的聂友自然是被牵连的对象,受到了孙峻等人的排挤。他们试图将聂友发配到郁林作太守,聂友终在惴惴不安的忧虑中得病身亡。

陆凯(198—269 年),字敬风,吴郡吴县(今江苏苏州)人,丞相陆

---

① 戴璟:《嘉靖广东通志初稿·琼州府》,海口,海南出版社,2006 年,第 412 页。

逊的侄子。黄武初曾担任永兴和诸暨长，因政绩有嘉，被迁升为建武都尉。虽然都尉是统领军队的武官，但陆凯在任时，却不仅仅是训练统帅军队，而常常是手不释书。尤其喜爱研究扬雄的《太玄经》，并常常按照《太玄经》的占筮体系来推演和预测。赤乌五年（242年）夏，孙权任命陆凯为儋耳太守，与将军聂友一起攻打珠崖、儋耳。因杀敌众多，加之斩获原儋耳太守有功升任建武校尉。陆凯自此次出征海南崭露头角后，一路升迁。五凤二年（255年），征讨零陵获胜，升拜巴丘督、偏将军，封都乡侯。不久，先后担任武昌右部督、荡魏将军、绥远将军。孙休在位时，被拜为北将军，领豫州牧。孙皓为吴国君主时，陆凯被任命为镇西大将军，封嘉兴侯，都督巴丘，领荆州牧。宝鼎元年（266年），升任左丞相，到达了其官场生涯的顶峰。陆凯可谓吴国末代的重臣，吴国末主孙皓沉迷酒色、昏庸暴虐，罔顾江山社稷，先后杀死了扶持自己的大臣以及前国主孙休的王后和儿子。许多大臣都在强势压迫下噤若寒蝉，唯有陆凯仍敢于直谏，多次上书劝谏，但效果不大，而且也使得孙皓怀怨在心。陆凯在世时，因其重臣地位，孙皓未加惩罚。但陆凯死后，孙皓便将其遗属全部放逐到建安（今福建境内）。

比起路博德平南越、马援征交阯只是兼及海南来说，聂友、陆凯征讨儋耳、珠崖则是直接将目标定位在海南，他们不仅实实在在地踏上了海南这片土地，而且还分别作为珠崖和儋耳太守治理海南，在海南待了很长一段时间。孙权是比较重视对海南地区管辖的，在聂友、陆凯出征前，孙权就曾多次向他的军师、大臣们表明和咨询过征讨珠崖的意见。而聂友、陆凯出征前就已经被分别任命为珠崖、儋耳太守，也充分地彰显出孙权平定海南的宏伟意图。正是这次征讨后，珠崖郡才得以复立。聂友、陆凯因平定海南劳苦功高，加上治理珠崖、儋耳有方，受到了孙权的褒奖。此外，聂友、陆凯二人不仅武功赫赫，文采也是斐然。能被象数易学大家虞翻相中并举荐，说明聂友必定才气非凡。而陆凯也是手不释书，精通《太玄经》，著有《太玄经注》多卷，此外还有多篇谏文被严可均收录于《全三国文》中，多成为传世名篇。这样两个文采斐然、酷爱典书的太守在治理海南期间难道仅仅只是军事整顿和经济推动？这很难令人相信。想必他们在任期间必然会或多或少地传播中原文化。即使没有直接传播，他们尊崇中原文化的精神也会在一定程度上影响到当地人。

在加强中原与海南的交流方面，除了在海南地区有过任职的官吏有所作为外，还零零星星有一些其他的人也发挥过作用。如汉宣帝甘露二年（前52年）春，珠崖郡造反，汉宣帝曾派遣护军都尉张禄率兵平定[①]。汉献帝建安时期，著有《释名》和《孟子注》的著名的经学家、训诂学家刘熙曾经为躲避战乱来到交州，在交州（海南岛属其管辖）地区教学授徒，传播儒家文化。虽然刘熙没到过海南岛，但他的学生薛琮却曾踏足珠崖。薛琮年少时便逃难到了交州，跟从刘熙学习。在交州归属吴国后，薛琮便臣属于孙权，先后担任合浦、交阯太守，又曾与吕岱一起远征九真。关于薛琮与海南的关联主要见于《三国志·薛琮传》的一段记载："自臣昔客始至之时，珠崖除州县嫁娶，皆须八月引户，人民集会之时，男女自相可适，乃为夫妻，父母不能止""珠崖之废，起于长吏睹其好发，髡取为髲"[②]，可见薛琮不仅到过珠崖，而且对珠崖地区的民风民俗，珠崖郡政治统治存在的问题都有深入的了解和深刻的认识。由此薛琮曾向孙权陈述自己对交州各郡的了解，同时提出了一些治理的建议，比如一定要慎重任命郡守等。在加深中原与海南相互的了解和交流上，薛琮的作用是显而易见的。同时，薛琮的文辞造诣也是很高的，在以述为作、惜字如金的古代，薛琮却撰写了好几万字的诗赋论辩，即《私载》，还刊定了《五宗圆述》和《二京解》。而从薛琮对孙权的上疏中可以发现薛琮任职于交州期间，对交州地区各郡的风俗都比较了解，同时也比较关心当地的礼义教育。那么这样一位文采卓越又关心礼化教育的薛琮在任合浦郡守管辖珠崖期间，自会对珠崖地区政治、文化的发展产生一定的影响。除此之外，王莽辅政时，多"徙中国罪人，使杂居其间"[③]。当代研究海南贬谪文化的学者常常

---

① 班固：《汉书·卷八·宣帝纪第八》，北京，中华书局，2007年，第67页记载："夏四月，遣护军都尉禄将兵击珠崖。"

② 陈寿撰，裴松之注：《三国志·卷五十三·吴书张严程阚薛传第八》，北京，中华书局，2006年，第742页。

③ 范晔：《后汉书·卷八十六·南蛮西南夷列传第七十六》，北京，中华书局，2007年，第835页。

起始于唐宋时期，认为那才是海南贬谪文化的开始，其实将罪人流放到南方毒瘴之地早在秦朝就已经有了，只是那时多以为荆楚地区就已经很偏远了。后来被贬官员流放地逐步往南移，王莽时期多被贬谪到交阯或称岭南地区。唐宋时期，来琼的贬官已经是数目众多了。

汉晋南北朝时期，与海南地区有间接关联的交阯刺史和其他各郡郡守尤其是任延、锡光，与海南地区有直接关联的儋耳、珠崖郡守孙幸、孙豹、僮尹、聂友、陆凯等人都对海南地区政治文化的发展，对加强中原与海南的联系和交流发挥了一定的作用。而虞翻、刘熙这样的大经学家、思想家南迁交阯、教学授徒更是直接促进了整个交阯地区中原文化的传播和发展。张禄、薛琮等人踏足珠崖，名姓不考的兵士、商人自中原远道来琼以及众多中原流民杂居其间也在一定程度上促进了汉黎融合，改变了海南地区的民风民俗，促进了中原文化在海南的传播。

第三节　洗夫人及其后代对海南的开发

洗夫人（512—602年），原名洗英，幼名百合。高凉郡（今广东境内）俚人，生于梁朝初年，历经梁、陈、隋三朝。《隋书》有传[①]。世称洗（太）夫人[②]、石龙太夫人等，而在正式的封号中，隋封洗夫人为谯国夫人，宋封其为显应夫人，明封为高凉郡夫人，清封为慈佑夫人。

洗夫人家族世代为南越地区首领，跨据山洞，部落十余万家，所以洗夫人自小受军事熏陶、能文能武。出嫁前，身为少女的洗夫人已善于行军

---

　　① 魏征等：《隋书·第六册卷八十·列传第四十五列女·谯国夫人》，北京，中华书局，1997年，第1800—1803页。

　　② 作者注：严格来说，应称洗太夫人。因为洗夫人儿媳也姓洗，且在当时也略有作为、小有名气，所以时人多称其儿媳为洗夫人，称谯国夫人为洗太夫人。但现今一般提及洗夫人多就冯宝之妻谯国夫人洗英而言，本文沿用一般称谓，以洗夫人特指洗英。

用师，能率领部众安定诸越，而且向往中原文化，仁德爱民，以信义结于本乡，并运用自己的力量和影响多方规劝，解仇息兵。在其统治范围内，百姓寡怨少斗，多能安居乐业。冼夫人良政的名声传播到了海南地区，以致岛上 1000 多峒居民纷纷归附于冼氏。"谯国夫人者，高凉冼氏之女也。世为南越首领，跨据山洞，部落十余万家。夫人幼贤明，多筹略，在父母家，抚循部众，能行军用师，压服诸越。每劝亲族为善，由是信义结于本乡。越人之俗，好相攻击，夫人兄南梁州刺史挺，恃其富强，侵掠傍郡，岭表苦之。夫人多所规谏，由是怨隙止息，海南、儋耳归附者千余洞。"①
这是冼夫人初与海南结缘。

梁武帝大同元年（535 年），冼夫人嫁给冯融的儿子冯宝为妻，实现了汉裔冯氏与俚族冼氏两大家族的政治联姻。

冯氏家族本是河北冀州人，冯宝的先祖冯弘乃是北燕建立者冯跋之弟，后继任北燕王，由于国力弱小、内乱不断而被北魏所灭，冯弘带领族人逃亡至高句丽，却被高句丽长寿王所杀。冯弘的儿子冯业带领 300 族人浮海南下投奔刘宋，定居新会（今广东境内）。被任命为当地太守，由此开始了冯氏家族在广东的治理。自冯业至冯融，三代皆为守牧。然而冯氏家族毕竟是远自中原而来的汉族，语言、习俗本不相同，加之在越地根基不深，越人并不服管，其颁布的号令很难施行开来。由此，颇具慧识远见的冯融想出了一个绝好的办法，将目光锁定于越人首领冼氏大族，促成了冯冼的这段政治联姻。

冯冼联姻客观上起到了政治联盟、保境安民的作用。一方面，冯融、冯宝借助冼氏势力，增强了冯氏家族在岭南地区的统治势力和威望，从而慢慢发展为一方大姓豪酋。另一方面，联姻也使冼夫人的身份地位更加特殊：她本就是岭南地区少数民族首领，在岭南当地有着很高的威信，当地人都认同其统领，甚至远在海南的黎族同胞也愿意归附于她；当她与汉族官员联姻，拥有汉、俚双重领袖身份时，岭南百姓甚至地方豪酋就对她更加敬畏了。因此，《隋书》曰："夫人诚约本宗，使从民礼。每共宝参决辞

---

① 魏征等：《隋书·第六册卷八十·列传第四十五列女·谯国夫人》，北京，中华书局，1997 年，第 1801 页。

讼，首领有犯法者，虽是亲族，无所舍纵。自此政令有序，人莫敢违。"

冼夫人嫁入冯家后，既能竭力地规劝本族人循规守礼，又能协助其夫冯宝断决刑讼、治理一方。尤其是冯宝，自幼深受中原儒家文化滋养和熏陶，弱冠之年便已考取了功名，担任南朝梁朝的高凉郡太守。与冼夫人成婚后，在生产生活上，冯宝常为越人兴修水利，教百姓牛耕，引进铁器农具替代刀耕火种，推进了所辖越地的生产技术变革。文化上，相传冯宝曾在高凉郡中开办学馆，亲自开坛讲学，向当地百姓传授中原先进的文化理念，所以民间盛传着"冯公指令读书诗"的歌谣；冯宝在传播中原先进文化理念的同时，也有意识地祛除越人文化中浓厚的巫术占卜迷信的因子，通过知识和经验的传授开启了对越人文化的祛魅。由于冯宝治地高凉郡主要在今广东省境内，所以冯宝在经济、政治、文化上的贡献对广东影响最大。但同时这种影响力也波及周边的省份，包括海南。相传海南保亭名字的由来即与冯宝有一定关联，"冯公指令读书诗"歌谣的流传也主要是在今海南五指山腹地的琼中县。传言虽不具正史的确证力，无法说明冯宝在海南曾有所作为，但至少可以说明，冯宝对海南地区产生过一定的影响。而且海南地区人多称冯宝为冯公宝以示亲切和感激之情，而修祠庙祭祀冯公则更是彰显出了百姓对冯宝的崇敬和爱戴。

冼夫人出嫁前虽已志行得闻于众，但真正令其扬名万里、永垂青史的主要还是其婚后平定几次叛乱、忠心中央政权的功绩。

梁武帝太清二年（548年），侯景继先后背叛东、西魏后，勾结梁武帝萧衍的侄子梁正德又一次谋反叛乱，兵击南梁都城建康（今南京）。太清三年（549年），攻破建康，困死梁武帝。侯景拥兵掌权，几易国主，直至自立为王。天正二年（553年），侯景兵败出逃，被部下杀死。在这场叛乱的平定中，冼夫人也得以崭露头角。侯景叛梁时，广州都督萧勃欲征兵平叛，召李迁仕领兵援助。然而身为高州刺史的李迁仕却称病拥兵不前，屯守于大皋口意图谋反，响应侯景。同时欲以平叛的名义骗召下属的高凉郡守冯宝协同谋反。冯宝不知其中深义，本想奉上司命令前往，幸得冼夫人慧知卓见，看破奸计，冯宝才没有被迫为质。几天后，李迁仕果然谋反了，派遣猛将杜平虏进兵灨石。在听罢冯宝的告知后，冼夫人分析敌我之势，为避免大战涂炭，于是设计诈降。先寄出书信称降，再由冼夫人率领 1000 多人挑着贡品杂物伪装进城。待李迁仕信以为真、放松警惕，冼夫人却突然发动袭击。李迁仕猝不及防，大败溃逃，撤往宁都。冼夫人在这场叛乱中展现了自己的勇气和谋略，文能决策、武能斩将，从此，在高凉地区的威望更高了。也正是在此次平叛中，冼夫人结识了未来陈国的国主、此刻梁国的都督长城侯陈霸先。双方会师于灜石，共同击溃李迁仕残部。此次会面后，极具先知卓见的冼夫人慧眼识得陈霸先是可敬可畏之人，多得民心，将来必成大业。因此告诫其夫冯宝多多辅助之[①]。

南陈建国后，冼夫人的多番作为进一步加深了陈霸先对其的认可与赏识，冼夫人也因此得以屡受赏赐和加封。陈朝建国初，冯宝去世，岭南一带战乱不断，冼夫人以仁德安抚各部落，数州得以安定。陈永定二年（558 年），冼夫人派遣其年仅九岁的儿子冯仆觐见丹阳、朝拜陈主，陈霸先破例任命刚过始龀之年的冯仆为阳春郡太守，实权由冼夫人掌控。后遇广州刺史欧阳纥谋反，挟持冯仆诱逼冼夫人。冼夫人大义凛然，忍痛暂弃母子私情，毅然发兵进攻，内外夹击，逼得欧阳纥溃逃。由此，冼夫人被陈霸先封为中郎将、石龙太夫人，并按刺史的规格赏赐车乘、旌旗、符节仪仗等。她的儿子冯仆也依托其母的功劳，加之自身未同流参与叛乱，而被封为信都侯、中郎将，转任石龙太守。冯仆治理石龙郡期间政绩有嘉，多得百姓信任。然而好景不长，冯仆于陈书宝至德二年（584 年）去世，享年 35 岁。冼夫人的后代多得冼夫人的荫佑而封官加爵，冯仆也是如此。即便是冯仆死后，他也因冼夫人归顺隋朝、剿平诸乱、安定各州的功绩而被隋文帝杨坚追封为崖州总管、平原郡公。由此这个实际上可能并未踏足过海南的冯仆，却在名义上与海南有了密切的关联。

陈国灭亡时，岭南地区再一次无所归附和依托，众多郡县的首领都自觉奉冼夫人为首，称冼夫人为圣母（娘娘），在冼夫人的统治下，岭南地区得以安定团结。隋朝取代陈国之初，陈朝许多将士拒绝归顺。开皇九年（589 年），隋文帝杨坚派江州总管韦洸安抚岭南时，就遇到陈朝旧将豫章

---

① 魏征等：《隋书·第六册卷八十·列传第四十五列女·谯国夫人》，北京，中华书局，1997 年，第 1801 页记载："还谓宝曰：'陈都督大可畏，极得众心。我观此人必能平贼，君宜厚资之。'"

太守徐璒坚守南康不肯依附。韦洸在岭下徘徊不前之际，晋王杨广将陈主写给冼夫人的信、陈国兵符以及此前冼夫人进贡给陈主的扶南犀杖等一并交由冼夫人验证查看，告知陈国灭亡的事实，以规劝冼夫人带领众人归顺隋朝。冼夫人见到信物，确知陈国已亡，带领数千将士痛哭哀悼，以尽忠臣之责。随后遵循陈主遗意，归顺隋朝。冼夫人派遣她的孙子冯魂迎接韦洸，击斩徐璒，入驻广州，岭南地区大体安定下来。由此，冼夫人被隋文帝册封为宋康郡夫人，其孙冯魂则为仪同三司。然而冯魂却命不长久，在后来的王仲宣叛乱中惨遭杀害。

开皇十年（590 年），番禺地区的王仲宣谋反叛乱，各地首领纷纷响应，将韦洸围困在广州城里，并进兵屯驻衡岭（今衡山）。在这一次叛乱的平定中，冼夫人忠诚正直、大义无畏、纵马疆场的巾帼气概展现得淋漓尽致。冼夫人的孙子冯暄因素与逆党陈佛智交好，所以冯暄在平乱过程中故意拖延不作为。冼夫人得知后大怒，暂弃婆孙情义，将冯暄关押入狱。后遂派遣其孙冯盎讨杀陈佛智，进军南海，大败王仲宣。此外，冼夫人还亲自披甲上阵，乘着骏马，张着锦伞，带领持着弓弩的骑兵巡视抚定各州[1]，苍梧郡首领陈坦、罔州的冯岑翁、梁化的邓马头、滕州的李光略、罗州的庞靖等纷纷来参拜、归附冼夫人。冼夫人令其各领其地，各务原职，岭南地区又一次恢复安定。冼夫人这次迅速平定叛乱令隋文帝杨坚极为欣赏。杨坚不仅赦免了冼夫人的孙子冯暄不积极抗敌的罪过，还册封其为罗州刺史，同时封冼夫人的孙子冯盎为高州刺史，并以冼夫人先前所辖宋康郡延授予冼夫人儿子冯仆的遗孀冼氏。

冼夫人的孙子冯盎，是一个英勇善战、卓越有成的人物，《旧唐书》中有冯盎传。他在平定王仲宣叛乱中勇擒贼首、崭露头角，颇有将帅之风。之后平定广州地区叛乱，深得隋文帝及其左仆射杨素的赏识。在隋末唐初社会动乱之际，冯盎逐渐成为南越地区的大首领，此时已管辖 20 余州，领地数千里（其中就包括整个海南地区），其规模已超越秦汉时期赵佗所建的南越国。冯盎手握重兵，却没有拥兵自重、自立为王，仍能忠诚

---

① 魏征等：《隋书·第六册卷八十·列传第四十五列女·谯国夫人》，北京，中华书局，1997 年，第 1802 页记载："夫人亲披甲，乘介马，张锦伞，领彀骑，卫诏使裴矩巡抚诸州。"

归顺朝廷，颇具冼夫人忠国不渝之遗风①。冯盎归顺唐朝后，唐高祖李渊对其还算器重，授其为上柱国、高州总管，封越国公。原所辖领地被规范为高、春、罗、白、林、儋、崖、振八州，仍由冯盎管理。其中儋、崖、振三州在海南岛。唐朝海南地区的行政建置多有变动，至唐武宗时5州的稳定格局基本形成，除增设了琼州和万安州外，就是保存了儋、崖、振三州。所以说，隋末唐初海南地区的实际统治者是冯盎。如果说冼夫人的儿子冯仆是在死后被追封为崖州总管才得以与海南在名义上有所关联，那么冯仆的儿子冯盎却是实实在在地统治着海南。这就意味着冯盎对海南地区能产生更大、更直接的影响。而冯盎领兵久居海南，则进一步加深了中原与海南岛的政治、经济、思想文化交流。实际上，自冯盎进驻海南、冯智戴被唐太宗放归海南起，在唐朝强势国力的压迫下，冯、冼家族的势力逐渐衰退，而向海南地区缩拢。这就意味着相对还比较落后的海南能受到冯、冼家族更直接的治理和影响。就冯智戴来说，他是冯盎的长子，也就是冼夫人的曾孙。虽然他的父亲冯盎被海南冯氏推为渡琼始祖，但冯智戴才是冯氏家族中真正长期定居海南的第一人。冯智戴在贞观元年（627年）被他的父亲冯盎送入朝中随侍唐太宗。虽然在实质上相当于在朝中为质，但却也没有受到苛刻的对待。反而是因其不凡的才能而多得太宗嘉赏。相比冯盎而言，冯智戴久居长安、随侍君主，深受中原儒释道文化熏陶，不仅长于军事用兵，还善于吟诗作对②、精通占卜之道③。他被唐太宗放归海南后，初居澄迈，在中原文化和海南文化的交流传播中发挥了一定

---

① 刘昫等：《旧唐书·卷一百九·列传第五十九·冯盎》，北京，中华书局，1999年，第2229页记载："或有说盎曰：'自隋季崩离，海内骚动。今唐虽应运，而风教未浃，南越一隅，未有所定。公克平五岭二十余州，岂与赵佗九郡相比？今请上南越王之号。'盎曰：'吾居南越，于兹五代，本州牧伯，唯我一门，子女玉帛，吾之有也。人生富贵，如我殆难，常恐弗克负荷，以坠先业。本州衣锦便足，余复何求？越王之号，非所闻也。'"

② 刘昫等：《旧唐书·卷一·本纪第一》，北京，中华书局，1999年，第11页记载："高祖命突厥颉利可汗起舞，又遣南越酋长冯智戴咏诗。"

③ 欧阳修等：《新唐书·卷一百一十·列传第三十五·诸夷蕃将》，北京，中华书局，1999年，第3281页记载："闻其善兵，指云问曰：'下有贼，今可击乎？'（智戴）对曰：'云状如树，方辰在金，金利木柔，击之胜！'帝奇其对。累迁左武卫将军。"

的作用。所以在南北朝和隋唐时期，冯、冼家族对海南地区的影响是巨大的，其族群成为海南历史上一重要的移居群体。虽然后期在武则天的镇压下，冯氏家族逐渐衰落甚至灭亡，但其初期的影响却是不可磨灭的，尤其是溯其源头至冼夫人。正是在冼夫人的庇荫和影响下，冯冼家族势力才得以漫及和深入影响海南。

需要提及的是，在平定王仲宣叛乱中，隋文帝给予的最大封赏则是册封冼夫人为谯国夫人，追封冼夫人丈夫冯宝为广州总管、谯国公。并首开谯国夫人幕府，冼夫人有权任命和管辖其辖境内长吏以下的官员，赐发印章。并且六州的兵马都随时听候冼夫人发落。由此，整个岭南地区的实权都掌握在冼夫人手中，冼夫人能如将军一般开置幕府、拥有相当于南越藩国国王的实权，可谓中国历史上妇女中的第一人。在隋文帝赐封冼、冯家族官衔之余，隋文帝皇后还特赐冼夫人首饰及宴服等珠宝锦缎。冼夫人也是感恩戴德，将其所事梁、陈、隋三代国主所赏赐的物品分库收藏，每逢过年节庆时，陈列于大庭中，展示给他的子孙们，以教导他们要有忠孝报国之心。

后来番州（今广州）总管赵讷贪吝暴虐，常利用职权、牟取私利，辖境内俚人多有不服，或是激烈反抗，或是被迫逃亡。冼夫人知道这一情况后，派遣长史张融禀奏隋文帝，陈明赵讷罪状，提出安抚俚人的意见。文帝派人前去查证，确知赵讷贪污而将其绳之以法。随后，派遣冼夫人招慰安抚俚人。冼夫人带着诏书，亲自巡视南越十余州，彰明圣上仁德，宣述安抚旨意。虽无直接材料证明，但可以推测出，正是在这次大规模巡视中，冼夫人带着她的军队登陆了海南岛。当时的海南岛属于隋王朝的统治区域，冼夫人既然亲自巡历各州、策马宣旨，就不可能独独落下海南。此外因冼夫人所到之地，百姓无不心悦诚服，纷纷归降，文帝深感惊奇和喜悦，而赐予冼夫人临振县汤沐邑，一千五百户。在封建男权社会中，将如此大的一个食俸私邑赐封给一个非皇室贵族血统的妇人，足以可见冼夫人的不一般。而临振县位于海南岛的南部，即今三亚地区。说忠诚爱国、感恩戴德的冼夫人获得这样的一个封邑而不前往查看、治理，这是很难令人相信的。所以，那些认为冼夫人没有真正踏足海南岛的想法是难以被认可的。实际上，冼夫人正是以此为基地，开府设帐，其后世子孙也多依托于此开拓和治理海南。

隋文帝仁寿二年（602 年），冼夫人以 91 岁高龄去世，谥号诚敬夫人。

冼夫人虽侍三朝，但一心为国。其手握大权、辖境广博，足以称雄割据一方，却毫无自立之心，仍能忠诚于国家统一、致力于民族团结。在动荡不安的南北朝时期，冼夫人平定各处叛乱、保境安民的举措起到了很好的凝聚作用，使得南越地区能够偏安一隅，不至硝烟弥漫、生灵涂炭。所以百姓对冼夫人是很感激和爱戴的。冼夫人去世后，人们纷纷筑起冼夫人庙、圣母庙等来供奉祭祀她以表感恩。海南地区的人也都把冼夫人当作英雄，甚至圣母神仙来对待。除了修庙祭祀外，民间还常常定期举办许多与冼夫人有关的民俗纪念活动，如请婆祖闹军坡等。苏轼被贬海南，瞻仰儋州冼夫人庙时曾赋诗一首以表对冼夫人的崇敬和追思。其诗《冼庙》如此写道：

> 冯冼古烈妇，翁媪国于兹。
>
> 策勋梁武后，开府隋文时。
>
> 三世更险易，一心无磷缁。
>
> 锦缬平积乱，犀渠破余疑。
>
> 庙貌空复存，碑版漫无辞。
>
> 我欲作铭志，慰此父老思。
>
> 遗民不可问，偻句莫予欺。
>
> 爆牲菌鸡卜，我当一访之。
>
> 铜鼓壶芦笙，歌此迎送诗。

这首诗简明扼要地总结出了冼夫人主要的生平活动及性格特点。冼夫人的才干与势力崭露于梁朝，盛极于隋朝。历经梁、陈、隋三朝，却只一心为国。纵马张伞平定积乱，仁德服众保境安民。巾帼英雄世代效法，赤诚丹心青史留存。

封建历史上对冼夫人表示追思和赞誉的诗词很多，苏东坡的这首诗比较著名，如今很多冼夫人庙或娘娘庙中都会有所刻录。而冼玉清教授在其《民族英雄冼夫人》一文中对冼夫人的评价："冼夫人是妇女为国立德立功之第一人；妇女开幕府建牙悬肘之第一人；妇女任使者宣谕国家德意之第一人；妇女享万民祭祀之第一人"①，则道出了冼夫人为世人所推重爱戴的真谛。

冼夫人深受百姓爱戴，至少有以下三个方面的原因。

首先，冼夫人平定了海南地区的叛乱，致力于维护民族团结。冼夫人作为俚族首领，她与汉官冯宝的政治联姻有效地化解了汉俚间的矛盾，促进了民族融合。而冼夫人不论政权如何更迭，忠心归服中央王朝的举措进一步稳定了汉俚关系，促进了中原与海南地区的交流与融合。冼夫人此举使得百姓即使在战火纷飞时期，仍能过上相对安定的生活。安居乐业对于百姓来说是天大的幸事，凡是能提供此保障的人都会深受百姓爱戴。

其次，冼夫人英勇睿智、仁政爱民，其巾帼英范、仁德操守很值得后人效法。而且不仅冼夫人个人如此，她的丈夫冯宝和在她教导、带领下的冯氏后人如冯盎、冯智戴等也都英勇卓越、忠国仁民，多为时人所爱戴。可以说，冼夫人对百姓产生的巨大影响不仅仅是冼夫人个人的，还包括整个冯、冼家族的功绩。在百姓的这种爱戴中，冼夫人的个人魅力和家族魅力已融合于一体。

最后，冼夫人尚未出嫁时，儋耳地区俚人就已慕名归附于她。而她在政治上对海南的最大贡献莫过于在她出嫁不久后，与丈夫冯宝一起奏请隋文帝批准在儋耳旧址上设置崖州。这一举措在海南历史上是极具意义的，它使得行政建置几经更迭而最终只能被合浦遥领、几至被朝廷忽略的海南地区再度回归到中央政权的直属统治之内，从而结束了汉元帝罢郡 600 多年来，海南无郡州建置、不直接归属中央的历史。自此以后，海南地区的郡县设置虽有增减调动，但不论如何变更，都基本保持着和中央政权的直接关联。所以，冼夫人请置崖州的举措有效地维护了封建王朝的中央集权制度，促进了中原与海南地区的统一和交流。之后冼夫人被赐予的临振县汤沐邑也纳入了崖州的管辖之内。冼夫人在此开府设帐，有效地实现了对海南地区的治理和发展。其冯氏后人也多以此为基地，管理海南地区。他们来到海南虽是驻军为政，但既是治理一方，必定是从政治、经济、文化到社会都要有所管理。他们将中原地区先进的农耕技术传播于此。而受过

---

① 冼玉清：《民族女英雄冼夫人》，岭南周报，1938 年 3 月 7 日。

中原儒释道文化熏陶的冯氏后人如冯智戴也无形中在传播着中原的思想文化和习俗。所以说，以冼夫人为代表的冯、冼家族的管理拉近了海南地区与中原的距离，也促进了汉俚文化的融合。但需要说明的是，相比宋明以贬官为载体的中原文化对海南文化的直接影响，这一时期中原文化在海南的传播是间接的、细微的、隐性的。

第二章
唐代海南与中原的文化交流

历史上，海南文化是海南本土文化与中原文化和各种外来文化相互交流、融合而成的极富地方特色的多元文化。在结构上，中原文化是其主导文化。但隋唐以前，中原文化虽与海南本土文化有所交流，但两者融合度有限，甚至基本处于相互分离的状态。自隋唐以后，特别是随着唐代大量贬官的到来，海南本土文化才与中原文化真正相互融合起来。

隋唐以来，贬谪海南的官员多为朝中重臣，他们是社会的精英，更是文化的传承者。他们谪居海南，无论是寄情山水、写诗撰著，还是助民耕种、兴办教育，都会促进中原文化的广泛传播。也正是在唐代贬谪文化的引导和促进下，海南的教育事业、农耕文化和风俗习惯才得到了较大的发展，海南文化才形成了以中原文化为主导的格局。

第一节　贬谪制度概述

贬谪又称流贬，一般是指我国古代获罪官吏降职、降级、免职并流放于偏远蛮荒之地的刑罚。数千年来，故土乡情、落叶归根一直是我国古人的终极关切之一。流放偏远蛮荒之地不但意味着艰辛的生活和肉体惩罚，还意味着情感上孤苦无依的精神折磨。所以，贬谪之罚对于犯官罪臣实在是一种严厉的惩罚。

对犯官吏施以贬谪的制度正式确立于秦朝，完备成熟于唐代。据史料记载，获罪官员贬谪至海南的现象始于隋代，多发于唐宋期间。宋代以后则明显减少。海南贬谪历史的发展与变化，与我国古代的政治统治和贬谪制度的发展息息相关。

一、我国古代贬谪制度的形成与发展

贬谪作为我国古代惩罚官吏的重要手段和刑罚，源于上古时期对获罪的部落首领进行减刑或者是代替刑罚的一种手段——"流"。随着历史的发展，这种惩罚手段逐渐施用于罪官犯卒以及获罪的庶民身上，从而成为一种刑罚制度。至西周时期，"流"才发展为一种独立的刑罚，而流贬之事也从此便不绝于史。秦朝时期，流刑已经细分为针对普通犯罪庶民的迁刑和针对获罪官吏的谪刑。所以，至少自秦朝开始，贬谪这种刑罚制度就已经正式确立。当然，针对普通庶民的流迁之刑也仍随朝代的变更而不断地发展。

经汉、晋的发展，南北朝时期贬谪之刑无论在执行、安置方面还是管理方面均已具备制度化的特征。虽然这一时期的贬谪制度仍不完备，但已基本成型。在此基础上，隋唐时期的贬谪制度，在流贬之前附有明确的笞杖量刑标准，在流放途中有固定的流贬路径和明确的流放地域限制，同时，在到达流贬之地后也有明确的安置和服役规定。可见，隋唐时期，我国古代对犯官罪臣施以贬谪之罚的贬谪制度才真正完备。

自宋代开始，隋唐时期的贬谪制度基本被各朝各代沿用并稳定下来。但由于统治者的需要，各代又有不同的创新和发展。宋代创立了刺配、折杖、赎刑等贬谪流放之刑。其中，刺配就是在犯官罪臣脸上刺字后，施以杖脊之刑后再流配充军的一种贬谪之刑；折杖即是用臀杖或脊杖之刑代替传统的笞、杖、徒等刑罚。在处置上贬官主要分为左降、编配、安置和居住几种。至明代，为满足军事屯田和兵力的补充，贬谪制度中出现了流贬户外为民和充军的刑罚。这两种贬谪之刑实际上是将大量的贬官转化为长期的劳役。至清代，贬谪制度中创建了闰刑——发遣。这种刑罚是将犯官流放为差或为奴。可见，清代的贬谪之罚较以前更为严酷。随着晚清政府的腐朽没落，存续了几千年的贬谪制度最终随着封建王朝的消亡，而走到尽头。

纵观贬谪制度的形成与发展，官吏一经贬谪，往往被降级或免职而流放于偏远的险苦化外之地，其家眷、幕僚也往往连坐，随之流放。但唐代以前的犯官被贬后基本被免职贬为庶民，而唐代以后的贬官则多谪为宦。其中，唐宋两代谪为宦者居多，而明清时期多发配充军或流为庶民、奴仆。当然，少数情况下也有只降职不流放或外放升迁（明升暗降）的情况。由于本书是从文化交流的角度来谈贬谪文化，所以，并不涉及这种少数情况。

二、我国古代流贬之地的变更

从贬谪流放地域变更来看，历代流贬之地均在当时统治范围的边缘，并随统治范围的扩大而不断地变更。秦汉时期，流贬之地集中有三处：一为鄂西北的房陵（今房县）、上庸（今竹山）等地区；二为岭南一带，特别是岭南的合浦（今广西合浦市一带）、口南（今越南中部顺化市附近）、九真（今越南中部清化一带）；其三为西北的边疆地区，当时主要集中在河西走廊和河套平原地区。这些地区山岭交错、偏险闭塞，且气候恶劣、落后荒蛮。这样的贬谪之地既能达到惩罚犯官罪臣、消减中央集权统治威胁的目的，又能彰显统治者的宽宥仁慈之性。所以，历代统治者贬谪官吏的处所，往往随统治范围的扩大和开化程度的变化而不断地变更。

隋唐时期的贬谪流放之地主要集中在西域、漠北一带以及岭南和海南①一带。特别是"安史之乱"以后，岭南和海南一带随唐代西域局势改变而成为流贬的主要地域。史料中可查的唐代受贬官吏中，就有60多位贬谪流放海南。至两宋，基于统治范围的缩小，贬谪流放之地往往集中在岭南和海南一带。而海南的琼州、儋州、万安军、崖州等地是宋代贬官流放的首选之地。

在唐宋两代长期的贬谪流放背景下，岭南以及海南的经济、文化、生活等各个方面都已有所发展。所以，宋以后，若再将犯官罪臣贬谪至岭南

---

①　作者注：严格地说，古代岭南之地包括海南，但因本书专注于海南的贬谪文化，故将海南从岭南中单独列出。

及海南一带，就很难达到封建帝王惩罚官吏的目的。再加上元代、明代岭南、海南一带的地方骚乱和"黎乱"暴动时有发生，流放大量犯官罪人聚集于此，不但会使大量贬官受到严重的人身伤害，而且也不利于朝政的稳定。所以，自元代起，贬谪流放的地域不再局限于岭南和海南等边远地区，而是秉承"南人北流，北人南流"刑罚理念，将贬谪流放的地域集中在我国的东北、西北和西南地区。元代规定："流刑：辽阳、湖广、迤北""南人迁于辽阳迤北之地，北人迁于南方湖广之乡"①。《元史》中又明确说："诸流远囚徒，惟女真、高丽二族流湖广，余并流奴儿干及取海青之地。"② 湖广之乡依然是岭南及海南一带，而辽阳迤北之地则是今东三省及黑龙江以北、乌苏里江以东地区。"奴儿干及取海青之地"，也就是今黑龙江下游与俄罗斯远东滨海地区。明代也在"南人北流，北人南流"的刑罚理念指导下，将贬谪流放之地集中在我国西北部地区的云南、四川两地以及东北部地区的大宁东北地区（今内蒙古自治区的东南部地区）、辽东等地。具体地说，就是江南及四川一带的犯官流放东北部地区的大宁和辽东一带，而中原地区及东部沿海地区的罪臣则发往西北部的云南和四川等地。

至清代，为适应边疆开发的需求，贬谪流放之地分散至东西南北各边疆之地。其中包括东北地区、西北地区、西南云贵地区以及东南沿海和海南等地，但其中最主要的是东北三省的三个将军辖区。至清末，贬谪制度彻底消亡。

海南从隋唐到清末一直就是我国古代的主要贬谪流放之地。海南本土文化与中原文化相融合而形成海南文化的历程与海南的贬谪历史息息相关。

① 宋镰等：《元史·卷一百二》，北京，中华书局，1999年，第1729页。
② 宋镰等：《元史·卷一百三》，北京，中华书局，1999年，第1999页。

第二节 海南贬谪历史发展概况

海南地处偏远、孤悬海外、交通不便，岛内壁立千仞、瘴疬之气环伺不已，其条件不但艰苦，且黎族民风彪悍。这种蛮荒之地是我国古代天然的流放之所。唐代以前，受中原政权更迭、战乱频繁的影响，海南虽属中央政权管辖，但实际控制权并不在中央政权手中。所以，唐代之前，海南少有贬官光顾。自唐代起，中央政权对海南开始进行强而有力的直接统治，海南从此便成了历代贬官流放的重要之地。海南作为贬谪流放之地，从隋唐一直延续到清末，但流贬至海南的官员，有史料记载的却大量集中在唐宋两代，元至明时期较少，至清代基本没有。

一、海南贬谪历史的肇始

先秦时期，海南属于南交趾 ① 或儋耳国 ② 统辖。汉武帝时期，伏波将军路博德南征灭南越国，于是，公元前 110 年，海南归属中央王朝直接统治，并设置儋耳、珠崖两郡，下辖 16 县。但因中原动荡，自两汉到南北朝，海南实际上处于无政府状态，并且这种状况一直持续到南北朝时期。因此，贬谪制度虽在秦代就已经确立，但从先秦时期一直到南北朝，海南却没有成为主要的流贬犯官罪臣之地。

冼夫人归附隋朝后，助隋统一岭南。隋朝在海南设置崖州下辖珠崖、儋耳、临振三郡，海南归隋朝直接统治。这也是中央集权下，朝廷有效治理海南的开始。犯官罪臣流贬海南也自隋代才成为现实。但隋至唐初，中原战乱频发，封建帝王无暇巩固对海南的统治。海南实际统治者依然是冼夫人及其后代。所以，这一时期，贬官到海南的情况也少有发生。在史料中，除隋朝滕穆王杨纶以外，当前学者们还没有看到其他流贬海南官员的相应的记载。

---

① 作者注：南交趾是先秦时期百越支下骆越的分部，其范围在今越南北部红河流域一带。

② 作者注：儋耳国是海南岛西部的一个具有原始部落组织性质的国家。

　　杨纶，字斌籀，隋朝宗室滕穆王杨瓒之子。他是海南史载贬官流贬至琼的第一人。据《隋书》和《正德琼台志》记载：杨纶"性弘厚，美姿容，颇解钟律。高祖受禅，封邵国公，邑八千户"①。他处事公允，深受以梁人拥护，民间声誉颇高。但这也使他深受隋文帝和隋炀帝的不喜和猜忌。隋大业元年（605年），杨轮因"巫蛊恶逆"之事被贬为庶民，并流放到始安（今桂林）。大业七年（611年），杨纶因心怀不甘而请命随隋炀帝远征辽东，但却反遭帝王不满而再次被流贬流放于珠崖。

　　杨纶之所以被贬，其实既有隋炀帝猜忌的原因，还有宗室矛盾冲突因素。杨纶之父杨瓒乃隋文帝杨坚的胞弟，北周时期被封为邵国公，尚周武帝之妹顺阳公主。杨瓒因不接受杨坚篡逆的拉拢，并多次图谋杀害杨坚，兄弟二人不睦，因此深埋祸根。隋文帝杨坚即位后，北周顺阳公主遭独孤皇后清算除籍，不久后，杨瓒暴毙于栗园。

　　杨瓒死后，杨纶袭嗣滕穆王爵位。但因其在民间声誉日隆，一直就为隋文帝和隋炀帝不喜和忌惮。隋文帝性格宽厚，其在位时杨纶尚有所安。但隋炀帝荒淫，且暴虐成性，对其猜忌尤甚。杨纶终日忧惧无措，无奈之下招来王琛、惠恩等江湖术士"叩问命运"向天祈问。"琛答曰：'相禄不凡。'乃因曰：'滕即腾也，此字足为善应。'有沙门惠恩、崛多等，颇解占候，纶每与交通，常令此三人为度星法。"②605年，杨纶被诬陷"怨望咒诅"，隋炀帝亦欲借"厌蛊恶逆"之罪置杨纶于死地。于是，隋炀帝心腹之臣王宏领上奏杨纶行"巫蛊恶逆"之事，应当被处死。公卿们也诬陷他，说："纶希冀国灾，以为身幸。原其怀恶之由，积自家世……其先乃离阻大谋，弃同即异，父悖于前，子逆于后，非直觊觎朝廷，便是图危社稷。为恶有状，其罪莫大，刑兹无赦，抑有旧章，请依前律。"③于是，当年的秋天杨纶就被皇室除名，贬为庶民，并谪放到始安。他的兄弟们也全被流放到边疆各郡。大业七年（611年），杨纶因心怀不甘而请命从军远征辽东，但却反遭帝王不满，再次被流贬流放于珠崖。隋末，天下大乱，

---

① 唐胄：《正德琼台志·卷三十四·流寓》，上海，上海古籍出版社，1964年，第715页。

② 魏征等：《隋书·卷四十四·列传第九》，北京，中华书局，1997年，第1222页。

③ 魏征等：《隋书·卷四十四·列传第九》，北京，中华书局，1997年，第1222页。

林仕弘称帝，建立楚国。冯盎将苍梧、高凉、珠崖、番禺之地交付楚国。在珠崖的杨纶因林仕弘所逼，被迫携妻儿举家迁至儋耳。冯盎归顺唐朝后，杨纶也归顺于大唐，并被封为怀化县公，但不久后就去世了。

杨纶是史料中记载的流放海南的第一位贬官，但因史料所限，我们无法得知他在海南的事迹。不过，自杨纶以后，流往海南的贬官却多与杨纶相似：海南贬谪史中的贬官，多因帝王猜忌、政治失利而流贬至琼，并且，这些人中官位显赫，朝中重臣者居多。

二、海南贬谪历史的高峰

隋以后，被贬官员流放海南便不绝于史。其中唐宋两代最为集中，仅史料中可查的就有 150 多位，堪称海南贬谪历史的高峰。

唐武德五年（622 年），冯盎归顺唐朝，海南归唐王朝直接统治。为强化中央集权，唐朝针对海南设置府、州、县的三级行政管辖机构，并由唐初的 3 州 12 县发展至唐代后期的 5 州 22 县。唐王朝对海南的有效统辖日益强化。因海南特有的地理环境和荒蛮状况堪称流贬最佳之地，所以，唐朝统治者往往将罪责深重的高官显宦流放至海南。这也就促成了海南贬官的急剧增加。

唐代被流贬海南的官员主要贬往崖州、儋州、振州和琼州。据统计，这些官员将近 70 位，其中不乏皇亲国戚，且多为朝中肱骨重臣。例如，唐代的韩瑗、王义方、杨炎、李昭德、韦执谊、李德裕、李灵夔、武元爽等。唐代海南贬官有 14 位任过宰相，8 位皇亲国戚。从贬谪原因来看，他们多因朋党争斗失利、谋反失败或连坐而被贬谪，真正因贪墨、暴政、不作为等原因而被流贬的较少。而从贬谪结果来看，被贬海南后，不但要受笞杖之刑，日驰十驿前往贬所，而且少部分贬官还在流贬途中或被赐死，或被暗杀，或不堪折磨而死。真正到达海南贬所的贬谪官员只有 40 多人，且他们又多因心绪抑郁、环境恶劣而不久于世。

宋代海南行政建制为 4 州 13 县，后来发展为 1 州、3 军、10 县及两镇的局面。鉴于贬谪制度的完全成熟。宋朝基本承袭了唐代贬谪制度，但其惩罚力度较唐代轻得多。宋代不但创立了折杖法和刺配充军之法，而且流贬途中也鲜有被赐死或暗杀的情况出现。这使谪官至琼的人数大量增加。

从海南贬官的流放地而言，多数贬谪官员流贬至琼州、崖州、儋州和万安州。从人数上来看，宋代300余年的历史中约有80多名犯官罪臣携家眷被贬往海南，整体人数较唐代略有增加。他们与唐代贬谪官员一样，也多为位高权重之人。例如丁谓、苏轼、司马光、李纲、胡铨、赵鼎等能臣名相。并且这些权臣多数集中流贬崖州。这些贬谪官员来到海南后不但使海南的政治、经济有较大的发展，而且他们大量兴建官、私学校，使中原文化渐入人心。因此，海南的文教人才也就逐渐脱颖而出。

此外，宋代还有布衣、僧人等流贬海南之地，如韩振辰、惠洪等。他们与宋代官吏一起，对海南的政治、经济、文化的发展作出了重要的贡献。

唐宋两代大量谪官来到海南，不但为海南带来了文化启蒙之机，而且促进了海南本土文化与中原文化的融合，为明清两代海南文化的兴盛奠定的基础。

三、海南贬谪历史的低潮与终结

宋代以后，贬谪官吏流贬海南的人数迅速减少。元明两代，海南贬官历史的发展进入了低潮。因为在唐宋两代大量贬谪官员和民众迁徙来琼以及宋室南迁的影响下，海南的经济、文化和交通等已有较大的发展。在这种背景下，再将犯官罪臣大量贬谪海南，显得难以达到惩罚的目的。因此，自元朝起，贬谪的原则改为"南人北流，北人南流"。同时，明代海南又多有兵乱、盗贼之害，所以，元明两代贬往海南的犯官罪臣总计30余人，数量大大减少。

元代南贬的官吏基本都是蒙古族人。史料记载，这一时期贬往海南的官吏只有忙哥帖木儿、图帖睦尔、阿马、承童、桉梯不花、月鲁帖木儿、罗五十三、王士熙、邱世杰、忽剌、帖木儿不花、速速和亦怜真班13人。这些人多为皇室及重臣，而且除王士熙和邱世杰以外，基本都是蒙古族人。

明代海南的政治、经济已有较大的发展，海南的社会秩序处于相对稳定的状态。所以，明代不再把海南当作"化外之地"。同时，明代海南又多有兵乱、盗贼之害，局面混乱不安。犯官罪臣流贬海南不但人身安全难以保障，而且有损明王朝仁德形象。因此，明代流贬海南犯官罪臣显少能见，多数官吏均为谪降调派至海南任职。明代获罪坐事贬谪至海南的官吏约有 31 人，其中也不乏朝中重臣，如薛显、汪广洋、康鉴、赵谦、艾璞等人。这些人多集中在正德年间被贬。

后来，随着招抚政策的实施，海南进入了政治、经济和文化较快发展的阶段。海南也就不再是贬谪流放之地，犯官罪臣贬谪海南的历史也就基本终结于明代了。

第三节 唐代至琼贬官述略

唐代是贬谪制度逐渐完备并走向成熟的重要时期，也是大规模贬官来琼的高峰期。大量贬谪官员的到来，不但促进了海南政治、经济的发展，更为海南文化的发展奠定了基础。

一、唐代贬谪官员至琼概况

秦汉至隋，贬官南流均徙为庶民，但自唐代起，贬官虽有部分流贬为民，但更多的却被贬谪为偏远地区的小官。但不管是流为民还是谪为官，唐代对贬官的惩罚都是十分严厉的，以至于谪琼贬官真正到达海南的只有 40 余位。

唐代流贬之刑有役流、杖流、长流、配流和赎罪之分，流贬时限除长流外，分为三至十年不等。除逢大赦外，刑满方可量移、责授或擢升。官吏一旦被贬获刑，往往先被施以杖刑后再进行流贬。在流贬行程中，被贬官吏必须按规定路线走官路，并日驰十驿及以上，一路画押签到，不能流连于宴会，更不得逗留片刻。即使到达贬谪地域以后，除谪降为官者，其他人一概要服役并以耕种为生。在流贬期间，他们不能另任他职，不能参加聚会，更不能离开贬地。可见，唐代对待贬谪官员如同囚犯一样惩罚，十分严厉。

在上述严厉的惩罚制度下，被贬海南的近70位官吏，除部分中途赐死或被暗杀外，很多谪官死于严苛的流贬之途，以至于真正到达海南贬所的贬官只有半数之余。这些谪官到达贬所后又多因心绪抑郁、生存艰辛而不久于世。

唐代主要至琼贬官概况列表

序号	贬官姓名	官职	被贬时间	贬谪海南的原因	备注
1	王义方	太子校书	646年	刑部尚书张亮被疑谋反，王义方因与之交好受连坐，贬为儋州吉安县县丞	三年后量移
2	张皎		646年	同上，张亮之侄，流配崖州而卒	
3	韩瑗	宰相	657年	被诬与褚遂良谋反，谪为振州刺史，四年后死于贬所	
4	李津	太子右司议郎	663年	坐父不法之罪，长流振州	674年大赦归
5	李茂	淮南王	674年—676年	饿杀其父，险薄无行，配流振州而死	宗室
6	郎余庆	御史中丞、交州都督	高宗朝	酷吏，清刻于法，流放琼州	逢大赦，徙春州
7	武元爽	少府少监		因曾刻薄武后母女，遭构陷配流振州而死	外戚
8	刘讷言	太子洗马、侍读	680年	概因注释《汉书》暗讽外戚干政，并进献于太子。武后不喜贬至振州而死	
9	李孝逸	镇军大将军、吴国公	686年	因武承嗣嫉妒，以姓名诬陷，流徙儋州，不久死于贬所	宗室
10	李昭德	御史中丞	689年	贬为振州陵水尉	后还，累迁宰相

序号	贬官姓名	官职	被贬时间	贬谪海南的原因	备注
11	韦方质	宰相	690 年	武承嗣不喜，为酷吏构陷，流配儋州。同年冬，被害于贬所	
12	阿史那献	突厥可汗	692 年	因其父被诬腰斩，而连坐流配崖州	后被诏还
13	崔元综	宰相	694 年	酷吏，犯罪配流振州，不久赦还	赦还
14	胡元范	凤阁侍郎	684 年	净臣，因为裴炎辩解，流死琼州	
15	郑普思	秘书员外监	706 年	纠结僧道，图谋作乱，流于儋州	
16	李邕	左右殿侍御史	710 年	贬为崖州舍城丞	715 年擢升户部侍郎
17	姚绍之	监察御史	中宗朝	酷吏，因贪墨黜放琼山尉	不久逃回京都
18	归国	突厥卢山部族都督	727 年	被诬欲叛乱，长流琼州	
19	齐敷	都水监丞	729 年	麻察坐事，齐敷以同党论而长流崖州	
20	唐地文	左监门将军	731 年	坐王毛仲拥兵自重，贬谪振州员外别驾	
21	南巨川	给事中	肃宗朝	坐事被贬崖州	
22	崔蓮	监察御史	803 年	因下吏陷害而流放崖州	
23	崔珣	秘书少监	803 年	流放崖州，原因不明	
24	穆质	给事中	穆宗朝	诱过天子，揽功于己，流放崖州（因说坐杨凭善交好而贬为开州刺史）	
25	张勋		德宗朝	因奸相裴延龄构陷而配流崖州	
26	吴贤秀	户部尚书	805 年	流于崖州，落籍琼山张吴图都化村（今灵山镇）	807 年卒于琼山
27	王震	太常正卿	805 年	流于崖州，落籍琼山张吴图都化村（今灵山镇）	

序号	贬官姓名	官职	被贬时间	贬谪海南的原因	备注
28	辜玑	礼部尚书	805 年	谪贬为琼州军民指挥使，落籍琼山	
29	韦执谊	宰相	805 年	因"二王八司马"事件被贬为崖州司户参军，落籍今龙泉镇	812 年卒于崖州
30	庄敬平	莆田县教谕	806 年	随侍韦执谊，迁崖州，定居今龙泉镇	
31	皇甫镈	宰相	820 年	献长生药致宪宗亡，贬为崖州司户参军，卒于贬所	
32	林蕴	邵州刺史	宪宗朝	坐赃，杖流儋州而死	
33	李佐	郢王	823 年	妄传禁中话，安置崖州	826 年还，宗室
34	唐庆	寿州中丞、刺史	824 年	因贪墨长流崖州	
35	茅汇	左金吾兵曹参军	825 年	卷入宰相争斗，不愿诬陷他人而流放崖州	
36	崔元藻	御史	845 年	贬崖州司户参军	
37	薛元龟	权知府事、京兆少尹	846 年	李德裕被罢相后，因其与李德裕交好，连坐贬为崖州司户参军	
38	李德裕	宰相	848 年	政敌陷害，贬崖州司户，二年正月卒于贬所	
39	李鄠	安南都护	861 年	边关杀守澄有背绥靖之策，被贬儋州司户，后改长流崖州	
40	杨知至	比部郎中、知制诰	870 年	昌公主卒，杀医官刘瞻力谏而贬。杨知至因与刘瞻交好而被韦保衡迫害贬为琼州司马	后还
41	李敬伸	左金吾大将军、充左街使	872 年	于琼轻慢韦保衡被进谗言而贬。李敬伸以同党之名贬为儋州司户	

　　从上述列表来看，至琼贬官既有宰相也有皇亲宗室，居多者仍为朝中肱骨重臣。他们主要因中宗复辟、韦后擅权、安史之乱、永贞革新、朋党之争、宦官专政等政治事件而被贬往崖州、儋州、振州和琼州四地，其中贬往崖州20人最为集中，儋州7人，振州8人，琼州6人。总体来看，至琼贬官只有15人仍有官职，除韩瑗谪任振州刺史外，其他贬官任职一般较为低微，多为七品以下佐官或闲职。其中，贬为县丞、县尉的有4位：

　　　　王义方，儋州吉安县丞。

　　　　李昭德，振州陵水县尉。

　　　　李邕，崖州舍城县丞。

　　　　姚绍之，琼州琼山县尉。

　　贬为司马、别驾等军府之官的有两位：

　　　　唐地文，振州员外别驾。

　　　　杨知至，琼州司马。

　　贬为司户、司户参军等职，主管户籍、婚嫁、田宅、杂徭、道路之事的有9人：

　　　　辜玑，琼州军民指挥史。

　　　　韦执谊，崖州司户参军。

　　　　皇甫镈，崖州司户参军。

　　　　崔元藻，崖州司户参军。

　　　　薛元龟，崖州司户参军。

　　　　李德裕，崖州司户。

　　　　李鄂，儋州司户。

　　　　李敬伸，儋州司户。

　　由一国肱骨重臣贬谪为七品以下末微官职，流放偏远蛮荒困苦之地，并像囚徒一样备受监守，即使生老病死后还要被开棺验尸。可见，唐代对贬官的惩罚力度可谓不是一般的严厉。再加上唐代海南被人们视为烟瘴魑魅盛行的化外之地，流贬海南的犯官罪臣往往抱有万死投荒之情，甚至宁肯自杀不愿前往也就不足为怪了。

二、唐代至琼贬官概况

承前所述，唐代谪琼贬官有近70位，他们多因政治失利而流贬海南，但真正到达海南的仅有40余位。这些人中，既有皇族宗室，也有宰相等朝中肱骨重臣及高士。他们作为唐代政治、经济和文化方面的精英人才而谪降海南，对海南的文化启蒙和经济、政治等诸多方面的发展都产生了重要的作用。

（一）唐代至琼贬官第一人——王义方

王义方（615—669年），泗州涟水（今江苏涟水县）人，唐代著名高士，撰有《笔海》十卷、文集十卷。他是唐代第一个至琼的贬官，被后世誉为"开创海南儒学教育的第一人"。

王义方自幼丧父，家境贫寒，但读书刻苦，通晓四书五经。举明经后，他曾任晋王府参军、值弘文馆、太子校书等职，累官至中央监察官御史台侍御史。王义方虽官位不高，却声望很高。因为他品德方正孝义，为人恭孝，善于助人，为官忠于直道，傲岸独立而不附权贵。其一生安贫乐道，或是聚徒授道或是随行施教，以传播儒家礼乐为己任，是一名真正以儒家道义为担当的君子儒。唐初四杰之一的卢照邻和中国第一位武状元员半千都是他的学生。因此，很多人都用古代的圣贤稷和契来比喻他。这也是他虽官位不高，但却位卑名显的原因。《旧唐书》《新唐书》《资治通鉴》以及其他的史传中，均对王义方的事迹有相应的记载。

王义方出仕时，高宗李治和名臣魏徵都很喜欢和器重他。但作为一名真正的君子儒，王义方傲岸独立、从道而不从君，这也决定了他不可能在仕途上有较大的发展，甚至因其耿直无所顾忌的性格而受牵连获罪。事实也正是这样，他因与刑部尚书张亮交好，而在张亮被疑谋反后而受牵连，贬为儋州吉安县（今昌江县）县丞，又因直谏武则天心腹之臣而被贬莱州司户参军。

张亮本李密部下，行事诡诈细密。降唐后，因功勋卓著而任工部尚书和刑部尚书，是凌烟阁二十四功臣之一。但张亮惧内，其妻李氏生性淫荡、骄横，不但逼张亮收她与奸夫苟且之子为义子，而且好以巫蛊左道干预政事。张亮的名声也因此逐渐被败坏。张亮在相州时，公孙节对张亮说："弓长之主当别都。"① 意指张亮会成为帝王。在其他术士和下官的忽悠下，张亮渐生不臣之心，并私下收养 500 名义子。贞观二十年（646 年），张亮私养义子之事被告发，意指其蓄意谋反。唐太宗大怒，下诏籍没其家，并于长安西市将其斩首。时任太子校书的王义方因与张亮交好而受牵连，被贬为儋州吉安县县丞。张亮之侄张皎也因此事配流崖州，而后投奔王义方。

王义方是第一个被贬到海南的唐代官员。作为以传播儒家礼乐为己任的君子儒，他说服黎峒诸位首领，开班讲学，传授礼乐，为海南文化教育作出了不可磨灭的贡献。

王义方携家眷渡海至琼时遇到了大浪，一时间涛雾蒸涌。船家便准备用酒肉、果脯来祭奠海神，但王义方坚决不同意。他说："黍稷非馨，义在明德。"② 既然祭祀宗旨不在于用黍稷贿赂海神，而在于彰明德行，所以王义方以水来祭奠海神。据说，祭祀后天气慢慢转好，王义方等人安全南渡至吉安。《旧唐书》记载了全部了祭文：

思帝乡而北顾，望海浦而南浮。必也行愆诸己，义负前修。长鲸击水，天吴覆舟。因忠获戾，以孝见尤。四维雾廓，千里安流。灵应如响，无作神羞。③

此祭文是当前海南本土诗文中最早的文献，也是王义方在海南留下的唯一一首有史料可查的诗文。

王义方到吉安县后，看到吉安当地满是荒芜，道路不畅，民风更是彪悍不驯。作为一名随行施教的纯粹君子儒来说，不允许当地这样的状况持续下去的。于是，王义方到任后便将各部首领召集到一起，共同商谈教育事宜。他说服黎峒各部首领，挑选一些当地较有潜质的青年开班授徒，并亲自为他们讲授四书五经及儒家的礼乐之仪。他带领学生祭奠古代圣贤，

---

① 刘昫等：《旧唐书·列传第十九·卷六十九》，北京，中华书局，2002 年，第 1714 页。

② 刘昫等：《旧唐书·列传第一百三十七·卷一百八十九》，北京，中华书局，2002 年，第 3387 页。

③ 刘昫等：《旧唐书·列传第一百三十七·卷一百八十九》，北京，中华书局，2002 年，第 3387 页。

用儒家正统的礼乐思想教育他们。一段时间后，他们出入有序，登降有礼，跪拜有仪，可谓是"清歌吹龠，登降跽立，人人悦顺"①。各部首领看到后，对王义方之举十分敬佩。据说，此后不少部落首领都将自己的孩子亲自送到王义方那里接受儒家礼乐之教，有些百姓在王义方的影响下，也都出行谦让有序。王义方谪居吉安只有三年，但却使吉安从一个荒蛮落后的地区变成了一个"弦歌四起"的礼仪之乡。

三年后（649年）王义方量移，改授予沤水县（今魏县西南）县丞，宗显庆元年（656年），升任侍御史。但因向高宗直谏武则天心腹之臣李义府，被高宗以毁辱大臣、言词不逊为名贬至莱州（今山东掖县）任司户参军。任期满后，王义方便在昌乐安家定居，终日聚徒教授、撰文写集，致力于文教事业。总章二年（669年），王义方去世。门生员半千、何彦光等为其守丧三年。

王义方对海南整体文教事业的发展及历史进步都有着非同寻常的意义，后世对他在海南所作的贡献也给予了高度的评价。据《光绪澄迈县志》记载："澄僻居海岛，旧俗颇陋，与中州相远。一变于汉之锡光（光武时锡光教耕稼、制冠履、立学校），再变于唐之义方，三变于宋之守之（守之，宋庆历年间郡守宋姓，教诸生讲五经于先圣庙，建尊师亭，暇则躬自讲授），兼以名宦放谪，士族侨寓，故风声气习，反薄还淳。"②汉代锡光虽在海南兴建学校，教导人们礼仪，但直至隋唐以前，海南教育事业的发展都处于十分闭塞的状态，中原文化与海南黎族文化并没有真正交融于一体，且后续文教传承处于断裂状况。但王义方则不同，史书虽然对王义方在海南的文教事迹记载较少，但是他真正使中原文脉在海南延伸开来。王义方比"五公"（李德裕、李纲、赵鼎、李光、胡铨）之一的李德裕早203年到琼，比苏东坡在儋州办学要早452年。后世被贬来琼的文官也是在他的影响下才不断开班授学，形成积极传播中原文化风气的。人们在琼海市塔洋镇为王义方修建了祖祠和纪念堂。

---

① 欧阳修等：《新唐书·列传三十七·卷一百一十二》，北京，中华书局，1975年，第4209页。

② 龙朝翊等：《光绪澄迈县志·卷一·风俗》，海口，海南出版社，2004年，第41页。

（二）唐代流贬至琼的宰相

唐代贬谪海南官吏多为朝中肱骨重臣，其中有 14 位任过宰相，他们分别是韩瑗、李津、李昭德、韦方质、崔元综、敬晖、杨炎、韦执谊、皇甫镈、李德裕、路岩、王博、独孤损和柳璨。上述 14 位曾任过宰相的官员中，真正流贬并达海南的有 7 位，他们分别是韩瑗、李昭德、韦方质、崔元综、韦执谊、皇甫镈和李德裕。这些重臣文相同样对海南文化事业的发展作出了巨大的贡献。

1. 贬琼第一相——韩瑗

韩瑗（606—659 年），字伯玉，京兆郡三原（今陕西省咸阳市三原县）人，韩瑗是唐太宗时期的兵部侍郎、唐高宗时期的宰相，也是第一个流贬至琼的宰相。

韩瑗出身于南阳韩氏官宦之家，其父为唐太宗时期的刑部尚书韩仲良。他自幼受过良好的教育，因而品德高尚、学识广博，且擅于为官之道。出仕后，颇得朝廷的器重，唐太宗时期曾任兵部侍郎，世袭其父封号颍川公，高宗永徽三年（652 年）擢升黄门侍郎。高宗永徽四年（653 年），韩瑗官拜同中书门下三品，正式成为宰相班子中的一员，并监修国史。永徽五年（654 年），韩瑗加官至银青光禄大夫，永徽六年（655 年）升任侍中，兼太子宾客。

韩瑗被贬的根源为高宗废后立武之争。永徽六年（655 年），唐高宗欲废黜王皇后，改立武则天为后。长孙无忌和褚遂良等人极力反对此事，甚至以辞官相威胁。韩瑗支持长孙无忌、褚遂良的观点，认为废王立武不利于唐朝社稷江山的稳定，因而多次声泪俱下地苦谏高宗。高宗大怒，褚遂良、韩瑗等人被拖出大殿，武则天终成皇后。随后，高宗以狂悖乖张、直言犯上之名贬褚遂良为潭州都督。韩瑗又再次上疏为褚遂良求情，但高宗不听。于是韩瑗一气之下要辞官归，但高宗仍不同意。废后之争使武则天对长孙无忌、褚遂良和韩瑗等人怀恨无比。韩瑗被贬的祸根也在于此。

显庆二年（657 年），在武则天的授意下，许敬宗、李义府对韩瑗与时任桂州都督的褚遂良罗织构陷，硬说褚遂良去桂州任都督，是因为褚遂良、韩瑗等人早就在桂州筹备造反。于是，褚遂良被贬为爱州（治所在今越南清化）刺史，韩瑗被谪为振州刺史。韩瑗于显庆四年（659 年），于海南去世，年仅 54 岁。

武则天对韩瑗等人一直怀恨在心，借废太子李忠之事诬陷长孙无忌谋反，又说："无忌谋逆，由褚遂良、柳奭、韩瑗构扇而成。"① 于是，派人去杀韩瑗。但到了振州发现韩瑗已经去世，于是开棺验尸，并追削官爵，籍其家，子孙全部配徙广州为官奴。连与韩瑗关系较好的外戚，如驸马都尉长孙铨、凉州刺史赵持满等也都被流放或诛杀。一直到神龙初元年（705年），武则天被逼退位时，才下遗诏恢复韩瑗官爵和名誉。大中二年（848年），韩瑗位列凌烟阁三十七功臣之一，以"中书令兼修国史韩瑗"之名位居第六。

韩瑗是唐代谪琼贬官中任职最高的一位。史书虽然对其在海南的为官作为没有记载，但作为一州之史，韩瑗在任两年，应该对振州及其下辖的宁远、临川、陵水、延德 4 县均有所影响。

2. 武后宠相——李昭德

李昭德（？—697 年），雍州长安（今陕西西安）人，生于陇西李氏世家，其父为高宗时期的刑部尚书李乾祐。

据说李昭德为官强干，自入仕后就颇有乃父之风。他被贬前曾累官至御史中丞，永昌初年（689 年）被贬振州陵水尉，放还后任夏官侍郎②。如意元年（692 年），李昭德官拜宰相，成为武则天的宠臣，行事较为跋扈。通天二年（697 年），李昭德被来俊臣及皇甫文备诬陷意欲谋反。

对于被贬一事，《新唐书》中也只记载为，"永昌初，坐事贬振州陵水尉。还为夏官侍郎"③。至于到底因为什么事情受牵连被贬并没有记载，什么时间放还回朝的也没有记录。但从被贬到放还这段时间应该不长，因为天授二年（691 年），李昭德已经在朝堂上指责王庆之请立魏王武承嗣为

---

① 司马光编著，胡三省音注：《资治通鉴·卷二百》，北京，中华书局，1956 年，第 6386 页。

② 作者注：任夏官侍郎即兵部侍郎。唐光宅元年（684 年），武则天改称兵部为夏官，改称刑部为秋官，改称吏部为天官，改称户部为地官，改称礼部为春官，改称工部为冬官。至神龙元年（705 年），恢复原名。

③ 欧阳修等：《新唐书·列传第四十二·卷一百一十七》，北京，中华书局，1975 年，第 4209 页。

皇太子一事了。

关于李昭德在陵水的事迹，笔者在史书中尚未见记载。海南史志网载："唐武德五年（622 年），知县李昭德设县治于陵水峒博吉村。"同时，海南日报 2013 年 12 月 4 日载："据陵水作家李玉峰介绍，唐代被贬为振州陵水尉、后来名垂青史的李昭德，当年曾在博吉（今光坡镇新岭村博吉村小组）设立陵水第一个公署（县治）。"但笔者在查阅史料时并没有见到相关记载，同时也认为此记录的时间也不正确。因为，新旧《唐书》《资治通鉴》和各方志中所记载的李昭德贬谪振州的时间都是 689 年。同时，李乾祐生于 593 年，卒于公元 622 年，年仅 29 岁。即使其早婚，其子李昭德在公元 622 年时也应不足 15 岁，如此年龄的他如何可能在此之前就已经出仕为官并又被贬的呢？这显然不合理。

3. 清正之相——韦方质

韦方质（？—690 年），韦云起之孙、扶阳郡公师实子，雍州万年（今西安市）人，出身于唐代"韦氏九公房"之韦氏东眷阆公房。他对法理较为精通，曾参修《垂拱格式》并获得人们的普遍称赞。

韦方质为官清正耿直，光宅元年（684 年），累升至凤阁侍郎、同凤阁鸾台平章事。垂拱元年（685 年），正式成为宰相。虽然官至宰相，但耿直的性格和正直的品格注定了他不可能与篡夺大唐江山的武氏集团同流合污，被清算也成为必然。

据史料记载，他为了避免与武承嗣、武三思等人有所交集或摩擦，常常假装生病而不上朝。武氏两兄弟去韦方质家中看望他，韦方质却靠坐在床上不下来行礼。他周围的人都劝他说：坐靠在床上见权贵之人，恐怕是要招来祸患的。但韦方质却毫无畏惧地说："吉凶命也。大丈夫岂能折节曲事近戚，以求苟免也。"[①]武承嗣本就与韦方质分属于敌对派系，这下更加认为他倨傲、轻视自己了，于是便怀恨在心。天授元年（690 年），武承嗣、武三思二人指使来俊珦、周兴构陷韦方质。韦方质因此配流海南儋州，并籍没全家。同一年的冬天，韦方质被害于儋州贬所。至神龙初年（705 年），他才得以昭雪冤情。

---

① 刘昫等：《旧唐书·列传第二十五·卷七十五》，北京，中华书局，2002 年，第 1795 页。

4. 伪善罪相——崔元综

崔元综，生年不详，郑州新郑人。他出身于古代十大名门望族之清河崔氏的分支郑州崔氏。崔无综相貌敦厚，思行周密谨慎，但实际上却是一个性格虚伪狠厉，行事极为挑剔、刻薄的人。唐高祖武德年间历任黄门侍郎、鸿胪卿，武则天天授时期，累迁至秋官侍郎[①]，长寿元年（692年），正式成为宰相。据说，他为官时较为勤政，总是从早到晚一直工作，从不懈怠。在工作中他总是刻意装作宽厚样子，但却在审理案件时吹毛求疵、穷究不舍，常常不置人于死地决不罢休，以至于轻罪重判、量刑过重者比比皆是。因此，人们对他既害怕又看不起他的伪善。

据《新唐书》记载，崔元综于长寿二年（693年）"坐事配流振州"[②]，朝野上下拍手称快。《旧唐书》说他是因"犯罪配流振州"[③]，《正德琼台志》中也把他归为罪放之人，但具体因何事而流贬海南，史书中并没有详细记载。他在海南有哪些事迹也无处可查。但不管怎么说，他都不是一个良相，而是一个"酷相"。不过，他不久就被赦还任用为监察御史，后来累迁为尚书左丞、蒲州刺史。

5. 兴农良相——韦执谊

韦执谊（764—812年），又名韦执义，别称韦崖州，字宗仁，京兆（今陕西西安）人。他是唐代"二王八司马"之一，顺宗时期的改革派良相。

韦执谊出身于唐代名门望族韦氏家族之京兆韦氏龙门公房，他是西汉名相韦贤、韦玄成的后裔，与韦方质属同宗。韦执谊从小便受到良好的教育，因而才华横溢。受家族秦国遗风的熏陶，自幼怀有报效国家、变法图强的志向。进士及第后，因其策论过人、品德方正颇受德宗皇帝的赞赏，进而被授予右拾遗。随后，声誉日盛，年20而擢升为翰林学士，成为唐代翰林院史中最年轻的学士。随后任南宫郎、吏部郎中等职。在德宗时

---

① 作者注：秋官侍郎即刑部侍郎。

② 欧阳修等：《新唐书·列传第三十九·卷一百一十四》，北京，中华书局1975年，第4205页。

③ 刘昫等：《旧唐书·列传第四十·卷九十》，北京，中华书局，2002年，第1995页。

期，韦执谊因受太子李诵和王叔文的赏识而被指引进入永贞革新集团，从此走上了革新之路。

永贞元年（805 年），顺宗李诵即位，王叔文专权。韦执谊由王叔文引荐而出任宰相。当时，唐朝正处于宦官专政、藩镇割据、朝政腐败的历史背景之下，革新派必然会针对此而开展一场政治革新运动来改变这种局面。当时的革新集团由王叔文、王伾领导，以韦执谊、韩泰、陈谏、柳宗元、刘禹锡、韩晔、凌准、程异为骨干。他们针对宦官专权和藩镇割据进行打击和变革，史称永贞革新。在改革的过程中，韦执谊深识宦海风险，与一心想要专权的王叔文逐渐疏远。永贞革新受到宦官头目俱文珍的仇视。永贞元年（805 年）八月，俱文珍等宦官与藩镇势力进行勾结，逼顺宗禅位于宪宗李纯。于是，永贞革新运动失败，革新集团的主要人员都遭到了疯狂的打击和报复。其中王叔文被贬为渝州司户、王伾被贬为开州司马，史称二人为"二王"；以韦执谊为首的八位骨干则全被贬为司马①，史称这八人为"八司马"。后来人们便将这次对永贞革新集团进行的清洗事件称为"二王八司马"事件。

在该事件中，韦执谊起初虽是失势并未被贬，但作为"八司马"的领头人物，被清算是必然的。所以，即使韦执谊与王叔文保持一定的距离，且有岳父杜黄裳的援救，但仍在不久后由宰相贬为太子宾客。至永贞元年（805 年）十一月，又再次下诏曰：韦执谊"直谅无闻，奸回有素，负恩弃德，毁信废忠，言必矫诬，动皆蒙蔽。官由党进，政以贿成。……可崖州司马员外置同正员，仍即驰驿发遣"。② 于是，韦执谊虽然最后被贬，但却贬谪到最远的崖州任司马。实际上，韦执谊到达崖州后谪任为崖州司户参军。新旧《唐书》《资治通鉴》也都明确记载了韦执谊贬到崖州后任司户参军的史实。

韦执谊历来就视岭南为不祥之地，对这一地区向来厌恶有加，甚至

---

① 作者注：八人被贬为司马的具体情况为：韦执谊被贬为崖州司马、韩泰被贬为虔州司马、陈谏被贬为台州司马、柳宗元被贬为永州司马、刘禹锡被贬为朗州司马、韩晔被贬为饶州司马、凌准被贬为连州司马、程异被贬为郴州司马。

② 董诰等：《全唐文·卷五十六》，北京，中华书局，1983 年，第 605 页。

别人提到岭南的一些地方他都会不高兴。据《旧唐书》记载，他还在任郎官时，有一次看地图，每当看见岭南地图就立刻闭上眼睛，并让人将岭南地图拿走。任宰相后，他办公室的北面墙壁上也挂有一张地图，起初他并没细看过，"七八日，试观之，乃崖州图也，以为不祥，甚恶之，不敢出口"[①]。韦执谊之所以厌恶岭南，多半来源岭南是唐代贬官流放之地与最为瘴疠荒蛮的地方，另一原因则是因为他内心想要革新报国却又深识宦海风波险恶，对贬谪怀有恐慌和躲避的心理。之所以不敢开口让人拿走，恐怕是因为他是永贞革新的骨干，必须表现出对革新的坚决拥护之心。但不管怎样，他还是被贬往崖州，并在琼山龙泉镇郑都（后称韦村，今海口市龙华区龙泉镇新联村委会雅咏村）走完了他人生中的最后一程。

被贬崖州对韦执谊的打击很大，但幸好崖州刺史李甲很是同情他的遭遇，加上韦执谊确实才华卓越，所以李甲对他善待有加。据《太平广记》载，李甲为此特意发文给下属，说："前件官久在相庭，颇谙公事，幸期佐理。忽惮廉贤，事须请摄军事衙推。"[②]如此善待之下，韦执谊为海南的文教事业和农业发展作出了巨大的贡献。在文教事业方面，他在韦村创办理学，积极传播中原文化。在政务方面，他积极协助崖州地方官员进行辖区进行管理，规划并兴修"岩塘陂"和"亭塘陂"，并教导当地百姓垦荒耕田、牧羊养殖，努力传播中原先进的农业生产技术，为当地的农业发展作出了巨大贡献。其中尤为著名的岩塘陂水利工程，引水长流、灌溉一方，将打铁坡建成了旱涝保收的一方粮仓。后人除称赞他"功在当代，利在千秋"之外，更是亲切地将他称为韦崖州。

宪宗元和七年（812年），韦执谊一心民事，过度劳累、积劳成疾，不幸患疾病，去世时年仅48岁。至宪宗元和十年（815年），唐宪宗李纯才为其平冤昭雪。遵照韦执谊的遗嘱，韦氏子孙将其葬于郑都迈超（今海口市龙华区龙泉镇雅咏村西南约一公里处）之地，使其长眠于此，能够亲见琼山郑都一带的变化。40年后，李德裕贬至海南曾专门撰文祭悼韦

---

① 刘昫等：《旧唐书·列传第八十五·卷一百三十五》，北京，中华书局，2002年，第2574页。

② 李昉等：《太平广记·卷第四百九十七》，北京，中华书局，1961年，第4078页。

执谊："德迈皋陶,功宣吕尚。文学世雄,智谋神贶。一遭谗疾,投身荒瘴……信成祸深,业崇身丧……临风敬吊,愿与神游。"[1]

韦执谊子孙落籍琼山,随后成为海南韦姓的一支,人称韦姓渡海琼公。他们按韦执谊的遗愿为当地民众造福。据《正德琼台志》及其他史料记载,历宋明两代时间,其后世子孙按韦执谊原有规划,彻底完成岩塘陂水利工程和亭塘陂水利工程。"九图田产,数千粮税胥赖于此两陂灌溉"。一片荒原终成万亩良田而福泽后世之人。

6. 媚帝奸相——皇甫镈

皇甫镈(?—821年),安定朝那(今甘肃省平凉县)人,一说泾州临泾(今甘肃省镇原县)人。其父为常州刺史皇甫愉。德宗贞元年间,皇甫镈进士及第,登贤良文学制科,入朝为监察御史。后来历任吏部员外郎、司农卿兼御史中丞、判度支、户部侍郎兼御史大夫等要职。此人善于财政管理,屡屡以克扣聚敛钱财进献帝王,因此颇得唐宪宗赏识。元和十三年(818年),虽然宰相裴度、崔群等人极力谏阻,但皇甫镈还是通过贿赂权宦官吐突承璀而进门下侍郎、同中书门下平章事,成为宪宗的宰相。一时间舆论哗然,天下人对他这种靠聚敛勾剥上位的奸邪苛刻之相痛恨入骨。他曾低价购买根本无法使用陈年腐化物资,以供边疆军士所需。军士怨怒无比,裴度揭露此事,结果宪宗根本不相信。后来,皇甫镈与李逢吉、程异、令狐楚等人联合,挑拨宪宗与裴度、崔群的关系,致使裴度被罢,崔群被黜。

待天下逐渐太平,宪宗李纯便有了长生不老的念头。皇甫镈投其所好,向其引荐方士以求宠信。元和十四年(819年),皇甫镈将谎称能够炼制长生药的方士柳泌引荐给唐宪宗李纯。宪宗服药后,性情变得日益暴躁,经常喜怒无常,随意诛杀左右服侍的宦官,并且身体逐渐恶化。当时宦官集团中梁守谦、王守澄和陈志宏一派支持太子李恒,而吐突承璀一派则欲改立李恽为太子,并不断加紧此事的谋划。元和十五年(820年)正月二十七日,王守澄和陈志宏等宦官潜入寝宫秘密谋杀了宪宗,并将吐突承璀和澧王李恽杀死。陈志宏等人守住宫门,不许朝臣入内,然后对外谎

---

① 董浩等:《全唐文·卷七百一十一》,北京,中华书局,1983年,第7303-7304页。

称宪宗"误服丹石，毒发暴崩"，假传遗诏命李恒继位。李恒继位穆宗后，下诏曰：

> 皇甫镈器本凡近，性惟险狭，行靡所顾，文无可观，虽早践朝伦，而素乖公望。自掌邦计，属当军兴，以剥下为徇公，既鼓众怒；以矫迹为孤立，用塞人言。洎尘台司，益蠹时政，不知经国之大体，不虑安边之远图，三军多冻馁之忧，百姓深凋瘵之弊。事皆罔蔽，言悉虚诬，远近咸知，朝野同怨。而又恣求方士，上惑先朝，潜通奸人，罪在难舍。合加窜殛，以正刑章，俾黜遐荒，尚存宽典①。

于是，皇甫镈被贬崖州司户参军，柳泌被处死。长庆元年（821年），皇甫镈于死于贬所。

7. 一代良相——李德裕

李德裕（787—850年），字文饶，初名缄，赵郡赞皇（今河北省赞皇县）人，撰有《文武两朝献替记》《异域归忠传》《西蕃会盟记》《西戎记》《御臣要略》《西南备边录》《会昌一品集》《姑臧集》《献替录》《穷愁志》等著作。李德裕是宪宗时期著名宰相李吉甫的次子，历任宪宗、穆宗、敬宗、文宗、武宗、宣宗六朝官员，其中文宗、武宗时期两度为相，外征内治、功绩彪炳史册，是唐代杰出的政治家、文学家、战略家。后人赞誉他为"万古良相"，并将他与管仲、商鞅、诸葛亮、王安石、张居正并列，称为中国六大政治家之一。

李德裕出身于隋唐著名世家"五姓七望"之一的赵郡李氏西祖房，自幼受过良好的教育，心怀壮志，且对《汉书》《左氏春秋》尤为精通。早年他文思敏捷、盛有词藻，但他虽才华横溢却不愿参加科举考试。元和元年（806年），李德裕以门荫入仕，补官任职校书郎。随后历任监察御史、翰林学士、中书舍人、浙西观察使、检校礼部尚书、兵部侍郎、郑滑节度使、检校兵部尚书、成都尹、剑南西川节度使、管内观察处置使、西山八国云南招抚使、兵部尚书等职。太和七年（833年），李德裕出任宰相，

---

① 刘昫等：《旧唐书·列传第八十五·卷一百三十五》，北京，中华书局，2002年版，第2580页。

进封赞皇县伯，随后兼任中书侍郎、集贤殿大学士。唐文宗患病后不能言语，李德裕三次在朋党之争中受到诬陷，几次被贬，一度为袁州长史。开成元年（836 年），文宗对党争陷害李德裕之事有所醒悟。于是，李德裕开始逐渐升迁，累还官至扬州大都督府长史、淮南节度使。至开成五年（840 年），武宗继位后，李德裕再次出任宰相。后来他因功勋卓越而加授太尉，并晋爵卫国公。会昌六年（846 年），唐宣宗李忱为帝。宣宗向来不喜李德裕，便免去其宰相职位，外放为荆南节度使，另外加授检校司徒、同平章事。随后李德裕因与牛李之党不合而再度三次被诬而贬：一贬东都留守、东畿汝都防御使；二贬太子少保，分司东都事务；三贬潮州司马后改贬崖州司户参军。

李德裕历任六朝之官，三次出镇浙西，二度任职宰相，西拒吐蕃、南平蛮蜒、东定泽潞、北斥回鹘，治理西川、禁断佛教，变革科举、裁汰冗官，制驭宦官、打击藩镇，可谓功勋卓著。

李德裕数次被贬的主要原因综合有五：其一，李德裕本就是一个十分自负的人，他奖善嫉恶、为人正直而特达不群，或者说他根本就不屑于与朋党之人为伍，自然会得罪朋党之人。其二，李德裕任职期间打击变革科举、裁汰冗官，制驭宦官、打击藩镇，一系列的措施损害了很多人的利益。其三，李德裕才华横溢、功高位显，也遭到了很多人的嫉恨和排挤。其四，李德裕被贬是皇权更替的必然结果。第五，李德裕与牛李之党的个人私怨。所以，李德裕稍有不慎便可能遭到报复，被贬也是必然，甚至一旦被贬就会出现墙倒众人推的局面。史实也确实如此。

李德裕第一次被贬。文宗太和八年（834 年），王守澄向文宗引荐李训、郑注，文宗厌恶郑注，李德裕力阻李训为谏官，但文宗不理。于是李训、郑注二人开始嫉恨和排挤李德裕。不久，李宗闵被召回京，成为宰相，而李德裕则被贬为兴元节度使，后改为出镇浙西，任检校尚书左仆射、润州刺史、镇海军节度使、苏常杭润观察等使。太和九年（835 年），尚书左丞王璠与户部侍郎李汉诬陷李德裕贿赂杜仲阳、结交漳王，想要谋反。唐文宗再贬李德裕为太子宾客，分司东都事务。不久又有人诬告他在西川时曾经"征逋悬钱三十万缗，百姓愁困"[①]。于是李德裕被再贬为袁州长史。

李德裕第二次被贬。宣宗李忱向来少言，大多数人都认为他愚笨无比。武宗李炎也因此而看不起他，对他不甚礼遇。武宗病重时，宦官集团想要改立武宗的叔父光王李怡为帝，以便操控政权。宣宗李忱继位后，他不可能喜欢武宗李炎的肱骨重臣李德裕。同时，李德裕的才略和功勋也会让李忱因忌惮而产生无法掌控他的心理。再加上武宗死后，李德裕任摄冢宰，大权在握。所以，宣宗李忱继位后，最忌惮的就是李德裕。《资治通鉴》中也说宣宗李忱"素恶李德裕之专"。从皇权更替的需要来说，宣宗第一个要除的也是李德裕。于是，会昌六年（846 年）四月，宣宗即位听政的当天，他就曾对身边的人说："适近我者非太尉邪？每顾我，使我毛发森竖。"[②]第二天李德裕就被罢去宰相之位，并将他贬为荆南节度使。第四天，权知府事、京兆少尹薛元龟也因与李德裕交好，而被牵连贬为崖州司户参军。

李德裕被这次被贬最更可笑的是，一位秉权日久，功流社稷的良相重臣，被贬竟然没有任何罪名，只是说"授李德裕荆南节度"。《全唐文》录有"授李德裕荆南节度平章事制书"，现转载如下：

> 将相之任，中外攸属。入则扬绪熙，以正百度；出则布咸令，以靖一方。易以才难，委寄咸重。爰设斋坛之礼，仍合台席之荣，式示酬劳，允谐佥望。特进守太尉兼门下侍郎同中书门下平章事充宏文馆大学士太清宫使上柱国卫国公食邑三千户李德裕，岳渎间气，钟磬正音，葆粹孕和，本仁叶义。道蕴贤人之业，正为王者之师，词锋莫当，学海难测。自入膺大任，克构崇庸，王猷国经，契合彝矩。丙吉馨安边之术，虏寇殄夷；张华兴伐叛之谋，壶关洞启。克荷先朝之旨，弼成底定之功，布在

---

① 司马光编著，胡三省音注：《资治通鉴·唐纪六十一·卷第二百四十五》，北京，中华书局，1956 年，第 7902 页。

② 司马光编著，胡三省音注：《资治通鉴·唐纪六十四·卷第二百四十八》，北京，中华书局，1956 年，第 8023 页。

册书，辉映前古。而能处剧不懈，久次弥勤。朕以嗣位之初，懋勤在念，宜先硕望，以表优恩。荆部雄藩，地惟西楚，总五都之要会，包七泽之奥区，兵赋殷繁，居旅甚众，必藉旧德，作镇尹临。载崇五教之名，俾赋十连之贵，勉宏化理，以续前劳。可检校司徒同中书门下平章事兼江陵尹充荆南节度观察处置等使[①]。

全文褒奖，没有任何罪名，虽没用"贬谪"一词，却直接褫夺兵权，赶出朝堂。李德裕实际上还是被贬外放了。此事一出，众人惊骇不已。没过多久，又免李德裕同平章事一职，流徙东都留守、东畿汝都防御使。

在没有任何罪名的情况下直接贬放李德裕，宣宗李忱面对百官情面上是说不过去的。为顾全面子，他一定会随后找借口给李德裕安一个罪名的。同时，牛李党朋以及李德裕曾经得罪的人无论是出于私心报复，还是出于迎合宣宗的需要都势必会借机落井下石。事实却也如此。大中元年（847年）初，白敏中、崔铉、令狐绹、崔珙、李珏等结党之人终于粉墨登场了。宰相白敏中、崔铉等人罗织罪证，然后指使党羽李咸揭发李德裕，说他辅政时有"阴事"。于是，李德裕因此只能以太子少保的身份分司东都，随后再贬为潮州司马，且不在量移之内。

大中元年（847年）秋，白敏中又指使前永宁县尉吴湘的弟弟吴汝纳利用"吴湘案"诬陷李德裕徇私枉法。吴湘任江都县尉时，娶百姓颜悦之女，后因受赂、挪用官府钱粮等不法行为而被李绅派去的人处决了。当时有人怀疑吴湘与宰相李德裕有仇，李绅为取悦李德裕故意诬陷吴湘致死。于是武宗皇帝派御史崔元藻复查此案。崔元藻怕得罪人，便两边讨巧地说：吴湘贪污属实，但颜悦曾任青州衙推，吴湘之妻不是民女，而是官宦人家的女儿，不应判罪。李德裕厌恶崔元藻两边讨好的品行，便上奏，将他贬为崖州司户参军。吴汝纳本为李党成员，李德裕罢相后便受白敏中指使进京告状，说他的弟弟吴湘被李绅诬奏贪赃，并诬陷李德裕说他在此案中徇私枉法、附会李绅，从而致使吴湘因此而冤死。复查此案时，崔元藻本就恨李德裕奏贬了自己的官，在李党引诱下他翻供说，自己当时就查明了真相，但李德裕倚仗权势阻碍其面圣，最后只能按李绅判决处死了吴

---

① 董浩等：《全唐文·卷七十九》，北京，中华书局，1983年，第824页。

湘。于是，大中二年（848 年）冬，被贬为潮州司马的李德裕刚赶赴至潮阳，再次因"吴湘案"而长流崖州司户参军。

《全唐文》载有"再贬李德裕崖州司户参军制"一文：

朕祗荷丕业，思平泰阶，将分邪正之源，冀使华夷胥悦。其有常登元辅，久奉武宗，深包祸心，盗弄国柄。虽已行谴斥之典，而未塞亿兆之言，是议再举朝章，式遵彝宪。守潮州司马员外置同正员李德裕，早藉门第，叨践清华，累居将相之荣，唯以奸倾为业。当会昌之际，极公台之荣，骋谀佞而得君，遂恣横而持政。专权生事，妒贤害忠，动多诡异之谋，潜怀僭越之志。秉直者必弃，向善者尽排，诬贞良造朋党之名，肆谗构生加诸之衅，计有逾于指鹿，罪实见其欺天。属者方处钧衡，曾无嫌避，委国史于爱婿之手，宠秘文于弱子之身。洎参信书，亦引亲昵。恭惟《元和宝录》，乃不刊之书，擅敢改张，罔有畏忌。夺他人之懿绩，为私门之令猷。又附会李绅之曲情，断成吴湘之冤狱。凡彼簪缨之士，遏其进取之途。骄倨自夸，狡蠹无对，擢尔之发，数罪未穷。载窥罔上之由，益验无君之意，使天下之士，重足一迹，皆誉惧奉尔，而慢易在公，为臣若斯，于法何逭？于戏！朕务全大体，久为含容，虽黜降其官荣，尚盖藏其丑状，而睥睨未已，兢惕无闻，积恶既彰，公议难抑，是宜移投荒服，以谢万邦，中外臣寮，当知予意。可崖州司户参军，所在驰驿发遣，虽逢恩赦，不在量移之限[①]。

贬诏一下，人人泣涕，可谓是"八百孤寒齐下泪，一时南望李崖州"[②]，一个织罗的冤案，一篇颠倒黑白贬书，终于将这位"文能提笔安天下，武能上马定乾坤"的、功勋卓越的一代良相永久地流放到了万里之遥的荒蛮之地——海南岛。

大中三年（849 年）正月，62 岁高龄的李德裕在几经颠簸之下终于来

① 浩等：《全唐文·卷七十九》，北京，中华书局，1983 年，第 827 页。

② 王定保：《唐摭言·好放孤寒·卷七》，北京，中华书局，1959 年，第 74 页。

到了崖州①，并举家落居于琼山县张吴都颜村（今海南海口东南）。但不幸的是，来到崖州还不到一年的李德裕，在大中三年十二月（850年1月）就病逝了。三年后（853年夏），李德裕才获准移棺北归故乡。李德裕的三子李烨携母一行六人扶枢北归，将李德裕的陵墓迁到洛阳。直到咸通元年（860年），唐懿宗才恢复了李德裕太子少保、卫国公的官爵，并追赠他为尚书左仆射。

李德裕一生忠心爱国、功勋卓著却未被列入凌烟阁功臣之列，实在有失偏颇。但他的功绩却不会被历史掩盖，各种史料均用较多的篇幅记载李德裕的一生，且赞誉颇多。后世之人诸如唐敬宗李湛、李商隐、刘昫、范仲淹、欧阳修、苏辙、朱熹、王夫之等人都给予他非常高的评价。宋代成都新繁县的"三贤堂"也将李德裕列入三贤加以纪念，清代河北赞皇县专门为李德裕修建了"名相坊"。海南民众为纪念他，将他作为"五公之首"供奉在"五公祠"②中。

李德裕自登高位到最终被贬崖州，整个过程正如他自己所作的《离平泉马上作》中描述的那样："十年紫殿掌洪钧，出入三朝一品身。文帝宠深陪雉尾，武皇恩厚宴龙津。黑山永破和亲虏，乌领全阬跋扈臣。自是功高临尽处，祸来名灭不由人。"③流贬潮州的路上，他作诗数首记录自己的所见所感，用以抒发自己对前程和命运不公的忧郁、愤恨以及无奈的复杂心情。例如，当船行至屈原投江的汨罗时，李德裕作诗《汨罗》一首，凭吊屈原并借古讽今。

汨罗④

远谪南荒一病身，停舟暂吊汨罗人。

都缘靳尚图专国，岂是怀王厌直臣。

---

① 作者注：一说振州，落居于毕兰村（今三亚市崖城镇西南八里处的保平村）。如张隽的《崖州志》确实有此记载，但应是以讹传讹。

② 作者注："五公祠"是纪念唐宋贬谪文人最重要的载体。"五公"分别是李德裕、李纲、胡铨、李光和赵鼎。

③ 曹寅等：《全唐诗·卷四百七十五》，北京，中华书局，1980年，第5397页。

④ 曹寅等：《全唐诗·卷四百七十五》，北京，中华书局，1980年，第5415页。

万里碧潭秋景静，四时愁色野花新。

不劳渔父重相问，自有招魂拭泪巾。

当船经过鳄鱼滩时，在船毁物沉的情况下，他作《到恶溪夜泊芦岛》一诗。

到恶溪夜泊芦岛[①]

甘露花香不再持，远公应怪负前期。

青蝇岂独悲虞氏，黄犬应闻笑李斯。

风雨瘴昏蛮日月，烟波魂断恶溪时。

岭头无限相思泪，泣向寒梅近北枝。

李德裕刚到潮阳立刻被贬徙崖州，一路颠沛流离，心情可谓复杂至极。在流贬崖州的途中，他作《谪岭南道中作》，字里行间透露着对贬谪海南的忧惧、迷茫之心，对被排挤、打击而无罪谪贬的愤懑之情以及对故乡的离愁哀思。

谪岭南道中作[②]

岭水争分路转迷，桄榔椰叶暗蛮溪。

愁冲毒雾逢蛇草，畏落沙虫避燕泥。

五月畲田收火米，三更津吏报潮鸡。

不堪肠断思乡处，红槿花中越鸟啼。

当到达崖州后，他常登望阙亭，北望以思故乡，可谓是愁肠百结。故此，他曾作《登崖州城作》一诗来抒发自己无比伤感的思乡情结，并在《寄家书》一文中表达了垂老投荒无奈和思乡的哀叹。

登崖州城作[③]

独上高楼望帝京，鸟飞犹是半年程。

青山似欲留人住，百匝千遭绕郡城。

---

① 曹寅等：《全唐诗·卷四百七十五》，北京，中华书局，1980 年，第 5397 页。

② 曹寅等：《全唐诗·卷四百七十五》，北京，中华书局，1980 年，第 5397 页。

③ 曹寅等：《全唐诗·卷四百七十五》，北京，中华书局，1980 年，第 5397–5398 页。

寄家书[①]

琼与中原隔，自然音信疏。

天涯无去雁，船上有回书。

一别五羊外，相思万里余。

开缄更多感，老泪湿霜须。

李德裕贬谪海南与韦执谊同病相怜。因此，他曾专程前往韦执谊的墓前凭吊这位前朝良相，并撰写《祭韦相执谊文》一章以表祭奠。现转录如下。

祭韦相执谊文[②]

维大中四年月日，赵郡李德裕，谨以蔬醴之奠，敬祭于故相韦公仆射之灵。呜呼！皇道咸宁，藉于贤相。德迈皋陶，功宣吕尚。文学世雄，智谋神贶。一遘谗疾，投身荒瘴。地虽厚兮不察，天虽高兮难谅。野掇涧荆晨荐鬯。信成祸深，业崇身丧。某亦窜迹南陬，从公旧丘。永泯轩裳之顾，长为猿鹤之愁。嘻吁绝域，寤寐西周。倘知公者，测公无罪。不知我者，谓我何求。其心若水，其死若休。临风敬吊，愿与神游。呜呼！尚飨。

其实，这篇祭文既有对韦执谊的哀悼之情，更有他在同病相怜的背景下，对自己命运不公的极度不满之心。与其说是在悼念韦执谊，不如说是在悼念他自己。

谪居海南期间，李德裕将主要精力集中在撰写《穷愁志》之上。《旧唐书》记载："初贬潮州，虽苍黄颠沛之中，犹留心著述，杂序数十篇，号曰《穷愁志》。"[③]《穷愁志》凡三卷，共49篇论著，是李德裕人生中最后一部集著。此著作的主要内容有三：其一，对朋党奸佞之臣和昏君进行直接的批判；第二，抒发遭遇流贬的悲切、愤懑之情，并分析自己数次被

---

① 张嶲等纂修，郭沫若点校：《崖州志·艺文志三·卷十一》，广州，广东人民出版社，1983年，第466页。

② 董浩等：《全唐文·卷七百一十一》，北京，中华书局，1983年，第7303页。

③ 刘昫等：《旧唐书·列传第一百二十四·卷一百七十四》，北京，中华书局，2002年，第3143页。

贬命运的原因；其三，勾勒君明臣贤的政治图景，寄托对大唐中兴的希冀之心。这部著作不屑于声调藻绘之词，直接以散文的形式进行论述，立论精深透彻，具有很强的历史思辨精神。于由篇数众多，这里不再转录。

李德裕在崖州的谪居处境十分困窘凄凉。因为谪去崖州之时，虽众多孤寒学子涕泣不已，但在权臣面前他们却不敢伸手救济，甚至连真正送行的人都没有。李德裕在孤独、潦倒的途中感愤道："十五余年车马客，无人相送到崖州。"① 但这还不至于使他在崖州的谪居生活缺衣断食，贫病困顿不已。最不幸的是，他的随行物资及宝玩在过鳄鱼滩时基本都随船沉入了水中，至琼时可谓是一无所有。好在他的表弟姚邬和姚崇的曾孙姚勖知道情况后，派人给他送去衣物银钱，特别是姚勖，他多次馈赠衣物、粮食和药品，关心和援助李德裕，使他渡过饥寒病痛的难关。宋人洪迈在《容斋随笔》中记录了这一事情，并收录了李德裕写给表弟姚邬的回信。《全唐文》中也收录了他与姚谏议的书信。现转录如下。

与姚谏议书三首 ②

闰冬极寒，伏惟谏议十五郎尊体动止万福。即日某悲绪外，蒙差赵押衙至，奉示问，不任悚荷，无由拜伏，倍积瞻恋。谨因使回，奉状不次。闰十二月二十八日，从表文崖州司户参军同正李某状上。

天地穷人，物情所弃，无复音书，平生旧知，无复吊问。阁老至仁念旧，盛德矜孤，再降专人，远逾溟涨，兼赐衣服、器物、茶药至多，槁木暂荣，寒灰稍暖，开缄感切，涕咽难胜。大海之中，无人拯恤，资储荡尽，家事一空，百口嗷然，往往绝食，块独穷悴，终日苦饥，惟恨垂没之年，顿作馁死之鬼。自十月末得疾，伏枕七旬，属纩者数四，药物陈□，又无医人，委命信天，幸而自活。羸惫至甚，生意方微，自料此生，无由再望旌。临纸涕恋，不胜远诚。病后多书不得，伏惟恕察。谨状。

伏蒙又赐《口箴》，不任感戴。东都日所惠本留洛中，无人

---

① 王谠撰，周勋初校证：《唐语林校证·卷七》，北京，中华书局，1987 年，第 618 页。

② 董浩等：《全唐文·卷七百零七》，北京，中华书局，1983 年，第 7360 页。

检得，兼以道路艰阻，二年来不曾有人至洛，以此前状谄请，倍深惶悚。小生《舌箴》更改三五字，不欲两本流传，今谨录新本献上，旧本伏望封还。如不能远寄，伏惟必赐焚却，下情切望。

赵总管知广州时多，此月下旬方至此。伏惟照察。谨状。

如此困窘的境遇，李德裕还在写给段成式的书信中以"自到崖州，幸且顽健，居人多养鸡，往往飞入官舍，今且作祝鸡翁尔。谨状"这样的善意谎言安慰自己的朋友。其实，这何尝不是他的自我安慰。满怀思乡衷切之情，内心对昏君奸臣愤恨无比却又仍持一颗忠诚于大唐的爱国之心，并在困顿的生活和病痛的折磨之下仍能笔耕不辍地完成《穷愁志》实属难得。但这也使他的身体迅速地垮了下来。他在《岭外守岁》一诗中说："冬去更筹尽，春随斗柄回。寒暄一夜隔，客鬓两年催。"[1] 这位才能卓越，功高位显的大唐良相，至琼不到一年便病逝了。呜呼，哀哉！

李德裕一生的政绩威扬四夷，他被贬谪崖州留下的大量诗作为中原文化在海南的发展奠定了基础。即使在海南只有不足一年的时间，但海南当地民众却对他敬仰无比：崖州多港峒部分黎族民众尊奉李德裕为祖[2]；民间广泛流传李德裕吓退歹徒、用神奇的本领击退贼兵保护当地黎族民众，教授黎族民众读书识字，为当地百姓治水等各种传说。据说，李德裕逝世后，当地黎族同胞为了感念他，特意在山上修建了李德裕庙。

李德裕不但在海南写下了诸多著作，为海南文化的积淀作出了重要的贡献。更重要的是，他的事迹流传于海南，他爱国、为民、正直、勇敢的形象成为海南当地百姓的精神偶像。

（三）唐代流贬至琼的宗室及外戚

唐代贬谪海南的宗室及外戚共 8 人。其中宗室谪琼的有 5 人：唐高祖第十九子鲁王李灵夔，唐高祖堂侄镇军大将军、吴国公李孝逸，唐高祖十子之孙淮南王李茂，唐玄宗之孙郇王李佐以及高祖五世孙道王李实之子、左金吾卫将军李素贞。外戚谪琼的有 3 人：武则天之兄少府少监武元爽，同安公主之孙、王皇后族人、夏州都督王方翼和冒充国舅的伪外戚萧洪。

---

① 曹寅等：《全唐诗·卷四百七十五》，北京，中华书局，1980 年，第 5416 页。

② 作者注：李德裕在海南并无后裔，其后裔化黎之说并不可信，其家仆化黎的可能性较大。

这 8 人中，只真正抵达海南的只有李茂、李孝逸、李佐和武元爽 4 人。

1. 淮南王李茂

李茂（？—760 年），唐高祖十子徐王李元礼之长子，封淮南王。李元礼教子无方，李茂性格险薄、行为不端。高宗咸亨三年（672 年），李茂因觊觎父亲的宠姬赵氏的貌美，而趁李元礼卧病在床时，遂行不轨。事后，李元礼严厉斥责了他。李茂因此记恨在心，愤恨之下便屏退了李元礼的侍卫，并丧尽天良地断绝了父亲的药膳。他无耻地说："既得五十年为王，更何烦服药？"[①] 李元礼因此被活活饿死，而李茂则承袭了父亲的爵位。上元年间，此事失露，李茂被配流振州而死。

2. 吴国公李孝逸

李孝逸，陇西成纪（今甘肃秦安）人，唐高祖李渊的堂侄，淮安王李神通之子，官至镇军大将军，转左豹韬卫大将军，爵封吴国公。他是唐王朝宗室中杰出的将领，曾平定淮扬之乱，为武则天讨反武伐叛逆立下汗马功劳。

李孝逸自幼聪明好学，才思敏锐，初封梁郡公，后任益州（治所今四川成都）大都督府长史。仪凤三年（678 年）、永淳元年（682 年），李孝逸两度率军抵御吐蕃军队侵犯大唐。武则天称帝后，调李孝逸入朝任左卫将军，并对其亲遇有加。武则天为了巩固帝位，排除异己，大量贬谪罢黜唐宗室与亲唐臣僚。光宅元年（684 年），被贬的李敬业（徐敬业）、李敬猷（徐敬猷）、唐之奇、骆宾王、杜求仁以及被罢黜的御史魏思温等人，齐聚扬州（今扬州市江都县），以匡复庐陵王李显为号召，聚十万余人，发布檄文，公开讨伐武则天。武则天命李孝逸为左玉钤卫大将军、扬州道行军大总管，率 30 万大军讨伐徐敬业等反武势力。徐敬业统筹无方被迫应战，最终兵败。淮扬之乱就此平定。李孝逸因此晋封为镇军大将军，转左豹韬卫大将军，并改封为吴国公。

素有名望的李孝逸，在平定淮阳之乱后，功勋显赫、声望愈隆。武承嗣因此对其嫉妒在心，多次利用姓名诋毁诬陷李孝逸。作为唐朝宗室的李孝逸，最终在谗言下失去了武则天的信任。垂拱二年（686 年），李孝

---

① 刘昫等：《旧唐书·列传第十四·卷六十八》，北京，中华书局，2002 年，第 1653 页。

逸左降为施州刺史。这年冬天（一说是垂拱三年，即687年），武承嗣又指使他人诬告李孝逸，说他曾在益州自解自己名字中的"逸"字为："走绕兔者，常在月中。月既近天，合有天分。"①这种解释意指李孝逸自认为自己有当天子的名分，有篡位之嫌。武承嗣等人一招切中武周与李唐的要害，终使武则天削其宗籍，将其流徙儋州（今海南省儋县西北）。李孝逸至儋州贬所后，不久便含恨而死。景云初年（710年），唐睿宗复位后，追赠李孝逸为益州大都督。

3. 郢王李佐

李佐，嗣郢王。《旧唐书》《新唐书》均无详细记载，但据《新唐书·宗室世系表》记载，李佐应该是唐玄宗的儿子延王李玢之子。穆宗长庆三年（823年），"上以疾不受朝贺。是日大风，昏曀竟日。嗣郢王佐宜于崖州安置，坐妄传禁中语也"②也就是说，他是因为擅自传播皇宫有关皇帝的禁话，而被贬到崖州的。三年后，即宝历元年（825年），李佐迁还。《旧唐书》曰："以崖州安置人嗣郢王佐为颍王府长史，分司东都，仍赐金紫"。③

4. 外戚武元爽

武元爽，唐代开国功臣武士彟之子，武则天同父异母之兄，祖籍并州文水县（今山西省文水县北徐村人）。武则天封后，武元爽任少府少监。

贞观九年（635年）武士彟去世，武元爽及其堂兄武惟良、武怀等人曾一起对武则天及其母亲杨氏刻薄无礼。武则天之母杨氏因此怀恨在心。武则天封后之后，杨氏让武则天为其报复往日薄待无礼之仇。于是，武则天找了个借口直接向高宗告状，武元庆被贬为龙州刺史，到任后病逝，武元爽被贬为濠州刺史，武惟良被贬为始州刺史。因为李治喜欢上了武则天的侄女魏国夫人贺兰氏。武则天担心贺兰氏有夺爱之嫌，便设计在武惟良和武怀运送给贺兰氏的食物中下了毒药。一箭双雕，贺兰氏被毒死，武惟良及武怀运被处死。武元爽因受堂兄恶毒之累，而"自濠州又

① 刘昫等：《旧唐书·列传第十·卷六十》，北京，中华书局，2002年，第1596–1597页。
② 刘昫等：《旧唐书·本记第十六·卷十六》，北京，中华书局，2002年，第333页。
③ 刘昫等：《旧唐书·本记第十七·卷十七》，北京，中华书局，2002年，第343页。

配流振州而死"①。

（四）唐代贬谪至琼的其他主要官员

一般来说，唐代贬官中，越是官高功著流贬得就越远。所以，唐代被贬谪至海南的官员多为朝中肱骨重臣。除上述宰相、宗室和外戚以外，贬谪至海南的唐代官员还有 20 余位。本书按时间顺序将其分为唐初至中唐、盛唐至晚唐两部分进行概述。

1. 唐朝前期贬谪至琼的其他官员

自唐高祖建唐朝起至唐玄宗开元二十九年（618—741 年），被贬谪海南的官员除前文已述的王义方、张皎、韩瑗、李茂、武元爽、李孝逸、李昭德、韦方质、崔元综 9 人之外，还有李津、郎余庆、刘讷言、阿史那献、胡元范、郑普思、李邕、姚绍之、归国、齐敷、唐地文、南巨川 12 人。本书将其分类概略介绍这些贬官的情况。

（1）唐朝前期贬谪至琼的忠诤之臣

唐朝前期贬谪至琼的重臣良官，除前文已述之外，还有 4 人，他们分别是刘讷言、胡元范、李邕和南巨川。

刘讷言

刘讷言，生卒、字号不详，唐代著名的学者，精通《汉书》并撰有《俳谐集》十五卷。

乾封元年（666 年），刘讷言幽素科及第，乾封中任都水监主簿。他将自己注释的《汉书》送给沛王李贤，李贤任太子之后，刘讷言升迁为太子洗马，兼充侍读。但他并非专侍太子读书，而是与格希玄、张大安等人编撰《后汉书注》，并自己编撰了《俳谐集》十五卷进献给太子李贤。太子李贤谋反发动政变失败被废以后，刘纳言所编撰的《俳谐集》被搜了出来。于是唐高宗大怒，说："刘纳言收其余艺，参侍经史，自府入宫，久淹岁月，朝游夕处，竟无匡赞。阙忠孝之良规，进诙谐之鄙说，储宫败

---

① 刘昫等：《旧唐书·列传第一百三十三·卷一百八十七》，北京，中华书局，2002 年，第 3286 页。

德，抑有所由。情在好生，不忍加戮，宜从屏弃，以励将来。可除名。"①
后来不知道因何事被牵连，被配流振州而死。

有学者推测，刘讷言流贬海南大概是因为他注释了前后《汉书》，并在书中阐明外戚干政的危害。武则天因此不能容他，将之流放海南。

胡元范

胡元范，申州义阳（今河南省信阳）人，唐代重臣，睿宗初期累官至凤阁侍郎。胡元范为人正直，《新唐书》中用"介廉有才"四个字来形容他。

胡元范因宰相裴炎一案坐贬琼州。光宅元年（684年），宰相裴炎因反对立武氏七庙而开罪武则天。随后，徐敬业在扬州起兵反武。裴炎因劝说武则天还政睿宗以解兵乱之害，从而导致武则天记恨在心。于是裴炎被污与徐敬业一样有谋反之心。此事一出，胡元范与程务、刘讷言、刘齐贤等一起为裴炎辩解求情，甚至以性命担保裴炎并无谋反之心，但武则天不予理睬，仍将裴炎斩杀于洛阳都亭驿。胡元范等人皆因此事被牵连而贬至各地，其中胡元范被流死琼州。

李邕与郑普思

李邕（678—747年），字泰和，广陵江都（今扬州市江都区）人。他擅长行书碑法，是唐代著名的行书碑法大家。

据《旧唐书》《新唐书》记载，李邕年少时便已成名，所写文章意境高深，且特别擅长碑颂。李邕经内史李峤推荐而入仕途，初授左拾遗，其后历任户部员外郎、括州刺史、北海太守等官职。因此人们也称李邕为李北海或李括州。

李邕虽有美名在外，但却一生频频被贬，仕途起起落落。这与他的性格有关。李邕虽品性耿直，但平素豪侈张扬，且不拘小节。他常常驰猎自恣、纵求财货，以至于很多人都不喜欢他。据《旧唐书》记载：人们"多赍持金帛，往求其文。前后所制，凡数百首，受纳馈遗，亦至巨万。时议

---

① 刘昫等：《旧唐书·列传第一百三十九·卷一百八十九》，北京，中华书局，2002年，第3345页。

以为自古鬻文获财，未有如邕者"①。这种情况下，他很容易遭人嫉妒，被人抓住把柄。别人都劝他改掉这种性格，但他却不以为然地说："不愿不狂，其名不彰。若不如此，后代何以称也？"②

中宗时期，李邕曾与桓彦范、宋务光等人上疏弹劾郑普思。中宗李显任用奸佞方士郑普思为秘书监，李邕曾直面弹劾说郑普思是妖人，诡惑皇上，并说"若以普思有奇术，可致长生久视之道，则爽鸠氏久应得之，永有天下，非陛下今日可得而求。若以普思可致仙方，则秦皇、汉武久应得之，永有天下，亦非陛下今日可得而求。若以普思可致佛法，则汉明、梁武久应得之，永有天下，亦非陛下今日可得而求。若以普思可致鬼道，则墨翟、干宝，各献于至尊矣，而二主得之，永有天下，亦非陛下今日可得而求！此皆事涉虚妄，历代无效"。中宗不予理睬，以至于后来郑普思频频升迁后，累官至左右殿侍御史后更加有恃无恐，并与韦皇后有了私情。神龙二年（706 年），郑普思野心膨胀，纠结僧道乱党想要篡权夺位。事发后被流放儋州。

李邕以鬻文获财、直面弹劾郑普思一事，正是他的性格使然。正是这种性格，使他多次被贬，一生坎坷跌宕，最终被奸相李林甫诬告而杖死。

中宗复辟后，张柬之受武三思的排挤、陷害而被流贬。李邕因与张柬之交往密切而被牵连贬为南和令，再贬富州司户。殇帝唐隆元年（710 年），诛杀权臣韦武之后，李邕被诏回任左台殿中侍御史。但不久后，不知具体因何事而被贬为户部员外郎，随后再贬崖州舍城丞。直到五年后（715 年），李邕才再次被召，并擢升为户部郎中。

这位名满天下的著名书法文人，在海南谪居长达五年之久。虽然他在海南的事迹因当前史料的缺失而无从查起，但《旧唐书》记载，说他虽被贬谪在外，但因名满天下，无数达官贵人和名观大寺都纷纷以重金向他求书法墨宝。因此，本书只能推测他谪居海南时应该有所作为，而海南当地

---

① 刘昫等：《旧唐书·列传第一百四十文苑中·卷一百九十》，北京，中华书局，2002 年，第 3507–3608 页。

② 刘昫等：《旧唐书·列传第一百四十文苑中·卷一百九十》，北京，中华书局，2002 年，第 3504 页。

的文人墨客也应该与他有一定的交流。

南巨川

南巨川（生卒年月不详），鲁郡（今山东兖州）人，盛王府录事参军南琰之子。他是唐代著名的诗人和文学家，曾著《续神异记》一书（已佚失），《全唐诗》收录他所写诗《美玉》一首。

玄宗开元二十七年（739 年），南巨川进士及第，德宗、肃宗二朝任给事中，至德二年（757 年）曾奉命出使吐蕃。肃宗时期，他因为被牵连而流贬至崖州。乾元元年（758 年）至代宗宝应元年（762 年），贾至被贬岳州任岳州司马。

据载，南巨川南贬途经岳州时，被贬岳州司马的贾至曾作诗《送南给事贬崖州》《重别南给事》送给他。现转载如下：

送南给事贬崖州 [①]

畴昔丹墀与凤池，即今相见两相悲。

朱崖云梦三千里，欲别俱为恸哭时。

重别南给事 [②]

谪宦三年尚未回，故人今日又重来。

闻道崖州一千里，今朝须尽数千杯。

笔者只能据此推断南巨川被贬崖州的时间是在肃宗时期。至于他具体因何事被贬，现已无从得知。

与唐代中期和后期贬谪至海南的官员相比，唐代早期贬谪至海南的官员在数量上最多，并且这一时期贬至海南的官员大多是功高位显，且良臣居多。特别是王义方、韦方质等人的到来，他们在海南积极传播中原文化，帮助当地百姓发展生产，为海南的文化启蒙和经济、政治等诸多方面的发展都产生了重要的作用。

（2）流贬至琼的部落首领

据史料记载，唐初至中唐时期，被贬谪海南的还有两个部落首领。他们分别是西突厥兴昔亡可汗阿史那献和思结部族酋长归国。

---

① 曹寅等：《全唐诗·卷二百三十五》，北京，中华书局，1980 年，第 2599 页。

② 曹寅等：《全唐诗·卷二百三十五》，北京，中华书局，1980 年，第 2599 页。

阿史那献

阿史那献，西突厥兴昔亡可汗阿史那元庆之子。如意元年（692 年），阿史那元庆因来俊臣的诬陷而被朝廷腰斩，阿史那献配流崖州。则天顺圣皇后长安三年（703 年），阿史那献才被召还。唐中宗景龙二年（708 年）阿史那献继承兴昔亡可汗之位，并被册封为右骁骑大将军、昆陵都护，统辖咄陆五部。但其所在部族已被默啜俊所侵占，阿史那献不能回原部落而镇守庭州。他与张孝嵩一起西征后，阿史那献返回长安，开元中官至右金吾大将军，并于长安终老。

归 国

归国，敕勒诸部之一的思结部族酋长。为避突厥默啜侵略与欺凌，思结部族与回纥、契、浑三个部族一起迁移至甘州和凉州之间生活。思结部族在凉州境内置卢山都督府，思结酋长归国任卢山都督。

据史书记载，王君㚟任右卫副帅时，因曾被四个部族轻视而怨恨在心。至王君㚟任河西节度使后，他便屡以律法之名报复他们。四部族对王君㚟积怨颇多，便秘密派人去东都洛阳告状。王君㚟通过驿站先他们一步上奏说："回纥部落难制，潜有叛谋。"[①] 唐玄宗派调查，蒙冤的四个部族竟然没有被平反。开元十五年（727 年），四部首领皆因此事而被流贬。其中，卢山都督思结首领归国被长流琼州。

（3）奸佞犯官

唐初至中唐时期被流放的酷吏、犯官和奸佞之臣，除上文提到的奸邪术士郑普思之外，还有 5 人，他们分别是李津、郎余庆、姚绍之、齐敷和唐地文。

李 津

李津，武则天心腹李义府之子，官至右司议郎。

李义府是唐高宗时期的奸相，武则天的打手，权势熏天。他生性贪婪，喜结交朋党，构陷忠良，并与妻子、儿子和子婿们大肆卖官鬻爵、四处搜敛钱财。龙朔三年（663 年），李义府请术望气问吉凶，为"畜气"而大肆向他人索要、搜刮钱财。因此被人疑为意欲图谋不轨。他向长孙延

---

① 刘昫等：《旧唐书·列传第五十三·卷一百三》，北京，中华书局，2002 年，第 2190 页。

卖官敛财，被右金吾仓曹参军杨行颖告发后，李义府被长期流放，李津因与其父一起为虎作伥，被长流振州。《李义府罪相诏》曰："其子太子右司议郎津，专恃权门，罕怀忌惮，奸淫是务，贿赂无厌，交游非所，潜报机密，亦宜明罚，屏迹荒裔。可除名长流振州。"[①]李津作为奸官罪犯长流海南实属罪有应得。

郎余庆

郎余庆，生卒年月不详，定州新乐人（今河北省新乐县），郎颖之孙，郎余令之兄，著有文集十卷，并有《两唐书志》一书传世。

唐高宗时期郎余庆任万年县令，累官至御史中丞。后来，郎余庆被牵连而贬为交州都督后，聚敛无度，极其贪婪、残暴。据载，他宠姜的父亲犯了事，他的故交灌州司马裴敬敷便对其动了笞刑。于是，郎余庆便诬陷裴敬敷，并致使他冤死狱中。郎余庆任御史中丞期间，他的父亲曾感叹说："郎氏危矣！"[②]最后为他忧愁而死。待百姓状告他时，朝廷曾先后派了十个专使来调查，却被他蒙蔽而无法查明实情。最后，广州都督陈善弘亲审郎余庆，郎余庆还轻侮陈善弘，左右言他一概避而不答。最后因害怕陈善弘动用大刑才认了罪。高宗下诏将他流放琼州。后来遇到大赦天下时，他本应被赦免而归，但朝廷厌恶他的暴行，便将他流徙到了春州（今广东省阳春市地建置）。

郎余庆是典型的酷吏犯官，他流贬琼州实属罪有应得。

姚绍之

姚绍之，湖州武康（今江苏德清）人，武三思的心腹爪牙之一，也是臭名昭著的"三思五狗"之一。他比较熟悉典章制度，累官至监察御史、左台侍御史，是当时有名的酷吏。

据载，张仲之因不肯依附武三思，便被姚绍之抓来用棍棒打断了胳膊。后来，姚绍之被魏传弓查出贪赃五千余贯钱财。贪赃此数额钱财按律当斩，但"韦后女弟救请，故减死，贬琼山尉"。不久他就逃回京都，

---

① 董浩等：《全唐文·卷十二》，北京，中华书局，1983 年，第 149 页。

② 欧阳修等：《新唐书·列传第一百十二四·卷一百九十九》，北京，中华书局，1975 年，第 5661 页。

但被万年尉抓获，并打断了脚。于是改授为南陵令员外置。开元十三年（725年），累转至括州长史同正员，但不能参与政事。

齐 敷

齐敷，麻察同党，唐玄宗开元年间任都水监丞。开元十七年（729年），大理丞麻察因事获罪被贬，齐敷以同党论之而长流崖州。《旧唐书》《新唐书》和《资治通鉴》均未载明齐敷流贬的具体原因。当前只见到唐玄宗李隆基所出的贬诏《贬齐汗麻察等制》。现转录如下：

贬齐汗麻察等制[①]

朕闻四时之义，信在不言，三代之风，德以归厚。道可光乎训俗，理必由乎在位。有犯无隐，名教之攸先；上和下睦，宪章之惟旧。其有辩言乱政，实诚殷书；伪行登朝，深惩鲁典。朝请大夫守吏部侍郎上护军齐浣，累践清要，诚宜至公。承议郎守兴州别驾麻察，频经贬逐，理合迁善，乃交构将相，离间君臣，作诐黩之笙簧，是德义之蟊贼。都水监丞齐敷、灵州都督府兵曹参军郭禀等，趋走末品，奸谲在心，左道与人，横议于下。并青蝇可鉴，害马难容，或任高星象，或名微草芥，上耻大夫之辱，下羞徒隶之刑，特解严诛，宜从远逐。浣可高州良德县丞员外置长任；察可浔州皇化悬尉员外置长任；敷宜量决一百，长流崖州；禀亦量决一百，长流白州。仍并差使，驰驿领逐。虽万方之过，情切在予；而四罪以闻，刑其自尔。且如非贤勿理，食禄忧政，庶乎文武百辟，忠公事主。出惟长者之游，言必先王之道，光昭雅训，可不务乎？如或迹在不经，思出其位，虽轻勿赦，抑有常法。布之朝纲，知朕意焉。

从贬诏来看，齐敷与麻察等人之所以一起被贬，大概是因为他们交构不当、品性奸佞、德行有失所致。

唐地文

唐地文，唐玄宗开元年间任左监门将军。他常与玄宗家臣、霍国公王

---

① 董浩等：《全唐文·卷二十三》，北京，中华书局，1983年，第267页。

毛仲等人互相倚仗、为非作歹。王毛仲自恃是玄宗的旧人，登高位后拥兵自重，行事丝毫不顾及大唐律法。他向玄宗要求兵部尚书一职，玄宗不予便怨恨在心。高力士曾劝玄宗：王毛仲结党营私，有不轨之心，如果不早日除掉，以后一定会成大患。后来王毛仲又以不正当理由向太原军监索要兵器。玄宗知道后怕王毛仲起兵叛乱，于是在开元十九年（731 年）流贬并赐死了王毛仲。唐地文就是因为与王毛仲交往甚密，而以同党之名贬至振州任振州员外别驾的。

2. 唐朝中期贬谪至琼的其他官员

历史上一般将玄宗天宝元年（742 年）至宪宗元和十五年（820 年）这一阶段称为唐朝中期。这一时期贬谪至琼的其他官员主要有 9 人。除本书上文已述的韦执谊、庄敬平、皇甫镈以外，还有 6 位良臣被贬来琼。他们分别是崔薳、崔珣、张勋、吴贤秀、王震、辜玑。另外，唐代名臣穆宁的次子穆质也很有可能被贬谪到了海南。本书将按贬谪时间先后的顺序进行概述，并将穆质放在最后来叙述。

崔　薳

崔薳，德宗贞元年间任监察御史一职。任职期间，他按建中初期（约 780 年）留下的规定，定期巡查京都的案件。崔薳认真、严格地照旧制巡查案件得罪了很多官吏。贞元十九年（803 年），下面的官吏想要陷害他，便故意把他引到横行霸道的右神策军中去巡察。军中执奏，皇帝大怒，于是，崔薳便因"违式入右神策军……笞四十，配流崖州"①。

崔　珣

崔珣，杨贵妃的姐姐韩国夫人的女婿，靠裙带关系而任职秘书少监。不知是什么原因，他于贞元十九年（803 年），被流放崖州。白居易所作的《长恨歌》有云："姊妹兄弟皆烈士，可怜光彩生门户"，其中的烈士之一便有崔珣。

张　勋

张勋，出卒年不详。元稹上奏德宗表之《又论裴延龄表》所记载："伏见去年十二月五日敕，度支讨管李骧配流播州，张勋配流崖州，仍各

---

① 刘昫等：《旧唐书·本纪第十三·卷十三》，北京，中华书局，2002 年，第 259 页。

决六十。斯则延龄自快怒心，曲遂其状，陛下听之以诚，谓为当举，峻其所罚，用直群司。"① 据此记载，奸相裴延龄因与张勋关系不合，于是便罗织罪状构陷张勋，使张勋被配流崖州。

吴贤秀、辜玑、王震

吴贤秀（742—807 年），字敬之，号壶邱，福建莆田人，祖籍汴州浚仪（今河南开封浚仪）。吴贤秀官至户部尚书，堪称唐朝贤臣。

吴贤秀生于书香官宦之家，自幼聪明过人，读书过目成诵。他勤奋刻苦，学识渊博。唐乾元二年（759 年），吴贤秀进士及第任于衡州，随后历任建宁令、侍御史、司农卿、户部侍郎等官职。广德元年（763 年）吴贤秀擢升为户部尚书。吴贤秀官历玄宗、肃宗、代宗、德宗、顺宗、宪宗六朝，他服务乡民、铲除奸相、惩处贪腐，声誉名震朝野内外。为官四十七载，他以正直的官品、卓越的才干，为大唐江山社稷作出了巨大的贡献。

建中元年（780 年），德宗李适即位后，藩镇叛乱。吴贤秀的侄子吴少诚是叛乱人员之一，因而吴贤秀请旨征讨藩镇叛党未获批准。藩镇叛乱平复后，奸相裴延龄利用吴少诚叛乱之事对他进行打击陷害。德宗李适害怕吴贤秀因此事被牵连而被迫害，便偷偷地让人转告他去海南避祸。但吴贤秀不从，他誓死要为大唐江山与奸邪强暴势力斗争到底。于是，此次避琼并未成行。

据《吴氏族谱》和吴贤秀所撰写的《立籍谱序》所载，他迁琼的原因是"因弟可端失误朝廷之事，承蒙皇恩厚重如山，降圣旨给铜牌而受命迁居琼州"。

建中二十一年（805 年）春，德宗驾崩前夕，奸相裴延龄独揽大权，他以吴贤秀堂弟吴可端"失误朝事"为借口，故意攀扯到吴贤秀身上。于是，吴贤秀受牵连被贬为广东雷州（今海康）任雷州司户。德宗皇帝再次密诏吴贤秀去琼避祸，但吴贤秀却犹豫不决。永贞元年（805 年）正月，德宗驾崩，顺宗李诵即位。顺宗念吴贤秀有功于社稷，特赐其刻有"德泽在生民，声名在华夷，勋劳在社稷"字样的铜牌让他随身携带，明谕保护

---

① 董浩等：《全唐文·卷六百五十》，北京，中华书局，1983 年，第 6593 页。

公之田产。

据《中国移民史》记载，吴贤秀携妻王氏、三子（理、玫、现）及长女婿太常正卿王震家眷，一行30多人由长安经福建莆田而琼州。神策节度使高崇文将军带卫士十余人一路护送。琼州后，吴贤秀一行30余人落户在琼山张吴图都化村（今海口市美兰区灵山镇大林旧市村）。元和二年（807年），吴贤秀逝世于琼山县。唐元和四年（809年），朝廷派神策节度使高崇文将吴贤秀与其考妣合葬于琼山演丰龙窝坡的风水福地。

另外，吴贤秀的次女婿礼部尚书辜玑也于同年携家眷谪迁琼州，并任军民指挥使。他落籍琼山东河湖上村（今琼山县灵山镇）。辜玑原籍也是福建莆田县，但关于他谪迁琼州的原因，一说他是因被诽谤而贬谪至琼。由于史料记载并不详细，他到底是被诬陷而贬谪琼州，还是随吴贤秀、王震等人迁居琼州我们无从得知。但史料记载，辜玑当时在琼州府任军民指挥时，也一心为琼州当地百姓谋利。据说，有一年琼州当地大旱，禾苗枯死，他便发动民众一起修水渠、凿水井来灌溉田地。辜玑这一举措使当地百姓受益数百年。

吴贤秀在琼虽只有三年，但他较辜玑更受当地百姓和官员的欢迎和爱戴。他积极传播中原文化，并在居住地建造了一座三亭二阁的大院，内藏圣旨手谕、御赐敕铸铜牌和一些经典书画。在他的带动下，张吴图都化村布传中原文化，整体面貌发生了很大的变化，从而成为一个远近闻名的地方。周边百姓不断迁移、聚居在于此，张吴图都化村逐渐成为一个人口稠密的大村。另外，吴贤秀在张吴图一带广泛传播中原文化，这不但使当地耕读办学、兴建庙祠蔚然成风，而且推动了当地农业和经济的迅速发展，并促进了大林墟的形成。明嘉靖三十五年（1556年）工部尚书赵文华奉旨视察时，得知并上奏琼州大林一带的发展情况后，嘉靖皇帝，特赐吴贤秀"大林一官市"石匾一条，悬挂于大林墟街头。

吴贤秀在琼州谪居一年后，编纂了《续修〈吴氏族谱〉》，这是海南吴姓第一部立籍族谱。族谱开篇并附有他亲自所写的《立籍谱序》。

立籍谱序 ^①

　　唐永贞元年，岁在乙酉季春，余出闽莆而居琼岛。岂里居不为之忽变哉？况其去国离乡之日，故都难恋，满目萧然。又回想客岁之程途，履巉岩，披蒙茸，山高月小，水落石现。娱身目、悦心志，曾日月之几何，而前事不可复识矣！越明年丙戌，感春露而凄怆，不禁怦然而欲动。思原籍之景况，能不歔而生悲？俯仰之间，难为陈迹。恐后视今，犹今之视昔。何也？悟已往之不谏，幸来者之可追。少展才情，以叙其志，聊善事而录其由。

　　闲观族谱，扼腕悟叹。缅我远祖，周章公出自周仲雍，封承太伯，创起渤海，后改博陵，居勾吴，因国定氏旧矣！以是子孙颇盛，世仕王朝，所赖有人。迨六十二世而生禄公，入闽仍复叶落归根之。世祖代代，闻望显荣。则吴族之根本，蓄厚者良足乐也。予居琼而寐言，独歌羹墙，宛如昨日。但瞩目而了心口，不如附谱以示来者。

　　考居闽，自吾身七世以上世系，上高祖讳孝宝公，为泉州刺史。上高考讳文翰公，为洛州令。高祖考讳国杉公，为授职郎。曾祖考讳整公，为刺史。祖考讳玄泰公，为博士，选瀛州刺史。显考讳先奋公，诰封侍郎，加赠户部尚书。妣大宜人柯氏，生三子，长贤季、次贤奈、三贤秀。近世源流，不过如此。而原谱如故，毋庸复赘。念居京之日，因弟可端失误朝事，圣旨厚给铜牌而迁琼。谨附嘱三子，以诏后嗣。尚其失读书有披览斯文而兴感者，当亦思奋以丕承祖德于万代，庶可少慰我心也。慎之，勉之。云尔。谨嘱！

　　唐元和丙戌年春望世守堂裔孙贤秀同男理、玟、现顿首拜撰谨嘱

　　这篇谱序不但反映了吴贤秀来琼时凄怆无比的心情，而且它与《续修〈吴氏族谱〉》一起为后世之人研究海南的历史、民俗、人口和经济等方面的发展，有其不可替代的作用。

---

　　① 作者注：清代道光七年（1827年）续修《吴氏家谱》。

后世吴氏后裔于明嘉靖二年（1523 年）、清嘉庆十二年（1807 年）重修，1986 年、1989 年多次重修吴贤秀墓葬以祭祀他。每逢清明，海南百姓也多前往凭吊。1986 年 9 月 17 日，琼山县（今属海口市）人民政府将该墓定为县级重点文物保护单位。

穆　质

唐朝中期贬谪至琼的其他贤官除上述几位以外，可能还有唐代名臣穆宁的次子给事中穆质。

穆质（生卒、字号不详），怀州河内（今河南焦作、沁阳一带）人，唐代名臣穆宁次子。他性格耿直，初入仕为京郊县尉，后在"贤良方正、能直言极谏科"考试中闻名而任右补阙一职，累官至给事中。

《太平广记》中记载，他在德宗时期，因揽功于己，诱过于帝而流贬崖州。"穆质、卢景亮于大会中。皆自言频有章奏谏。曰（明抄本无曰字）国有善，即言自己出；有恶事，即言苦谏，上不纳；此足以惑众，合以大不敬论，请付京兆府决杀。德宗曰：'景亮不知，穆质曾识，不用如此。'又进决六十，流崖州，上御笔书令与一官，遂远贬。后至十五年，宪宗方征入。"[1]

唐宋八大家之一的柳宗元与穆质是好友，后因二人皆遭贬而惺惺相惜。穆质死后，柳宗元为悼念他专门撰写了《祭穆质给事文》一文。

祭穆质给事文 [2]

昭祭于给事五丈之灵。自古直道，鲜不颠危。祸之重轻，则系盛衰。矫矫明灵，克丁圣时。形躯获宥，三黜无亏。贤良发策，始振其仪。天子动容，敬我直辞。载之册府，命以谏司。抗奸替否，与正为期。奏书百上，知无不为。谁谓刘贲，英风莫追。给事黄门，奉职枢机。封还付外，动获其宜。无旷尔位，惟公在斯。达道之行，实惟交友。患难相死，其废日久。公实毅然，警均海眢。挺身立气，不改其守。黜刺南荒，义言盈口。封章致命，志期殒首。邈矣高标，谁嗣于后。王命南下，郡符东

---

[1]　李昉：《太平广记·卷第七十九》，北京，中华书局，1961 年，第 501 页。

[2]　董浩等：《全唐文·卷五百九十三》，北京，中华书局，1983 年，第 5996 页。

剖。流滞湮沦，殄此遐寿。呜呼哀哉！

公之伯仲，信惟先执。感激之风，道同义立。中司守直，奸权是袭。致之徽纆，诬以贿人。琐琐其徒，榜讯愈急。诏下三司，议于洛邑。噫我先君，邦宪是辑。平及群枉，大忤三揖。危法旋加，潜言俄及。左官夔国，义夫掩泣。邪臣既黜，乃进其级。端于庶僚，直声允集。虔虔小子，凤奉遗则。公在即位，再罹摈抑。时忝宪司，窃分任直。抗辞犯长，有志无力。惟韩洎刘，同愤沾臆。道之不行，衔愧罔极。公在在披，议登秋官。先定于志，将发其难。决白无状，以申祸端。秉心撰词，义不可干。会逢友累，曾莫自安。感于褚中，有涕汍澜。呜呼哀哉！

寿宫久翳，狼荒万里。礼不可违，诚不可弭。抽哀泄愤，舒文致美。愿溯海风，以穷洛涘。清明如在，神鉴何已。呜呼格思，以慰勤止。

此文中穆质被"黜刺南荒"，与《太平广记》能相互印证。但《旧唐书》《新唐书》却都说他"坐与杨凭善，出为开州刺史"[①]。唐代开州在今重庆一带，属西南地区，因此，我们无法判断到底穆质被贬何处。就可信度而言，《太平广记》中的记载出自《异闻集》，而《旧唐书》《新唐书》属于正史。笔者认为应取正史为宜，但对穆质究竟贬至何处，仍应存疑。

3. 唐朝后期贬谪至琼的其他官员

安史之乱以后，唐王朝逐渐走向没落。经中唐时期的过渡，藩镇割据局面正式形成，唐代皇权在经济、政治、军事逐渐式微，并于唐穆宗长庆元年（821年）进入唐朝后期。这段时间被贬谪至海南的官员共10人，除本书前文所述的宗室郢王李佐、宰相李德裕和崔元藻、薛元龟以外，另有良臣4位、罪官2位被贬谪至海南。

（1）唐朝后期贬谪至琼的良臣

唐朝后期贬谪至琼的其他良臣分别是茅汇、李鄂、杨知至、李敬伸。

---

① 刘昫等：《旧唐书·列传第一百五·卷一百五十五》，北京，中华书局，2002年，第2841页。

茅　汇

茅汇，敬宗时期任左金吾兵曹参军。宝历元年（825年），他卷入宰相李逢吉和李程、裴度三位宰相之间的权力争斗中，因坚决不愿诬陷宰相李程而被贬崖州。

宝历元年（825年），奸相李逢吉指使他人告发前宰相裴度的手下武昭。于是，武昭因过失被贬袁王府长史后，对李逢吉恼恨在心。李程的族人李仍叔想要借刀杀人，便对武昭说：李程本想提拔武昭，但被李逢吉驳回了。因此，武昭便对李逢吉恨之入骨。

一次，武昭与茅汇等朋友一起喝酒。武昭醉酒后大骂李逢吉，并对茅汇等人说要刺杀李逢吉。李逢吉知道此事后，便借此事告发武昭，以达到既除去武昭，又彻底整垮李程和裴度的目的。李逢吉授意侄子李仲言去威胁茅汇诬告李程说："君言李程与昭谋则生，不然必死。"结果茅汇不是贪生怕死之辈，他严词拒绝说："冤死甘心！诬人自全，汇不为也！"结果，茅汇于宝历元年（825年）十月被流放崖州，武昭被惩杖刑而死，李仍叔被贬道州司马，李仲言流放象州。

对茅汇流放的地点，《新唐书》《资治通鉴》都记载为崖州，但《旧唐书》前后记载不一样。《旧唐书》在本纪第十七·敬宗本纪中记载为"汇流崖州"[1]，但在列传第一百一十七·李逢吉传中，却记载为"茅汇流巂州"[2]。巂州唐代指今四川省冕宁、越西、美姑以南，金沙江以西以北，盐源、盐井以东的地区，它与崖州根本不在同一地区。本书认为李逢吉传中所载的巂州应该是笔误。

李　鄠

李鄠，宣宗大中十二年（858年），任安南都护府都护。懿宗咸通二年（861年），他因失守安南而贬为儋州司户，又因李土蛮酋长杜氏而长流崖州。

由于南蛮屡屡作乱，李鄠刚到安南不久，就处置了土蛮酋长杜氏。被

---

① 刘昫等：《旧唐书·本纪第十七上·卷十七上》，北京，中华书局，2002年，第343页。

② 刘昫等：《旧唐书·列传第一百一十七·卷一百六十七》，北京，中华书局，2002年，第3025页。

处置的土蛮酋长杜氏一说是杜存诚，一说是杜存诚之子杜守澄。对此，《资治通鉴》也前后不依，前说李涿杀杜存诚，随后又说李鄠杀杜存诚，贬李鄠长流崖州时又说他杀了杜守澄。到底处置的是杜存诚还是杜守澄，此处仍需存疑。

咸通元年（860年）十月，李鄠发兵南诏，收复黔中道的播州。同年十二月，土蛮趁李鄠疲于收复播州之机，引南诏围攻安南，安南都护府因此沦陷。李鄠于是奔赴武州征集士兵以抗击南诏与土蛮。咸通二年（861年）六月，李鄠率武州士兵收复安南府城。但是，唐懿宗追究他失守安南之罪，贬赡州司户。但朝廷为了长治久安，采取了绥靖政策。于是，南蛮名门杜氏家族被起用，李鄠便又有了新的罪名："鄠初至安南杀蛮酋杜守澄之罪，其宗党遂诱道道群蛮陷交趾……再举鄠杀澄之罪，长流崖州。"[①]

杨知至

杨知至，字几之，虢州弘农（今河南灵宝）人，杨汝士之子。他因与刘瞻交好，受刘瞻罢相的牵连而贬为琼州司马。

杨知至历任户部员外郎、郎中、比部郎中、知制诰等官职。懿宗咸通十一年（870年），同昌公主病逝，太医韩绍宗及宗族数百人入狱。宰相刘瞻与京兆尹温璋为太医求情因此触怒懿宗。刘瞻被罢相。随后，路岩、韦保衡又从中进谗言，说刘瞻与医官通谋，误投毒药致使同昌公主被毒死。于是刘瞻被贬为廉州刺史，温璋被贬振州司马（因其自缢于家中而未成行）。因杨知至与刘瞻一向交好，因此牵连到杨知至。于是杨知至被贬琼州司马。后来，杨知至被诏还，任谏议大夫，累迁京兆尹、授户部侍郎，位至列曹尚书。

李敬伸

李敬伸，唐懿宗时期任左金吾卫大将军、充左街使。咸通十三年（872年），宰相于琮被贬时受到牵连，贬谪为儋州司户。

咸通十三年（872年）五月，擅于玩弄权术的韦保衡因宰相于琮与其相见时没有以礼相待，便向唐懿宗李漼进谗言诋毁于琮。于是，于琮被累

---

① 司马光编，胡三省音注：《资治通鉴·唐纪六十六·卷第二百五十》，北京，中华书局，1956年，第8094页。

贬为韶州刺史。受韦保衡迫害，以于琮同党之名李敬伸被贬岭南。同时，《旧唐书》明确记载："左金吾卫大将军、充左街使李敬伸儋州司户。[①]"

（2）唐朝后期因罪贬琼之官

林　蕴

林蕴（生卒年不详），唐朝刺史林披的第六子，字复梦（一作梦复），福建莆田人。他官历德宗、顺宗、宪宗、穆宗诸朝，累升礼部员外郎。

林蕴博学广知，但秉性耿直，常常直言上谏，评论朝廷的弊政。永贞元年（805年），刘辟叛乱，他因直言切谏而被下狱。刘辟抽刀想要以死胁迫他屈服，但他面不改色地斥责道："死即死，我项岂顽奴砥石邪？"[②] 刘辟败后，林蕴因此而闻名京师。林蕴通晓军事，对藩镇割据、将帅骄纵及官不择人等问题有着深刻的见解。他曾为此专门上书李吉甫、武元衡等宰相。

林蕴本为贤良之臣，他后来谪琼是为罪放。据史料记载，林蕴后来出任邵州刺史时，被人查出贪污，并曾杖杀客人陶玄之，把尸体投到江中。陶玄之的妻子也被他卖为娼妇。因此，林蕴被杖流儋州而卒。

唐　庆

唐庆，曾任万年县令、寿州中丞、刺史。穆宗长庆四年（824年），唐庆因违反律法，科配百姓税钱及占用官库银钱物资，而被除名，并长流崖州。

三、五代十国期间至琼贬官概述

917年，南汉政权建立后，后晋、后汉、后周等政权就基本不再将贬官流贬到海南岛上。而南汉政权自身的地理位置也决定了他自身基本不可能有将贬官发配、贬谪海南的行为。所以，五代十国时期，海南的贬官人数较少，且集中在五代十国的早期。五代十国的中期和后期，基本没有贬官谪放海南，直到宋朝，才重新开始把犯官罪臣贬往海南。

---

① 刘昫等：《旧唐书·本纪第十九上·卷十九上》，北京，中华书局，2002年，第461页。

② 欧阳修等：《新唐书·列传第一百十二五·卷二百》，北京，中华书局，1975年，第5719页。

　　五代十国的早期，贬谪海南的官员主要以后梁贬官和后唐贬官为主。翻开史书，后梁、后唐贬往海南的官员主要有4位。后梁开平二年（908年）宰相王重师被刘捍诬告有与邠、岐勾结谋反，梁太祖疑之从而被贬崖州司户参军；乾化元年（911年）相州刺史李思安因"侍奉有阙"被梁太祖流放崖州。但二人未到海南皆被赐死。后唐同光二年（924年），礼部员外郎罗贯因被张全义诋毁、诬陷，唐庄宗以不修桥梁之罪将其长流崖州，并随后斩杀；天成三年（928年）亳州刺史李邺因被家奴上告贪污受贿被唐庄宗长流崖州，但到崖州后不久又赐其自尽。此后，贬官来琼基本中断。

　　五代十国期间只有一人被贬海南，并来到了海南，但到贬所后不久就被赐死了。因此，基本可以忽略这一历史阶段的海南贬官方化发展，本书后续不再单独阐述。

　　由于史料付阙，当前我们还无法得知唐代大多数贬谪海南官员们在海南的相应活动和事迹。但是，鉴于贬至海南的一众高官，不管是忠臣良吏，还是罪放犯官，他们本身都受过系统的教育，都是唐朝当时的知识分子和精英。他们来到海南这片文化荒漠中，无疑会促进中原文化与海南本土文化的融合。他们谪琼办学不但促进了海南文化的启蒙，加深了海南历史与文化的积淀，而且为宋代海南文化的发展和明清海南文化的繁荣奠定了基础。

第四节　唐代贬谪文化与海南本土文化的交流与融合

　　距今一万年前的落笔洞"三亚人"文化是海南原始黎族文化的起源。当黎族人从两广地区进入海南后，原始黎族文化便成为海南本土文化的主流。在此基础上形成的海南文化，是由海南本土文化与中原文化以及各种外来文化相互交流、相互推进、从而融会于一体的、极具包容特色的多元地方文化。其中，中原文化与海南原始黎族文化相互交流后，融合一体并形成海南文化的主体。而中原文化与海南原始黎族文化开始相互交流、融合，始于秦代、发展于两汉及魏晋南北朝。但中原文化通过交流、融合成为海南主导文化却是在隋唐时期，并经两宋的发展，繁荣于明清。

唐代，大量贬入海南的贬谪官员多为朝中重臣贤官，他们本身不但是当时的精英，而且是各朝代中出类拔萃的文化名人。他们无论是流徙为民，还是谪降为宦，挈妻携子举家而至都会不同程度地促进海南当地文化与中原文化的传播、交流与发展，从而对海南当地的农业、文化教育、风俗习惯等产生了重要的影响。所以，唐代贬谪至海南的官员对海南文化的形成和发展，乃至整体文化结构都有着重要的作用和意义。

一、唐代中原文化与海南本土文化的交流

正如本书前文所述，海南文化形成过程，是一部中原文化与海南本土文化相互交流、相互融合，从而使海南文化逐步生成和发展的历史。这部历史的开端，是随着中原人登岛海南和中原政权对海南的统治开始的。

（一）隋唐以前中原文化与海南本土文化的交流

中原文化与海南本土文化相互交流始于秦代。先秦时期，中原对海南及海南的黎族先民的了解只限于"雕题""离耳""贯匈奴"等一些词语。因此，先秦时期的中原文化与海南黎族原始文化是没有直接联系的，也基本不存在交流的情况。秦统一中国后，中原人士开始进入海南，中原文化与海南本土文化不可避免地会出现相互碰撞和交流。这也是中原文化在海南传播的初始阶段。

西汉元丰元年（前110年），汉武帝在海南设置珠崖、儋耳二郡后，汉地官兵、罪犯以及过往商人不断进入海南，中原政权与海南的联系开始明显加强。至西汉末年，中原流徙而至的罪犯与当地居民相互杂居，他们为海南带来了先进的思想和文化。据《三国志》描述："自斯以来，颇徙中国罪人杂居其间，稍使学书，粗知言语，使驿往来，观见礼化。"[1] 中原

---

① 陈寿撰，裴松之注：《三国志·吴书八·卷五十三》，北京，中华书局，1999年，第925页。

文化开始在语言、文字、礼仪、衣行及生活的其他方面影响海南黎族先民。随后，东汉"锡光为交阯，任延为九真太守，乃教其耕犁，使之冠履；为设媒官，始知聘娶；建立学校，导之经义。由此已降，四百余年，颇有似类"①。在中央政权的推动下，中原文化中先进的生产技术、生产工具、衣着服饰以及文化习俗，已经正式在海南当地的农业耕作、文化教育、民风民俗等领域开始传播。

建武五年（29年）十二月，"……苍梧太守杜穆、交阯太守锡光等，相率遣使贡献，悉封为列侯"②。随后，汉族官僚一般都会劝喻黎族先民接受中原文化，更改本土文化及习俗。海南原本刀耕火种的农耕技术也随之发生改变。直至三国时期，海南本土文化已在婚丧嫁娶等习俗和礼仪方面已经有所改变，只不过其成效仍不显著。

至三国魏晋南北朝时期，全国战乱频发，中原政权丧失了对海南的实际统治权，也不可能再把大量犯罪之人流往海南。但中原内地与海南之间仍有官卒、商人和避难民众的往来。他们主要移居在海南西部和北部的儋县、文昌和琼山等地的平原或沿海一带，为当地的经济、文化和交通的发展作出了重要的贡献。此时期中原文化与海南本土文化两种文化的交流虽然仍处于自发状态，且进程十分缓慢，但是在漫长的历史发展过程中仍在渐渐融合。正如丘濬在《南溟奇甸赋》所说："魏晋以后，中原多故衣冠之族，或官或商，或迁或戍，纷纷日来，聚庐托处，熏染进化，岁异而月不同；世变风移，久假而客反为主。驯犷悍以仁柔，易介鳞而布缕。"③

但是，受各种因素的影响，中原文化在岛上的传播范围也仍然十分有限，传播的速度也较为缓慢。因此，隋唐以前，中原文化与海南本土文化依然处于分离状态，岛内多数本土先民仍处于原始文化之中。

---

① 陈寿撰，裴松之注：《三国志·吴书八·卷五十三》，北京，中华书局，1999年，第925页。

② 司马光编著，胡三省音注：《资治通鉴·卷四十一·汉纪三十三·世祖光武皇帝上之下》，北京，中华书局，1956年，第1308页。

③ 丘濬著，周伟民、王瑞明校：《丘濬集·南溟奇甸赋》，海口，海南出版社，2006年，第4456页。

（二）唐代中原文化与海南本土文化的交流

冼夫人归附隋朝后，海南归隋政府统辖，隋政府为有效地治理海南，在全岛设置儋耳、朱崖、临振三郡，下辖义伦、感恩、颜卢、毗善、昌化、吉安、宁远、延德、澄迈、武德 10 县，并开辟郡县间及沿海的驿道。这为隋政府有效推行中央政策、广泛传播中原文化奠定了坚实的基础。但隋至唐初，中原战乱频发，封建帝王无暇顾及海南，郡县建制时置时废，中原文化的传播较为不畅。因此，隋至唐初时期，中原文化与海南本土文化的交流与融合，并不比隋朝以前有十分明显的差异。

至唐武德五年（622 年），冯盎归顺唐朝，唐王朝派遣官员直接统治海南。至贞观年间，海南设置一府（琼州都督府），下辖海南东西南北四个方向的五个州（琼州、崖州、儋州、振州、万安州），五州下辖 22 县。唐朝还开拓了环岛沿海及各州县之间的道路。这一建置格局不但使沿海汉黎杂居的地区逐渐扩大，而且为海南广泛传播中原文化提供了坚实的基础。

唐代戍边的将士、调派的州县官吏以及贬谪至琼官宦纷至沓来，他们在海南开辟道路、引导农耕，积极发展手工业和文教事业，为海南带来了新的思想观念、风尚习俗和各种生产技能，从而加速了中原文化与海南本土文化的交流与融合。

唐代海南直接隶属中央统辖，各级官员多为朝廷直接调派。派往海南的地方官员多是科举出身，文化素养也比较高，他们推广先进的生产技术、兴修水利道桥、开设县学，推行文教德化，为中原文化的传播和海南文化的发展作出了重要贡献。此外，唐中宗时期的岭南采访使宋庆礼，还曾亲自教导黎族首领，积极传播中原文化。

唐代汉人移居的数量较之前已大幅增加。唐代以前，海南全岛移居民众仅 2 万余人，而唐代移居民众中，仅汉族就达 7 万多人。并且，唐代这些汉族移居民众不再局限在沿海和原有县置的周围，他们开始深入岛内黎族少数民族腹地。因此，唐代汉族移居民众的增加与扩散，使中原文化的传播更为广泛，中原文化与海南本土文化的交流与融合也进一步加深。

海南是唐代重臣高官贬谪流放之地。与其他来琼汉人相比，他们不但具有优良的中原文化素养和卓越的才干，而且具有强烈的民族责任感和使命感。他们投荒承贬、举家移居海南后，无论是为官，还是为民，多数仍秉承儒家的道义名节，坚守"修身齐家、治国平天下"的信念，忠信爱民爱国，积极传播中原文化。他们赋诗撰文章、走访山水亭阁，为海南留下大量的文化著作和文化史迹；他们聚徒讲学，在海南广泛传播了中原文化；他们助民耕建，为海南带来了先进的中原生产技术。与此同时，部分贬官在量移、赦还后，还将海南本土的特产、风情和文化传播至中原。本书前文提到的吉安县丞王义方，他开班讲学，传授儒家礼乐；崖州司户参军韦执谊创办里学、兴修水利、教百姓牧羊为促进海南文化和农业生产的发展；"五公"之首李德裕赋诗著书，为海南留下了宝贵的文化财富；吴贤秀耕读办学、兴建庙祠，积极促进儒家文化的传播；辜玑修渠凿井灌溉田地，协助百姓抗旱。正是在他们积极的努力下，海南本土居民才能在中原文化与海南本土文化的磨合中迅速选择并接受中原文化。也正是如此，两种文化才能更好、更迅速地交融于一体。

唐代中原文化与海南本土文化的交流，突出地体现在文教事业的发展上。《正德琼台志》载："学校，人才风化所关……唐岭南州县学仅四五十人。"[①]按唐代官学设置规定，海南县学人数较少，但各县官学却是承担传播正统中原文化、教育民众的主要机构。虽然唐代海南学校建设情况并无详细记载，但长期讲学明道，海南文教事业必然日益兴盛，这势必会促进中原文化的传播和海南文化的发展。至唐代后期，中原文化与海南文化已经较好地融为一体。《宋进士题名记》中记载："历汉及唐，至宣宗朝，文化始洽"。万历《琼州府志》也说："琼自汉置郡，锡光建学，道（导）以礼义，历晋唐宋，人文代出。"[②]薪火相传，海南教育事业的发展，促进了海南本土文化与中原文化的交融渗透，为海南地方文化的发展产生了重要的作用。

总之，唐代中原文化与海南本土文化的长期交流与融合，是海南文化形成和发展的进程中的重要环节。唐代中原文脉在海南延伸，一方面启蒙海南黎族民众，另一方面改变了海南文化的主体结构，促进了海南地方文

---

① 唐胄：《正德琼台志·卷十五·学校上》，海口，海南出版社，2006年，第335页。
② 戴熺等：《万历琼州府志·卷六·学校》，海口，海南出版社，2003年，第174页。

化的形成与发展。也正是因此，宋代海南中原文化才能蔚然成风，明清海南文化才能出现繁荣的局面。

二、唐代至琼贬官对海南文化发展的贡献

贬谪文化是海南文化的重要组成部分。历代流贬官宦在海南广泛传播中原文化的同时，都对海南文化的发展作出了非常重要的贡献，唐代流贬至海南的官员也是如此。中原文化之所以能成为海南文化的主导，也正得益于唐代流贬到海南的官宦。

（一）唐代至琼贬官对海南文教事业发展的贡献

虽然自汉代起，海南就已经建有学校，但直到唐代初期，海南文教事业的发展与中原相比，仍有较大差距。但唐代贬官源源不断地从中原内地流贬而来，为海南的文化教育事业的发展作出了重要的贡献。

诚如前文所述，唐代至琼贬官整体来说，在文化学识方面比其他迁居海南的中原汉人要高得多，他们是当时传播中原文化的中坚力量。唐初的王义方，目睹了海南吉安当地文化教育发展落后局面，主动召集各部蛮酋，聚徒开班、讲学授礼，用中原儒家文化启蒙海南的黎族民众。在他长期的努力下，吉安从一个文化落后的地区变成了一个"弦歌四起"的礼仪之乡。后世至琼贬官也正是在他的影响下，在海南各地广传中原文化、陆续开班授学、积极促进海南文化教育事业的发展。唐代中期，素有才子之称的宰相韦执谊，在处理琼山政务的同时，也不忘在琼山兴办教育、培育学子。他在郑都（今咏雅村）创办里学（私立的村学），并聘请专业的教师以孔圣之道教授学童。此外，他还经常抽时间亲自去给学子讲学。在他的努力下，周边各村纷纷遣子入学，甚至不少外乡学子也纷纷前来求学授教。据说，学子们每逢春夏时节，就会聚集在里学前面的香莲塘周边读书诵词、赏荷咏诗。韦执谊去世以后，当地人特将香莲塘更名为圣莲塘，以纪念他对海南龙泉郑都文化教育事业作出的贡献。唐代晚期，吴贤秀挈妻携子、举家迁至琼山张吴图都化村，并积极传播中原文化，从而使当地宅第庙祠遍布，耕读办学蔚然成风。据史书记载，至唐宣宗时期，海南文化教育事业已经兴盛起来。可见，从唐初至唐末，中原文化的发展脉络开始真正在海南延伸开来，其中至琼贬官的努力和影响是功不可没的。也正是

在他们努力之下，海南文化的结构也在悄然之中发生着改变。

此外，至琼贬谪官员还为海南留下了大量的诗文著作。如前文所述的韦执谊在海南著有《市骏骨赋》《规谱》等作品流传于世；李德裕在流贬海南的途中作多首诗词记载所见所感，至海南后谪居不到一年的时间里题诗凭吊先贤、作词北望思乡，写下诸多诗文，他在海南著文49篇，集为《穷愁志》；李邕诗词、书法冠于当时；吴贤秀置经典书画于琼山张吴图都化村，并与韦执谊、辜玑一样在海南续修族谱。唐代还有诸多官宦文人在至琼贬官的流贬途中作文赠诗，他们与这些贬官一起为海南文学的发展留下了宝贵的文化遗产，并为海南的文学创作产生了重要示范作用。

正是在唐代贬官的各种文化活动影响下，中原文化才得以在海南各地迅速传播开来，也正是他们的诗文著作积淀了深厚的中原文化底蕴，由此，海南以中原文化为主导的发展趋势才得以形成。同时，这也使唐代以后的海南逐渐呈现人才众多的局面。

（二）唐代至琼贬官对海南农耕文化发展的贡献

唐代以前，海南人口稀少，荒僻落后，唐代以前，虽然汉族移居民众不断将中原农业生产技术传播到海南，但海南仍普遍处于刀耕火种的状态。至唐代，沿海汉黎杂居之地已经广泛使用铁制农具，种植双季稻，个别开发较好的地区已经达到一年三熟的程度。唐代海南的农业已由周边沿海逐步发展起来。据《大唐和上东征传》记载，当时海南崖州一带"十月作田，正月收粟；养蚕八度，收稻再度。"[①] 可见，唐代海南的农业发展已经取得了较大的进步。但内地黎族民众山区农业生产依然处于落后的状况。李德裕在《谪岭南道中作》一诗中，也反映了这一现象。"岭水争分路转迷，桃榔椰叶暗蛮溪。愁冲毒雾逢蛇草，畏落沙虫避燕泥。五月畬田收火米，三更津吏报潮鸡。不堪肠断思乡处，红槿花中越鸟啼。"[②] 这首诗显示出海南农业的发展依然处于荒蛮落后的景象。

虽然海南农业发展不均衡，但贬官的到来，也为海南沿海地区农耕文

---

① ［日］真人元开著，汪向荣校注：《大唐和上东征传》，北京，中华书局，2000年，第69页。

② 曹寅等：《全唐诗·卷四百七十五》，北京，中华书局，1980年，第5397页。

化的发展作出了重要的贡献。唐代谪琼贬官多数具有地方从政的经历，他们熟悉中原先进的农耕工具和生产方式，掌握中原先进的农耕技术。他们用自己所掌握的先进农业知识来改造海南落后的农耕状态，从而使海南沿海地区的农业有了较大的发展。例如，韦执谊指导当地百姓垦荒耕田，种植黑豆、玉米、狗尾黍等旱地作物，并带领百姓修建岩塘陂和亭塘坡等水利工程，灌溉田地、造福百姓。此外，他还依据当地地理及植被的特征，引导民众饲养山羊，大力发展畜牧业。韦执谊在海南的这些举措，可谓是功在当代，利在千秋。他不但在海南传播了中原农耕文化，而且使海南的农业生产技术得到了较大的提高。晚唐时期，辜玑曾在琼州大旱时带领百姓凿井修渠、引水灌溉田地。不可否认，唐代至琼贬官在海南的举措，对海南农业的发展作出了重要的贡献。

（三）唐代至琼贬官对海南民风的影响

在贬官极力促进海南文化教育事业发展的影响下，唐代海南的民风也随之发生改变。唐初，海南黎族民众不知礼法、俘掠不忌，民风彪悍不驯。但在唐代至琼贬官的持续教育下，海南黎族民众开始接受儒家礼乐文化的教导，其风气日渐转好。例如，儋州吉安县的黎族民众在王义方的教化下，变得出入有序，谦让有礼。韦执谊、李德裕、吴贤秀等人教习汉黎民众的过程中，也在不断地影响海南民风的转变。另外，唐代贬谪至琼的官员多举家而至，他们的后人也会以中原儒家文化影响甚至改变海南黎族民众的风俗习气。

可见，至琼贬官对海南民风的转变产生了一定的影响，客观上促进了唐代晚期海南文化与中原文化相互融洽的局面的出现。

另外，有的唐代至琼贬官的高尚人品和曲折的经历，以及他们投荒承贬后仍能坚守儒家道义名节，竭力为海南的发展奉献自我才智的精神，也深深影响着海南的民众。

总之，唐代至琼贬官对海南文化的发展产生了重要的影响，使中原文化成为海南文化的主导，为后世海南文化的繁荣与发展奠定了基础。唐代贬官的到来是海南文化发展的重要节点之一，他们与宋代、元代和明代流贬到海南的官宦一起对海南文化的发展作出了重要的贡献。

附：唐至五代主要至琼贬谪官员列表

唐代主要至琼贬官一览表

序号	贬官姓名	官职	被贬时间	贬谪海南的原因	备注
1	王义方	太子校书	646 年	刑部尚书张亮被疑谋反，王义方因与之交好受连坐，贬为儋州吉安县县丞	三年后量移
2	张皎		646 年	同上，张亮之侄，流配崖州而卒	
3	韩瑗	宰相	657 年	被诬与褚遂良谋反，谪为振州刺史，四年后死于贬所	
4	李津	宰相	663 年	坐父不法之罪，长流振州	674 年大赦归洛阳
5	李茂	淮南王	674—676 年	饿杀其父，险薄无行，配流振州而死	宗室
6	郎余庆	御史中丞、交州都督	高宗朝	酷吏，清刻于法，高宗将流放琼州	逢大赦，徙春州
7	武元爽	少府少监	高宗朝武则天之后	因曾刻薄武后母女，遭构陷配流振州而死	外戚
8	刘讷言	太子洗马、侍读	680 年	概因注释《汉书》暗讽外戚干政，并进献于太子。武后不喜贬至振州而死	
9	王方翼	夏州都督、王皇后族人	684 年	武后打击王皇后族人，诬其与程务友善职务，下狱流崖州，死于南贬途中	
10	李孝逸	镇军大将军、吴国公	686 年	因武承嗣嫉妒，以姓名诬陷，配流儋州，不久死于贬所	宗室
11	李灵夔	鲁王	688 年	欲起兵反武氏，配流振州，自缢而死	宗室
12	李昭德	御史中丞	689 年	贬为振州陵水尉	后还，累迁至宰相

续表

序号	贬官姓名	官职	被贬时间	贬谪海南的原因	备注
13	韦方质	宰相	690年	武承嗣不喜，为酷吏构陷，流配儋州。同年冬，被害于贬所	
14	阿史那献	突厥可汗	692年	因其父被诬腰斩，而连坐流配崖州	后被诏还
15	崔元综	宰相	694年	酷吏，犯罪配流振州，不久赦还	
16	王弘义	左台侍御史	694年	酷吏，坐来俊臣案，流配琼州，妄称诏还而杖杀途中	
17	胡元范	凤阁侍郎	684年	诤臣，因为裴炎辩解，流死琼州	
18	敬晖	宰相	706年	上表诛灭诸武，为武三思迫害流贬崖州，至岭外被生剐而死	
19	薛季昶	定州刺	706年	劝敬晖诛杀诸武而累贬，谪为儋州司马、琼山尉而服毒自杀	
20	郑普思	秘书员外监	706年	纠结僧道，图谋作乱，流于儋州	
21	李邕	左右殿侍御史	710年	贬为崖州舍城丞	715年擢升户部侍郎
22	姚绍之	监察御史	中宗朝	酷吏，因贪墨黜放岭琼山尉	不久逃回京都
23	归国	突厥卢山部族都督	727年	被诬欲叛乱，长流琼州	
24	齐敷	都水监丞	729年	麻察坐事，齐敷以同党论而长流崖州	
25	唐地文	左监门将军	731年	坐王毛仲拥兵自重，贬谪振州员外别驾	
26	王备	王方翼后人	752年	坐叔父谋反案，长流珠崖郡，至故驿而杀	
27	南巨川	给事中	731年	坐事被贬崖州	
28	杨炎	宰相	781年	因政敌构陷，谪为崖州司马，途中赐死	

序号	贬官姓名	官职	被贬时间	贬谪海南的原因	备注
29	崔河图	通州别驾，曾任谏议大夫	800 年	被诬陷而长流崖州，赐死谏	
30	崔薳	监察御史	803 年	因下吏陷害而流放崖州	
31	崔珣	秘书少监	803 年	流放崖州，原因不明	
32	穆质	给事中	穆宗时	诿过天子，揽功于己，流放崖州；或因坐与杨凭善，而贬为开州刺史	
33	张勋		德宗朝	因奸相裴延龄构陷而配流崖州	
34	吴贤秀	户部尚书	805 年	流于崖州，落籍琼山张吴图都化村（今灵山镇）	807 年卒于琼山
35	王震	太常正卿	805 年	流于崖州，落籍琼山张吴图都化村（今灵山镇）	
36	辜玑	礼部尚书	805 年	谪贬为琼州军民指挥使，落籍琼山	
37	韦执谊	宰相	805 年	因"二王八司马"事件被贬为崖州司户参军，落籍今龙泉镇	812 年卒于崖州
38	庄敬平	莆田县教谕	806 年	随侍韦执谊，迁崖州，定居今龙泉镇	
39	杨清	蛮首、骥州刺史、牙门将	819	因杀象古全家，被贬为琼州刺史，杨清抗旨不纳，后被斩杀	
40	皇甫镈	宰相	820 年	献长生药致宪宗亡，贬为崖州司户参军，卒于贬所	
41	林蕴	邵州刺史	宪宗朝	坐赃，杖流儋州而死	
42	符凤	将军	宪宗朝	因犯军法流徙儋州，至琼为獠贼所杀	
43	李佐	郓王	823 年	妄传禁中话，安置崖州	826 年还，宗室

续表

序号	贬官姓名	官职	被贬时间	贬谪海南的原因	备注
44	唐庆	寿州中丞、刺史	824年	因贪墨长流崖州	
45	茅汇	左金吾兵曹参军	825年	卷入宰相争斗，不愿诬陷武昭而被流放崖州	
46	李贞素	左金吾卫将军	835年	甘露之变后，坐韩约事，流儋州，至商山赐死	宗室
47	顾师邕	水部员外郎	835年	甘露之变后，坐李训案，流崖州，至蓝田赐死	
48	萧洪	鄜坊节度使	836年	伪称国舅十余年，事败，配流儋州，途中赐死	伪宗室
49	欧阳秬	国子监四门助教	844年	被诬曾为叛贼刘稹起草斥政之文，贬于崖州，赐死	
50	崔元藻	御史	845年	贬崖州司户参军	
51	薛元龟	权知府事、京兆少尹	846年	李德裕被罢相后，因其与李德裕交好，连坐贬为崖州司户参军	
52	李德裕	宰相	848年	为政敌陷害，贬崖州司户，二年正月卒于贬所	
53	李鄠	安南都护	861年	边关杀守澄有背绥靖之策，被贬儋州司户，后改长流崖州	
54	温璋	京兆尹	870年	昌公主卒，杀医官刘瞻力谏而贬。温璋因与刘瞻交好而被韦保衡贬振州司马，自缢而卒	
55	杨知至	比部郎中、知制诰	870年	同上，受韦保衡迫害贬为琼州司马	后还
56	李敬伸	左金吾大将军、充左街使	872年	于琼轻慢韦保衡被进谗言而贬。李敬伸以同党之名贬为儋州司户	
57	蔡京	岭南西道节度使	873年	因御军无方贬为崖州司户，不肯行，敕令自尽	

续表

序号	贬官姓名	官职	被贬时间	贬谪海南的原因	备注
58	路 岩	宰相	873 年	受边咸、郭筹谋反案牵连，流放儋州。途至新州时赐死	
59	韦保衡	宰相、驸马	873 年	怨家告发阴罪，累贬为澄迈县令，赐死	
60	田令孜	晋国公、左神策军中尉	886 年	因挟君而逃、专政暴横，长流儋州而不肯行。893 年被杀	宦官
61	西门君遂	观军容使	892 年	讨伐李茂贞失利，兵临城下，被逼将其流贬儋州。后被迫改诛杀。	
62	李周潼	内枢密使	892 年	讨伐李茂贞失利，兵临城下，被逼将其流放崖州。后被迫改诛杀。	
63	刘崇鲁	水部员外郎	895 年	贬为崖州司户参军，终水部员外郎	
64	王 博	宰相	900 年	朱党诬其与他人交私，危及社稷，贬为崖州司户参军，于蓝田驿赐死	
65	李彦威	左龙虎统军	904 年	奉养父之命弑君，其养父梁太祖以"慢于军政"之名，将其没流贬至崖州赐死	别名朱友恭
66	独孤损	宰相	905 年	因轻慢柳璨而被朱党诬陷为奸邪紊乱朝纲，遂谪为琼州司户，至白马驿赐死	
67	郑 賨	左谏义大夫	905 年	被朱全忠诬奏，流贬为崖州司户，随后赐死	
68	柳 璨	宰相	905 年	仇人诬其不忠朱党、图谋不轨，被流贬崖州，赐死	
69	孙 乘	河阳节度副使	906 年	贬为崖州司户，不久赐死	

五代主要至琼贬官一览表

序号	贬官姓名	官职	被贬时间	贬谪海南的原因	备注
1	王重师	宰相（后梁）	908年	因被刘捍诬告有与邠、岐勾结谋反，梁太祖疑之，被贬崖州司户参军，随后赐死	
2	李思安	相州刺史（后梁）	911年	"侍奉有阙"被梁太祖流放崖州，随后赐死	
3	罗贯	礼部员外郎（后唐）	924年	因被张全义诋毁、诬陷，唐庄宗以不修桥梁之罪将其长流崖州，随后斩杀	
4	李邺	亳州刺史（后唐）	928年	被家奴上告贪污受贿被唐庄宗长流崖州，至贬所赐自尽	

第三章
宋代海南与中原的文化交流

第一节　宋代中原与海南的文化交流概述

虽然早在西汉元封元年（前110年），汉武帝就在海南置珠崖、儋耳二郡，将海南纳入王朝的管辖之内，但由于其地处中国最南边陲，孤悬海外，一直被视为偏远荒芜之地；到了唐朝，随着一些贬谪官员的到来，一定程度上促进了海南与中原的文化交流，但整体上海南的经济文化一直游离于中原文化之外；直到宋朝时期，才打破了这种僵局，海南与中原的文化交流频繁，被贬到海南长达11年的南宋著名宰相李光曾写文章记载："（海南）近年风俗稍变，盖中原士人谪居相踵，故家知教子，士风渐盛。"[①]究其原因，这与宋代时期海南地方官学的正式建立，中原移居民众的大量涌入以及宋代贬官对海南的影响有着莫大的关系。

一、海南地方官学的正式建立

海南地处南溟，经济落后，在西汉正式归属中央王朝，但历代王朝对其只是一种"遥领"，没有实施真正有效的行政管理。隋朝时期，冼夫人安抚琼地，海南摆脱了"化外之民"的身份，正式纳入王化。尽管如此，中原文化在相当长一段时间内对海南的辐射影响仍然是非常有限的。《太

---

① 　陈有济：《李光居琼集·儋耳庙碑》，海口，南海出版公司，2017年，第172页。

平广记》中说："自广南祭海十数州，多不立文宣王庙。有刺史不知礼，将释奠。即署一胥吏为文宣王亚圣，鞠躬候于门外。或进止不如仪，即判云：'文宣、亚圣决若干下。'"①当地官吏连文宣王（孔子）、亚圣（孟子）是何许人都不知晓，可见教育的缺失到了什么程度。

到了宋代，海南文化教育事业有了较大发展。据史志记载，从北宋庆历四年（1044 年）开始，海南岛各级地方政权陆续建立起官学，计有州学 4 所，县学 11 所，书院 1 所，社学 2 所②。此外，还有 1 所官立民族学校"新学"。两宋时期，全岛共有进士 12 人，举人 13 人，制科（贤良方正）2 人，诸科 40 人（举文学 6，举人材 2、荐辟 32）③。丘濬《重建琼山县署记》："予尝在吾乡僻处遐外，而海内士大夫未尝以遐外视之，评其艺文俗尚，则曰海滨邹鲁。"④

宋朝初年的教育制度基本上是模仿唐代，但北宋中后期的三次兴学，使中国封建教育走向成熟，是中国封建教育发展史上的一个重要节点。这三次兴学分别由当时的三位宰相主持，前后历经七八十年，推动了宋代乃至宋以后的教育。

宋朝第一次兴学发生在北宋庆历四年（1044 年），由范仲淹主持的"庆历兴学"，这次兴学对北宋教育事业的发展起了促进作用。作为主持庆历兴学的主要人物，范仲淹很早就认识到了兴办教育的重要性。他认为："夫善国者，莫先育材；育材之方，莫先劝学。"⑤在这种大背景下，宋朝官民开始协力大办学校，以教育为政治的根本。庆历兴学的主要内容有三项：普遍设立地方学校；改革科举考试，规定科举考试先策，次论，次诗赋，罢帖经、墨义；创建太学。宋仁宗根据范仲淹、宋祁等人的建议，

---

① 李昉：《太平广记·卷二百六十一·嗤鄙四·南海祭文宣王》，北京，中华书局，2020年，第 1702 页。

② 戴熺等：《万历琼州府志·卷六·学校志》，海口，海南出版社，2003 年，第 285–313 页。

③ 明谊、张岳崧：《道光琼州府志·卷二十六·选举志》，海口，海南出版社，2014 年，第 1183–1184 页。

④ 欧阳灿等，《万历琼州府志》，海口，海南出版社，2003 年，第 89 页。

⑤ 范仲淹：《范文正公文集·卷十·上时相议制举书》，上海，上海古籍出版社，1995 年，第 325 页。

下令各州县设立学校，并规定在学校学习期满 300 天的人才能参加科举考试。

第二次兴学从熙宁四年（1071 年）到元丰八年（1085 年），由被誉为"中国 11 世纪的改革家"王安石主持的"熙丰兴学"。在宋神宗的支持下，王安石在政治、经济、军事和文化教育等方面，进行了一系列的改革，其中在文化教育方面的改革被称为"熙宁兴学"。主要有以下四个方面的内容：改革太学，创立"三舍法"；恢复和发展州县地方学校；恢复和创设武学、律学和医学；编撰《三经新义》作为统一教材。后来由于王安石变法的失败，"熙宁兴学"也难以避免失败的悲剧。

第三次兴学发生在徽宗崇宁元年（1102 年）到宣和三年（1121 年），由蔡京主持的"崇宁兴学"。意图是继承熙宁新法来挽救北宋的统治危机，恢复和发展"熙宁兴学"的某些措施。"崇宁兴学"的措施主要是集中在以下几个方面：全国普遍设立地方学校；建立县学、州学、太学三级相联系的学制系统；新建辟雍，发展太学；恢复设立医学，创立算学、书学、画学等专科学校；罢科举，改由学校取士。此次兴学把地方行政长官的升迁降黜与办理学校的效绩挂钩，使重教兴学出现争先恐后的局面，真正意义上的县县设学是在此期间基本实现的。县学，这一县级教育行政是宋朝最基层的教育组织管理形式，其形成是宋朝的创举，与之结伴而来的是县学的设置。宋时海南设有琼山县学、澄迈县学、文昌县学、临高县学、昌化县学、感恩县学、陵水县学、万宁县学等。

三次兴学运动虽未达到预期效果，但是对北宋教育事业的发展起到了促进作用，北宋的三次兴学运动后，中国封建教育的基本模式逐步形成，基本定型，并且在教育的方针、政策、法规及观念诸方面，为其后历朝封建教育的发展提供了范本。这三次兴学从学校建设、科举制度改革、教学方法变革等几个方面作出了新的尝试，使宋代教育面貌焕然一新。

经过这三次兴学，"学校之设遍天下，而海内文治彬彬矣"①。海南也正是在三次兴学中建立了正式的官学制度，据《宣统琼山县志卷四》记

---

① 脱脱：《宋史·卷一百五十五·志第一○八·选举一》，北京，中华书局，1985 年，第 2257 页。

载："宋庆历四年，始建于郡城东南隅，诏立殿堂、御书阁，郡守宋守之建尊儒亭，躬自讲授，置学田。"海南就在这一年创办了琼州学，这是海南最早的官办学府。除了琼州学，海南还设立了儋州学、崖州学和文昌县学、临高县学。而琼山、澄迈、文昌、万州、陵水、崖州、感恩等州县学，也在宋代兴建。

宋代各州县儒学，开设于庆历四年（1044 年）。《宋史》载："景祐四年（1037 年），诏藩镇始立学，他州勿听。庆历四年，诏诸路州、军、监各令立学，学者二百人以上，许更置县学。自是州郡无不有学。始置教授，以经术行义训导诸生，掌其课试之事，而纠正不如规者。"[1]海南各州县儒学，就是在宋仁宗下诏令之后陆续建立的。

宋代在海南岛建立的学校有三类：一是官办的儒学，由各级政府出资建立。二是官办的社学和书院。三是私立学校。官办儒学有：琼州府学，琼山县学、澄迈县学、临高县学、文昌县学等。

官办的府、县两级学校外，还有官办的社学以及廓学，即官办小学，私办的仁政乡校和书院以及乡义学。又有贡院，在县（琼山）北，天宁寺旁。宋南渡，琼设科取士于此，额十三名。[2]

在宋高宗时期，曾一度将贡举权下移到州。此事《正德琼台志》引《方舆志》载云：至绍兴中，始令诸州各试士。这时，琼州府也设立贡院，开科取士，每科录取 13 人，直至南宋末年才罢止。这些文教政策的实施，对文化教育的发展起着刺激和推动作用。李光在《迁建儋州学记》中说："士皆激发奋励，求师学古，讲先王之道，考六经之文，焚膏继晷，兀兀穷年，弦诵之声，洋洋盈耳。教化行于上，而风俗美于下。""时人知教子，家习儒风，青衿之士日以增盛。"

在兴办教育的过程中，海南的地方官员积极倡导落实，庆历间的琼州知州宋守之，"教诸生读五经。于先圣庙建尊儒阁，暇日亲为讲授。置学

---

① 脱脱：《宋史·卷一百六十七·职官七·教授》，北京，中华书局，1985 年，第 2488 页。
② 唐胄：《正德琼台志·卷二七·古迹·贡院》，海口，海南出版社，2006 年，第 576 页。

田以资膏火，由是琼人始知好学"①；元丰中管帅李时亮，"奏请颁赐书籍及修郡学，创御书阁教士，卓有政声"②；宋宁宗庆元间通判刘汉为琼州儒学修庙祭器，又创办小学，作为学者"始进之阶"③；在昌化军，绍兴间知军陈适重修州学，振儒学之风等，这些地方官积极倡导发动，使朝廷中的文治政策尽快付诸实施。

除了府州县儒学之外，地方上也办起了一些学校，如南宋宁宗庆元初。通判刘汉在琼州创办"附廓学"，琼山遵潭都乡人捐建"仁政分校"，儋州人王霄在零春都办起私学"零春馆"。"附廓学"即官办小学，时有学生 79 人。仁政分校属于社学性质的学校，"零春馆"则"为隐居教授之所"④。由于教化兴行，在汉族地区，"士有不肄于学宫者，则乡人笑之矣"入学读书已成风气。不少黎族同胞也主动送子入学接受文化教育。胡铨谪居吉阳军时有黎酋遣子从胡铨读书，庄芳的《琼州通守刘公创小学记》中，黎獠犷悍，亦知道遣子就学，衣裳其介鳞，踵至者十余人，人欢曰；"前未有也"。

宋代三次兴学的兴起，使得海南加入整个中国文化教育体系中，促进了海南文化教育的发展。自北宋开始，海南有人考取进士等功名，培养出了本土的文化人，并为海南文化的进一步发展奠定了良好的制度和文化基础。到明朝时，海南人才辈出，文化灿烂，被世人称为"海外邹鲁"。

明代丘濬在谈到海南教育的历史时，充分肯定宋王朝时教育始创之功。他在《琼山县学记》⑤中既历述儒学传入海南岛的历史过程，又肯定了宋朝建立学校，创建宣扬儒学的阵地，使孤悬海外的海岛文化教育日益发

① 明谊修，张岳崧纂：《琼州府志（道光）·卷二十九·宦师志》，海口，海南出版社，2014 年，第 1332 页。

② 明谊修，张岳崧纂：《琼州府志（道光）·卷二十九·宦师志》，海口，海南出版社，2014 年，第 1334 页。

③ 李文烜：《咸丰琼山县志·卷二十五·艺文志·记上·琼州通守刘公创小学记》，海口，海南出版社，2004 年，第 962 页。

④ 林日举：《海南史》，长春，吉林人民出版社，2002 年，第 144 页。

⑤ 丘濬：《丘濬集·重编琼台稿·卷十六·琼山县学记》，海口，海南出版社，2006 年，第 4254 页。

达，甚而使：释奠之宫，弦诵之所，与中州等。

二、宋代移居群的到来

丘濬在《南溟奇甸赋》记载，"魏晋以后，中原多故，衣冠之族或宦或商，或迁或戍，纷纷日来……今则礼义之俗日新矣，弦诵之声相闻矣，衣冠礼乐彬彬然盛矣"[1]。

相比之前，宋代海南的移居民众现象非常突出，也比较复杂，除中原移居民众外，还有海外移民，不同民族、不同地域、不同行业的人，因不同的原因迁移到海南岛。移居群的到来，改变了海南的社会风气，《正德琼台志》记载，"琼僻居海域，旧俗殊陋，唐宋以来，多明贤放谪，士族侨寓，风声气习先后濡染，不能无今古淳漓之别"[2]。

宋代移居海南的群体，大致可以分为以下几类：

一是到海南岛从征戍守的军士。他们中的一部分人，服役期满后，落籍海南。这些军人原先的驻地有一部分在海岛的内地，慢慢地浸染了当地人的某些特点，也被视作"熟黎"的一部分。

二是到海南进行商贸活动的商人。范成大《桂海虞衡志》载：黎人"与省地（指有建置地区）商人博易，甚有信而不受欺绐。商人有信，则相与如至亲，借贷有所不吝。岁望其一来，不来则数数念之"。[3]他们来往于海南福建之间，"闽商值风飘荡，鉴货货陷没，多入黎地耕种之。归官吏及省民（指有建置地区的居民）经由村峒，必舍其家，恃以为安"[4]。汉商中也有部分粤籍商人，闽粤商人有的进入黎族聚居区后，与黎族百姓相处融洽，因而在黎寨定居下来，安家立业了。

三是贬官。宋代贬谪海南的官员，数目是相当多的。这些贬官，既把

---

① 欧阳灿等，《万历琼州府志》，海口，海南出版社，2003年，第580页。

② 唐胄：《正德琼台志·卷七·风俗》，海口，海南出版社，2006年，第137-138页。

③ 马端临：《文献通考·卷三百三十一·四裔八》，北京，中华书局，2011年，第2598页。作者注：此处是马端临引范成大《桂海虞衡志》中《黎峒》的记载，现版的《桂海虞衡志》无此文，严沛校注的《桂海虞衡校注》已将其作为佚文收录。

④ 朱易安等：《全宋笔记·诸蕃志·海南》，郑州，大象出版社，2003年，第228页。

中原文化直接带到了海南岛，同时本人也在海南的生活环境中被海南风俗所感染，在不经意间充当了中原与海南文化交流的使者与媒介。

四是因避乱而来的民众。因宋代战乱频繁，尤其是南宋时抗金的斗争十分激烈，海南是南疆最安静的乐土，自古无战场，所以有的民众因逃避战乱来到南方，海南多荒地，吸引了众多外来人，他们到达后，或"射地而耕"，或沿海捕鱼，或"以舟为家"，过着安居乐业的和平生活。

五是被朝廷派到海南当官的。这类官员到海南后，有的落籍海南，繁衍子孙。

两宋时期是汉人移居海南岛的重要时期。这一时期移居海南人数最多的是闽人，其次是广东、浙江、江西人。其中有为官为兵为商而落籍的，也有在南宋时因金兵南侵而南迁的小手工业者和农民渔民等劳动者。

三、宋代贬官对海南文化的影响

自开宝四年（971年）4月，北宋王朝开始在海南建立统治，至祥兴二年（1279年）南宋灭亡，两宋王朝在海南统治了308年。在这300多年间，宋王朝派遣到海南见于史籍和方志著录的官吏有182人[①]。其中，不少人功绩卓著，他们或为治理一方出力，或尽力劝课农耕，引导民众兴修水利，造福一方，或尽力实施宋王朝民族政策，或致力教育，或献身抗元斗争，等等。

据统计，被流贬到海南的官员在宋朝高达80人以上[②]，这些人在当时大多大名鼎鼎，如北宋兵部尚书卢多逊，司徒丁谓，文豪苏轼；而南宋被贬谪到海南的"四名臣"——李纲、胡铨、赵鼎、李光也都是宰相级别。宋代的文人大多学问渊博，而这些贬谪到海南的官员又都是饱学之士。这种身份与素质使他们在失去了政治话语权之后，更具有了强烈的文化使命感。他们到海南后，著书立说，招收本地生徒传道授业，带来了强有力的中原文化冲击波，使海南的文化教育发生了巨大的变化。

---

① 林日举：《海南史》，长春，吉林人民出版社，2002年，第129页。

② 曾庆江、周泉根等著：《海南历代贬官研究》，海口，海南出版社／南方出版社，2008年，第17页。

宋代贬谪到海南的官员在海南居留的时间较历代都长，如李光在海南11 年，胡铨 7 年，苏轼也有 3 年。他们的到来，给文教贫瘠的海南带来文化的甘露，推动了海南的文化教育。

宋代第一位被贬海南的官员是宋太宗时的宰相卢多逊。《崖州志》[①] 记载："（谪宦）卢多逊，河南怀州人。宋朝宰相。太平兴国七年（982 年）以交通秦王廷美事，闻，太宗怒，下狱。集议朝堂。逐下诏曰：兵部尚书卢多逊，包藏奸宄，窥伺君亲，指斥乘舆，交结藩邸。大逆不道，非所宜言。爰遣近臣杂治其事，丑迹尽露。狱成，有司定刑。外廷集议，佥以枭夷其族，污潴其宫。用正宪章，以合经义。尚念尝居重位，久事明廷，特宽尽室之诛，止用投荒之典。其多逊在身官爵，及三代封赠，妻子宫封，并用削夺追毁。一家亲属，并流配崖州。所在，驰驿发遣。纵经大赦，不在量移之限。雍熙二年，卒于流所，年五十二。"

史书中的卢多逊，以博学强记、文辞敏捷、善于揣摩皇帝心思同时又极富有才干而闻名于朝。史书记载，"太祖好读书，每取书史馆，多逊预戒吏令白己，知所取书，必通夕阅览，及太祖问及书中事时，多逊应答无滞，同列皆伏焉"[②]，其他同僚自叹弗如，深得宋太宗的厚爱。曾出使江南，并曾奉诏参与《五代史》等的编撰工作。

开宝七年（974 年），卢多逊被罢相削职流放，"一家亲属，并流配崖州"，[③] 发配至崖州古城。太平兴国七年（982 年）五月，卢多逊一家渡海到达了海南岛最南端的崖州。

虽然惨遭不幸，但是卢多逊并没有哀怨愤激消沉下去。他在给朝廷例行的《谢表》中写道："流星已远，拱北极而无由；海外悬空，望长安而不见""班超生入玉门，非敢望也；子牟心存魏阙，何日忘之。"他感叹虽然自己被投荒海外，有如流星逝去，北归无望，但依然思念家国。

卢多逊对海南文化影响最大的莫过于他对水南村的深情吟咏与赞颂。风景优美、人文荟萃的水南村，在卢多逊到来之时已经是宋朝崖州州治和

---

① 张嶲等纂修、郭沫若点校：《崖州志》，北京，中国文史出版社，2010 年，第 359 页。

② 脱脱：《宋史·列传二三·卢多逊》，北京，中华书局，1985 年，第 6548 页。

③ 脱脱：《宋史·列传二三·卢多逊》，北京，中华书局，1985 年，第 6549 页。

宁远县县治所在地。它面对南山岭，清凌凌的宁远河绕经村北，居民祖先多由中原迁徙而来，民风淳朴。在水南村，有一位饱读诗书的乡贤叫黎伯淳，隐居故里，追求一种淡泊的生活，卢多逊十分尊重他，称其为"幽人学士"。在水南村恬适的自然环境、富有同情心与世无争的民风的熏染下，卢多逊创作了《水南村为黎伯淳题》七律二首。其一："珠崖风景水南村，山下人家林下门。鹦鹉巢时椰结子，鹧鸪啼处竹生孙。鱼盐家给无墟市，禾黍年登有酒樽。远客杖藜来往熟，却疑身世在桃源。"① 其二："一簇晴岚接海峡，水南风景最堪夸。上篱薯蓣春添蔓，绕屋槟榔夏放花。狞犬入山多豕鹿，小舟横港足鱼虾。谁知绝岛穷荒地，犹有幽人学士家。"② 这两首诗在描写崖州田园风光的诗中极有代表性，早已经成为水南村最有特色的名片。诗歌真实描绘了1000多年前崖州水南村优美的自然风貌以及村民自给自足、怡然自乐的田园生活；鹦鹉、鹧鸪、椰子、竹子、薯蓣、槟榔，还有山岚、海霞，小舟横港，构成了一幅美丽的水南清明上河图；鱼盐家给、禾黍年登、多豕鹿、足鱼虾，而且，这里民风淳厚，虽然不是桃花源，却胜似桃花源！

卢多逊居住在水南村。他不仅和当地人友好往来，还以传播中原文化为己任，积极兴教助学，他的子孙后代也大多是饱读诗书之人。儿子卢雍被录为公安主簿，另一个儿子卢察也考中进士，并为州簿尉。卢多逊虽最终归葬于襄阳。但卢家有部分家属仍散居于崖州，他们奉卢多逊为海南卢氏入琼始祖。

北宋贬谪到崖州的还有宋真宗时的宰相丁谓，他也是宋元时期海南贬官中影响比较大的一位。丁谓（966—1037年），字谓之，北宋长洲（今苏州）人，主要政治活动在宋真宗时期，历官工、刑、兵三部尚书等，曾两度拜为宰相，封晋国公，显赫一时。

丁谓不仅在政治上颇有成就，在文学上也享有盛名。宋初文学家王禹偁曾评价："有进士丁谓者，今之巨儒也。其师道于六经，泛于群吏，而斥乎诸子。其文类韩柳，其诗类杜甫，其性孤特，其行介洁，亦三贤之俦

---

① 脱脱：《宋史·列传二三·卢多逊》，北京，中华书局，1985年，第6550页。

② 脱脱：《宋史·列传二三·卢多逊》，北京，中华书局，1985年，第6550页。

也。"晁公武《郡斋读书志》里说："（丁谓）幼聪敏，书过目辄记不忘。善为古文章，尤工诗什。"①

乾兴元年（1022年），受"雷允恭擅移皇陵案"②牵连，以"昵彼妖巫，馆于私舍，潜通诡计，假托神灵，与孽寺以连谋"③，被罢相贬为崖州司户参军，家财被没收。《天香传》是他在宋乾兴元年（1022年）至天圣三年（1025年）间流放崖州司户参军时所作。

1022年丁谓被贬为崖州司户，在此后的三年中他亲身接触和深入了解了海南的风土人情和物产，对沉香尤其推崇备至，四库全书《陈氏香谱》中收录丁谓的《天香传》，"素闻海南出香至多，始命市之于闾里间，十无一有假……曰：'琼管之地，黎母山酋之，四部境域，皆枕山麓，香多出此山，甲于天下。'"④丁谓在通盘了解海南沉香的基础上撰写的《天香传》，将海南沉香从气味、外观、生成方式等进行分类与评定品级，为以后香学家研究和品评沉香奠定了基础。

丁谓为海南沉香创作的《天香传》，从儒家之礼、道家经典、释家典籍等方面谈论用香历史，产沉香之地区，香材之优劣，是中国古代对沉香品质进行评价与鉴定的第一部文献，肯定了海南岛所产沉香的地位。《天香传》还开启了宋代以"香"为主的"点茶、焚香、挂画、插花"四般闲事的文人雅士趣味生活。无论祭祀用香、释家用香、道家用香、点茶焚香还是挂画插花，都有其特定的芳香含义，在中国香文化史上具有举足轻重的作用。

海南黎峒沉香伴随丁谓渡过了余生。正如《天香传》中所述，"忧患之中，一无尘虑，越惟永昼晴天，长霄垂象，炉香之趣，益增其勤"⑤。史称丁谓临终之前半个月已经不食，只是焚香端坐，默诵佛书，不断小口喝

---

① 晁公武著，孙猛校订：《郡斋读书志校证·卷一九》，上海，上海古籍出版社，1990年，第971页。

② 脱脱：《宋史·列传》，北京，中华书局，1985年，第6832-6833页。

③ 徐自明著，王瑞来校补：《宋宰辅编年录·卷四》，北京，中华书局，1986年版。

④ 陈敬：《陈氏香谱·卷四·天香传》，上海，上海古籍出版社，1989年，第333页。

⑤ 陈敬：《陈氏香谱·卷四·天香传》，上海，上海古籍出版社，1989年，第333页。

一点沉香煎汤，启手足之际嘱咐后事，神识不乱，正衣冠而悄然逝去。能荣辱两忘而大变不惊，非寻常之人。①

除了为沉香立传，丁谓还积极致力于移风易俗，讲学明道，并创作出大量诗文。朱弁说："公谪崖州，日赋一诗，皆一字题，每成集即寄归洛阳家中""居崖未尝废笔砚也""在贬所，专事浮屠因果之说，其所著诗并文亦数万言"②，欧阳修曾说丁谓"晚年诗笔尤精，在海南吟咏尤多"③"公自迁谪，日赋一诗，号《知命集》"④。丁谓现存诗也以谪居海南之作为压卷，其海外诗最突出的特色是他对海南风物具有广泛兴趣，并巧妙地组织在诗中，具有海南地方风味。⑤这些诗文不仅丰富了海南优秀的贬谪文化，而且对后人了解海南的历史文化提供了宝贵的历史资料。

被贬到海南的北宋官员，大文学家苏轼无疑是最为引人注目的。苏轼，字子瞻，号东坡居士，绍圣四年（1097年），已是62岁高龄的苏轼被一叶孤舟送到了荒凉之地海南岛儋州（今海南儋县），一直到元符三年（1100年）量移廉州，他在海南度过了三年"他年谁作舆地志，海南万里真吾乡"的贬谪时光（苏轼在海南的活动轨迹，详见第二节）。

宋代被贬到海南的官员，还有著名的"南宋四名臣"。当时以秦桧为代表的主和派占据优势，因此他最为痛恨的"主战派"大臣李纲、李光、赵鼎、胡铨等，都先后被贬到海南，其中李纲来得最早（1129年），但回去得也最快，在李纲的诗歌总集《梁溪集》中，共收录有建炎三年（1129年）冬至之后，与渡海及海南有关的诗九首，可从中约略知道他在海南的行迹。

李纲（1083—1140年），字伯纪，祖籍邵武（今属福建），自祖父一辈起迁居无锡县（今江苏省无锡市），因无锡有河，名曰梁溪，故号称梁

---

① 魏泰著，李裕民点校：《东轩笔录·卷三》，北京，中华书局，1983年，第28页。
② 脱脱：《宋史·列传第四二》，北京，中华书局，1985年，第6834页。
③ 欧阳修《归田录·卷一》，北京，中华书局，1981年，第12页。
④ 龚明之：《中吴纪闻·卷一·丁晋公》，上海，上海古籍出版社，1986年，第17页。
⑤ 池泽滋子：《丁谓〈青衿集〉中诗多数存世》，古籍整理研究学刊，1998年第2期，第38页。

溪先生。

　　李纲的曾祖及祖父，虽未入仕途，然而其行义为乡间所宗。李纲在《拟骚》中回忆道："皇祖隐德而弗耀兮，逮吾亲而振名。"① 祖辈的言行操守为乡人所宗，也为李纲性格的形成奠定了良好的家族背景。

　　李纲"登政和二年进士第"②，后京师发生水灾，"纲上书言阴气太盛，当以盗贼外患为忧。朝廷恶其言，谪监南剑州沙县税务"。③ 因直言敢谏，李纲被贬往沙县。

　　靖康元年（1126 年）金兵侵汴京，李纲主张抗金，任京城四壁守御使，团结军民，击退金兵，取得"东京保卫战"的胜利。

　　然而，金军退兵之后不久，李纲即被投降派所排斥。宋高宗即位初，一度起用为相，曾力图革新内政，仅 77 天即遭罢免。在建炎二年（1128 年）十一月辛巳，李纲谪授单州团练副使、万安军（今海南万宁）安置。他多次上疏，陈抗金大计，均未被采纳，后抑郁而死。虽然他在海南的时间很短，但由于他一生坚持抗金的爱国情怀和赤胆忠心，深受海南人们的尊敬和爱戴。

　　李纲在建炎二年（1128 年）被流贬海南万安军，他和儿子李宗之由中原至西江，沿西江南下至德庆，再至雷州、徐闻，历经艰难渡海到达琼州。在渡海到琼州之前，李纲因为海南"地方不靖"，滞留雷州将近一年，他的《武威庙碑阴记》详细记载了自己海南之行的经过。

　　万安军如此遥远偏僻，实在是大大出乎李纲的意外。早在雷州时，他就在诗作中如是说："莫笑炎荒地遐偏，万安更在海南头。"看来真的是早有预兆啊。

　　但是命运就是那么起起伏伏，就在李纲父子商量如何前去万安军时，三天后就得到急报说李纲已经被赦免，可以任便居住。李纲一时涕泪交加，高兴了好几天，选定一个吉日，在十二月五日渡海回到中原。

　　李纲被贬海南只有三天时间，因此只具有象征意义，但是他因坚持抗

---

① 李纲著，王瑞明点校：《李纲全集·卷二·拟骚》，长沙：岳麓书社，2004 年，第 8 页。

② 脱脱：《宋史·卷三五八·李纲传上》，北京，中华书局，1985 年，第 7890 页。

③ 脱脱：《宋史·卷三五八·李纲传上》，北京，中华书局，1985 年，第 7890 页。

金而被流贬海南的这种爱国情怀，在海南留下了深远的影响，海南民间留下很多关于他的故事传说。

李纲对海南文化的影响，除了他的爱国精神和情怀，还有他的一些诗文，描写了海南当时的情景，具有较高的史料价值。例如，《南渡次琼管》是一首非常优秀的记游诗："南渡次琼管，江山风物，与海外不殊。民居皆在槟榔木间，黎人出市交易，蛮衣椎髻，语音兜离，不可晓也。"这段文字写出了海南独特的风土人情；同时他也写了自己报国无门的愁绪："客愁浑不寝，鼓角五更风。"在琼州时，李纲借住在华远馆，曾经游览过天宁寺，作者在这里便借景浇愁："清愁万斛无消处，赖有幽花慰客心。"但是在《谪居海南五首》中，他又不断开导自己："尼父乘桴居九夷，管宁浮海亦多时。古来圣贤犹如此，我泛鲸波岂足悲！"李纲在赴海南贬所以及北还路途中，不仅追和苏轼的诗作，还追怀先前贬官如李德裕、丁谓等人，使海南贬官文化更为丰富多彩。

在四大名臣中，赵鼎的宦海生涯颇为曲折，际遇也极为悲壮。赵鼎（1085—1147 年），字元镇，解州闻喜（今山西闻喜）人，幼年丧父，由母樊氏悉心教诲，于宋徽宗崇宁五年（1106 年）考中进士，曾任河南洛阳令和开封士曹。南渡后，于绍兴初年两度任宰相，是南宋著名的爱国将领之一。史书称他为"南渡名臣，屹然众望，气节学术，彪炳史书"[①]。当时，金人举兵南下，赵鼎力主抗金，多次向皇帝陈说利害。皇帝表示："朕当亲总六师，临江决战！"[②]在大仪镇大破金兵的主力，迫使敌军全线退却。却因此招致秦桧忌恨，唆使人诬告赵鼎嗜酒废政，贪赃枉法，甚至投敌叛国，最后将他罢职流放，被贬海南吉阳军。但是，赵鼎的雄心抱负并没有因为个人的际遇而动摇，他在给朝廷上谢表说："白首何归，怅余生之无几，丹心未泯，誓九死以不移。"[③]秦桧看到之后也感慨："此老倔强

---

① 脱脱：《宋史·卷三六〇·列传第一一九·赵鼎》，北京，中华书局，1985 年，第 7923 页。

② 脱脱：《宋史·卷三六〇·列传第一一九·赵鼎》，北京，中华书局，1985 年，第 7923 页。

③ 脱脱：《宋史·卷三六〇·列传第一一九·赵鼎》，北京，中华书局，1985 年，第 7927 页。

犹昔。"。

赵鼎被贬海南后，秦桧等人仍多方刁难，四处追扰，逼得赵鼎绝食而死于天涯海角。赵鼎对儿子赵汾说："桧必欲杀我。我死，汝曹无患；不尔，祸及赵鼎一家矣。"赵鼎以死明志，他给自己书写了墓志铭："身骑箕尾归天上，气作山河壮本朝。"后人把"骑箕尾"指代国家重臣之死。不久，赵鼎绝食而死，遗言"属其子乞归葬""天下闻而悲之"。因为赵鼎一心为国，坚持和权臣抗争，同时又因绝食而死，使得他的去世更增添一份壮烈，也倍受海南民众尊重。每逢清明时节，当地百姓纷纷到墓地缅怀"赵鼎公"。

赵鼎的爱国情怀以及悲壮经历一直受到人们的尊敬。同为南宋"四大名臣"的胡铨曾动情地写下一首《哭赵公鼎》："以身去国故求死，抗疏犯颜公独难。阁下特书三姓世，海南惟见两翁还。一丘孤冢留琼岛，千古高名屹泰山。天地只因悭一老，中原何日复三关。"明代海南临高才子王佐也有诗《赵忠简公鼎》："身骑箕尾壮山河，气壮中原胜概多。立赞建康开左纛，坐挥羯虏倒前戈。孤忠惟有皇天在，万口莫如国是何？直待崖州沧海涸，英雄遗恨始消磨。"

在宋代贬谪海南的文人中，谪居时间最长的是李光。《宋史》卷三六三本传记载李光谪居海南期间，"论文考史，怡然自得，年逾八十，笔力雄健"[①]。他的论文考古和诗歌写作成为他在海南传播中原文化的一种方式。据统计，李光今存诗词总数为 486 首，海南所作 238 首，海南作品占其全部作品的 49%。特别是《琼州双泉记》《昌化军学记》《儋耳庙碑》等文章，详细记载了海南当时的教育、民风民俗等，他的这些文学作品是研究海南历史文化不可多得的重要文献。

李光在海南积极传播中原文化的另一方式，是招徒办学。在谪居琼州时，他在其《庄简集》中，经常提到该地"书馆""书会所""会友堂"之类的教学场所，他还曾给当时谪居吉阳军的胡铨的书信中说："近黄舜杨秀才已到书馆，相近得此一士，少慰孤寂。……吉阳之居，公之不幸，而一时士类之幸也。"这些都说明了时琼州私学不少，甚至李光也去私学课

---

① 脱脱：《宋史·卷三六三·李光传》，北京，中华书局，1985 年，第 7958 页。

考诸生作诗赋。从《昌化肉不常得并序》的序文中说"则招一二友生同饭"，我们可以看出，李光在儋州时有招徒讲学，或者说当时有不少人拜李光为师，并且他与朋友和学生的关系很亲密。如公元 1148 年冬，他曾到"吴由道书会所，课诸生作梅花诗"。年过 80 的李光仍积极为海南士子传授知识，为海南的教育作贡献，海南民众为纪念这位忠贤，立"五公祠"于府城祀之。

与李光前后被贬谪到海南的还有胡铨，也是在海南教育史上占有一席之地的重要人物。胡铨，字邦衡，号澹庵，江西庐陵（今江西省吉安市）人，宋高宗建炎二年（1128 年）以第五名进士身份步入仕途，官至枢密院编修官。在朝为官期间，胡铨坚决反对和议，因此触怒秦桧，于绍兴十八年（1148 年）十一月被贬海南吉阳。

胡铨在吉阳居住了 8 年有余，是继李光之后贬谪官员中在海南最长的人，他在被贬期间，非常重视当地的文化教育。他筹措资金，编印经传，兴办书院，招收贫困子弟入学并减免学费，还亲自授课讲学。吉阳的儒生们都为他渊博的学识所倾倒，连当地的黎族首领都慕名送儿子来向胡铨学习。《琼山县志》中记载："（胡铨）日以训传经书为事，黎酋闻之，遣子入学。"[1] 胡铨与李光还共同参与了昌化军学的重修及纪念活动，李光作一记，胡铨题字。吉阳凡受到胡铨教育的人士，都成为正直之人，所谓"吉阳士多执经受业者，凡经坏冶，皆为良士"[2]。李光曾在信中表扬胡铨："吉阳之居，公之不幸，而一时士类之幸也。"[3]

总而言之，正是由于两宋时期贬谪文人的苦心经营与热心传教，才使海南文化大大地缩短了与中原文化的差距，使海南文化水平达到了空前的历史高度；也正是这些有志于教育与文化传播的知识分子，使得海南文化教育得以传承普及，两宋贬谪文人在海南的活动为明清海南文化的繁荣奠定了基础。此外，据统计，宋代海南进士共 15 人；到了明代，在人口不足 30 万的海南，竟有 63 位进士及第，举人 500 多人，达到历史上最多

---

① 张嶲等纂修、郭沫若点校：《崖州志》，北京，中国文史出版社，2010 年，第 361 页。

② 永瑢、纪昀：《四库全书》，上海，上海古籍出版社，1990 年，第 79 页。

③ 陈有济：《李光居琼集》，海口，南海出版公司，2017 年，第 119 页。

人数，出现了"海外衣冠盛事"的景象，丘濬、海瑞、钟芳、王弘诲……这些历史上海南籍的名宦巨儒，为海南文化在中国文化发展史上留下了浓墨重彩的一笔。正如素有"海南第一楼"之称的"五公祠"前对联所言："唐宋君王非寡德，琼崖人士有奇缘。"简短的14字，道尽了海南人对贬谪人士的感激之情。

四、海南文化对中原文化的影响

按照传播学理论来讲，传播者和接受者，他们之间的关系都是相互的。同样，对于海南文化与中原文化而言，它们之间也是互相影响的。虽然相对于中原文化，海南文化处于比较边缘的地位，但它对中原文化的影响，也是不容忽视的，最明显的就是对贬谪文人的影响。

海南由于地理位置的缘故，长期以来，中原人对海南的印象就是荒僻瘴疠，物质贫乏的化外之地。例如，"并鬼门而东骛，浮瘴海以南迁""瘴疠交攻""魑魅逢迎于海外"（苏轼《到昌化军谢表》），"久拘囚于瘴地，行逾万里，更冒涉于鲸波"（李光《琼州安置谢表》），"久杂处于黎蛮"（李光《移昌化军安置谢表》）。有的贬谪文人还以夸张的笔调来描述海南，如唐代的杨炎，还未到崖州就写了一首诗："一去一万里，千之千不还。崖州在何处，生入鬼门关。"（《流崖州至鬼门关作》）丁谓初到崖州时描写所见为："今到崖州事可嗟，梦中常若住京华。程途何啻一万里，户口都无二百家。夜听猿啼孤树远，晓看潮上瘴烟斜。吏人不见中朝礼，麋鹿时时到郡衙。"（《到崖州》）苏轼初至儋州时写给程儒的信《与程秀才书》，真实地记载了生存艰难的状况："此间食无肉、病无药、居无室、出无友、冬无炭、夏无寒泉。"……类似此类荒凉寂寞的文字，在贬谪文人笔下屡屡皆是。

但是，随着时间的流逝，贬谪文人对海南逐渐有了更多的认识与认同。海南优美的风景，淳朴的民风，多彩的民俗，在文人的笔下不断出现，如卢多逊写道：

> 珠崖风景水南村，山下人家林下门。鹦鹉巢时椰结子，鹧鸪啼处竹生孙。鱼盐家给无墟市，禾黍年登有酒樽。远客杖藜来往熟，却疑身世在桃源。

　　　　一簇晴岚接海霞，水南风景最堪夸。上篱薯蓣春添蔓，绕屋
槟榔夏放花。狞犬入山多豕鹿，小舟横港足鱼虾。谁知绝岛穷荒
地，犹有幽人学士家。

　　苏轼《和陶拟古九首》其九，还专门写了一首诗，反映海南人们的淳
朴热情：

　　　　黎山有幽子，形槁神独完。负薪入城市，笑我儒衣冠。生不
闻诗书，岂知有孔颜。倏然独往来，荣辱未易关。日暮鸟兽散，
家在孤云端。问答了不通，叹息指屡弹。似言君贵人，草莽栖龙
鸾。遗我吉贝布，海风今岁寒。

　　一年冬天，苏轼到集市去，一位"黎山""幽子"看到苏轼仍穿着单
衣。这位黎族同胞"生不闻诗书"，"问答了不通"，却对苏轼十分友好，
给他赠送"吉贝布"。这位黎族同胞与苏轼只是萍水相逢，并无交情，即
此一端足见海南民风的淳朴。

　　李光的《丙寅元日，偶出见桃李已离披》，是一篇反映海南独特风物
的作品：

　　　　逐客新年偶叹嗟，海南风物异中华。溪边赤足多蛮女，门外
青帘尽酒家。庭院秋深时有燕，园林春毕已无花。堆盘荔子如冰
雪，惟此堪将北地夸。

　　他的《即事十二首》之二"青鞋踏遍海边沙，叶暗槟榔树树花。蜑子
也能留客坐，旋添活火待煎茶"还对蜑民的热情好客进行歌咏，资料十分
珍贵。

　　贬谪文人的这些创作，也吸引了中原人们对海南的向往。人们通过
阅读这些作品来了解海南。苏轼去世后，他在海南的作品，得到人们的追
捧，史书中记载："崇宁、大观间，海外诗盛行，后生不复有言欧公者。
是时朝廷虽尝禁止，赏钱增至八十万，禁愈严而传愈多，往往以多相夸。
士大夫不能诵坡诗者，便自觉气索，而人或谓之不韵。"

　　此外，这些贬谪文人的交友活动，也在一定程度上传播着海南文化。
苏轼被贬谪海南时，就有许多人前来探视，如吴复古、郑清叟、葛延之、
李彦威等，其中吴复古还曾两度来琼看望苏轼。这种经历，使他们能够接
触到海南的自然人文实况，返回后的讲述与谈资，是另一种方式的文化

传播。

除此之外，海南文化在某种程度上也影响到了中央政府的政策。明太祖朱元璋取消海南为流放地时指出："前代谓儋崖为化外，以处罪人，朕今天下一家，何用如此？若其风俗未淳，更宜择良吏以化导之。"[①]他并没有到过海南，所谓"风俗未淳"，也是通过文字资料所知，间接地说明了海南文化的辐射影响之大。

总而言之，海南文化与中原文化是相互影响的。先进的中原文化经过官方的管理和贬谪文人的传播，使得海南文化得以迅速地发展；而海南文化经过贬谪文人以及他们的亲友的传播和描述，也逐步改变了中原人们对海南的偏颇认识。

第二节　宋代贬官苏轼对海南文化发展的贡献

宋哲宗绍圣四年（1097年）六月十一日，因宰相章惇及元祐党人的迫害，苏轼被贬至海南儋州。宋哲宗绍圣四年（1097年），朝廷下达诏命："责授琼州（治所在今海南琼山）别驾（知州的佐官），昌化军（治所在今海南儋州）安置，不得签署公事。"（《太平治迹统类》）

此时的苏轼，已经远远没有"老夫聊发少年狂"的那种豪气，也没有"大江东去，浪淘尽"的那份旷达。"臣孤老无托，瘴厉交攻，子孙恸哭于江边，已为死别，魑魅逢迎于海上，宁许生还。"我们可以从《昌化军谢表》中看到他形同死别的生离场景。他写信给亲密的朋友说：

> 某垂老投荒，无复生还之望，昨与长子迈诀，已处置后事矣。今到海南，首当作棺，次便作墓，乃留手疏于诸子，死则葬于海外，庶几延陵季子赢博之义，父既可施之子，子独不可施之父乎？生不挈棺，死不扶柩，此亦东坡之家风也。（《与王敏

---

① 《明太祖实录·卷四十八》，上海，上海书店出版社，2015年，第955页。

仲书》)

经过两个多月的行程，苏轼终于到达被贬之地儋州。他曾将自己的路线形象地描述为"我行西北隅，如度月半弓"[1]，说的是自己在海南西北部走了一个半月形的弧线。

儋州，古称"儋耳"，汉时置郡。这里民风淳朴，"俗有古风"[2]。宋范正敏在《遁斋闲览》中这样记载："东坡自海南还，过润州，州牧，故人也。因问起海南风土人情如何？东坡云：风土极善，人情不恶。某离开昌化时，有数十文老皆担酒馔，直至舟次相送，执手泣涕而去，且曰：此回内翰相别后，不知何时再相见？"寥寥数语，反映出了苏轼与海南人们的深厚感情。而苏轼也用自己手中的笔，或以兴趣记之，或有感而发，或批判欣赏，向我们展示了古代海南当地人们丰富多彩的生活画面。

初到儋州，其地的荒凉贫穷完全超出了苏轼的想象，他在给友人程全父的信中说："此地食无肉，病无药，居无室，出无友，冬无碳，夏无寒泉。然亦未易悉数，大率皆无耳！"（《与程秀才书》）但是，苏轼不久就习惯了这种"大率皆无"的儋州，用文字记录下他在儋州的生活以及当地百姓的饮食习惯、渔猎场景。儋州缺少医药，当地人一旦生病，便请巫师前来杀牛祈祷，苏轼在《书柳子厚牛赋后》记载了这种落后的习俗。

此外，苏轼还一如既往地关注百姓疾苦，近距离仔细地观察百姓的衣食住行和悲欢休戚。他在《和陶劝农六首》引言说"海南多荒田，俗以贸香为业，所产粳稌，不足于食，乃以薯芋杂米作粥糜以取饱。予既哀之，乃和陶渊明《劝农》诗以告其有知者"。苏轼劝告当地百姓要发展农耕，多种水稻，改变"不麦不稷"的状况，可见他对民生问题是非常关心的。

有人说："我们在苏轼贬儋的诗篇中，读到了一本对海南人民真诚赞颂的诗卷，读到了一本海南风土人情的真实描写的风俗志，读到了一本描绘南疆海涛胜地的幽雅美丽的画册，读到了一本反映汉黎乡民纯朴互动的

---

① 苏轼著，林冠群编注：《新编东坡海外集·行琼儋间肩舆坐睡梦中得句云千山动鳞甲万谷》，海口，海南出版社，1992年，第8页。

② 郭沫若点校：《儋县志》，儋州，儋县文史办公室，1982年，第195-196页。

纪实录。"① 从苏轼有关海南民俗事项的记载和描述中我们可以看出，苏轼不仅为我们描述了一幅幅海南的风俗画面，而且其中蕴含着丰富的思想情感。苏轼没有停留在客观记录事象形态上，而是将自身感受与风俗民情相融合，真正地深入民间，与黎族百姓打成一片，体现了他"汉黎一民""华夷同樽"的民族情感。苏轼的这些记载着儋州民俗事象的作品，既表现了儋州当地民俗事象的原始性和传承性的特征，又融入了现实生活的内容；既表现了富有地方色彩的特殊的风土人情，又表现了具有普遍性的民生的疾苦，对我们了解海南历史、探寻儋州当时的民俗风情、社会习俗、意识形态等，无疑是一笔珍贵的财富。

"客来踏遍珠崖路，要觅东坡载酒堂。"这是明代张习到儋州留下的诗句。赫赫有名的"载酒堂"，就是苏轼与弟子们以文会友、传播中原文化的地方。《琼台纪事录》所载戴肇辰的《重建东坡书院并修洞酌亭记》云："宋苏文忠公之谪居儋耳，讲学明道，教化日兴，琼州人文之盛，实自公启之。"苏轼在"载酒堂"中为海南当地的学子传授学业，留下了一个又一个美好的故事。

"载酒堂"环境优美，这里聚集了儋州的风流人士，当时的琼崖名士多慕名而来，拜师求学。苏轼便在"载酒堂"里会见渡海而来的亲朋好友，并与慕名而来的学子谈诗论文，以自己渊博的知识，播下文化的种子，以自己的不屈精神，感染着身边之人。

作为著名的诗人、文学家，苏轼对海南的教育一直就非常关注。当他听说昌化有学校时，便怀着一腔热血之情，迫不及待地前去造访，但学校的破败、萧条、荒凉，远远超出了他的想象，让他大失所望。为此，苏轼特意写了一首诗《示周掾祖谢和游城东学舍作》来记载，在诗中如实地记录了儋州当时的文化教育之薄弱。虽然学舍还存在着，但已经是形同虚设，"摄衣造两塾，窥户无一人"。而且，这里的庙宇、神像还是沿袭商朝

---

① 唐玲玲：《苏轼贬谪时期的心斋修养和艺术情趣》，苏轼研究学会、儋县人民政府合编《纪念苏轼贬儋八百九十周年学术讨论集》，成都，四川大学出版社，1991年，第21页。

的样子，风气如同古代的杞国一样未开化①，"邦风方杞夷，庙貌犹殷因"。

在《和陶拟古九首》诗中的第九首，苏轼还写道："黎山有幽子，形槁神独完。负薪入城市，笑我儒衣冠。生不闻诗书，岂知有孔颜。"这位黎人兄弟进城卖柴，不仅笑话穿着一套儒生衣饰的苏轼，而且生来不知道什么是诗词，那么孔子和颜回他哪会知道呢。虽然苏轼描写的只是一个个体，但也反映了昌化当时的教育状况。

面对着此情此景，苏轼内心感到一种愧疚，他想到了三国时期的虞仲翔，"徙交州，虽处罪放，而讲学不倦，门徒常数百人"。为什么自己不能像前人那样，孜孜不倦，为边境百姓的教育事业作出奉献呢？

早在苏轼渡海之前，他就写道："平生学道真实意，岂与穷达俱存亡？天其以我为箕子，要使此意留要荒。他年谁作舆地志，海南万里真吾乡。"（《吾谪海南子由雷州被命即行了不相知至梧乃闻其尚在藤也旦夕当追及作此诗示之》）。也就是说，苏轼是有意识地来传播中原文化。他一向主张"凡物皆有可观"（《超然台记》），众生平等，昌化虽然孤悬海外，也应该同中原一样，成为礼仪之乡。因为"教化使有能，化之使有知，是待人之仁也"（《韩愈论》）。因此，他和昌化人士一起建起"载酒堂"。这里，也成为他同友人、学子聚会、讲学的一个固定场所。

除此之外，苏轼还不遗余力地四处劝学，并且自编讲义，经书，他在文中记载："当时经义初行，海外无书可读，编成经说传诵当时也；辨析经转，异义参求也；所成史论，分明易晓也；所成史断，浅近易解也。"②经过他的不懈努力，海南形成了比较好的读书氛围。

苏轼对海南教育的贡献，还在于他培养出了几个颇有名气的书生，譬如琼山学子姜唐佐，海南历史上的第一位举人，拜苏轼为师，侍奉苏轼达八个月之久；海南历史上第一位进士符确，也是苏轼的学生，后官至韶州、化州知州。明代大学士丘濬在《琼山县学记》中也说道："为详说者

---

① 作者注：杞国，是中国古代一个比较微小的国家，在很长一段时间内相当不开化。《左传·僖公二十七年》中记载："杞桓公来朝，用夷礼，故曰子。公卑杞，杞不共也。"见杞桓公来鲁国朝拜，用的是"蛮夷"的礼节，鲁僖公认为杞桓公地位低微，故对鲁僖公不再恭敬。

② 郭沫若点校：《儋县志》，儋州，儋县文史办公室，1982年，第1页。

谓琼士未知学，盖自宋姜君弼（唐佐）从苏公子瞻始。"而苏轼与姜唐佐的师生之谊，多在当地流传。

据史料记载，宋代实行科举制以来，从开国至绍圣年间这100多年，儋耳郡从未有人及第，直到苏东坡在此执教，北归三年后，姜唐佐举乡贡，成为海南中举的第一人。北归第八年即大观二年（1108年），符确赴省城参加乡试中举，翌年，即赴京殿试及第，成了海南历史上第一位进士。此后海南人才辈出，至明代共出了进士74名、举人317名，清代也出了进士31名、举人178名。后人对此颇有感慨，说是"东坡不幸海南幸"，并叹然评议道："琼州人文之盛，实自公启之。"（《琼台记事录》）。

虽然苏轼离开了海南，但是，他对海南的贡献永远被人们记住。他改变了当地"病不饮药，以巫为医"的习俗；劝导男子多承担繁重的生产劳动，不要一味地依赖妇女；他在"载酒堂"中传授知识，培养弟子，积极促进当地的文化教育；他还自食其力，亲躬耕种，拉近了与当地百姓的距离；他发出了"海南万古真吾乡"的慨叹，袅袅余音至今萦绕在儋州上空……

第三节　宋代贬官胡铨对海南文化发展的贡献

胡铨（1102—1180年），字邦衡，号澹庵（取贾谊"澹乎若深渊之静"之意），吉州庐陵人（今江西吉安），因为胡子多，曾被戏称为"髯吏部"，是一位驰骋于政坛和文坛的江西历史名人。他给人印象最深的就是骨头硬，不妥协，因其一生胸怀国事，力主抗金，和李纲、赵鼎、李光一起被誉为南宋"中兴大四名臣"。他立志"久将忠义私心许，要使奸雄怯胆寒"[1]，用行动表明自己精忠报国的决心和恒心，得到孝宗称赞，"真忠臣

---

① 傅璇琮：《全宋诗·卷一九三二·乾道三年九月宴罢》，北京，北京大学出版社，1991年，第21577页。

也。虽汉之董、汲，唐之房玄龄、魏徵不过也"①。文天祥评价他"澹庵临大难，决大义，不负所学，于国为忠臣，于亲为孝子"（《文山集》），被朝廷追加谥号为"忠简"。

虽然胡铨半生颠沛流离，但好学不厌，在文学、书画等方面颇有造诣，著述颇丰。在《春秋》《易》等古书研究方面，有《春秋》《春秋集善》三十卷、《周易拾遗》十卷、《周官解》十二卷、《礼记解》三十卷、《学礼编》三卷等；诗词方面，有《澹庵文集》《澹庵词集》传世；绘画、书法方面，"字画端劲，兼通篆隶碑，版一出，人争传玩"②。宋孝宗极其赏识胡铨的书法，"幼习唐朝颜真卿字，今自成一家"③，并认为"卿所写字，宛如卿之为人"④。

南宋建炎二年（1128 年），胡铨登进士第，任枢密院编修官。金兵渡江时，他在赣州募招义兵，保卫乡里。绍兴八年（1138 年），秦桧主张议和。金人派张通古、萧哲出使宋，要求宋高宗以臣子身份跪拜接受，并提出十分苛刻的条件。胡铨上书，即著名的《戊午上高宗封事》，驳斥主和派，要求斩杀奸臣秦桧、王伦和孙近，声震朝野。他也因此遭到秦桧的残酷迫害，蒙受了贬谪、拘禁、编管 20 余年的多处流放生活。绍兴十八年（1148 年）十一月被移谪吉阳军（治所在今三亚崖城）编管，直到绍兴二十五年（1155 年）秦桧死，胡铨才得以北归，移居衡州。

胡铨谪居海南有 8 年之久，到过海南很多地方，所经之地或留下诗文墨迹，或施恩于民。他途经临高时曾住茉莉轩，为城中学子讲解《春秋》，并留下"澹庵井"解决当地百姓的饮水之难。他为黎族办学授课，传播中

---

① 曾枣庄、刘琳：《全宋文·卷四三一九·经筵玉音问答》，上海，上海辞书出版社，2003 年，第 352 页。

② （宋）周必大：《澹庵文集附录·神道碑》，上海，上海人民出版社，1999 年版。

③ 曾枣庄、刘琳：《全宋文·卷四三一九·经筵玉音问答》，上海，上海辞书出版社，2003 年，第 351 页。

④ 曾枣庄、刘琳：《全宋文·卷四三一九·经筵玉音问答》，上海，上海辞书出版社，2003 年，第 351 页。

原文化，"日以训传经书为事"[①]，"黎酋闻之，遣子入学"[②]。他劝说众人集资办学，曾写《吉阳军劝谕修学疏一》《吉阳军劝谕修学疏二》，为海南的文化教育作出了重要贡献。

一、《戊午上高宗封事》

岳飞之孙岳珂在《桯史·三忠堂记》中，谈到胡铨时说："（胡铨）毅然上书，乞斩相参、虏使，三纲五常赖以不坠，士大夫复翕然尊之，厥后天子从而褒赠，赐以忠简之谥"，指出让胡铨一举成名的是他曾上书要求斩宰相秦桧，而让胡铨享誉天下的奏疏正是这封《戊午上高宗封事》，也称"斩桧书"。"自胡铨一疏，以屈己求和为大辱，其议论既恺切动人，其文字又愤激作气。天下之谈义理者，遂群相附和，万口一词，牢不可破矣！"[③]郭预衡评价《戊午上高宗封事》是"一篇敢说敢骂的文章。给天子上书，敢于如此放肆，汉唐以来，并不多见"[④]。

《戊午上高宗封事》写于南宋高宗赵构绍兴八年（1138 年）。这一年，对南宋来说是极不平凡的一年。这一年的正月，著名的抗金名将赵鼎提议进兵中原收复失地，被宋高宗拒绝。二月，宋高宗由建康南迁到临安，并定都于此。其之意就是想放弃北方领土，向金人议和。三月，宋高宗任命秦桧为右丞相，全面向金乞和。接下来，宋高宗屡次派王伦出使金国，商谈议和之事。八月份，金熙宗同意以土地换臣属。十月，高宗皇帝将左丞相赵鼎罢相，由秦桧独自主持议和。

在一系列的交涉之后，金国派"诏谕江南使"张通古和"明威将军"萧哲赴临安，送国书。虽说是议和，但金国的态度特别傲慢，条件极不平等，甚至要高宗跪拜受诏，奉表称臣，并提"岁币银绢二十五万两、绢二十五万匹"[⑤]的天价要求。

---

① 张嶲等纂修、郭沫若点校：《崖州志》，北京，中国文史出版社，2010 年，第 361 页。
② 张嶲等纂修、郭沫若点校：《崖州志》，北京，中国文史出版社，2010 年，第 361 页。
③ 赵翼：《廿二史札记·卷二十六》，上海，世界书局，1936 年，第 342 页。
④ 郭预衡：《中国散文简史》，北京，北京师范大学出版社，2004 年，第 421 页。
⑤ 赵翼：《廿二史札记·卷二十六》，上海，世界书局，1936 年，第 341 页。

消息一经传出，南宋朝廷上上下下一片哗然。朝廷内外群情激愤，抗议运动达到了前所未有的声势和规模，一些主战大臣更是怒斥宰相秦桧，如范如圭写信给秦桧"只有至愚无知、自暴自弃、天夺其魄、心风发狂者才会乞和"，并铁口直断秦桧必将"遗臭万世！"

一直主张抗战的胡铨，对秦桧这种卖国求荣的做法深恶痛绝。虽然此时的他，只是枢密院编修官，官职低微，但生性耿直的他无法忍受南宋遭受如此奇耻大辱，于是他向宋高宗上了他那篇被誉为"以忠君爱国之心，发淋漓激切之志向，真是泣风雨而惊鬼神"的《戊午上高宗封事》。

《戊午上高宗封事》又名《抗议与金媾和并请斩秦桧、王伦、孙近疏》，是胡铨写给宋高宗的一个秘密奏疏。当时大臣呈给皇帝的表章，一般不封缄。如果是密奏，就封在一个用黑色织品做的"皂囊"中，叫作封事。虽然这封奏疏篇幅不长，但是文章气势磅礴，情辞激烈，表现出一种正义凛然的民族气节和强烈的爱国热忱，使奸佞小人闻之丧胆，爱国志士精神振奋，在社会上引起了强烈的反响。

胡铨在文章中首先将矛头对准王伦，认为王伦只不过是一个市井无赖，但是宰相秦桧毫无眼力，竟然推荐他出使金国。而王伦又无缘无故引来金国使臣，以"诏谕江南"的名义同宋朝谈判，这种做法就是把大宋王朝当作臣妾，把大宋王朝看作奴颜婢膝的刘豫。

他还历数秦桧的卖国投降的行径，指出王伦这种市井无赖这样做也就罢了，而作为宰相的秦桧这样做，实在让人不能接受。陛下有"尧、舜之资"，但秦桧不但不能帮助陛下成为唐、虞那样的明君，反而想诱导陛下成为石敬瑭那样的儿皇帝。秦桧不仅是皇帝的罪人，更是朝廷和国家的罪人。因此，要求宋高宗把秦桧、王伦等人斩首示众，表达了与投降派势不两立、誓死捍卫国家尊严的信念和决心。劝说宋高宗不能把祖宗天下捧献给金人，做出童孺所羞的事。

胡铨的这篇"檄文"一出，如同晴天霹雳，震惊了朝野。尤其是当时与胡铨共事的枢密院编修官吴师古，读了胡铨的这封奏疏后，大声叫好，并连夜找人制版刻印，署上"宜兴进士吴师古敬刻"的字样。由于吴师古刻版公开出售，使得胡铨的这篇文章在社会上迅速地传播，无论是朝廷命官还是普通百姓都纷纷争相阅读，临安城当时"市井喧腾，数日不定"。

然而，这封奏疏并没有使宋高宗改变求和的意愿，反而给胡铨带来了贬谪之苦。秦桧以胡铨"狂妄凶悖，鼓众劫持"为由，将胡铨"诏除名，编管昭州"。昭州即今广西壮族自治区平乐县古城。地处西南边陲，在宋朝时是有名的瘴疠之地，流放昭州是相当严重的惩罚了。

胡铨被贬的消息传到朝廷大臣之中，群臣议论纷纷，为胡铨鸣不平。《宋史·胡铨传》记载："给、舍、台谏及朝臣多救之者，桧迫于公论，乃以铨监广州盐仓。"众多朝臣为胡铨辩解，申冤，于是，胡铨因为"狂瞀得罪贬昭州，未行，赦罪谪监广州都盐仓，寻改差福州佥判"[1]。

二、流放吉阳军

绍兴十二年（1142 年）七月，秦桧以胡铨"饰非横议"为由，再将胡铨贬至新州（今广东新会县），"削爵窜岭表凡八年"[2]。胡铨带着家人，在官差的押送下前往新州。到达新州后，为了能够安心做学问，胡铨特地将自己的书房命名为"澹庵"。"澹"来源于西汉贾谊的代表作《鵩鸟赋》中"澹乎若深渊之静，泛乎若不系之舟"，意思是说深邃得好像深渊潭水般幽然，漂浮得好像没有羁绊的小舟般自在。胡铨取此字，也就是希望自己能够像贾谊谪居长沙一样，做到无欲无穷，幽远宁静。从此，胡铨就以澹庵自号，后人也称他为"澹庵老人"。

尽管屡次因为不畏权贵，坚决与主和派作斗争而遭受贬谪，但胡铨并不因此而气馁，拿起手中的笔，写下《好事近·富贵本无心》一词来抒发心中之情：

> 富贵本无心，何事故乡轻别？空使猿惊鹤怨，误薜萝秋月。
>
> 囊锥刚要出头来，不道甚时节！欲驾巾车归去，有豺狼当辙！

有人见胡铨词中有"豺狼当辙"一句，立刻上报给秦桧。秦桧大怒，

---

① 曾枣庄、刘琳：《全宋文·卷四三一四·跋裴氏家谱》，上海，上海辞书出版社，2003年，第 280 页。

② 曾枣庄、刘琳：《全宋文·卷四三一三·萧先生春秋经辨序》，上海，上海辞书出版社，2003 年，第 261 页。

以"谤讪怨望"之罪，再次将胡铨贬至海南吉阳军（今海南省三亚市西北崖城镇），使胡铨与李光，赵鼎为伴。胡铨一家人从广东渡海赴琼。

吉阳军即今天的三亚，在海南岛的最南端。胡铨从福建出发，历尽艰辛，先后经过琼州、临高，最后到达吉阳军，一路上流传着不少有关他的故事传说。而有关胡铨被贬海南，史书还记载了一个有趣的故事。

据《正德琼台志》卷四二《杂事》记载："胡铨初在新州梦谒赵相鼎，久之不出，仰视屋宇皆尘埃，取帚欲扫而觉。及至吉阳军裴氏之庐，乃赵公故所寓也。又尝梦见黎母，后十年乃迁崖州。李参政光以诗送公云：'梦里分明见黎母，生前定合到朱耶'，朱耶，即朱崖也。"意思是说胡铨被贬新州时，曾经做了一个梦，梦见自己见到一位叫作黎母的老太太。他被贬海南时，前去琼州拜访李光，谈到此事。李光开玩笑说，你命该注定要贬来海南，因为海南有一座山就叫黎母山，并写诗曰"梦里分明见黎母，生前定合到朱耶"。胡铨也写诗《别琼州和李参政韵》记载了此事：

> 肯悔从前一念差，崖州前定复何嗟。
>
> 万山行尽逢黎母，双井浑疑似若耶。
>
> 行止非人十载梦，废兴有命一浮家。
>
> 此行所得诚多矣，更愿从公泛此槎。

胡铨在诗中说虽然被贬海南，但一点也不后悔当年自己的举动（主要指斥责朝廷听信奸邪，揭露秦桧陷害忠良），而今自己更是愿意与李光一起泛槎浮海，同舟共济，字里行间仍然传达着与朝廷主和派坚决作斗争，威武不屈的爱国精神。

在到达吉阳的路上，胡铨途经临高。在这里，他受到临高县令谢渥的盛情款待，住在"茉莉轩"，为临高的学子们讲解《春秋》，对推动临高文化的发展起到了积极的作用，现在临高城中还有"澹庵祠""澹庵书院""澹庵井""茉莉轩"等纪念场所。

胡铨在临高的故事，尤其以买愁村最为人津津乐道。

买愁村与古代许多名人有不解之缘，胡铨与汤显祖均借买愁村表达仕途失意之愁情。据《康熙临高县志》记载：买愁村，距县志东南三十里。宋明忠简经，有"南来怕入买愁村"之句。《光绪临高志》中也有载：买愁村，距县志东南三十里。宋明忠简经此，赋诗云"北往长思闻喜县，南来怕入买愁村。崎岖万里天涯路，野草荒烟正断魂"。此诗即胡铨《胡澹庵文集》中的《贬朱崖行临高道中买愁村古未有对马上口占》。

胡铨的这首诗道出了中国南北两个非常有趣的地名，即海南的"买愁村"与山西的"闻喜县"。古人认为"闻喜县"和"买愁村"是绝妙的地名对。山西的闻喜县是宋代著名宰相赵鼎的故乡。赵鼎因为反对秦桧等人的议和，被贬到海南，最终绝食而死。胡铨在这里，表达了对已故宰相赵鼎的怀念，同时也有对自己命运的担忧。

胡铨在买愁村赋诗一首，村民告知县令谢渥，谢渥亲自前去迎接，并将胡铨安排在"茉莉轩"休息。（茉莉轩是谢渥读书休息并接待客人的场所，因院内遍种茉莉花而得名）。同时，谢渥还邀请胡铨为临高学子讲课。

临高人虽然聪明好学，但因资讯不通，在胡铨到来之前，临高县还从来没有一人考上过举人。当胡铨经过临高时，谢渥便召集全城学子前来听课。而胡铨在这里，为全城的学子重点讲解《春秋》，以《春秋》传道授业："某前在穷岛，无所用心，辄妄意《易》《春秋》《戴记》，得百余卷以训童稚。"[1] 使得"吉阳士多执经受业者，凡经坯治，皆为良士"[2]。

临高有一士子名叫戴定实，家住博顿村。平时很用功读书，可是考过几年都不中举。胡铨在临高居住的几天，到戴定实家中当面辅导。经过胡铨的点拨，再加上戴定实的勤奋苦读，戴定实成为临高第一位举人。另外，胡铨在博顿村还发现一汪泉水，并请当地居民挖掘成井，解决了当地居民的饮水问题。为感念师恩，戴定实命儿子戴雄飞延请当时琼州的著名书法家方宗万，书写"澹庵"石碑一块，并请郡守方世功撰写《澹庵泉记》一文，刻为石碑，两块石碑均竖立于井旁作为纪念。

三、兴办教育

胡铨在朝廷不能施展抱负，在被视为蛮荒之地的海南，做出了不少成绩。除了在临高讲授《春秋》，直接点拨戴定实等学子外，到达吉阳军之

---

[1]　曾枣庄、刘琳：《全宋文·卷四三〇九·与范伯达小简》，上海，上海辞书出版社，2003年，第198页。

[2]　杨万里：《澹庵文集附录·胡公行状》，上海，上海人民出版社，1999年。

后，他更是将大部分精力投入著述以及当地教育中，并亲自兴办学校，为海南的文化教育事业作出了重大的贡献。

在胡铨看来，官学当为"诗书之囿""实为教化之关"，因此抵达吉阳军后，他就前往崖州学宫拜谒孔圣，"某府自视事攸始，款谒先圣"，但是"殿宇卑陋""堂室荒芜"。面对着学宫如此的破败，胡铨决心效仿唐代大文学家韩愈贬潮州时办学的故事，于是倾其所有"出俸百千"，并作《吉阳军劝谕修学疏》，劝勉晓谕士民，"各宜勉力"，重修学宫。在胡铨的劝谕与表率下，对简陋荒芜的崖州学宫进行了大规模拓扩重修，"一新其制"，使中国传统"庙学合一"的地方官办学校得到新的发展。

除了大力倡导官学之外，胡铨还以自己的居所、水南村裴氏私宅为中心，"日以训传经书为事"①。他兴办私学，给吉阳军的儒生详细讲解《诗经》《尚书》《春秋》《礼记》等儒家经典，产生了强烈的社会反响。一时之间，吉阳军成为海南岛上继苏轼之后名人私学最活跃的地区。不少农家子弟也慕名前来拜胡铨为师，胡铨不但不收取束脩（学费），反而慷慨地将自己的藏书和著作免费供他们阅读传抄。不仅于此，岛内吉阳军以外的地方也有不少儒生前来拜师求学。胡铨本来是戴罪之身，虽然略有俸禄，但是因为家中开支不小，再加上时时补贴私学亏空，日子过得异常拮据。他不以为念，几年如一日坚持了下来，就这样，他为吉阳培养了大量人才，成为海南古代教育史上重要的代表性人物。

胡铨的私学最初主要针对汉族子弟，但是对黎族民众也产生了重要影响。"黎酋闻之，遣子入学。"②黎族首领派人给书院送来一定的钱财予以支持，还把自己的儿子送到胡铨门下就学。广西郁林人施峻之父到海南做官，施父也让其师从胡铨，专门学习《戴记》，"施生日读千余言不休，使得贤师友而加勉焉，其可量也耶！"③施峻的专心勤奋受到胡铨的欣赏和赞扬。

---

① 张嶲等纂修、郭沫若点校：《崖州志》，北京，中国文史出版社，2010 年，第 361 页。

② 张嶲等纂修、郭沫若点校：《崖州志》，北京，中国文史出版社，2010 年，第 361 页。

③ 曾枣庄、刘琳：《全宋文·卷四三一二·施峻序》，上海，上海辞书出版社，2003 年，第 243 页。

　　胡铨还激赞海南士子诗文"气格不类海外人文章"，砥砺受业弟子奋志赴考，夺取功名。胡铨的弟子陈汉臣，以其超逸才华成了海南历史上第二位解元，临高县弟子戴定实成了临高县首位举人，等等。杨万里专门作诗赞道："不是澹庵谪海南，姓名哪得许芬香？"胡铨获赦回朝廷后，仍然对海南士子怀有深情，奏请皇帝给予推恩，使海南人才有了更多成就功名的机会，以至于李光称赞："吉阳之居，公之不幸，而一时士类之幸也。"胡铨去世后，杨万里、周必大等同乡后辈都对其吉阳军倡导教育之功予以了高度评价。胡铨在吉阳军为教育所做的努力，永载海南教育史册！

　　胡铨还倡导一种以德报怨的宽容精神，主张道德的教化力量，这对当地人也产生了相应的熏染作用。记载于《容斋随笔》的一则关于胡铨谪居吉阳时的故事，为历代海南地方志所引述，传为佳话。

　　吉阳军属于黎族聚居地带，但是自从唐末以来，中原移居民众人数增加，汉族和黎族之间的民族矛盾日渐突出。治黎、抚黎成为宋朝海南统治者乃至中央朝廷非常重要的一个话题。例如，跟随父亲苏轼赴昌化军贬所的苏过就曾经撰写《论海南黎事疏》，对处理民族矛盾方面提出了建设性意见。胡铨在吉阳军时，也深感民族矛盾是一个非常值得关注的问题，因此他进一步宣传息兵安民的思想主张，认为只有这样才能最终调和民族矛盾，让汉黎百姓和平相处。为修好汉黎关系，胡铨倡导两族乡绅、酋长同在治所宁远河畔筑亭一座，取杜甫"净洗甲兵常不用"之意，匾名"洗兵亭"，并题诗其间："一带沧波六月凉，洗兵安用挽天塘。哥舒自愧血灌箭，子美宜歌苔卧枪。玉垒尘清闲擂鼓，玳筵风静细流觞。澹庵临水空惆怅，洛浦凌波未见尝。"胡铨筑"洗兵亭"，以诗劝喻，表达了在海外边陲"化干戈为玉帛"的愿望。

　　另外，在黎族地区，还流传着胡铨与一黎族女子的浪漫爱情故事。此事经过南宋罗大经《鹤林玉露》的宣传，更是家喻户晓。罗大经，南宋吉州吉水（今江西省吉水县）人，宝庆二年（1226年）进士，历仕容州法曹、辰州判官、抚州推官，是胡铨的老乡，他在《鹤林玉露》乙编卷六这样写道："胡澹庵十年贬海外，北归之日，饮于湘潭胡氏园，题诗云：'君恩许归此一醉，旁有黎颊生微涡。'谓侍妾黎倩也。"

　　胡铨与黎倩的这段爱情，经罗大经的记载，成为文学史上的一段佳话。自罗大经的文章问世后，从此后酒涡即多出了"梨涡"这个旖旎温软的别称，成为历代文人墨客形容美女的别称。

　　除此之外，胡铨居住的"盛德堂"，也因胡铨的题词而享誉全国。绍兴二十五年（1155 年）十月，秦桧病死，胡铨得以量移衡州。此时，53 岁的胡铨已在吉阳军度过了 8 年谪居生涯。北归前，胡铨取"君子盛德"之意，将先后寓居赵鼎、胡铨的裴氏宅院，匾名"盛德堂"；撰书堂联："史记威名震四夷源流自有；堂颜盛德垂千古继述无疆"；并作《盛德堂铭》以记："猗欤休耶，儋守裴公。震风凌雨，大厦蚌蠓。迁客所庐，丞相赵公。后来云谁？庐陵胡铨。三宿衔恩，矧此八年。"胡铨亲写匾铭、题联"盛德堂"，借以表达对崖州裴氏深厚恩德的感念，寄托对深明大义的吉阳军士民眷恋深情。"盛德堂"，铭记崖州裴氏的恤忠大义，蓄积赵鼎、胡铨的英风正气，成为饮誉中原的岭南胜迹。而今，"盛德堂"胜迹焕然，为海南省文物保护单位，成为当代爱国主义教育基地。

　　胡铨一生爱国，以忠义大节彪炳史册，与李光、赵鼎、李纲并称"南宋四名臣"，成为垂范后世的民族英雄。时人杨万里《澹庵文集序》称胡铨"功被于中国，名镇于边隅，文范于学者"。吉阳军是胡铨谪居时间最久的地方，这里留下了胡铨的高风亮节，也留下了海南人们对胡铨的尊崇与爱戴。古崖州士民，将胡铨与李德裕、赵鼎尊为"崖州三贤"，明代建"景贤祠"奉祀。继后，胡铨与李德裕、李纲、李光、赵鼎并尊为"海南五公"，受到海南人民的景仰。乾隆年间官员胡定在《胡澹庵先生文集·胡定原序》说："吾家先世忠简公，气节流露于文章，岂寻常所可拟哉。"

第四节　宋代贬官李光对海南文化发展的贡献

　　李光（1078–1159 年），字泰发，越州上虞（今浙江上虞东南）人，与李纲、赵鼎、胡铨并称为"南宋四名臣"，历经宋神宗、哲宗、徽宗、钦宗、高宗五朝。他从小就胸怀大志，史书记载："童稚不戏弄。父高称曰：'吾儿云间鹤，其兴吾门乎！'"①因为性格刚直耿介，赤胆忠心，且又疾恶如仇，"平生刚褊性，敢避穷兽博"②，因此屡屡因触忤逆当权而遭到贬谪。在海南度过了11年的贬谪生涯。后以82岁高龄逝世于北归途中。

李光一生以名节自持，虽屡遭贬谪，但不以贬谪为念，处穷遭厄，都能怡然自得。尤其是他在被贬海南期间，遭遇爱子丧亡于贬所的人生剧痛，但他借助陶渊明和苏轼的双重精神资源，视贬所如乐土，以琴书自娱，"论文考史，怡然自适"③。他不仅大力寻访苏轼遗迹，弘扬先贤文化；而且积极投身当地教育，弘扬海南本土文化；他的《琼州双泉记》《昌化军学记》《儋耳庙碑》是研究海南历史文化不可多得的重要文献。有《读易老人详说》十卷，《文集》三十卷、《兵略》十卷、《神仙传》十卷等。

一、"始觉惊涛异坦途"的渡海之歌

三载滕州守药炉，身轻那复羡飞凫。琼山万里乘风便，始觉惊涛异坦途。

这是李光著名的《渡海》诗。在这首诗中，他略带调侃地交待自己渡海时身体不佳，被贬滕州的三年，始终是与药炉为伴，如今又要横渡琼州海峡到遥远的被贬之地。本来以为自己渡海应该是顺风顺水，飞流直下，哪里知道琼州海峡是如此的波涛澎湃，暗流涌动。而这一切，与自己所处的危机四伏的宦海生涯不是很相似吗？

李光写这首诗时，已经是68岁高龄的老人了。本该与家人一起逸享晚年，但命运就是如此的多舛，因为看清秦桧卖国投降的面目，他当着高宗的面，揭露秦桧盗弄国权，怀奸误国，还抨击秦桧在朝中结党营私，欺

---

① 脱脱：《宋史·卷三百六十三·列传第一百二十二·李光》，北京，中华书局，1999年，第8999页。

② 傅璇琮等：《全宋诗·卷三百六十》，北京，北京大学出版社，1991年，第11341页。

③ 郭沫若点校：《儋县志》，儋州，儋县文史办公室，1982年，第592页。

君误国的行径："桧所用皆亲党，略无公道，他日必误朝廷。"[①] 两人之间的矛盾愈加尖锐。

绍兴十一年（1141年）秦桧的心腹御史中丞万俟卨指责李光"阴怀怨望，鼓倡万端，致会稽之民，扶老携幼，转徙道路，连日不止。乘时诽讪，罪不可赦"[②]，同时祸连53家，李光家藏万卷书，在这次诬告中也尽被焚为灰烬，李光被再贬为建宁军节度副使，移滕州（今广西滕县）安置。

虽然屡屡被贬，但李光始终以国为重。在自己落难时，想到的不是自己，而是担心秦桧贻误国家。这就是李光的人格精神魅力所在。

尽管远贬滕州，但秦桧等人对李光的迫害并未停止。李光之子李孟博在《宋故参知政事李公墓表》中回忆："晚居政地，意欲扶持国论，从容赞画一政一事，务合天下之公论，坐是与权臣浸不合，虽身去国而犹抗疏论事不已。于是权臣切齿，必欲置公死地。"

绍兴十四年（1144年）滕州知州周某引诱李光与之唱和，御史中丞杨愿在秦桧的指使下弹劾李光。此次弹劾，不仅扣上"动摇国论"的大帽子，还牵上一条"谗附蔡京"的罪状，李光因此再贬琼州，流放到海南岛。

李光受到一贬再贬的曲折命运，这与他一贯的敢言直谏，不畏权贵，疾恶如仇的性格是分不开的。其子李孟坚在《宋故参知政事李公墓表》中写道："公自少年问学，以诚信孝悌为本；出身事上，以不欺尽节为忠。故自小官为县令，则力抗朱勔；为郎官，则指言王黼之奸；为御史，则因天变，极论耿南仲非宰相才。"

潮水上涨，开始渡海了。与船家一起唱着发船的歌曲，帆船顺风而行，好像飞梭一般，行驶在苍茫的大海上。

望着眼前一望无际的大海，回想起自己在官场中的起起伏伏，以及前途未卜的海南生涯，李光不禁有感而发，写下另外一首《渡海》：

---

① 徐自明撰，王瑞来校补：《宋宰辅编年录校补·第三册·卷一五》，北京，中华书局，1986年，第1049页。

② 李心传：《建炎以来系年要录·卷一四二》，北京，中华书局，1988年，第2278-2279页。

潮回齐唱发船歌，查渺风帆去若梭。

可是胸中未豪壮，更来沧海看鲸波。

渡海诗是宋代贬谪到海南岛的官员所做的一种独特的诗歌形式①。从地理环境上来说，宋代的海南岛，属于广南西路，辖琼州、崖州、万安军、吉阳军、昌化军等五州军。其四面环海，交通闭塞，是有名的蛮荒之地，瘴疠之地，甚至被称为鬼门关；亲情、友情以及信息都会被遥远的路途所阻隔，因此，被贬海南，意味着政治上的挫败，生命的沉沦和身体的折磨。

除此之外，惊险的渡海本身也是一道"鬼门关"。面对茫茫无际的琼州海峡，对很少有机会与海洋直接接触，久居中原的这些官员来说，渡海具有身体和心理的双重挑战，他们大多害怕恐惧，甚至想到了性命不保，就连苏轼也说："今到海南，首当作棺，次当作墓。"（《与王敏仲十八首》）。李纲在得知谪命后，说："谪居海南，震惧之余，斐然有作。"（《谪居南海五首序》），这些都反映了他们渡海之前巨大的心理压力。

但是，人生如海，大海的波涛汹涌，茫无涯际不正隐喻了人生命运的跌宕起伏吗？虽然前途的吉凶莫测让这些被贬官员内心充满不平和忧惧，但同时，浮于江海，远赴天涯，也意味着他们对险恶政治生活的远离和"江海之志"不期而然地实现。海南岛，在某种意义上，是被流放海外的大环境，是庙堂、朝廷之外的世界和个人自由精神的安顿之所。被放逐于江海，使得他们在精神上都比较认同孔子的"道不行，乘桴浮于海"。如苏轼曾言："轼初与弟辙相别渡海，既登舟，笑谓曰：'岂所谓道不行，乘桴浮于海者耶。'"胡铨也有"仲连蹈海徒虚语，鲁叟乘桴亦漫谈。争似澹庵乘兴往，银山千叠酒微酣。"（《次雷州和朱彧秀才时欲渡海》）。将个人生命置于宇宙背景之中来审视贬谪海南，使他们不再执着于个体生命存在，而是超然物外，淡化距离远隔带来的痛苦。这些渡海诗的出现，表达了他们面对贬谪苦难时自我救赎的努力。

因此，面对着眼前波涛汹涌的琼州海峡，李光有着一种义无反顾的豪迈，他欣然吟道："出处从今莫问天，南来跨海岂徒然。须知鲁叟乘桴兴，

---

① 郭庆财：《论宋代海南谪宦的渡海诗》，《中国文学研究》，2013年第2期，第31-36页。

未似商岩济巨川。"

从今以后，出仕和隐退，已经不值得去计较；身处党争漩涡中的自己，命运早已不是他自己所能把握的，自己被贬海南是迟早的事情，30多年的仕途沉浮，已经证实了这一点。自己可以做到的，就是以一颗平常之心泰然面对。只要不执着于政治得失，不计较南北距离，以佛道的平等观视之，则来亦不惧，去亦欣然。

二、"我亦惯穷独"的"双泉文化"

经过近一个月的艰难跋涉，绍兴十五年（1145年）三月十五日，李光终于到达被贬之地——琼州，开始了新的海南生活。

安顿下来不久，李光便慕名探访当年苏轼提到的双泉。宋哲宗绍圣四年（1097年），62岁的苏轼被贬为琼州别驾，昌化军安置。路过琼州时，他在琼郡城东的驿站暂住，停留了十余日。当时琼州百姓缺水喝，喝的都是浑浊的河水，容易生病。一次，苏轼在郡城北发现地底有泉水，于是指导乡民"依地开凿，必得双泉"，乡民果真挖出双泉。苏轼分别给它们取名"洗心泉""浮粟泉"。之后，当地百姓络绎不绝前来取水，给他们的生活带来了很大的好处，苏轼也时常在泉边读书。

后来，随着苏轼的北归和时间的流逝，琼州人对双泉的热情，慢慢减弱下来。由于缺乏保护意识，双泉已逐渐荒芜，面目全非。李光在诗中惋惜地写道："双泉信奇绝，岁久深泥泞。稍觉澡荇繁，渐已生蛙黾。"（《徙居双泉翌日成古调》）。

双泉荒芜是对先贤的大为不敬。如果不是对苏轼的大力推崇，清冽的双泉就会被遗弃在荒郊野外的杂草丛中，也不会为当地百姓带来福利。于是，李光率众人清理污秽、杂藻。清理一新的双泉，泉水潺潺，清流荡漾，人们携带着各种器皿，从四面八方来取水，一种久违的成就感涌上李光的心头。他在作品中反复咏唱双泉对百姓的惠便："四方之民无男女少长，挈瓶罂就涣濯者，无昼夜。"（《琼州双泉记》）；"余润分畦圃，支流给市廛。"（《酌亭》）；"邦人日夜汲，携挈杂罂皿。秋蔬灌百畦，夏稻溉千顷。""余波及农圃，父老免叹嗟。"（《迁避双泉翌日成古调》）；"瓶罂日夜汲，闾里翻周偏。"（《去地草》）。这体现出了李光一贯的关心民生，与民同乐的政治抱负。这既是苏东坡的初衷，也是李光的理想。

李光对双泉充满着深厚的感情。双泉不仅可以浇灌农田园圃，而且也寄托了他对先贤苏轼为国为民的敬仰之情，他认为双泉之胜有赖苏公："地偏无俗辙，境胜赖前贤。"（《酌亭》）；"非苏公一顾之重，则斯泉之委于荒榛蔓草间，饮牛羊而产蛙鲋矣。"（《琼州双泉记》）。在琼州的六年时间，他写下许多有关双泉的名篇，如《琼州双泉记》《迁居双泉》《徙居双泉翌日成古调》《双泉诗》《洞酌亭》《去地草》等。他以大量的作品，对双泉进行了细致的描绘，现在人们尚能根据这些诗文，想象当年双泉的盛况。当他离开双泉时，唯恐双泉再受污染与损害，再次加以治理，并修建一个双泉亭，用青石砌井，希望可以百年长存，并留下一首《双泉亭》诗：

> 甃石流沟汲愈新，秋无落叶旱无尘。
>
> 他年莫忘痴顽老，曾是双泉旧主人。

李光以自己的人生阅历，丰富了琼州双泉文化中的人生哲理及意蕴。他主动清理、保护双泉，显示他造福民众的博大胸怀；"除恶去根本，无令再萌芽。"（《去地草》），是他一贯疾恶如仇的性格外现；"我亦惯穷独，客至但煎茗。"（《徙居双泉翌日成古调》），则是他虽然处于困境，但仍然积极乐观，心志弥坚的良好心态。

琼州双泉，也是李光的伤心之地，在这里，他痛失爱子李孟博。李孟博，是李光的长子，南宋绍兴五年（1135 年）的探花，但一生未任官职。绍兴十一年（1141 年）他随父贬谪由滕州移琼州（今海南），正值年轻有为之时，卒于贬所，时人深为可惜。

年过花甲却垂老投荒，不但没有享受天伦之乐，反而经历白发人送黑发人之悲，其内心之苦岂是常人所能体会？多年的党争经历让李光适时地调整自己的心态，他将很大一部分时间与精力，投入发掘双泉文化意蕴之中。他搜寻苏轼遗迹，传承苏轼精神，造福当地百姓；他穷居双泉，却不改其乐，"一味清泉堪瀹茗，千年牍简可忘忧。"（《即事》）；他赋予了双泉以仙道的超然感，吸收儒释道的生存智慧达到人生的超脱，"洞酌亭……若在尘外，疑即三山之一也。"他已经深深融入双泉文化之中，"他年莫忘痴顽老，曾是双泉旧主人。"（《双泉亭》）便是他的肺腑之言。他通过大量

的作品对双泉进行了详细的描绘，以至于八九百年后，我们尚能想象双泉当时之盛，这不能不说是李光的功劳。

三、"胜景胜游仍有伴"的琼州岁月

绍兴十五年（1145 年）十一月十三日，李光迎来了谪居琼州后的第一个生日。这一年，他 68 岁。这天，他为自己的生日作诗一首——《乙丑生朝》：

> 今朝生日岂须论，老去难酬父母恩。
>
> 惟有海南香一瓣，直教熏炙遍乾坤。

在诗中，李光惭愧地写到，又过了一年，自己已经是年近古稀的老人了，但仍然流落天涯，不能在年迈的父母跟前尽孝，报答养育之恩。现在自己能做的，只能是在孤悬海外的海南点一炷香，保佑父母吉祥平安。他多么希望那袅袅的香烟，一直飘到远方的故乡，将祝福带到父母身边，也祝福天下所有儿女不能在身边尽孝的老人。李光由自己一个人的境遇想到全天下的父母，这种博爱、仁慈的胸怀，一直伴随着李光的一生。

在海南的这几年，除了这种偶尔的思乡、思亲之愁，大多数时间，李光的心态还是非常积极、豁达的。一连串残酷的打击和折磨，使得李光能够彻底地从纷繁的党争漩涡中抽出身来，以新的角度审视自己。既是为了排遣情累，让自己一颗骚动不安的心平静下来；也是为了保全性命，以期将来重返朝廷。因此，他读庄周书，诵佛老经，客至则饮茶，从书中充实自己，在与友人的交往中调整自己。于是我们能看到他"杖藜闲信步，日暮怯溪风"的释然，"散策江村路，柴门欲访谁。……未办游春屐，闲寻敲旗手"中的悠闲，"近日抄书北窗下，有时闲步小桥东。谁知万水千山外，亦与乡居兴味同"中的随遇而安……

仁者乐山，智者乐水，祖国的大好河山永远都是文人骚客表达感受、抒发情怀的最佳载体。寄情于山水，从自然之神气、万物之灵性中突显其强烈的生命主体意识，是李光诗歌创作中的一个突出特征。尽管琼州生活条件恶劣，李光总能在这块瘴疠之地发现特殊之美。例如，新迁双泉，他便难耐心中喜悦之情，作《九月二日自公馆迁居双泉，风物幽胜，作双泉诗二十韵》，尽显双泉环境风物之幽胜；而《丙寅重九，权郡李申之置酒

严氏野趣亭，爱其幽深，因此作诗》中的"小亭椰叶间，下有青莲塘。寒花卧短篱，疏松间修篁。"则写出了椰叶、荷花、竹子相互映衬的优美之境。"旋沽白酒君须醉，未信黄花蝶解愁。菡萏香浮曲沼静，槟榔叶暗小亭幽。"尽显诗人悠闲洒脱之美。李光展现给我们的是一个踏遍幽静、探寻美景、有酒就喝、放醉于山水之乐的潇洒雅兴。

此外，海南独特的民风民俗，也让李光大开眼界。例如，清澈的溪水边，多赤足的女子；门外酒家的招牌，都是青色布帘："逐客新年偶叹嗟，海南风物异中华。溪边赤足多蛮女，门外青帘尽酒家。庭院秋深时有燕，园林春半已无花，堆盘荔子如冰雪，惟此堪将北地夸。"另外，海南人崇尚鬼神，经常举行一些盛大的祭祀活动。他在诗中写道："异域俗尚鬼，殊形耳垂肩。邦人素敬畏，香灯竞骈阗。"

李光还有意识地汇集自己记述海南风物之诗，将自己对海南风物的感受，与友人分享。绍兴十六年（1146年）九月九日，李光将这类诗作稍作整理一番，呈给友人亨叔，同时又附上一首新诗："十年重九老天涯，异域空惊节物佳。杨柳枝头无落叶，芙蓉池面有残花。"

在吟赏海南奇特风物的过程中，李光还与友人书信往来，互相唱和。虽然"自南迁以来，动静累人，与一世人俱相忘矣"（《与张德远书》），对昔日好友"不欲以书问累之"（《与沈元用书》）；但好友的一言一行时时刻刻被李光牵挂着，他与赵鼎、胡铨等人依旧保持着密切的书信往来，互相鼓励，支持；另外，他也广交海南本地一些士人，建立起自己的海南朋友圈，因为"遇善友，不复有流落之叹"，尽显他的人格魅力和广泛影响。

在十多年的海南贬谪岁月中，李光饱览海南的奇异风光，领略"海南风物异中华"的独特风土人情，收获了自己的友谊。同时，他也没有忘却现实，在逆境中仍能关注民生疾苦。海南的流贬岁月是充实的，李光一点也不感到寂寞。他甚至认为，自己流落海南是因祸得福："嗟予流转海南村，智者方明祸中福。"

四、"留取浓荫庇一方"的昌化军生涯

绍兴二十年（1150年），李光又一次遭奸人陷害，被贬为昌化军安置。已经年逾古稀，又经历白发人送黑发人的悲痛，李光内心的悲伤是外

人难以想象的。然而，李光并没有因此消沉下去，而是在贬所讲学授徒，读书写作，把主要精力投入当地的文化建设上。

刚到昌化军的李光，没有合适的栖息之处，当时的昌化知军陈适，将李光请到自己的私邸"坚白堂"书斋居住。仆人和相关人员洒水扫地，大致清除了一番。李光入居后，将"坚白堂"改名为"无倦斋"。斋内书帙堆满几案，窗明几净，李光又重新理琴、读书，开始了他在昌化无倦地"论文考史，怡然自适，年逾八十，笔力雄健"[①]的贬谪岁月。

李光来到昌化军时，苏轼已经去世50年了，但苏轼在当地的影响仍然十分明显。李光以苏轼为榜样，多方寻觅苏轼遗迹，挖掘、弘扬苏轼精神。李光具有非常浓厚的苏轼情结。在琼州时，他就积极挖掘苏轼留下的双泉文化，重修双泉，为百姓谋福利；到了昌化军后，李光更是不遗余力地弘扬苏轼文化，苏轼在昌化军留下的许多珍贵墨迹，大都散落在民间。他的亲笔书札、文稿、字画等真迹，多为有权势或有财力的个人收藏。李光费尽心机，多渠道搜集，每有所得，如获至宝，兴高采烈。特别值得一提的是，每当得到苏轼的诗文真迹，他往往会情不自禁地加以追和，以此来缅怀苏轼，造福一方百姓。可以说，海南因有苏轼而幸，苏轼的人格精神、东坡文化的内涵，因李光发扬光大而有幸。

另外，李光还重视当地的本土文化，挖掘海南的民俗风情，他的《儋耳庙碑》是一篇集中考察和记载儋耳民俗的重要文献。开篇便说："昌化军，古儋州也。《后汉·四裔传》载：儋耳国最恭顺，其俗皆镂其颊皮如鸡肠，垂之连耳，因此为号，非自然也。"考察了昌化军的来源；文中还记载了当地独特的习俗。冼夫人把儋耳郡城从今三都镇南滩迁至今中和镇，又一次证实她"多谋略"，也是冼夫人曾驻足儋耳的铁证。因为冼夫人为海南人民带来了很大的福利，因此，海南人民对冼夫人是极为恭敬的，把她当神一样供奉着，"夫人生有功于国，没能庇其民。天有水旱，民有疾苦，求无不应。每岁节序，群巫踏舞，士女骈辏，箫鼓之声不绝者累日。自郡守已下，旦望朝谒甚恭"。并写出宋高宗赵构对冼夫人的恩宠，赐封儋耳庙为"宁济庙"，御笔亲书《庙额宁济诰》。这些记载，对后人

---

① 郭沫若点校：《儋县志》，儋州，儋县文史办公室，1982年，第592页。

了解和研究冼夫人提供了宝贵的文献资料。李光解释昌化军风俗变化的原因，说"近年风俗稍变，盖中原士人谪居相踵故也"，印证了当时中原人们和海南岛之间的文化交流活动的频繁。

除此之外，李光还积极关注海南的文化教育，而且直接参与了郡学修复的过程，这在他的《二月一日诣新学瞻礼庙像》《昌化军学记》中都有记载。尤其是《昌化军学记》，是研究海南教育非常重要的文献。

昌化军的儒学，在仁宗庆历年间就已经设立。当年苏轼被贬到昌化后，听说当地有座官学校，他便整饬衣装，迫不及待地前去造访，昌化官学的破败、萧条令他大为吃惊，为此，他特地做了《和陶示周缘祖谢·游城东学舍作》一诗来记载此事，并发出"永愧虞仲翔，弦歌沧海滨"的感慨，希望自己能够像虞仲翔一样，为海南的教育发展作出自己的贡献。

苏轼北归后，李光来到昌化军。他与苏轼一样重视开导、教育昌化民众，弘扬以"载酒堂"为中心的苏轼文化，积极主动地推进昌化军的文化教育事业。

绍兴二十一年（1151 年），昌化军知军陈适，在城东南角选址，重建昌化军学，昌化新学于绍兴二十二年（1152 年）初秋正式落成，李光陪同陈适等人一起来参观新学，并赋诗一首："气清天朗属中秋，黉舍初成燕鲁侯。依旧规模环璧水，崭新牌牓灿银钩。青衿士子欣荣遇，白发迂儒预胜游。尼父道行千载后，坐令南海变东周。"李光希望海南的学子以新学为契机，努力学习各种文化知识，最终使海南变成礼仪之邦。

绍兴二十二年（1152 年）十月庚子，李光完成了著名的《昌化军学记》。这是海南文教史上一篇重要的文献。

在这篇文章中，李光首先强调了学校的重要性，"学校，王政之本也。三代至治之世，未尝无学，皆所以明人伦，崇教本，长育人才而化成天下也"。其次，回顾了从周到宋代的学校教育发展概况及其贡献。"周衰，至春秋之际，学校废缺，虽齐、晋之大国，晏婴、叔向之贤，未尝一及于此。鲁独僖公能修泮宫，而诗人歌咏其德；郑惟子产不毁乡校，而仲尼追称其仁。盖古之学者以圣王为师，而专师孔子则自邹鲁始。当时诸侯虽不能尽用，而四方学者如孟僖子之徒，皆翕然从之。升堂入室，至于三千，疑难问答，其略见于《论语》。至自卫反鲁，然后乐正，雅颂各得其所，而三纲五常之道赖以不绝。无他，学故也。故孟轲以谓：'自生民以来，未有如夫子。'又曰：'以予观于夫子，贤于尧舜远矣。'岂过论战！"接下来，回顾昌化新军学重修的原因、修建以及硬件配置的情况。最后，李光对新军学寄予厚望，希望新军学能移风易俗，培养出大批优秀的人才，改变海南教育落后的局面。

李光在昌化军时期，一方面大力传承东坡文化，写出大量反映海南风土人情的作品。李光的诗歌，据《全宋诗》整理，总计500多首，其中80%左右创作于他被贬海南阶段。昌化的很多名胜古迹都留下了李光的墨迹，军城的亭台、楼阁，几乎都有他题写的匾额，诗歌和楹联，这大大提升了海南的文化品位；另一方面，他又积极参与当地的文化建设，尤其是对当地的教育给予了热情和投入。表现了他时时刻刻关注民生，造福子孙后代的仁爱胸怀。他在昌化军为海南人们所作的一切，也永远被海南人们所敬仰和铭记。

五、荣归故里

李光起起伏伏的一生，与秦桧有着莫大的联系。他的屡次被贬，多多少少都有秦桧在背后捣鬼。而他所以能够在78岁的高龄北归中原，也是因为秦桧之死，使得他与死神擦肩而过。

据《宋史》卷四七三记载："桧于一德格天阁书赵鼎、李光、胡铨姓名，必欲杀之而后已。鼎已死而憾之不置，遂欲孥戮汾。桧忌张浚尤甚，故令袊之狱，张宗元之罢，皆波及浚。浚在永州，桧又使其死党张柄知潭州，与郡丞汪召锡共伺察之。至是，使汾自诬与浚及李光、胡寅谋大逆，凡一时贤士五十三人皆与焉。狱成，而桧病不能书。"

也就是说，秦桧为了排除异己，巩固自己的权势地位，在他家的一德格天阁，用大字书写赵鼎、李光、胡铨三个人的名字，必欲杀之而后已。后来赵鼎已死，秦桧又将打击的目标对准赵鼎的儿子赵汾以及著名的抗金将领张浚、李光、胡寅等人，诬告他们图谋叛逆，这在当时是死罪。牵扯此案的有53人之多，都是当时的贤士。53人的罪名已经拟定，只等秦桧签名就要执行。此时的秦桧，病重卧床不起，无法签字。这年的十月十八日，秦桧病死，他所制造的冤案得以平反。李光也在平反中得以北返。

十二月一日，朝廷发布诏令，李光郴州安置。这一年，李光已经 78 岁。

得知量移郴州的消息，李光是欣喜异常，百感交集，他写《量移郴州安置谢表》以示谢恩。在这篇表中，李光写到长期被拘禁在海岛，早已经有老死海南的准备；其间，经历了二子丧亡，全家隔绝的惨痛；幸好遇上皇帝圣明，让自己在有生之年得以量移郴州，又重新燃起生命之火。虽然是谢恩，但字里行间仍然充满了李光"榻前论事""不顾权臣"的耿直个性和爱国思想。

得知李光北上的消息，海南的百姓友人自发地前来送行，昌化军的父老乡亲请他为儋耳庙作一篇文章，于是留下了那篇著名的《儋耳庙碑》，其成为研究海南历史文化的重要文献资料。

李光北归的消息传到老家上虞，家人激动不已，仲子李孟坚跋山涉水，迎接父亲，终于在雷州、化州的官道上父子重逢。

虽然李光离开了海南，但他为海南所作的贡献，永远留在海南人们的心中。海南人们在海口塑造"五公祠"纪念贬谪海南的李光及其他四位历史名臣，"唐宋君王非寡德，琼崖人士有奇缘"。李光以他"身行九折心无转"的高尚人格赢得了世世代代海南人们的尊敬。

第四章

明代海南与中原的文化交流

元朝后期，政局动荡，加之水旱灾害频发，民众苦不堪言，揭竿而起，反元序幕就此拉开。起于红巾军的朱元璋最终率领部下结束大元王朝的统治，1368 年在应天（今南京）称帝，建立大明王朝。洪武元年（1368 年）三月，征南将军廖永忠受朱元璋的派遣率兵平定广东、广西。元前期隶属于湖广行省、元末隶属于广西行省的海南最终投降于明朝。《明史》有相关记载：

> "洪武元年……五月己卯，廖永忠下梧州，浔、贵、容、郁林诸州皆降。辛卯，改汴梁路为开封府。六月庚子，徐达朝行在。甲辰，海南、海北诸道降。壬戌，杨璟、朱亮祖克靖江。秋七月戊子，廖永忠下象州，广西平。"[①]

明朝立国之初，南方尚处在动乱之中。朱元璋指派廖永忠为征南将军南下降服各州。廖永忠招降广州守臣何真后，传谕岭南各州，命其来降。海南所属的广西行省最终在洪武元年（1368 年）七月戊子（7 月 30 日）被完全平定，相比而言，海南直属的"道"投降时间要早一些。洪武元年六月甲辰，即 1368 年 6 月 17 日，海南、海北诸"道"投降。

"道"是元朝设置的介于行中书省和路府之间的区域机构，它在行政地位上介于省、府之间，但却不是一个地方政权组织，而只是一种通过对省内领地做出区域划分来进行管理的权力组织。依照行使权力的不同被划分为两种，分别是行使军政权的行省派出机构"宣慰司"和行使司

---

① 张廷玉等：《明史·卷二·本纪第二·太祖二》，北京，中华书局，2000 年，第 14 页。

法、监察权的隶属于御史台或行御史台的"肃政廉访司"。在元朝，海南本岛的行政、民事事务由海北海南道宣慰司来管理。由于海南地区地处海外边陲，至元十八年（1281 年）时，海北海南道宣慰司开始兼都元帅府掌管军政事务。

海北海南道所辖范围甚广，其所辖区域除海南岛外，还包括广东西南部的雷州、高州、化州地区和广西东南部的钦州、廉州等地区，其宣慰司隶属于湖广行中书省，后改隶于广西行中书省①。其肃政廉访司隶属于江南行御史台，两司治所均设在雷州路（今广东省雷州市）。鉴于海北海南道两司所辖范围广，治所又远离海南，所以还分别设立了分司机构派驻海南本岛，设于乾宁军民安抚司之内，即海北海南道分司。

《正德琼台志》中记载："国朝洪武元年，元守臣（陈乾富）表纳降款，以其地归附。（三月，征南大将军廖永忠克广州，遣使开谕；七月，纳款）。"②

至于海南本岛的完全归化，则需要更长的时间。因为在陈乾富投降归附明朝时，他并没有完全控制住海南岛的所有领地。在他上表的《附所纳降款奏》中，他明确提到："外有乐会小踢峒王观泰占据地方，伫听剿灭，所据军州县治版图，遭罹灰烬，无可献纳③。"所以，直至明洪武二年（1369 年），征南副将军朱亮祖才率领耿天壁等部将平定小踢峒寇王观泰④，收归乐会县，并招降了附近多峒熟黎。此后，明王朝陆续平定了南建州、万安州州官的抗明叛乱和万州、儋州、崖州等地多峒熟黎起事，海南才得以恢复平静，完全归附明朝统治。

①　张廷玉等：《明史·卷四十五·地理志六·广东》，北京，中华书局，2000 年，第 756 页。

②　唐胄：《正德琼台志·卷三·沿革考》，海口，海南出版社，2006 年，第 50 页。

③　唐胄：《正德琼台志·卷三·沿革考》，海口，海南出版社，2006 年，第 50 页。

④　唐胄：《正德琼台志·卷三·沿革考》，海口，海南出版社，2006 年，第 50 页。

第一节　明代中央政权对海南的重视

海南本岛归属明朝统治以后，其政治、经济、文化较前代有所发展变化，从朝廷到世人对海南的态度和认识也都有所改观。海南岛在秦汉时期只是一个孤悬海外的、毒障丛生的化外之地，到唐宋时期也由于偏居海隅的地理位置而成为贬谪罪臣之地。正是这些政治失势后将"齐家治国平天下"的抱负转向授业兴教的谪居饱学之士点燃了海南文化教育的星星之火。经由唐宋元贬谪文人的深耕播种，海南这片热土到明朝才结出本土士人科举及第的累累硕果，才得以成为"南溟奇甸"。

一、明朝在行政建置上对海南的重视

汉武帝之前的秦汉时期，海南岛只是南越三郡中象郡的外徼，及至汉武帝派伏波将军路博德南征后，才在海南设立珠崖、儋耳两郡，从而将海南纳入中央政府的直属统治。此后，汉晋南北朝时期海南的行政建置几经变更以致先后罢撤两郡最终归广西合浦郡（此时合浦郡横跨今广东、广西）遥领。这一时期，僻处南海一隅的海南并没有引起朝廷的关注和重视，中央仅仅是将海南作为疆域的一部分或是纳贡的来源地，而并未对海南采取直接有效的、促进地区发展的统治。梁朝时期，海南千余黎峒归附冼夫人，冼夫人及其家族在海南地区获得了实际有效的统治。后来冼夫人向朝廷请命设置了崖州。隋朝改为珠崖郡，由扬州司隶刺史统领。唐以后至元朝立国之前，海南本岛的最高行政设置大体固定在"州"一级，其行政归属或为岭南道，或为广西南路等，虽然辖区涵盖了当今泛广西、广东地区，但从当时看来，海南及雷州半岛的大片区域都归属于广西地区。

元代，朝廷对海南岛的行政建置进一步规范化和细化。元代朝廷对海南岛行政级别的设置有所变化，除了设置介于省与路府之间的海北海南道以对海南本岛进行行政、军政、司法监管外，最重要的一个措施便是在元世祖至元十五年（1278年）将驻守海南本岛的最高一级行政机构由宋代的"州"级升级为"路"级，即将"琼州"改为"琼州路安抚司"。这是

元朝政府对海南行政级别做出的一次提升。而后，元英宗时期，元武宗次子孛儿只斤·图帖睦尔沦为皇位血腥争斗的牺牲品，被流放琼州，并在琼州度过了两年半的时光。图帖睦尔返京登上皇位后，感念海南官民，对海南的行政建置做出了一些修改，比如天历二年（1329 年）十月，将海南最高一级行政机构"琼州路军民安抚司"改名为"乾宁军民安抚司"（"乾宁"取元文宗图帖睦尔曾居住于此保其安宁之意）。再有图帖睦尔因感念定安县南建洞主王官以礼相待之德，破例将原海南定安县升级为南建州[①]。在元朝，虽然孤悬海外的海南作为罪臣贬谪流放之地的性质没有发生实质性的改变，但朝廷对海南本岛的漠视态度却有所改观。元朝海南本岛不仅行政级别上升到了一个新的高度，而且也因曾有帝王居住而被格外优待。可见，之后明代朝廷对海南本岛态度的巨大改善不是无来由的。

　　海南本岛在明朝前期的行政区划设置除了少去"路"一级的行政设置，即由省、路、府、州、县五级制改为省（洪武九年后改称承宣布政使司）、府、州、县四级制，其他大体沿用元朝的设置。在海南的行政建置上，明朝沿用了元朝对海南行政级别的设定。海南本岛最高一级的地方政权是"琼州府"，与元朝"琼州路（或称乾宁）军民安抚司"权力大体相当。明朝也延续了元朝"道"的设置，在海南本岛隶属的行省和路府之间，设立"道"一级进行分区管辖。明朝行省下设三司，即承宣布政使司、提刑按察使司和都指挥使司。承宣布政使司下设"分守道"，掌管所辖区域民政、钱谷等行政工作。提刑按察使司下设"分巡道"，掌管司法、监察等刑罚事务。明朝两"道"之名虽与元朝有所不同，但权力归属及掌控事务却大体相似，"分守道"相当于元朝"宣慰司"，"分巡道"相当于元朝"肃政廉访司"。

　　与元朝相比，明朝对海南行政建置的最大不同在于海南的行省归属。元初，海南本岛隶属于湖广行中书省，至正末年动乱之时，因担心地域宽广难以控制，才将广西、雷州半岛及海南等区域从湖广行省中分划出来设立广西行中书省。明朝立国初年，朱元璋仿效元朝行省制度，依旧沿用元朝对海南岛的行政划分，初将海南本岛划归湖广行

---

　　① 　宋濂等：《元史·卷三十三》，北京，中华书局，1999 年，第 495 页。

省，洪武二年（1369年）三月改隶于广西行省。该年四月，朱元璋做出了一项重要的决定，即将原本属于江西行省的广东道单独划分出来并与江西的一部分地区合并为广东行省（洪武九年后为改称广东布政司）；该年六月，则将原属广西行省的海北海南道所领的各府州县（包括海南岛）划归广东行省管辖[①]。

关于海南本岛隶属广西还是广东的问题不仅仅是一个简单的行政区域划分问题。不同的行政归属，对海南本岛产生的影响是不一样的。在此之前，海南一直是隶属于较大的行政单位，如横跨广东、广西的合浦郡或涵括今湖南、湖北、广西大部和广东西南部的湖广行省，这样幅员辽阔的上级机构权力中心距离海南较远，对海南的统治管理相对松散。海南长期处于一种"天高皇帝远"的境地，中央朝廷的权力很难完全控制住处于边陲的海南，海南地区的政局相对不够稳定，动乱也相对较多。而且，海南地区一般被作为罪臣流放之地，朝廷对其经济发展和文化教育的着力相对较少。

明朝单独设立广东行省并将海南划归其管辖后，相对于元朝湖广行省的治所武昌路，明朝广东行省的治所广州距离海南显然是近得多。而且明朝广东行省通过在海南本岛设"道"直接对其进行管辖。明朝广东布政司设置的岭北、岭南、岭西、岭东、罗定五个分守道中虽然没有海南，但明宣宗时期在海南本岛设立了相当于分守道的"布政分司"，治所在琼州。同时，广东布政司设置的岭东、岭西、岭南、海北、海南五个分巡道中，海南占据一个，治所设在琼州。元朝海南只能通过治所在雷州路的海北海南道与治所在遥远武昌的湖广行省沟通。相对而言，明朝广东布政司的布政使司和提刑按察使司在海南的派出机构"海南布政分司"和"海南分巡道"的治所则直接设置在海南本岛上，有效地缩减了海南与行省、海南与中央朝廷互通的程序与时间。可见，疆域相对狭小的广东布政司对海南的管控也更直接有力。

单纯看明代海南行政建置上的这些变化，并不能直接说明明代中央朝廷主观上表现出了对海南的格外重视。其行政的建置和变化似乎只是对元

---

① 张廷玉等：《明史·卷四十五·地理志六·广东》，北京，中华书局，2000年，第756页。

朝建置的延续和发展。但实际上，海南行政归属的变化是明朝皇帝加强中央集权、稳固边陲统治的需要，是顺应封建王朝权力归属中央集权化和行政建置日趋细化和规范化趋势的结果。客观上，将海南岛划归广东有利于带动海南的经济发展，促进海南的社会稳定。

（一）海南划归广东更利于其经济发展

明代广东布政司领辖广州、南雄、韶州、潮州、惠州、肇庆、雷州、廉州、高州、琼州十府[①]，除琼州府在今海南省外，其他九府均在今广东省。九府中除南雄、韶州、肇庆府远离海洋外，其他几府都地处东南沿海。中国古代用一条海上丝绸之路（古称广州通海夷道）与东南亚、非洲、波斯湾、地中海地区国家进行贸易交往和文化交流。随着这条海上丝绸之路日益畅通发达，中国东南沿海的港口逐渐被带动起来。唐宋时期，广州成为中国通商贸易第一大港而扬名世界，与泉州、扬州、明州并称四大名港。元朝，海上丝绸之路逐渐发展，东南沿海日益兴旺发达。所以，隋唐宋元时期，广东作为丝绸之路兴盛、海上贸易频繁的沿海大省，其经济发展状况显然比广西要好。

及至明朝，政府实行"海禁"政策严格限制民间自由贸易，禁止入海"通番"，这虽然在一定程度上阻碍了海外贸易的发展、导致沿海港口的衰落，但广州却作为唯一的对外通商贸易港口而没有受到太大的波及。而且，民间对外自由贸易虽然被禁，但民间走私贸易却仍然大量存在，这在一定程度上保障了沿海经济的继续繁荣。另外，明朝推崇"市舶贸易（朝贡贸易）"。洪武三年（1370年），明朝仅设置了三个市舶司，其中一个就是广州，另外两个分别是宁波和泉州。广州市舶司主要对口处理占城（今越南）、暹罗（今泰国）等东南亚国家的朝贡。此外，沿海发达的造船业和制盐业为广东提供了重要的经济来源。海南与广东同处东南沿海，将海南划归广东，有利于带动海南的海洋经济。

元末明初，广东除了海路外，其陆路和内航水运都很发达。陆路交通的繁荣集中体现在畅通的大庾岭古道上。大庾岭素有"南岭第一关"之称，是古代岭南通向中原最重要的关隘。唐朝之前，大庾岭虽已开发，但

---

① 戴璟等：《嘉靖广东通志·琼州府·沿革》，海口，海南出版社，2006年，第36页。

其道路险峻、颠簸难行，久而久之逐渐就荒废了。唐开元年间，出生于广东韶关的名相张九龄辞官归乡时，向朝廷请命带领乡民重新开凿大庾岭，修通梅关古道，打通广州至长安的南北陆路交通线。

此外，广东的水路网畅通发达。北江、东江、西江汇合于广州，并贯通桂江、南溪江、贺江等各大支流。明代朝廷对南方水运颇为重视，多次进行疏通扩宽。经由内河航运，广东能顺畅地联通江西、广西、湖南、浙江、江苏等省。水陆交通网的畅通发达促进了中原与广东的贸易往来及文化交流，推动了广东经济的发展繁荣。由此，广州逐渐成为内陆腹地商品货物的重要聚集地。活跃的商业贸易往来催生出了一批跨省、跨国经商贩卖的"广东商帮"，并带动开发出了一大批扬名京师的特色"广货"，使广东逐渐成为全国富庶的省份之一。

相比水、陆、海运都畅通发达的广东而言，地处西南山区的广西虽有丰富的山货、矿产资源及北部湾港口运输，但其地理位置、交通网络、港口吞吐量和广东比起来还是相差不少。所以，相比隶属于经济欠发达的广西，海南隶属于广东省则受益更多。

（二）海南划归广东更利于当时的社会稳定

广东地区历来就是少数民族聚集的地区。先秦时期，该地区除汉族外，还有南越、闽越、骆越等少数民族居住。魏晋南北朝时期，湖南的部分瑶族迁入广东。加上东南亚部分少数民族的融入，到明代，广东已有苗、瑶、俚、回、畲等多个少数民族聚居。

尽管如此，但明代广东，汉族仍是主要的民族。自秦统一六国、汉武帝南征后，陆续有中原的兵将、官员及其家属、商人等迁徙岭南；唐宋时期，大量高官、文人因罪或权力斗争被贬南下谪居广东。汉族成为广东的主要居住和具有主流文化影响力的族群。广东地区受儒释道中原文化熏染，民众知晓礼义、遵服王化。广东地处东南沿海，除西部为山地外，大部分地区是平原与丘陵，辖区政令能比较顺利地上通下达，而且没有险要的地势可据守以供反抗者持久抗衡。所以，明代广东虽然是少数民族聚居的地区，但相对广西而言，其少数民族反抗汉民族的动乱较少、反抗持续的时间较短、辐射影响力较小。广东的政局相对稳定。

朱元璋作为明朝开国皇帝是深知这一点的。尽管当时的海南也是黎族、苗族聚居的多民族地区，但明初，他在对海南的行政建置上，却并没有将海南本岛划归民族关系复杂、民族反抗频发的广西，而是将其划入以汉族为主、民族关系相对和谐、政治相对稳定的广东。从其战略思考上来看，对海南是相对重视的。

二、明朝在思想观念上对海南的改观

秦始皇一统天下后，海南作为偏远南海象郡的外徼常游离于中央统治者的视线之外。汉武帝平南越设珠崖、儋耳郡后，朝廷才明确了对海南的直属统治。隋唐宋元时期，尽管海南的行政级别逐渐提升至"州"一级，但统治者对海南的态度却没有太大变化，仍是将其作为偏远难居的罪臣贬谪流放之地。所以唐宋时期，韩瑗、韦执谊、李德裕、李纲、赵鼎、李光、胡铨这样的高官名相，王义方、苏轼这样的文人豪士都曾被贬而谪居海南。元文宗图帖睦尔则是被流放海南的级别最高的人。这一时期，被贬海南的官员人数达到最多，贬官的官职也最高。所以，海南在古代官员和百姓的心中自然就成了偏远、流放、疠障之地的代名词。

明朝立国之后，明太祖朱元璋一改以往朝代统治对海南的态度，不仅放弃了将海南视为罪犯和贬官流放之地的观念，而且还在对戍边将士的指令中夸赞海南。这种态度的转换集中体现于三条史料：

明洪武二年（1369 年），朱元璋在《洪武二年十一月宣于海南》诏令中说："海南、海北之地，自汉以来列为郡县，习礼义之教，有华夏之风。"

明初，朱元璋在派人慰问海南卫指挥司的将士时，颁发敕文《劳海南卫指挥》。其中提道：

"南溟之浩瀚，中有奇甸，方数千里，历代安天下之君，必遣仁勇者戍守。地居炎方，多热少寒，时忽瘴云埋树，若非仁人君子，岂得而寿耶！今卿等率壮士连岁戍此，朕甚念之。今差某往劳。"[①]

朱元璋在这篇敕中，夸赞海南为南溟中的奇甸，戍守在此的将士都是

---

① 朱元璋撰，胡士萼点校：《明太祖集·卷六》，合肥，黄山书社，1991 年，第 89 页。

仁人勇士，而不是历往朝廷所认为的罪臣贼子，这般抬高海南的地位是前所未有的。

海南籍官员丘濬在拜读这篇敕文时百感交集，作《南溟奇甸赋》一篇抒发感慨。在其撰文中丘濬作序表明此赋的写作背景，其中提道：

"是时琼郡入职方仅再期，其地在炎天涨海之外，荒僻鄙陋，而我圣祖即视之以畿甸，而褒之以奇之一言，岂无意哉！谨按文集若干卷，其中劳天下军卫诏敕，何啻百数，大率叙其边徼险远，将领勤劳，征戍艰苦而已，未始有褒美其疆域若此者。噫！圣人之心与天通，物之美恶，必豫有以知其后之所必然于千百载之前，则夫吾郡之在今日，民物繁庶，风俗淳美，贤才汇兴，无以异乎神州赤县之间，且复俊迈奇诡，迥异常侪，有由然哉！"[①]

作为海南人的丘濬在夸赞海南时不可避免地因私心而过度夸赞，且"赋"这种文体形式也有浮夸之嫌，但其对明太祖劳军诏敕海南与诏敕其他边疆地区的差异的认定还是比较中肯的。相比而言，同时期朱元璋的《劳辽东都卫指挥》《劳大同都卫指挥》《劳西河卫都指挥》等大体都是些理解戍边的艰苦、告诫忠心为国、劝勉练兵保民的慰问和勉励的话语，对卫指挥有所褒扬，但对其地、其民无过多夸赞。海南被夸为南溟中的"奇甸"，而居住在这种"瘴云埋树"的恶劣环境中还得以长寿的人皆是仁人君子。所以，朱元璋也不再沿袭往朝将有罪之人贬谪流放海南的举措。

《明太祖实录》中记载了洪武三年（1370年）朱元璋回复吏部的一段话：

洪武三年正月壬寅，吏部奏，凡庶官有罪被黜者，宜除广东儋、崖等处。上曰："前代谓儋、崖为化外，以处罪人。朕今天下一家，何用如此？若其风俗未淳，更宜择良吏以化导之，岂宜以有罪人居耶？"[②]

---

① 丘濬著，周伟民等校：《丘濬集·南溟奇甸赋（序）》，海口，海南出版社，2006年，第4456页。

② 唐启翠辑录点校：《明清〈实录〉中的海南·大明太祖高皇帝实录》，海口，海南出版社，2006年，第8页。

可见，相对于以往封建统治者将海南视为罪臣贬谪之地的态度，朱元璋对海南的态度明显有所改观。那么，为什么朱元璋对海南的态度会发生这样的变化？明朝历代帝王为何对海南更为重视、褒赞不已？其原因无外乎以下几点。

（一）明代统治者稳定海南、加强中央集权的需要

明朝开国皇帝的朱元璋在全国的统治并不稳定。立国之初，为了稳定统治的需要，朱元璋对待少数民族聚居的边疆各地多以安抚为主。对待少数民族，中国封建王朝自古有"内华夏而外夷狄"的思想传统，华夷之辨贯穿历代王朝。华夏民族上至封建帝王、达官雅士，下至穷酸秀才、村夫愚妇多以中原衣冠礼义之士自居。朱元璋开国虽然是对"华夏为主"的复归，但朱元璋同时也深刻地意识到了民族问题处理得当的重要性。所以为了笼络少数民族，他提出"华夷一家""华夷无间"的口号。"朕既为天下之主，华夷无间，姓氏虽异，抚字如一。"海南作为黎、苗少数民族聚居的地区，自然是他"华夷一家"的理念所涉及的地区。其实在朱元璋看来不仅是"华夷"，天下本应是一家。这既是封建制度发展规律作用的结果，也有明代统治者主观上不断加强中央集权、促进大一统的因素。

"尊华夏而轻夷狄"主要是缘于"风俗、礼义"等文化上面的差异。朱元璋以前的历代君王多视海南为不晓礼义的蛮荒之地，所以多将罪人流放于此。朱元璋则一改此观念，认为既是"风俗为淳"之地，这种治理思维的逆转体现出朱元璋不同一般的智慧，而其根本目的还是在于稳定海南统治。

朱元璋褒扬海南的话语大多集中在洪武二年和三年，因为这时的海南刚全面归顺明朝统治不久，民心急需稳定。作为明王朝统治者的朱元璋对待海南不宜有过分言论，否则恐将生变。所以，《洪武二年十一月宣于海南》和《明太祖实录》中记载的朱元璋回复吏部的话语都体现出对海南比较重视。而在《劳海南卫指挥》中对海南的夸赞虽有另眼相待、更为重视的成分，但根本还是为了鼓舞将士、戍边保疆的需要。

从实际情况来看，明朝200多年间，海南并没有如朱元璋所说的完全做到"岂宜以有罪人居耶"。明代被贬而谪居海南的官员虽然不如唐宋

时期数量多，但将罪臣流放海南的行为仍旧没有根除。《明实录》中仍旧记载了一些罪臣贬谪的现象，不过数目相对较少，被贬的官员名气也不太大。

所以，对于朱元璋对海南的赞叹，应保持一种理性的态度，既不可浮夸，也不可漠视。

（二）明代抵御倭寇的需要和海防意识觉醒

"欲国家富强，不可置海洋于不顾。财富取之海洋，危险亦来自海上……一旦他国之君夺得南洋，华夏危矣。"[①]郑和晚年为保留宝船劝谏明仁宗的话语很好地体现了明代逐渐觉醒的海防意识。尽管这一话语并不出自中国的正史，而是出自法国学者弗朗索瓦·德勃雷的一条孤证，但话语中所体现的精神却是对明代逐渐增强的海防意识的正确诠释。

实际上，明朝自开国皇帝朱元璋起，对待海洋就表现出了前所未有的战略眼光。这种战略眼光并不是如今所说的控制、开发和利用海洋的海权意识，而是不断加强的海防建设和广受争议的"海禁"政策。《明史》中记载：

> 洪武四年十二月命靖海侯吴祯籍方国珍所部温、台、庆元三府军士及兰秀山无田粮之民，凡十一万余人，隶各卫为军。且禁沿海民私出海。时国珍及张士诚余众多窜岛屿间，勾倭为寇。五年命浙江、福建造海舟防倭。明年，从德庆侯廖永忠言，命广洋、江阴、横海、水军四卫增置多橹快船，无事则巡徼，遇寇以大船薄战，快船逐之。诏祯充总兵官，领四卫兵，京卫及沿海诸卫军悉听节制。每春以舟师出海，分路防倭，迨秋乃还。[②]

与以往封建王朝统治者偏重内陆边疆、漠视海域边疆的态度不同的是，明太祖自明朝立国就尤为重视海防建设。如上文所说，他在沿海地区

---

① ［法］弗朗索瓦·德勃雷著，赵喜鹏译：《海外华人》，北京，新华出版社，1982年，第3页。

② 张廷玉等：《明史·卷九十一·志第六十七》，北京，中华书局，2000年，第1498—1499页。

广设卫军以防范倭寇、巩固海防。明代卫所的设置原则一般是一府设置一所，相邻数府设立一卫。按此标准，海南只有琼州府一府，则只应设立海南"所"。但由于其海疆边境的特殊地理位置，明朝政府特别设置了海南"卫"来保障海防。由此可见明朝统治者对边疆海防的重视。这也是明太祖在《劳海南卫指挥》中，对海南及海南卫指挥多有夸赞的原因。

明太祖还增造海舟、快船巡逻备战，并且自春而秋地出海防寇，让海上巡逻成为一种常态机制。明朝历代皇帝为防倭寇也基本秉承了这一理念，着重加强海防。所以，在统治者的不断建设下，明朝拥有封建历史上任何王朝都无法比拟的海上力量。英国学者李约瑟曾高度赞扬明代海船航行的成就，他认为"明代海军在历史上可能比任何亚洲国家都出色，甚至同时代的任何欧洲国家，以至所有欧洲国家联合起来，可以说都无法与明代海军匹敌[①]"。

明朝海上力量的超凡程度在郑和下西洋时的海船规模及海上航行能力上得到了充分的展现。郑和下西洋时，其所率领的船型规模之大、船只人员数量之多、航行距离之远、航行时间之久都是明朝之前的任何封建王朝无法比拟的。明朝海上力量的强大还体现在其水师舰队强大的海上战斗力。即便郑和宝船被撤，明中后期统治腐败、海军建设不力导致倭寇横行时，有诸如戚继光、俞大猷等抗倭名将的练兵整顿，明王朝水师舰队的战斗力也足以威震东亚。即便这些名将浴血牺牲后，明王朝在万历二十六年（1598年）支援朝鲜抗倭的联合战斗中还能取得露梁大捷，给予日本海军以毁灭性打击。

除此之外，朱元璋还"禁沿海民私出海"开启了全面"海禁"政策的先河。明太祖的这一政策被明朝历代皇帝奉为皇朝祖制，大多严格依照执行。所以，明朝200多年，"海禁"是其海洋政策的基调。永乐时期海禁政策有所松弛，但也只是官方层面的郑和下西洋和相应的朝贡贸易，民间依旧有所限制。隆庆时期，虽有开放福建漳州的月港，但开放程度却是有限的。首先，月港的开放并不是面向所有商人，它通过"出海传引"的制

---

① ［英］李约瑟著：《中国科学技术史·第四卷第三分册土木工程与航海技术》，北京，科学出版社，2008年，第535页。

度限制了贸易往来的商人，降低了贸易自由的程度；其次，在明朝，月港只是偏居海隅、出海不畅的小港口，它被时人称为"俗同化外"。这里因为走私贸易频繁、海盗活动猖獗而成为明朝"堵不如疏"政策权宜之下开放的港口。

其实，不论是明太祖及明朝其他皇帝实行的海禁，还是明成祖派郑和下西洋和明穆宗时期的月港开海，商业贸易是否繁荣、财政收入是否增加、百姓是否富庶等经济发展状况都不是统治者考虑的主要因素，其主要目的是在政治和军事上防范反贼和倭乱、稳定海疆统治。

倭乱是元朝统治者遗留给明王朝的一个棘手的问题。明初，朱元璋不只是要面对单纯的倭乱，还要面对逃遁海上的其他反元势力与倭寇勾结祸乱沿海的问题。元末张士诚及方国珍自海上起义，各种势力角逐下，于吴元年（1367 年）与朱元璋势力有了正面的交锋。吴元年（1367 年），朱元璋派部下常遇春攻下平江城，张士诚上吊自杀未遂后绝食而亡。方国珍则率领部将逃遁入海，却在明朝征南副将军朱亮祖的强势追击下大败而投降。尽管二人气数已尽，但其残部仍旧比较活跃。所以《明史》有"时国珍及张士诚余众多窜岛屿间，勾倭为寇"①之说。明朝开国之时，方国珍、张士诚部下余党"海贼"不甘臣服、蠢蠢欲动。他们大多勾结倭寇，不仅抢夺官库和民众财富，还掳掠乡民。他们将乡民卖到日本为奴，或是在他日沿海征战时让其充当炮灰，为此沿海百姓苦不堪言。所以，明初政权不稳、北方反元势力仍未剿杀殆尽的情况下，明太祖实行海禁在一定程度上限制了倭寇与沿海官民勾结作乱，维护了沿海地区的稳定。

隆庆年间的开海也是应对日益猖獗的倭寇和海盗走私贸易的一种举措。所谓明枪易躲暗箭难防。明代严厉的海禁政策却禁不住民间走私及海盗抢夺。如此，与其任由走私商人和海盗用非法手段谋取暴利、制造祸害，还不如变私为官，明朝政府除了能获得丰厚的税收充实国库外，更重要的是能将原本走私猖獗的船只和商贸行为纳入明朝的监管之中，变"盗"为"商"，减少盗商勾结，从而减少他们对沿海地区的骚扰。

---

① 张廷玉等：《明史·卷九十一·志第六十七·兵三》，北京，中华书局，2000 年，第1498—1499 页。

"倭乱"是一个贯穿明朝始终的棘手问题，也是明朝统治者一直在竭力解决的问题。"沿海之地……岛寇倭夷，在在出没，故海防亦重。"[①] 尽管明朝统治者为防倭寇所采取的如"海禁"一类的政策欠缺足够的大局意识和海洋意识，但其目的却始终是要巩固和加强海防。海南岛作为东南海的岛屿，四面环海，倭寇海盗出没频繁，这就自然需要加强对海南的卫所设置。明朝反倭防寇、保卫海疆的需要，也是明朝统治者对海南岛更加重视的原因。

由于明代海防意识的增强，为防倭寇、海盗作乱，沿海各地都不适合作为罪臣的流放之地，海南也自然包括在其中。所以，明代统治者多将罪臣流放到云南、贵州等内陆高原地区。作为海疆重地的海南，内有黎族反抗，外有倭寇、海盗骚扰掠夺，这对于想维持海疆稳定的明朝统治者来说，已经够头疼的了，再贬谪一些好事之官和"罪人"到此地，岂不是乱上加乱？明朝统治者断然不会允许"罪人"再勾结倭寇作乱的。

（三）唐宋贬官兴学对海南的影响

唐宋时期，大量官员或因行不称职，或因刚正谏言，或因得罪权贵，或因政治斗争等而被王朝统治者贬谪或流放海南，其中不乏名相、文豪甚至未来皇帝。这是贬谪文人之悲，却是后世文人之幸，更是海南之幸。由此，海南文化历史上才得以有贬谪文化大放异彩。这些高官、文人谪居海南期间，笔耕不止，撰写了很多流芳百世的诗文、辞赋。他们在海南教学授徒，传播中原儒释道主流文化，改善了海南的文化教育状况。正是这种改善，使得明太祖朱元璋对海南的态度也有所改变。

唐代的王义方，曾被后世誉为"开创海南儒学教育的第一人"。贞观末年，他受别人牵连而被贬至海南儋州吉安县。当时吉安县是汉黎杂居之地，少受王化。王义方深感其"梗悍不驯"，于是"召首领，稍选生徒，为开陈经书，行释奠礼，清歌吹籥，登降跪立，人人悦顺"[②]。他从当地人

---

① 张廷玉等：《明史·卷九十一·志第六十七·兵三》，北京，中华书局，2000 年，第1498 页。

② 欧阳修等：《新唐书·卷一百一十二·列传第三十七·王义方传》，北京，中华书局，1999 年，第 3311 页。

中择选收徒，教学生读儒家经典、行立学祭孔的"释奠礼"、还教授儒家的乐舞。王义方对学生进行了全面、规范的儒家传统教育以达到移风易俗的目的。

北宋宰相丁谓博才多学、聪颖机敏，文学造诣很高。但他因贪恋权位，谄媚皇帝并陷害忠良之相寇准而落下历史骂名。丁谓身居相位之时勾结宦官雷允恭，把持朝政。因隐瞒雷允恭在督造宋真宗皇陵时擅自移改陵穴一事而被贬为崖州司户参军，谪居崖州水南三年。谪居期间，他"专事浮屠因果之说，其所著诗文亦数万言"①，同时他还"教人读书为文，营造屋宇"②。此外，丁谓还著有《天香传》，对海南沉香赞誉尤嘉，并详列了分类评鉴海南沉香方法，为后世研究沉香提供了很好的参考。

对海南文化教育事业影响最大的莫过于北宋苏轼。大文豪苏轼因针砭新政，得罪新党而被排挤陷害。新法尽废旧党执政后，又因抨击旧党而被排挤。苏轼一生因政见不合被贬数次，于宋哲宗绍圣四年（1097年）以琼州别驾的虚衔被安置在海南昌化军（今儋州）。此时，苏轼已过花甲之龄。得知自己被贬海南、弟弟苏辙被贬雷州时，苏轼赋诗一首劝慰自己"天其以我为箕子，要使此意留要荒。他年谁作舆地志，海南万里真吾乡"③。尽管此时苏轼内心惆怅、对海南之行并不看好，但后来苏轼在儋州教学授徒、与黎族民众相处得很融洽。苏轼离开海南岛时赋诗曰"我本海南民，寄生西蜀州。忽然跨海去，譬如事远游"④，海南俨然成了苏轼的第二故乡。谪居海南儋州三年，尽管曾经历"食无肉，病无药，居无室，出无友，冬无炭，夏无寒泉"⑤的生活，苏轼并没有郁郁寡欢、悲观绝望，而

① 明谊修、张岳崧纂：《道光琼州府志·卷三十二·官师志》，海口，海南出版社，2006年，第1427页。

② 唐胄：《正德琼台志》，海口，海南出版社，2006年，第664页。

③ 苏轼著，黄任轲、朱怀春校点：《苏轼诗集合注·卷四十一》，上海，上海古籍出版社，2001年，第2104页。

④ 范会俊、朱逸辉选注：《苏轼海南诗文选注·别海南黎民志》，北京，北京师范大学出版社，1990年，第85页。

⑤ 范会俊、朱逸辉选注：《苏轼海南诗文选注·与程秀才（天侔）二首》，北京，北京师范大学出版社，1990年，第218页。

是写就了近 300 篇反映海南山川风貌、动物植物、民风民俗和生活乐趣的诗文。在宋徽宗登基大赦、苏轼得以迁离儋州时，他作《六月二十日夜渡海》一诗，言"九死南荒吾不恨，兹游奇绝冠平生"[①]，表明他对谪居海南的日子并不悔恨，反倒是增长了不少见闻。

　　苏轼最初是在黎族民众为其建造的休憩之所"桄榔庵"中讲学授徒、传经讲习。后遇儋人黎子云和军使张中来访，行至水边翠竹繁茂之处，众人提议在此建屋。房屋建成后苏轼命其为"载酒堂"，并将其作为讲学之所。一时载酒堂内书声琅琅，弦歌四起。苏轼在此讲学，培养出了一批儒学人才。清人戴肇辰在《琼台纪事录》的《重建东坡书院并修洞酌亭记》中记载："宋苏文忠公之谪居儋耳，讲学明道，教化日兴，琼州人文之盛，实自公启之。"

　　苏轼在儋州教学期间收了很多学生，不仅有海南本岛的，还有来自外省的。近的有儋州黎子云、黎先觉、符确、王霄等，远的有澄迈赵梦得、琼山姜唐佐，再远有广东潮州吴子野、王介等，更远有福建许红、江苏丹阳葛延之。其中，琼州学子姜唐佐备受苏轼青睐。在苏轼"沧海何曾断地脉，白袍端合破天荒"[②]的寄语下，姜唐佐于北宋崇宁二年（1103 年）中举，成为海南历史上第一位举人。而苏轼的得意门生符确，更是在苏轼北归九年后"破天荒"地科举殿试及第，成为海南历史上第一位有年号、科别可考的进士。可见，东坡先生致力于海南文化教育，成就斐然。在此影响下，之后宋代历史上海南陆续又出了王志高、陈仲良、陈应元、邓梦荐、郑美器、郑真辅等十多名进士。其中郑真辅乡试荣登"解元"，会试荣登进士，虽未登及一甲，但因其最年少又俊秀，被宋度宗特赐为"探花使"，行探花之礼。

　　自苏轼在海南教书传道后，宋代海南文化教育的发展正如《正德琼台志》所载："科目自隋莫盛于进士。琼在宋，四榜连破天荒，又继以年少

---

　　① 范会俊、朱逸辉选注：《苏轼海南诗文选注·六月二十日夜渡海》，北京，北京师范大学出版社，1990 年，第 140 页。

　　② 范会俊、朱逸辉选注：《苏轼海南诗文选注》，北京，北京师范大学出版社，1990 年，第 270 页。

探花，为人争艳。所以盛启乎后有自矣。"① 可见，宋代海南科举人才辈出。苏轼对海南文化教育的发展功不可没。

两宋名臣李光因得罪秦桧一党，遭人诬告于绍兴十四年（1144 年）被贬至琼州，谪居六年后又被移至昌化军（今儋州）。李光被安置在儋州时，恰逢苏轼北归（1100）50 年之后。尽管苏轼早已不在，但此地良好的学风却得以延存。相比苏轼刚来儋州时儋州学舍所展现出的"摄衣造两塾，窥户无一人。邦风方杞夷，庙貌犹殷因。先生馈已缺，弟子散莫臻"②的荒败景象。李光到来时，儋州学风发生了翻天覆地的变化。对此，李光的《昌化军儒学记》中有所记载：

> 海南自古无战场。靖康以来中原纷扰，而此郡独不兴兵。里巷之间，晏然承平。时人知教子，家习儒风。青衿之士日以增盛。郡试于有司者，至三百余人……固足以起邦人欣慕之心，增后学进修之志。士有不肄业于学宫者，则乡人笑之矣……今于斯学之成也，士皆激昂奋励，讲先王之道，考六经之文，梗气迁革，日趋于善而不自知。教化兴，风俗美，然后为学之成也……今一十余年，学者彬彬，不殊闽浙。异时长材秀民，业精行成，登危科、膺膴仕者，继踵而出。③

李光认为海南远离中原就是远离战乱，百姓在相对稳定的社会环境中更能安心地为学习。随着官学的普及，越来越多的人进入学宫读书，他们争相读书论道。由此，海南的教育越来越兴盛，风俗也越来越良好。海南文教大兴、人才辈出的状况堪比闽浙。可见李光谪居儋州时，儋州学风之好堪比中原。由于海南相对远离战乱的地理位置，儋州学风甚至胜似中原。所以经由唐宋贬官文人在海南不断地传经讲学，海南从一个中原儒释道文化鲜有传入的蛮荒边缘地，逐渐成为文人才士辈出的文化地。用李光

---

① 唐胄：《正德琼台志·卷第三十八·人物》，海口，海南出版社，2006 年，第 767 页。

② 范会俊、朱逸辉选注：《苏轼海南诗文选注·和陶示周掾祖谢游城东学舍作》，北京，北京师范大学出版社，1990 年，第 10 页。

③ 曾邦泰等：《万历儋州志·昌化军儒学记》，海口，海南出版社，2004 年，第 219–220 页。

的诗句来说，就是"尼父道行千载后，坐令南海变东周"①。

南宋名臣胡铨博览多学、潜心学问。进士及第为官，最终升迁至枢密院编修。宋高宗绍兴八年（1138 年），因上奏力主抗金、请斩秦桧而声震朝野，却也因此得罪秦桧被贬至广西昭州。后来因多人营救才改判贬谪广州。十年间，因奸臣弹劾与陷害，一路往下贬迁，最终于绍兴十八年（1148 年）被贬至吉阳军，谪居崖城。谪居期间，他在水南村裴氏宅院聚徒讲学，"日以训传经书为事，黎酋闻之，遣子入学"②。黎族首领能主动把孩子送来学习，一是因为此时海南依旧保持着苏轼谪琼以来优良的学风，二是因为胡铨谪居海南期间教人读经识书、传播儒家文化已经造成了较大的影响。所以，由于唐宋贬谪名臣的教书传道，海南儒学教育逐渐蔚然成风。

除了贬官文人纷纷致力于海南人才教育和移风易俗外，宋代官、私办学在海南的逐渐兴盛也是海南文化教育状况得以改善的重要原因。自庆历四年（1044 年）宋仁宗下诏在全国各州县设立学校，一时海南各类学校拔地而起。在这次"庆历兴学"中，海南先后创办了琼州学和儋州学。琼州学在后来还与理学名家朱熹有过一段缘分。琼州学中曾建有"尊儒亭"，后改称"明伦堂"。宋孝宗淳熙九年（1182 年），在琼州管帅韩璧重修明伦堂时，还邀得朱熹作《琼州府学明伦堂记》并为该明伦堂题额。在后来的"崇宁兴学"中，海南又陆续开设了琼山、澄迈、文昌、昌化等县学。有宋一朝，官办儒学遍及海南一府十一州县。此外，海南还有社学、书院、乡校、义学等。社学主要指宋庆元初琼州通判刘涣创建的"附廓社学"和琼山遵潭都乡民捐建的"仁政乡校"；书院则主要指南宋琼州士人在"双泉"遗址上为纪念苏轼创建的"东坡书院"；私学则有儋州王霄创建的"零春馆"等。

宋代海南教育的繁荣既有兴教办学的因，还有海南官员勤勉督教、修

---

① 陈有济：《李光居琼集》，海口，南海出版公司，2017 年，第 73 页记载："郡学落成之初，八月二十二日陪郡守同来，仍榜'郡学'二字，遒劲结密，观者兴叹，是日燕郡僚并学职郡守。谓予起诸生，俾预燕集，因成鄙句，呈逢时坐客。"

② 明谊修，张岳崧纂：《道光琼州府志·卷三十二·官师志》，海口，海南出版社，2006 年，第 1431 页。

缮学堂之功。例如,琼州学创建之初,仁宗皇帝特命国子监教授宋守之为琼州知州。宋守之不仅亲自授课、教读经书,还置办学田以资助膏火。宋哲宗时,进士出身的古革在琼州掌教后,"训士不倦,峒蛮多遣子弟受学"[①]。此外,有些琼州官员则致力重修"郡学""州学",如琼州管帅李时亮、韩璧、赵厦,琼州府学教授蒋科,昌化知军陈适等。可以说,宋朝海南已被纳入正规的儒家文化教育体系,且教育对象既面向汉族,也面向黎族等少数民族。

此时,海南文化教育得到了很大的发展,本土士人考取功名者日益增多。因为海南保持着良好的儒学教育传统,唐宋时期,海南已略现"邹鲁之风",当时人们对待海南也逐渐刮目相看,不再将其视为文化蛮荒之地。明太祖朱元璋作为"天下一视同仁者",对海南持有相对客观公正的看法,自然不会再视其为蛮荒之地,而是认为其"习礼义之教,有华夏之风"。

第二节　明代海南文化教育发展状况

明代海南文化教育的发展进入了前所未有的发展时期。无论是办学规模、科举中第的人数,还是本土人才的知名度,明代海南都达到了前所未有的辉煌。通过正规的儒学教育,中原宋明理学得以系统地、有规模地进入海南,海南士子也得以学成大儒而进入中原主流文化圈内。这些优秀的本土文人回乡后又不断地传播中原文化,海南文化教育得到了较大的发展,中原文化得以成为海南的主流文化。同时,明代海南文化进入了快速多元的发展时期,唐宋时期佛教、道教、基督教、伊斯兰教文化逐渐传入海南,并在海南生根发芽。随着海上丝绸之路的发展和明朝商品经济的萌芽,西洋、南洋文化逐渐进入海南,使海南形成了以中原文化为主体、多

---

① 明谊修,张岳崧纂:《道光琼州府志·卷二十九·官师志》,海口,海南出版社,2006年,第1336页。

种文化形式并存的局面。

一、明朝统治者对官学教育的重视

明代中原文化得以在海南迅速、广泛地传播与明朝统治者对文化教育的重视是分不开的。明太祖朱元璋认为"移风善俗，礼为之本；敷训导民，教为之先""惟致治在善俗，善俗视教化。教化行，虽闾阎可化为君子；教化废，中材不免于小人"。朱元璋希冀用教育来移风易俗，稳固大明朝的统治。开国之初，朱元璋在全国大肆兴建学校，按照严格标准培养忠心于明朝的人才。洪武二年（1369 年），朱元璋告谕中书省臣，要求在全国各地设立学校、完善学校体制：

> 学校之教，至元其弊极矣。上下之间，波颓风靡，学校虽设，名存实亡。兵变以来，人习战争，惟知干戈，莫识俎豆。朕惟治国以教化为先，教化以学校为本。京师虽有太学，而天下学校未兴。宜令郡县皆立学校，延师儒，授生徒，讲论圣道，使人日渐月化，以复先王之旧。[①]

元末战乱，学校毁坏严重，人人只识得枪箭，不知耕稼农桑。为了改善这一状况，朱元璋以"治国以教化为先，教化以学校为本"作为基本国策，下令全国修建学校，除了扩大国子监规模外，还要完善府、州、县各级学校教学体制。

而且，朱元璋把办学兴教的政绩作为考核地方官员的重要标准。洪武五年（1372 年），朱元璋给中书省发敕文：

> 令有司今后考课，必书农桑、学校之绩，违者降罚，民有不奉天时负地利，及师不教导，生徒惰学者，皆论如律。

可见，朱元璋抓教育抓得多严！老师不好好教书，学生学习懒惰，都要接受法律层面的处罚。《明太祖实录》中就记载了一则反映朱元璋不同寻常择官标准的事迹。洪武九年（1376 年），山东日照知县马亮经营日照督运政绩卓越，州官评价其为"无课农兴学之绩而长于督运"，本以为任

---

① 张廷玉等：《明史·卷六十九·志第四十五·选举一》，北京，中华书局，2000 年，第1126 页。

职考满后会得到升迁。谁知朱元璋一句"农桑乃衣食之本，学校是风化之源"，反倒将这个"不称职"的县令降职处理了。朱元璋将学校教育作为和农桑同等重要的根本国策，足以可见其对学校教育的重视。

（一）府州县儒学

在朱元璋的号召下，全国各地纷纷响应，掀起了兴办学校的热潮。全国各地形成了比较完备、系统的儒学教育体系，所以"迄明，天下府、州、县、卫所，皆建儒学，教官四千二百余员，弟子无算，教养之法备矣"。朱元璋不仅号召全国兴办儒学教育，而且对府、州、县的学制建设和官员配备都有严格的规定，办学内容和宗旨也比较明确。

《明史》有记载：

> 于是大建学校，府设教授，州设学正，县设教谕，各一。俱设训导，府四，州三，县二。生员之数，府学四十人，州、县以次减十。师生月廪食米，人六斗，有司给以鱼肉。学官以月俸有差。生员专治一经，以礼、乐、射、御、书、数设科分数。务求实才，顽不率者黜之……盖无地而不设之学，无人而不纳之教。庠声序音，重规叠矩，无间于下邑荒徼，山陬海涯。此明代学校之盛，唐、宋以来所不及也。①

此时，海南虽处于"下邑荒徼，山陬海涯"，却也顺应这种兴教办学的大热潮，并严格按照中央的要求设立官学。所以，明洪武年间，海南一府三州十三县共设立了一所府学（琼州府学），三所州学（儋州、万州、崖州州学），十三所县学（琼山、文昌、澄迈、定安、临高、会同、乐会、宜伦、昌化、感恩、万宁、陵水、宁远县学）。府、州、县儒学都严格按照上文所言标准人数配备教授、学正、教谕和训导。

海南府、州、县儒学并不是朱元璋首创，实际上，在宋代"庆历"和"崇宁"两次兴学中，海南就已经建立了相对完备的州学和县学。因为海南当时行政建置"州"为最高一级，所以没有府学，只有琼州、儋州、崖州三所州学及琼山、澄迈、文昌、临高、昌化、感恩、陵水、万宁八所县

---

① 张廷玉等：《明史·卷六十九·志第四十五·选举一》，北京，中华书局，2000年，第1126页。

学。可以说，明代海南的官办儒学是对宋代儒学教育体制的继承和发展。明代府、州、县级儒学相当如今的中学教育，儒学中优秀者可以通过恩贡、岁贡、优贡、拔贡、副贡等形式被推荐入国子监（太学），廷试合格后可以留在国子监继续深造，国子监毕业后可以派驻地方为官。这是明代除科举外另一条为官的途径。然而，从被选中推荐入国子监到顺利毕业，这条路走起来也极为艰辛，不亚于科举考试。明代，海南籍学子成为贡生被推荐入国子监读书的监生有两千多人。

（二）社学

与宋代相比，明代海南教育的完善不仅表现在府、州、县儒学的设置上，更体现在"社学"的广泛创办上。社学是面向乡村"十五岁以下幼童"的最基层的"小学"教育。平民出身的朱元璋对民间教育极为关注。他认为：

> 昔成周之世，家有塾，党有庠，顾民无不知学，是以教化行而风俗美。今京师及郡县皆有学，而乡社之民未睹教化，宜令有司更置社学，延师儒以教民间子弟，庶可导民善俗，称朕意焉。

于是，洪武八年（1375年）正月丁亥，明太祖朱元璋下诏在全国各地建立"社学"。明朝各代皇帝也都积极提倡办社学。尤其是明宪宗在位时，社学发展更为明显。这从成化年间嘉兴知府高明兴办社学的举措中可见一斑，据《明史》记载：

> 成化初，（杨继宗）用王翱荐，擢嘉兴知府……大兴社学。民间子弟八岁不就学者，罚其父兄。遇学官以宾礼。师儒竞劝，文教大兴。[1]

朱元璋倡导社学时还是"愿读书者，尽得与焉"，到成化年间嘉兴知府高明这里，不去社学读书者，还得受罚。于是，在明朝统治者的大力倡导下，海南的社学也逐渐兴盛起来。宋代为人所知的社学仅琼州通判刘渙创建的"附廓社学"和遵都乡人捐建的"仁政乡校"。元代社学相对发达，但地方志书记载的海南社学也就珠崖乡校、惠通乡校和蒙古学三所，都设

---

[1]　张廷玉等：《明史·卷一百五十九·列传第四十七·杨继宗》，北京，中华书局，2000年，第2893页。

在琼山县内①。明代，在朱元璋的倡导和明朝历代皇帝的推进下，海南社学得以迅速发展，遍及全岛。到成化年间社学较为兴盛时，广东按察副使涂棐下令在海南扩建社学。对此，涂棐在创建"同文书院"时所作的记中有详细的描述：

> 知其习于文者，止于学校，而乡社子弟，其父兄能立塾于文教者，殆不多见。询厥所自，亦曰旧尝有之，近以病于供给而废。予深悯焉，乃命部属长吏，每一社必立一学，而郭郭环以兵卫，则视弟子多寡为数，其余废于旧者葺之。……由是二三年间，自郭郭以达于乡社，莫不有学。自贵游以至于韦布黎蛋子弟，莫不受学。②

经由涂棐的大力倡导，海南下属各县村中旧的社学被修葺重用，新的社学也不断建立起来。由此，成化年间，海南社学逐渐发展，数量达到179所之多。海南13县，每县都有社学，最多的琼山县有81所社学，最少的陵水县也有两所社学③。而且社学教育不仅面向汉族学子，还面向韦、布、黎、蛋等少数民族和特殊群体的子弟。万历二十八年（1600年），海南还建立了专门教黎族学生的"水会社学"。水会社学由抚黎通判吴俸建造，地址在今琼中黎族苗族自治县境内。

明代社学中优秀者可以补儒学生员，儒学中优秀者可作为贡生推荐为国子监生员。于是，明代海南已有比较完备的社学、县、州、府学和直通国子监太学的儒学教育体系。海南学子得以和中原学子一样接受同等规格和内容的儒学教育。海南的社学学童除每日学习洒扫应对之道和《论语》《孟子》《孝经》《小学》之外，还需兼读并背诵"御制大诰"和"本朝律令"。海南府、州、县儒学学生和中原学生一样学习朱元璋钦定的删减版"四书""五经"，海南儒学教员也同样遵守朱元璋的诏令独尊朱子之学，非濂、洛、关、闽之学不讲。可以说，明代中原文化在海南的传播最为正规，也最为普遍。

---

① 戴熺等：《万历琼州府志》，海口，海南出版社，2003年，第312页。

② 唐胄：《正德琼台志·书院》，海口，海南出版社，2006年，第393页。

③ 唐胄：《正德琼台志·社学》，海口，海南出版社，2006年，第386–387页。

（三）卫所学

除了在海南创办完备的社学，府、州、县儒学教育体系外，明代统治者还针对特定的军户设置了"卫所学"。

卫所是明朝的一种军队管理制度。通常是一府设一所，数府设一卫。洪武五年（1372年），朱元璋出于防倭保疆的需要，破例在只有一个琼州府的海南设置了全岛最高军事领导机构"海南卫"。明代对"军户"管理极为严格，军户子弟世袭军籍、担负军役，非特旨恩准不得脱籍、免役。军户不仅社会地位比民户低，在受教育方面也受到限制，"军户丁男止许一人充生员，而民户则没有这样的限制"[①]。

尽管如此，明代学校教育也没把军户排除在外，明朝统治者还专门给军队官兵子弟开设了卫所学。明代最早于洪武十七年（1384年）在甘肃岷州设立卫所学，其教员配备与府学相当，即教授一员，训导四人。但卫所学的建立并不像府、州、县儒学一般普及，包括海南卫在内的很多卫所都没有设置相应的学校。

宣德十年（1435年），英宗即位时，陕西按察司金事林时上奏："各处卫所官军亦有俊秀子弟，宜建立学校以教养之，庶得文武之才，出为时用。"[②] 这一建议得到当权者的采纳，明英宗当即下诏"凡军卫皆立学"。在这次大规模的卫所学创办运动中，凉州、永定、太仓等多个卫所学被创建起来，但海南卫仍旧没有乘上此次"东风"。明朝前期，卫所学大兴，为何海南不设？海南不设卫所学，海南卫所的官兵子弟如何就学？陆容所撰的《菽园杂记》中有所记载：

> 本朝军卫旧无学，今天下卫所，凡与府州县同治一城者，官军子弟皆附其学。食廪岁贡与民生同。军卫独治一城，无学可附者，皆立卫学。宣德十年，从兵部尚书徐琦之请也。其制，学官教授一员，训导二员，武官子弟曰武生，军中俊秀曰军生。卫学之有岁贡，始于成化二年五月，从少保李公贤之请也。其制，每

---

① 王毓铨：《明代的军户》，历史研究，1959年第8期，第31页。

② 《明英宗实录·卷十》，上海，上海书店出版社，2015年，第193页。

二岁贡一人……[①]

明朝前期，海南卫所所在地府、州、县儒学较为完备，不属于"军卫独治一城……皆立卫学"的范围，所以，海南不设卫所学也是符合明朝前期建置的。在海南没创办卫所学之前，海南卫所的官兵子弟可以入府、州、县儒学读书，享受秀才待遇。但明朝对军户子弟的生员名额是有所限制的。

海南卫所学创办得相对较晚，史载明孝宗弘治初年（1488年），两广总督按察司副使陈英在海南卫治所以东创建卫所学，命名应袭书馆，设一名掌教，教育海南卫中官兵子弟。此时，海南卫下设11个千户所，分别是前、后、左、右、中内五所和儋州、昌化、崖州、清澜、万州、南山外六所。其中内五所紧靠海南卫，可以就近就读"卫学"，所以不设"所学"。外六所除陵水南山所外，其他各所均设有所学，共7间，其中儋州、崖州设有两间所学。这7间所学都是社学。明代卫所学是儒学性质，所以即使在卫所学中，军职子弟也得如府、州、县学一般习读经史。此外，军职子弟还要额外学习《武臣鉴戒》《武臣大诰》《百将传》等专门针对武弁子弟的书籍。卫所学创办后，军职子弟既可以在卫所学读书，也可以去府、州、县学读书。比如军户出身的钟芳和海瑞，都曾就读于琼州府学。同时，军职子弟既可以通过岁贡等方式被推荐入国子监太学深造，也可以走正常的科举考试渠道为官。比如武宗年间海南卫的学子张世衡曾参加乡试中得解元，后又于正德三年（1508年）高中进士。

（四）阴阳、医药专门之学

阴阳学在元代已有设置，不过元朝多限于路、府、州一级。明朝沿承并发展元制，将阴阳学设到县学一级。《明史》记载："阴阳学。府，正术一人，从九品。州，典术一人。县，训术一人。亦洪武十七年置，设官不给禄。"[②] 所以，洪武十七年（1384年），海南一府三州十三县已设阴阳学12所，其中琼山府、琼山县共1所，儋州、宜伦县、昌化县共1所，万州、万宁共1所，崖州、宁远县共1所，其他澄迈、临高等8县每县设1

---

① 陆容等：《菽园杂记》，北京，中华书局，1985年，第74页。

② 张廷玉等：《明史·卷七十五·志第五十一·职官四》，北京，中华书局，2000年，第1236页。

所阴阳学。明代海南阴阳学的设置与府、州、县学不同，府、州、县地域重合时，府、州、县分设府学、州学、县学，而阴阳学由于生源较少则只合设一学。除此之外，正统八年（1443 年），昌化县增设 1 所阴阳学。阴阳生主要学习天文、历法、术数等。

医学在中国古代有较为悠久的历史，早期中医学的传播多通过师徒制或家族制传承。最早用来培养医药专业人才的官方"医学"的建立可以追溯到南朝宋文帝元嘉年间。之后隋唐宋元时期，皆有不同程度"医学"的设置。明朝除中央设太医院外，地方府、州、县皆有设置医学。与阴阳学的设置标准一样，明代医学的设置也是"府，正科一人，从九品。州，典科一人。县，训科一人。洪武十七年置，设官不给禄"①。朱元璋洪武十七年（1384 年），海南府、州、县共设 12 所医学，医学设置与阴阳学相同。而且也是在正统八年（1443 年）增设了 1 所昌化县医学。医学学生主要学习《黄帝内经》《神农本草经》《脉决》等课程。中央和地方都设有医学专门的执业考试，海南府、州、县医学的学生可以通过参加地方医学执业考试获取从医资格。丘濬《大学衍义补》中有记载："我祖宗内设太医院，外设府州县医学。医而以学为名，盖欲聚其人以教学，既成功而试之，然后授以一方卫生之任，由是进之以为国医。"② 海南府、州、县医学的学生不仅可以通过地方医学考试悬壶济世一方，表现优秀者甚至还能被选录进太医院为医。

在明代统治者兴教重学政策的影响下，明代海南官学发展较好，官学体系也比较完备，从社学、府、州、县儒学到卫所学，再到阴阳、医药专门之学，海南形成了比较全面、系统的官学教育网络体系。

二、明代对科举考试的重视

科举制度是中国古代用来选拔人才，择取官吏的一种制度。明代科举的发展与明朝统治者的兴教办学热是相辅相成的。明朝统治者对科举取士

---

① 张廷玉等：《明史·卷七十五·志第五十一·职官四》，北京，中华书局，2000 年，第1236 页。

② 丘濬著，周伟民等校：《丘濬集·大学衍义补·卷五》，海口，海南出版社，2006 年，第 124–125 页。

的重视促进了官学的发展，官学的发展反过来又提高了科举的人气。明代统治者不仅热衷于兴办官学、教化子民，而且善于运用科举考试制度来检验办学效果，并选取符合要求的考生为朝廷所用。所以朱元璋在洪武三年即下科举令：

> 自今年八月始，特设科举，务取经明行修、博通古今、名实相称者。朕将亲策于廷，第其高下而任之以官。使中外文臣皆由科举而进，非科举者毋得与官。①

自朱元璋下令"非科举者毋得与官"后科举更受人们重视。由于明朝开国之初，职位空缺较多，统治者急需人才，所以海南参加科举的人数更多了。据《明史》记载："时以天下初定，令各行省连试三年，且以官多缺员，举人俱免会试，赴京听选。"②所以，只要参加科举考试乡试中举的就可以获得一官半职，可谓"朝为田舍郎，暮登天子堂"，由此，士子们对科举考试趋之若鹜。然而，正是因为明初科举考试为官的渠道过于宽松畅通，所以导致科举考试择取的人才良莠不齐或质量不佳，致使热心科举的朱元璋一度废除科举。《明史》中记载洪武三年（1370年），科举制实行后的一段时间，朱元璋认为科举取士的效果不佳，"既而谓所取多后生少年，能以所学措诸行事者寡，乃但令有司察举贤才，而罢科举不用"③。可见，朱元璋科举取士重实干而不重文采，所以这段时间选纳贤才并不是"非科举者毋得与官"，而是以荐举为主。

不过，这并不意味着朱元璋不重视科举。实际上，朱元璋废除科举只是暂时的，整顿一番后，"至十五年，复设。十七年始定科举之式，命礼部颁行各省，后遂以为永制，而荐举渐轻，久且废不用矣"④。洪武十五年

---

① 张廷玉等：《明史·卷七十·志第四十六·选举二》，北京，中华书局，2000年，第1132-1133页。

② 张廷玉等：《明史·卷七十·志第四十六·选举二》，北京，中华书局，2000年，第1133页。

③ 张廷玉等：《明史·卷七十·志第四十六·选举二》，北京，中华书局，2000年，第1133页。

④ 张廷玉等：《明史·卷七十·志第四十六·选举二》，北京，中华书局，2000年，第1133页。

（1382 年），朱元璋复设科举，并在两年后严加规定了科举考试的模式。科举考试内容为二程、朱熹注释的经由朱元璋删减后的“四书”“五经”，论、诏、表、判等文体写作及时政策论；行文格式由破题、承题、起讲、入手、起股、中股、后股、束股八个部分组成的标准八股文；考试场次设置依次为童试、乡试、会试、殿试，其中乡试三年一次，在秋季举行，时称“秋闱”；会试在来年春季举行，由礼部主持，时称“春闱”或“礼闱”。州县一级童试合格者为“生员”（或称“秀才”），省级乡试合格者为“举人”，全国级会试合格者为“贡士”，皇帝亲问的殿试合格者称为“进士”。自从朱元璋复设科举，并对科举考试的内容、行文格式、场次、时间等作出严格的规定后，其规定就被明朝的历代统治者奉为“永制”，严格遵行。由此，科举大兴。明朝初期采用过的荐举人才制逐渐被废弃，规范、完备的科举考试制度逐渐成为明朝统治者择选人才的主要，甚至是唯一的制度。这种对科举考试重视的态度也得到了明代历代统治者的传承。天顺二年（1458 年），明英宗朱祁镇接纳李贤的建言，充分肯定了科举考试在选择翰林和内阁大臣时的重要性。《明史》中记载，这一时期：

> 由是，非进士不入翰林，非翰林不入内阁，南、北礼部尚书、侍郎及吏部右侍郎，非翰林不任。而庶吉士始进之时，已群目为储相。通计明一代宰辅一百七十余人，由翰林者十九。盖科举视前代为盛，翰林之盛，则前代所绝无也。[①]

明英宗时期，科举考试高中进士是入翰林、进内阁、为宰辅的必要起点。由此可见，明朝统治者对科举考试的重视。在科举之风盛行之时，明代海南参加科举考试的士子也明显增多，中举及第的人数也远超以往。

根据杨德春《海南岛古代简史》的考证，明代海南科举考试中举 594 人，中进士者三十九科 62 人。就海南科举考试中举的人数来说，宋代有 13 人，元代只有 2 人，清代 157 人，与明代 594 人相比都相差甚远；就海南科举考试高中进士的人数来说，宋代 12 人，元代无进士，清代也只

---

① 张廷玉等：《明史·卷七十·志第四十六·选举二》，北京，中华书局，2000 年，第 1137 页。

有 22 人，相比明朝 62 人也有明显的差距[①]。可以说，明代海南不论是在中举人数还是进士及第人数上都达到了封建王朝时的极盛状态。

而且，明代海南科举人才之盛不仅体现在数量上，而且还体现在进士名次上。明代海南进士琼山县周世昭，文昌韩俊、王懋德等人都曾名列二甲；琼山县丘濬、林杰，澄迈县洪溥等人还是科举传胪。另外，海南有些士子科考名次虽然不高，但在海南乃至全国的影响力却很大，诸如进士薛远、邢宥、廖纪、唐胄、钟芳、郑廷鹄、王弘海、梁云龙、许子伟，举人王佐、海瑞等人。这些人不仅官位品级较高，而且文化影响力也颇大。对此，在成化年间，文渊阁大学士丘濬在《琼山县学记》中就曾夸赞海南："今日衣冠礼乐之盛，固无以异于中州，其视齐、鲁亦或有过之者。"[②]

明代海南虽然诞生出了一大批科举人才，但这些举人、进士的求学科考之路却并不容易。他们必须克服海南地处偏远、藏书不足、硕儒稀缺、过海艰辛、赴京困难等重重困难险阻，才能收获科甲之喜。所以，明代海南士人能跻身于中原之林，实非易事。这些在地理、文化、经济上不占优势的海南学子得以中举及第也是多方面合力作用的结果。

（一）名师贤官，教化一方

明代海南人才辈出、文人蔚起，堪称"海外邹鲁"，这既得益于明朝统治者兴教办学之功，也归功于海南地方贤官、良师的勤勉教学。官学的普及，使得偏居海外、文化资源匮乏的海南学子有校可入、有书可读，而不用像早年的海南学子那样，"不远千里，裹粮负笈，以从师于远"[③] 或 "负笈担簦以北学于中国"[④]。所以明代海南学校教育相对兴盛，正如丘濬《琼山县学记》中所说：

> 今圣人之道，与王者之化，并驾而偕行，随在而有，经有
> 常说，不假于辨难，学有常师，不假于外求，居有常所，不假于

---

① 杨德春：《海南岛古代简史》，长春，东北师范大学出版社，1988 年，第 73、74、115、153 页。

② 丘濬著，周伟民等校：《丘濬集·琼山县学记》，海口，海南出版社，2006 年，第 4255 页。

③ 丘濬著，周伟民等校：《丘濬集·琼山县学记》，海口，海南出版社，2006 年，第 4256 页。

④ 丘濬著，周伟民等校：《丘濬集·藏书石室记》，海口，海南出版社，2006 年，第 4356 页。

游从，食有常廪，不假于经营。今之为学者，固易于古人数倍
矣……[①]

然而，明代海南学子虽有学校可读、有老师可拜、有解经可听、有廪
饩可食，其求学状况虽得到了改善、已经"易于古人数倍"，但相比中原
来说，海南的教育质量与文化资源仍然不足，尤其是在名师硕儒方面欠缺
不少。相比唐宋而言，明朝统治者并不将海南作为罪臣贬谪的首选之地，
所以很少再有像王义方、苏轼、李光那样的高官、文豪谪居海南，授徒教
学。因此，尽管明代海南学校大兴，但是博通古今、通晓经书的硕儒、良
师却极为稀少。所幸明代海南仍旧有几位名师硕儒或贤官良宦的驻足，使
得海南学子得以免除奔波游学之苦。

明代著名教育家赵谦就曾在海南勤勉执政、教化一方。赵谦（1351—
1395 年），又名撝谦，字古则，世人称其为考古先生。赵谦博通六经、精
于文字学，曾任国子监典簿，后因不堪忍受京都官场勾心斗角、尔虞我诈，
而请辞降职，于洪武二十五年（1392 年）赴海南任琼山县儒学教谕。赵谦
在海南教书育人，大兴读书之风，为提升教学质量，还曾专门编写识字课
本《童蒙习句》和教科书《学范》用于教学。赵谦作为明代大儒，是海南
学子可遇而不可求的。他在海南任教四年，不仅本地学子翕然相从，福建、
安徽等外省学子朱继、王惠、郑观、孙仲岳等人也都慕名前来就学。一时
琼山文教大兴。对此，丘濬撰写《琼山县学记》时曾作出描述，其言：

皇朝洪武中，姚江赵谦古则来典教事，一时士类，翕然从
之，文风用是丕变，至今琼人家尚文公礼，而人读孔子书，一洗
千古介麟之陋，出而北仕于中州，中州士大夫不敢鄙夷之者，未
必无所自也。谓非学校教学之功，可乎？[②]

除名师硕儒之外，琼州知府宋希颜、王伯贞、张子宏，崖州知州徐
琦、陈尧思、瞿罕，知县董俊、孙秉彝、徐希朱等地方官员兴修学校、尊
崇儒学的举措也有效地促进了海南文人才士的诞生。

---

①　丘濬著，周伟民等校：《丘濬集·琼山县学记》，海口，海南出版社，2006 年，第 4256 页。

②　丘濬著，周伟民等校：《丘濬集·琼山县学记》，海口，海南出版社，2006 年，第 4256 页。

（二）兴建义学，捐建藏书

明代海南经济虽然得到了很大的发展，官学也得到了较大的普及，但仍有一些人无钱上学或无钱科考。于是一些贡生举人或乡绅官员就通过捐建的形式在地方设立了义学，聘请当地秀才为师。海南义学并非明代首创，早在南宋时期就有唐氏迁琼始祖唐震捐建的攀丹义学，明代海南共建义学 11 所，琼山 4 所、儋州 4 所、澄迈 2 所。其中较为著名的有士人吴效在琼山府城义街西创建的南关精舍、贡生吴旦在琼山府城大摄都创建的石门义学、进士许子伟分别在琼山和儋州创建的敦仁义学和许氏义学等。义学条件虽然相对艰苦，却在一定程度上解决了海南部分寒门学子囊中羞涩、求学无门的问题。

明代海南学子在求学时除了经济条件艰苦外，还面临着一个重大困难，即藏书不足。丘濬在其《藏书石室记》中对藏书稀少、书卷残缺、求书之难的状况有详细的描述：

> 予生七岁而孤，家有藏书数百卷，多为人取去，其存者盖无几。稍长知所好，取而阅之，率多断烂不全。随所有用力焉，往往编残字缺，顾无从得他本以考补。时或于市肆借观焉，然市书类多俚俗驳杂之说，所得亦无几。乃遍于内外姻戚交往之家，访求质问，苟有所蓄，不问其为何书，辄假以归。顾力不能抄录，随即奉还之，然必谨护爱惜，冀可再求也。及闻有多藏之家，必豫以计纳交之，卑辞下气，惟恐不当其意。有远涉至数百里，转凂至十数人，积久至三五年而后得者。甚至为人所厌薄，厉声色以相拒绝，亦甘受之不敢怨怼，期于必得而后已。人或笑其痴且迂，不恤也。不幸禀此凡下之资，而生乎退僻之邦，家世虽业儒，然幼失所怙，家贫力弱，不能负笈担簦以北学于中国，中心惕然。思欲以儒自奋，以求无愧于前人，反求诸心，似知所爱慕者，甚欲质正于明师良友，引领四顾，若无其人，不得已而求之于书，书又不可得，而求之之难有如此者。①

---

① 丘濬著，周伟民等校：《丘濬集·藏书石室记》，海口，海南出版社，2006 年，第 4356–4357 页。

海南市井所售书籍大多是"俚俗驳杂"之书，无益于求学科考。即便是丘濬一样的业儒世家子弟都要卑辞下气地辗转各家求书，而且还得手写抄录。于是丘濬下定决心，有朝一日学有所能，必当购买大量有用的书籍，捐献给琼山府、州、县学宫供乡里后学翻阅学习。所以，当丘濬高中进士、官居高位时，终于实现了他多年的夙愿。他于成化年间在海南琼山学宫修筑了一间不潮不热的藏书石室，收藏了数万卷书籍供海南学子免费阅览。明万历年间的海南进士许子伟便是藏书石室的受益者，他幼时常在丘濬的藏书室博览群书、孜孜为学。

（三）奏考回琼，造福桑梓

明代学子在参加正式的乡试科考前，必须先通过童试取得生员（秀才）资格。童试又分为县试、府试和院试三个阶段。其中县试考点设在各县，考试时间多在二月份，由各县知县主考，考试合格后才可以参加府试。府试考点设在各府州，考试时间多在四月份，由知府或知州主考，考试合格后即可参加院试。院试因主持考试的主官为提督学院而得名。提督学院又名提督学道，所以院试又被称为"道试"。

提学官于明正统元年（1436年）始置，专职考察学校教官并巡回各府、州、县主持院考、选拔生员。早期海南只设有兵备道，未设提学道。海南提学相关事务归广东按察司主管。在生员选拔考核中，海南学子在海南本府、州、县就可以参加县试和府试，但院试却得奔赴广东雷州参加。因为院试通常由"学政巡回案临考场"，即各省学政或提学下到府、州、县来主持。但明代海南隶属广东布政司，主管海南童生院试的提学驻扎在雷州。雷州与海南隔着一道琼州海峡，海峡海浪汹涌、风暴难测，加之倭寇横行，渡海过程中很容易命丧深海，所以"远涉鲸波之险，督学宪臣，常不一致。每大比年，惟驻节雷州，行文吊考"[①]。

有极个别官员如弘治年间广东按察司提学佥事宋端仪，他在任未及五年，就已两渡琼州海峡赴琼州、崖州等地劝学、督考。据明代方志学家黄仲昭记载，宋端仪"虽蛮烟瘴毒之地，靡不躬历，若琼崖诸州远在海岛中，前此有九年仅一到者，君未及五载，已两涉鲸波矣"。然而像这样恪

----

① 王弘海：《天池草·拟改海南兵备道为提学道疏》，海口，海南出版社，2004年，第32页。

尽职守的提学佥事毕竟是少数，大部分提学佥事面对鲸波之险，都是望海却步、退居雷州。

既然提学佥事不能过海督考，就只能让海南童生渡海赴雷州参加院试。然而明代海南渡海学子不是一人两人，而是"青矜学子，每岁集督学就试者，不下数千计"①。可见，每年参加院试者就有数千人，这数千人中不乏豪门旺户、大家大业之人，但多数还是小家小户甚至寒门学子，盘缠有限，渡海多假借疍民渔船或商人小船，在海峡风浪和倭寇祸乱面前实在不堪一击。其渡海之险正如王弘诲所言：

> 贫寒士子，担簦之苦，已不待言。及其渡海，率皆疍航贾舶，帆樯不饰，楼橹不坚，率遇风涛，全舟而没者，往往有之。异时地方宁靖，所虑者特风波耳。迩来加以海寇出没，岁无宁时。每大比年，扬扬海上，儒生半渡，竟被其掳。贫者殒首而无还，富者倾家而取赎。其幸无事者，皆出一生于万死耳，言之可为痛心。"②

海南学子渡海考试本已艰险困苦，而主持考试的督学官员不体民情、不知变通，在考试时限上严厉苛刻、毫不通融，逼得海南学子只得冒死渡海赶考。

> 试诸儒生，迫于期会，不惮危险，所伤甚多。如嘉靖三十六年，覆没者数百人。临高知县杨址与焉，并失县印，可为往鉴。间有一二提学能体悉，亦不过行文该府截考，夤缘作弊，黜陟不举，考察不行，教化废弛，士习厌怠。甚如隆庆三年恩贡例，惟琼山、定安、澄迈、会同等三四县考，余各州县，以一时远不及试，竟置不录。③

对于明代海南学子渡海考试的艰险和提学官员的不作为，王弘诲深感痛心，因为这也是他亲身经历过的。王弘诲出生于嘉靖二十年（1541

---

① 王弘诲：《天池草·拟改海南兵备道为提学道疏》，海口，海南出版社，2004年，第32页。

② 王弘诲：《天池草·拟改海南兵备道为提学道疏》，海口，海南出版社，2004年，第32页。

③ 王弘诲：《天池草·拟改海南兵备道为提学道疏》，海口，海南出版社，2004年版，第32页。

年），嘉靖四十年（1561 年）乡试中举为解元，嘉靖四十四年（1565）高中进士。抛开其乡试、会试远赴广州和京师的舟渡、跋涉之险不说，就其院试渡海赶考而言已属不易。从其乡试中举时间推测，王弘诲参加院试的时间紧挨海南学子赶考"覆没者数百人"海难的时间。对于渡海赶考的艰辛，王弘诲深有体会。于是他于万历四年（1576 年）在任职翰林院期间，撰写了《拟改海南兵备道为提学道疏》，上奏陈请由原本驻扎在琼州的海南兵备道兼任提学道，如此，海南学子即可不用远渡雷州，而是在琼州本地参加院试。

王弘诲"奏考回琼"的举措实为造福桑梓的功德之举，它对海南科举考试和文化教育事业的发展有着较为深远的意义。唯一遗憾的是，王弘诲"奏考回琼"已属晚明时期，若有识之士能早作奏言，海南科举学子将受益更多。尽管如此，由于明神宗是明朝在位时间最长的皇帝，所以在王弘诲奏考回琼后，还是有很多海南学子受益的。比如王弘诲请考琼州后，万历年间海南有梁云龙、许子伟、林震、何其义、邢祚昌、刘大霖相继高中进士，崇祯年间海南也有谢龙文、蔡一德、陈是集三位进士。这些进士都是王弘诲奏考回琼的直接受益者，除此之外，晚明还有大批秀才、举人从中得益。所以，海南学子大多对其感恩戴德，于是修生祠加以供奉。

（四）家族鼎力，同乡扶持

明代海南学子中举及第呈现出向个别地域和家族集中的态势。从地域来看，海南的举人和进士集中于海南岛北部，大多出自琼山及周边文昌、定安等地区。明代海南 60 多名进士中，琼山占 40 多人；近 600 名举人中，琼山占近 300 人。可见，明代海南琼山地区是海南科举人才的渊薮。这主要有几方面的原因：一是因为明代琼山是琼州府的政治、经济、文化中心，官学学宫及师资配备等教学资源远优于地区；二是明代琼山地处海南岛最北端，距广东最近，渡海赶考相对容易。三是衣冠世家对文化的传承和对家族教育的重视。

就家族文化教育来看，由于贬谪、流放、为官、戍边、避难、经商等各种原因，中原人士陆续迁居海南繁衍生息，逐渐形成了一个大的家族。这些名门望族的成员无论在政治、经济还是社会关系上都具有较强的实力，所以家族子弟在文化教育和科举考试上都有强力的后盾。加之，业儒世家多重视家风熏染、家道传承和儒学教育。他们或设私塾，或设族学，家族子弟拥有优于常人的求学环境和教学资源，所以家族科举人才辈出。

明代衣冠望族中最具文化和政治影响力的当数琼山府城镇攀丹村的唐氏家族。南宋年间进士唐震出任琼州刺史，子孙世代就此长居于海南琼山。唐震与其长子唐叔建共同建立了"攀丹义学院"，并广收学徒、教书育人。在始祖的荫庇和家族鼎力互助下，唐氏家族科甲联芳、仕宦不绝。明代海南60多位进士中，唐氏后代就占6位，分别是唐舟、唐亮、唐绢、唐鼎、唐胄、唐穆。唐舟、唐胄等唐氏子弟兴教授徒、闻名遐迩，唐氏门生众多，如明代海南名贤丘濬、王佐、海瑞等。丘濬是唐舟的女婿，也是唐氏门生。王佐是唐舟堂兄唐瑶的外孙，由于生父早逝，便遵从其母亲唐朝选之意回攀丹师从唐舟、丘濬。海瑞曾受唐胄教诲，其与唐胄儿子唐穆、唐秩、唐稼都是同窗好友。除进士外，明代海南唐氏子弟中还有唐翱、唐虔、唐卿等30多人乡试中举，其中有两名解元和两名亚元。此外，唐氏子弟中还有府贡生唐秩。明代海南唐氏家族兴师重教，不仅唐氏一族人才济济，连带姻亲家族、学徒门生也都名贤辈出，府城攀丹村真可谓是人才渊薮、奎星闪耀。

琼山新坡镇文山村有声名赫赫的周氏家族。南宋绍兴年间，翰林学士周秀梅因力主抗金遭到排挤而辞官回乡，后为避战乱，携带儿子周榜湘迁居海南遵都图（今遵谭镇）。当时，周榜湘也已担任大理寺评事。周秀梅遂成为海南周氏迁琼始祖之一，后来周榜湘的孙子进士周榘带领族人迁居琼山员山里（今文山村）。周氏世代在此繁衍生息，逐渐发展成为书香不断、人才不绝的大家族。周氏家族业儒世家、重学兴教，周氏子弟科举人才接连不绝，明代出了周宾、周宗本、周世昭三位进士，还有十几位举人和不计其数的秀才、贡生。值得一提的是，周氏另一位迁琼始祖周仁浚一脉也对海南文化教育有所影响。其第二十九代孙周继才是清代《四库全书》编修吴典的业师，对吴典有知遇、教诲、栽培之恩。吴典为报答师恩，不仅在琼山修筑河桥，方便其恩师赴府城教学授课，还在北京设置"京都琼州会馆"，方便琼州学子在京科考。

除了唐氏、周氏两大望族外，琼山及周边还有很多名门望族，如琼山府城的王氏家族、琼山灵山的吴氏家族和文昌的符氏家族等，这些家族的迁琼始祖多为科考举人或进士，迁居海南后多以诗礼传家，兴学重教，其书香氛围熏染出了一代又一代的科举才士。这些望族出来的科举人才不仅"为官一任，造福一方"，辞官回乡后，还能教化育人、福泽乡民。

在朝廷兴学重教、崇尚科举，海南地方官员恪守尽职、教化育人，儒学望族诗书传家、兼济乡邻的合力作用下，明代海南尤其是琼山学风大变、科举蔚然。所以，即使并非儒门望族的寒门子弟如梁云龙、梁必强兄弟也能高中进士、光耀门楣。不过，相比世家子弟来说，寒门子弟科举中第的人数要少得多，而且也艰难得多。如梁氏兄弟不仅需要自己耕种劳作、节衣缩食，还需要家族亲戚甚至乡邻、友人的鼎力资助才能完成学业和科考。

除了家族鼎力资助之功外，明代许多海南学子能科考及第还得益于同乡官员的关照。这种关照并非以权谋私的提携，而是拳拳乡情的关怀。海南僻处海外一隅，距京师九千里之遥，姑且不说海南举子跋山涉水和车马劳顿之苦，仅在京城科考居无好所、气候不适、饮食不便等就已令海南举子备尝艰辛。为方便本乡科考举子，各地都会在京城设置会馆以供科考举子住宿休息。但明代洪武至万历年间，京城只设置了广东会馆，没有设琼州会馆，大抵因为"琼州去京都九千余里，人士之至止者稀。以故他郡多有邸舍，而琼独阙焉"①。所以，明代无本州会馆可居住的海南举子，在京师想要得到一个舒适、安宁的居所备考也较为艰难，他们往往只能过着像清代吴典《京都琼州会馆记》中描述的那种苦楚的羁旅生活。对于他们来说，最幸运的莫过于住进广东会馆。但由于广东会馆"屋少人众，或不能容"②，只有部分财力足够的海南举子才能勉强租屋居住。其他住不进广东会馆的海南举子只能"投诸逆旅，湫隘杂沓，要挟苛索，不可终日"③。

面对这种境况，明代一些已经"学而优则仕"的琼籍在朝官员念及桑梓之情、同乡之谊，竭自己所能或资助行旅，或资助衣食，助力海南学子

①　吴辰：《琼州会馆：京都里的海南文脉》，海口，海南日报，2020年8月29日。

②　吴辰：《琼州会馆：京都里的海南文脉》，海口，海南日报，2020年8月29日。

③　吴辰：《琼州会馆：京都里的海南文脉》，海口，海南日报，2020年8月29日。

京师科考。也有如许子伟、何其义者怜惜同乡后学，深知他们客居京都的苦楚，于是在北京建立琼州会馆供海南举子停歇宿息。此举措功德不浅，给予了海南举子莫大的方便。然而与王弘诲"奏考回琼"一样令人遗憾的是，琼州会馆设置的时间已是明神宗万历年间。此时已处晚明时期，琼州会馆随着明代的灭亡也逐渐销声匿迹，所以其对海南举子的惠泽有限。值得庆幸的是，有此二位名贤修建琼州会馆的先例，后世琼籍官员也会竭尽所能致力于此事。乾隆年间，琼山进士、翰林院编修吴典即在京都修建琼州会馆以供海南举子住宿、备考。

所以，在家族的兴学重考和琼籍官员的资助扶持下，海南科考人才济济。科考中举和中进士呈现出家族性和地域性集中的态势。有明一代，琼山地区是海南科举人才的集中地，先后有数百人中举，数十人进士及第。而且由于家族性的文化集聚效应，明代琼山地区形成了许多名贤集聚的文化村镇。文星最为闪耀的莫过于唐氏家族世代居住的琼山府城攀丹村。明代此地不仅贡生、举人辈出，仅唐门进士就有六位，而且唐氏家族中还诞生了海南乃至全国历史上罕见的两对父子进士，分别是唐舟、唐亮父子和唐胄、唐穆父子。攀丹村除了唐氏家族进士辈出外，黄氏家族还诞生了一对父子进士，即黄显、黄宏宇父子。明代仅琼山攀丹一村就诞生了八位进士，其中有三对父子进士，可谓科甲联芳、门楣闪耀。再有明代府城镇金花村、朱桔里、北盛街一带。这里实为钟灵毓秀之地，相继诞生了明代海南历史上著名的三贤丘濬、海瑞和许子伟，时称"一里三贤"。其中丘濬和海瑞又被誉为"海南双璧"。此外，还有琼山新坡梁沙村诞生了梁云龙、梁必强两位兄弟进士，堪称"一村双杰"。尤其值得一提的是，在明代僻处天涯海角的崖州也破天荒地出了一对父子进士，即水南村的钟芳和钟允谦。明代海南可谓山川毓秀、人才辈出，科举贤才之多堪称"海外衣冠盛事"，故而海南得以冠名"海外邹鲁"。

三、明代海南私学的兴起

海南私学教育作为官学教育的一种补充在明代日益兴盛，不仅普及范围较广，而且形式也多种多样。明代海南的私学教育主要有义学、私塾和书院三种，其中以书院最为重要。海南义学在之前已有提及，这里主要叙述明代海南的私塾和书院。

（一）私塾

私塾教育是封建社会的一种典型的启蒙教育。大多由宗族、乡邻和权势巨贾出资创办，因其学址多在祠堂或私人家中，所以民间多称"私塾"为"祠堂"或"家学"。明代科举兴盛，科举成为当官的主要甚至是唯一的途径，所以具有科考启蒙或补习性质的私塾教育也格外兴盛。加之，明代海南经济发展相对稳定、政治相对和谐，人皆"有余力则以习文"，所以私塾教育得以兴盛。明代海南私塾教育与中原的私塾教育一样，普及度较高、形式比较完备。从私塾出资创办的主体、收学范围和学堂容量等角度来看大体可划分为四种，即家塾、族塾、村塾和门馆。其中，前三者皆为学童出资延请塾师的教育模式，第四种"门馆"则是由塾师出资创办来招收学徒的教育模式。

家塾又称坐馆，其创办者多为殷商巨贾或权势之家。尽管家塾中只有少数几位家中子弟上学，但由于家塾创办者有足够的财力作为支撑，所以为了确保家中子弟能金榜题名，他们往往会聘请博学经史并深谙仕途的宿儒来教学，所以家塾教育无论在师资上还是教学环境上都相对优越，但其影响范围毕竟有限。

族塾则多是由地方名门望族或田多粮足的同姓大家族出资创办。族塾大多将族内祠堂设置为学堂，由宗祠出资聘请地方较有名气的儒生为塾师，教授本族学童。族塾授徒规模大体在十到二十人。优质的族学教育能有效地促进本族人才的诞生，所以明代海南的科举人才也大多呈现出家族性集聚的态势。

村塾往往是由一村或几村的普通村民共同筹集资金、联合创办的学校。塾师由村塾集资聘请，塾师多为本地较有名气的秀才，其资历相比私塾和族塾的宿儒塾师要低很多。但是村塾的办学规模却大很多。由于村塾入塾束金较低，学童只需每年交少量学杂费和几斗米粮给村塾先生，村里普通家庭基本能负担得起。所以村塾教育的普及面很广，学童数量也很多。通常一个村塾至少有三四十名学童。明代海南普通乡民的子弟大多都是入村塾接受教育。

门馆又称教馆或学馆，它是由当地学问较高和较有威望的名儒出资创办，学址或在名儒家中，或由名儒出资特建。家塾、私塾、村塾创办的主体都是求学学童家长，创办者以接受教育、荣登金榜为目的；门馆的创办主体则是塾师，创办者以获取经济收入为目的。所以门馆设立后对外广招学童，并通过让学童交纳足够的修金来获得收益。门馆的师资水平较家塾要低、但比村塾要高，学童入学的费用也是如此。

尽管私塾教育形式多样，但其所学内容大体相似，起初七八岁的幼童主要学习《三字经》《百家姓》《千字文》《孝经》《尺牍》《千家诗》《日用杂字》等儿童启蒙读本，待年龄渐长则开始学习《龙文鞭影》《增广贤文》《幼学琼林》《古文观止》和科考所要用到的"四书""五经"等。同时，私塾学童还需学习"八股文"的写作以应对科考。所以，明代的私塾基本上是为学子科考服务的。

明代海南的私塾确实培养出了不少科举人才，如明代琼山新坡梁沙村的梁云龙，即是在私塾中由塾师唐学究发蒙，经三十载寒窗苦读才得以高中进士。

又如明代澄迈同科中举的父子李惟铭和李金。他们都学从李氏私塾，该私塾由南宋进士李氏始祖李文英创建于澄迈罗驿村。李惟铭、李金父子二人中举后先后树立的"文奎坊""步蟾坊"两座古牌坊，历经数百年风雨，仍有一座"步蟾坊"屹立于今。值得一提的是，李金曾祖父、李惟铭祖父李震器在科举不兴的元朝也得以乡试中举，成为元代澄迈历史上的第一位举人。除李震器、李惟铭、李金祖孙三位举人外，该私塾之后还出了上百名秀才及70多名国子监生。再如文昌会文镇十八行村林氏家族的"九牧堂"。据林氏族谱记载，九牧堂因林氏祖先林披有九个儿子均官居州牧而得名，后于明朝嘉靖年间捐建为林家私塾，供族内子弟识字读经、追求举业。明代，该村诞生了多名贡生和举人。

（二）书院

明代私学教育的几种形式中，书院的文化影响力最大。海南历史上最早的正规书院是北宋末年海南士人为纪念苏轼所建的东坡书院，院址设在苏轼初入琼州的借寓之地，即琼山府城东北隅的金粟庵（今海口市"五公祠"内）。但这座东坡书院在宋代并没有实现强有力的教育功能，没发挥足够的文化影响力。南宋战乱频繁，该书院由于年久失修，几近坍塌。虽说在元朝政府鼓励书院发展政策的影响下，东坡书院有所修缮，但其文化影响力仍旧有限。而且宋元时期，海南除此书院外，几乎没有其他的正规书院。及至明代，海南书院的发展才进入繁荣期。海南书院自明正统年间兴起，至嘉靖、万历年间达到历史高峰。经过明代的发展，海南书院在清代达到高潮。清代海南创建的书院是明代的两倍多。明代海南先后创建了较为正规的书院 22 所，其中琼山 8 所，儋州 4 所，澄迈、定安、临高各 2 所，文昌、会同、乐会、万州各 1 所。具体如下表所示。

明代海南府县书院设置简表

县份	书院名称	院址	创建年代		创建者	备注
			年号	纪年（公元）		
琼山	桐墩书院	琼山县东五里处	正统年间	1436—1449 年	贡士陈徽允建	树桐数十本以待成材而用之为琴，并筑室于麓，藏书若干卷
	奇甸书院	琼山府城西北隅	景泰五年	1454 年	文渊阁大学士丘濬建	乡人感念苏东坡，于书院之中设主岁祀苏文忠公轼。正德十年（1515 年），经礼部尚书刘春奏请建景贤祠合祀丘文庄公濬
	同文书院	琼山府城西	成化九年	1473 年	广东按察副使、进士涂棐建	涂棐将公馆扁正堂设为同文书院，命名取"文教大同"之意
	乐古书院	琼山府城西十里小英村（今秀英村）	弘治年间	1488—1505 年	举人陈家珍、柯呈秀等修葺改为书院	前身为弘治十年(1497 年)提举汪廷祯所建义学，岁久废弃
	西洲书院	琼山府城东约一里处（今攀丹村）	正德年间	1506—1521 年	户部广西司主事、进士唐胄建	唐胄辞官归琼读书之所。清河少参张简题匾："养优书院"，后宪副王叔毅改其名为："西洲书院"
	石湖书院	琼山博崖都（今海口永兴镇永秀村）	嘉靖年间	1522—1566 年	江西参政、进士郑廷鹄建	建于西湖之上，又称"西湖书院"，为明代海南最美的山林式私办书院
	崇文书院	琼山府城东旧城隍庙	嘉靖三十二年	1553 年	副使、进士陈茂义建	

县份	书院名称	院址	创建年代		创建者	备注
			年号	纪年（公元）		
	粟泉书院	琼山府城东北隅（今"五公祠"内）	万历四十三年	1615年	琼州知府谢继科建	原为宋朝创建的东坡书院。洪武四年（1371年），因知县李思迪迁琼山县学宫入书院而停办。洪武九年（1376年），知县陈概迁走学宫，书院复设。成化四年(1468年)，知县蔡浩将书院迁往府城东侧（今琼山中学）。万历四十一年（1613年），琼州知府谢继科将其迁回"五公祠"内，更名粟泉书院
儋州	湖山书舍	儋州城东	成化年间	1465—1487年	举人徐思顺建	延请乡儒梁成讲学
	天堂书屋	儋州天堂都	成化年间	1465—1487年	儋州知州罗杰建	乡儒梁成讲学之所
	振德书院	儋州城外(今儋州中和镇)	嘉靖三十四年	1555年	儋州知州潘时宜建	
	图南书院	儋州（院址不详）	万历年间	1573—1619年	州通判葛经、乡官董绫建	
澄迈	秀峰书院	澄迈县倘驿都（今白莲镇）秀峰山	成化元年	1465年	江西赣州府零都县训导、举人李金建	澄迈第一间书院
	天池书院	澄迈县城（今老城镇）东门外	嘉靖二十五年	1546年	澄迈知县秦志道建	原为曾氏宅，知县秦志道购建为书院，并置学田。嘉靖三十年（1551年），知县许应龙修葺。万历年间，因海寇焚掠，书院圮废

县份	书院名称	院址	创建年代		创建者	备注
			年号	纪年（公元）		
定安	尚友书院	定安县儒学射圃地（今定安中学办公楼处）	万历二十二年	1594年	礼部尚书、进士王弘诲建	置龙茶田租市税每年20金，作为书院经费
	录猗书院	定安县城东门外	崇祯年间	1628—1643年	定安知县廖锡蕃建	
临高	澹庵书院	临高县学宫东侧	嘉靖二十五年	1546年	知县陆汤臣创建	万历十二年（1584年），训导林立重修
	通明书院	临高县城隍庙左（今外贸局）	崇祯十三年	1640年	知县胡宗瑜捐建	
文昌	玉阳书院	文昌县北门外文昌阁右	万历二十三年	1595年	文昌知县贺沌、进士许子伟建	万历三十三年(1605年)，地震致使学院房屋倒塌，林尤鹗筹资重建。清代迁至文庙。
会同	应台书院	会同县东关门外（今琼海塔洋镇）	万历三十七年	1609年	会同知县叶中声建	崇祯十年(1637年)，会同知县夏铸鼎重修，改名为同文书院
乐会	安乐书院	乐会县城东门（今琼海朝阳乐城村）	万历四十一年	1613年	乐会知县刘淑鳌建	后因在此地置县署而废弃
万州	万州书院（万安书院、万阳书院）	万州州右州学明伦堂旧址	万历年间	1573—1620年	万州知州茅一桂建	原为万州州学

以上书院为明代所建的较为正规的书院。而明代海南还建有兼具义学和书院双重性质的准书院，如地方史籍中记载的儋州的义斋书院、松台书屋、玉山精舍、兰村德义书馆等。此外，明代海南还建有两所图书馆性质的私人藏书室，即"霜筠轩藏书室"和"藏书石室"。

霜筠轩藏书室是明洪武年间名儒王惠所建。王惠本为安徽合肥人，因慕赵谦之名，远道来琼拜师学道。学有所得后，王惠并不急于去京师为官，而是落籍琼山潜心学问。于是他在琼山府城南隅购地置轩。恩师赵谦为其命名为"霜筠轩"，寄语学生如霜竹般中立不倚、砥砺名行。王惠在轩中藏有古籍名篇数千册，内容涵盖儒释道三家经典。既有儒家经典《论语》《孟子》《天论》《春秋》《左传》《诗经》《易经》，又有道家经典《道德经》《庄子》，还有佛学典籍《大云经》等。同时，王惠在霜筠轩的藏书中还有政治类图书《通典》、文学类图书《离骚》、百科全书类图书《太平御览》、史学类图书《全唐书》《资治通鉴》等。据王佐《琼台外记》记载："王霜筠先生多书籍……薛、丘二公多得名书观览，皆起寒唆而能以学识致通显，为海内名人。"可见，王惠不仅藏书颇丰，而且还能福泽同乡后学，进士薛远和丘濬都曾向其家人借得名书阅览。

藏书石室为大学士丘濬所建。丘濬深感年少时无书可读之苦和求学借书之难，于是发愿学有所能后定当多购书籍藏于学宫以为后生学子所用。于是他在进入翰林院后，竭尽所能搜集各种典籍。日积月累渐成规模，便用毕生积蓄在琼山学宫修建一座能抵抗海南热湿天气的石室用来藏书。藏书石室除收藏了数万卷典籍之外，还收藏了丘濬的主要著作。海南后学受益匪浅，海南名贤许子伟曾多次拜读于石室。

（三）明代海南书院发展的过程

综观明代海南书院，除了准书院性质的义斋书院、霜筠轩藏书室为明初洪武年间所建，桐墩书院、奇甸书院分别为正统和景泰年间所建，其他20所书院皆为明成化以后（包括成化年间）建立。明代海南书院建设的发展期与明代全国书院建设的繁荣期大体相当。稍有不同的是，明代全国书院建设的高潮在嘉靖时期，而明代海南书院建设的极盛期在万历年间。海南万历年间新建书院最多，达到7所；嘉靖年间次之，新建5所；成化年间新建4所。

明代海南书院的建设受到了明代统治者重官学轻书院政策的影响，也受到了民间反程朱理学、尚王湛之学的讲学风潮的影响。

明朝前期统治者对官学和科举的重视，用明太祖"中外文臣皆由科举而今，非科举者毋得与官"①和明英宗"非进士不入翰林，非翰林不入内阁"②便可以体现得淋漓尽致。对于功名官禄的追求，海南学子也不能免俗。所以，一时海南官学大兴，学子翕然趋从官学、专注科考。同时，明朝统治者对官学的重视，也使得地方官员在业绩的驱使下大兴官学教育而漠视书院建设。宋朝在琼山府城东北隅（今海口"五公祠"内）创建的东坡书院，即便在文教不兴的元朝也颇得重视，可在明初却不受关注。明洪武四年（1371年），琼山知县李思迪更是不顾琼州百姓反对，执意将琼山县学宫迁入东坡书院，导致书院停办。所以在明初统治者重官学不重书院政策的影响下，海南书院在洪武至正统年间不仅没有得到发展反而有所倒退。

沉寂一百多年的书院建设在明中叶才得以焕发生机。以王守仁、湛若水为代表的心学的兴起不仅动摇了程朱理学的主流地位，而且伴随兴起的书院讲学之风也冲击了官学和科举的一体化体系。程朱理学是指程颐、程颢和朱熹为代表的理学思想，产生于北宋时期，在南宋时期逐渐获得统治者的认可而得以成为官方主流学说，在元明两朝被奉为国家的统治思想。明朝因统治者将官学、程朱理学与科举制度捆绑在一起，所以官学逐渐沦为科举制度的附庸，程朱理学则成了士子获取功名利禄的敲门砖。久而久之，程朱理学日益被教条化，逐渐沦为僵化人的思想、束缚人的手脚的"以理杀人"的工具，而其所附属的科举制度也日趋腐败。于是，王湛心学应运而生，竭力对程朱以来的宋明理学进行补偏救弊，从而达到廓清学风、安顿人心的作用。

王湛心学是指以王守仁、湛若水为代表的心学思想，于明正德年间兴

---

① 张廷玉等：《明史·卷七十·志第四十六·选举二》，北京，中华书局，2000年，第1133页。

② 张廷玉等：《明史·卷七十·志第四十六·选举二》，北京，中华书局，2000年，第1137页。

起。因其多批判程朱官方理学而不被明朝统治阶级所接受，故而难以依托官学体制进行传播。于是王湛心学只能借由民间书院讲学进行传播。王守仁自"龙场悟道"后始开书院讲学之风，晚年辞官回乡后一直致力于各地书院讲学。王守仁好友、同为心学大师的湛若水也乐于书院讲学，他在京师、广东多地创办书院，一生著书、讲学不息。王守仁、湛若水弟子遍及天下。其弟子及后学也多致力于建书院、开讲会。于是，地方书院讲学之风盛行。尽管书院讲学的主力军在王湛心学儒者，但程朱理学者也受到书院讲会之风的影响，而大办书院进行讲学，如明代著名的东林书院、紫阳书院讲会等。于是在书院讲学之风盛行的背景下，明代正德至万历年间，学者、名流纷纷在各地兴复或创建书院，一时全国新建书院如雨后春笋。明代海南的书院建设也在这一阶段达到辉煌，从而告别了明初以来沉寂不振的状态。

虽然明初统治者不重视书院的建设，但也并不反对书院的存在，对书院讲学采取默许的态度。嘉靖年间王湛心学书院讲习之风盛行，传统的"以学为学"的书院讲学模式逐渐被颠覆，取而代之的是心学"以讲会为学""重心性体认而不重章句背诵"的讲学模式。书院也不再是官学、科考的辅助，而成了文人学者思想自由交锋的场所。王湛心学在书院讲学的体制中得到迅速传播，逐渐撼动了程朱理学的主流地位，触动了统治阶级的利益，因而遭到了奉行程朱理学的当权官员的极力反对。由此，王湛、程朱两派学者依照各自不同的学术立场展开了讲学与非讲学的文化斗争。而明朝统治者为了维护程朱理学的学术统治地位，对书院的态度也逐渐由默许变为禁毁。于是，在明代书院建设较好的嘉靖、万历时期，出现了统治者四下诏令禁毁书院的举措。

在书院建设达到顶峰的嘉靖时期，程朱理学者开始了对王湛心学者的第一次正面清剿。嘉靖十六年（1537年），右副都御史游居敬上疏斥责南京吏部尚书湛若水，以其不讲程朱理学，而"倡其邪学，广收无赖，私创书院"，请求明世宗对其多加诫谕以正学风、以安人心。于是明世宗下诏拆毁湛若水所建书院，禁止其讲学活动，而各地其他书院不受影响。

时隔一年，吏部尚书许赞再次以各地不修官学而修筑书院为耗财扰民、败坏学风之举而陈请明世宗禁毁各地书院。嘉靖为首、严嵩为宰相的统治阶层再次接受了禁毁书院的建议，立即"命内外严加禁约，毁其书院"。于是，各地现存及新建书院都不受官方认可。

然而正如《万历野获编》中所记载的那样，书院建设"虽世宗力禁，而终不能止"①。统治阶层逆势而动的禁令根本遏制不住风头正劲的书院讲学，反而激起许多名士辞官回乡创办书院著书讲学。书院创办呈现出越禁越办的反弹之势。所以嘉靖年间统治者对书院的两次禁毁之令虽在一定程度上禁住了书院创办和讲学之风，但物极必反，引起新一轮的快速发展。所以嘉靖中后期，全国各地书院建设尤为兴盛。坚持程朱理学的当权者在借由禁毁书院政策压制异己心学势力的政治企图失败后，也不得不通过建立书院的方式进行学术对决，从而稳固自身的文化主流地位。在这种大背景下，嘉靖中后期，海南各地知县先后创建了5所书院，在明朝历代海南书院创办数量上位居第二。

明代海南书院建设的高潮在万历年间，而此时也正是统治者第三次下令禁毁书院的时期，这次禁毁风波的主角是万历时期内阁首辅张居正。张居正曾师从嘉靖时期内阁首辅徐阶。与徐阶喜好在书院聚众讲学不同，张居正是传统读经背书学习方式的践行者，他对国内书院自由讲习之风深感厌恶，尤其对王学末流好空谈良知、不做真功夫的学风深为不满。张居正虽深受理学和心学的双重浸润，但仍旧是一名程朱理学的坚持者，同时也是一名经世致用的学者。他认为儒者为学"通晓古今"最终都是为了"适于世用"，所以他说：

> 圣贤以经术垂训，国家以经术作人。若能体认经书，便是讲明学问，何必又别标门户，聚党空谈？今后各提学官督率教官生儒，务将平日所习经书义理，著实讲求，躬行实践，以需他日之用。不许别创书院，群聚徒党，及号召他方游食无行之徒，空谈废业……国家明经取士，说书者以宋儒传注为宗，行文者以典宝纯正为尚。今后务将颁降"四书""五经"《性理大全》《资治通鉴纲目》《大学衍义》《历代名臣奏议》《文章正宗》及当代诰律

---

① 沈德符：《万历野获编》，北京，中华书局，1959年，第608页。

典制等书，课令生员诵习讲解。①

可见，张居正对于聚众讲学、空谈性理之风深恶痛绝，所以张居正时刻想对其进行纠正。恰逢万历七年（1579 年），常州知府施观民在四处筹资私建书院，张居正以其搜刮民膏、私敛钱财为由将其革职查办，并借机整顿厌恶已久的私立书院讲学空谈之风。于是，张居正运用其手中的政治权力来整治学风。该年正月戊辰，张居正"诏毁天下书院"②。他勒令将施观民所创书院及各省私建书院共 64 所"俱改为公廨衙门，粮田查归里甲。不许聚集游食，扰害地方。仍敕各地巡御史提学官查访奏闻"③。

张居正禁毁书院看似是为了禁止地方官方借建书院搜刮民脂民膏、扰乱地方安宁，实则是为抵制动摇程朱正统理学的"异端邪说"，控制儒生士子的思想，并纠正讲学的浮夸习气。张居正禁毁书院的禁令执行得比嘉靖时期严格得多。这对王学末流的虚谈之风起到了一定的纠正作用，但其运用政治手段干涉学术自由、逆势而为的举措却不值得提倡。而且其禁毁书院的政令被地方官员过度运用后导致了矫枉过正的局面。

不过总的来说，虽然他"诏毁天下书院"，但他并不是禁止全国所有的书院，而主要是禁止一切自由浮夸讲学的私立书院。所以尽管张居正下达了严格的禁毁书院令，但官办正规书院仍得以保存。而且由于明嘉靖以来，书院讲学制度已深入人心，许多私立书院的创办者实在不忍心摧毁书院，于是采取变卖、接管、更名等"阳奉阴违"或"名毁实存"的方式应对朝廷禁毁令，于是部分私立书院也得以保存下来。加之，张居正在万历十年（1582 年）去世。禁毁令实际通行时间并不长久。而且在张居正死后，禁毁令就不再得到严格遵行而逐渐被取消。于是各地纷纷复建书院，促成了明代书院建设史上继嘉靖之后的又一次高潮。正是在这次书院建设的高潮中，海南地方官员纷纷在琼州府及下属儋州、文昌、会同等州县创

---

① 潘林：《张居正奏疏集·请申旧章饬学政以振兴人才疏》，上海，华东师范大学出版社，2014 年，第 310–312 页。

② 张廷玉等：《明史·卷二十·本纪第二十·神宗一》，北京，中华书局，2000 年，第 176 页。

③ 《明神宗实录·卷八三》，上海，上海书店出版社，2015 年，第 1752 页。

办书院，先后建立 7 所。海南的书院建设在万历中后期达到了明代历史上的最高峰。

海南书院自万历年间达到极盛后逐渐转入低迷状态，崇祯年间只新建了 2 所书院，泰昌和天启年间没有新建书院。明光宗仅在位五个月，所以关于书院建设，泰昌一朝可以忽略。天启朝，海南书院不兴则跟明王朝第四次禁毁书院的举措息息相关。天启五年（1625 年），宦官魏忠贤主导禁毁书院，主要针对的是东林书院。相比前三次禁毁书院是出于纠学风、正人心的目的，魏忠贤禁毁书院的举动则纯属是对东林党人发泄私怨。相比前三次一纸禁令仅限于拆毁私立书院殿堂、杜绝自由讲习之风，魏忠贤这次禁毁书院的手段要狠毒得多，他不仅几次派人摧毁东林书院的建筑，而且还借机罗列各种罪名整治东林党人。他大兴刑狱，牵连罗织，残害了一大批异己文人才士。尽管魏忠贤禁毁书院的举措主要针对的是东林书院，但禁毁大火也殃及了其他地方书院和儒生才士，所以《明史》有载"天启六年，魏忠贤尽毁天下书院"①。由于魏忠贤对书院、文人的高压统治及明末内忧外患的动乱环境的影响，天启后期，全国书院一片沉寂，海南书院建设也陷入低潮期。

所以，明代海南的书院建设受到了明朝统治者政策及全国书院建设大环境的影响，其建设的时间轨迹与明代全国书院建设的时间轨迹大体相当。海南书院建设的时间轨迹呈现出双峰形态，明朝初期处于沉寂状态，成化年间逐渐兴盛，嘉靖、万历年间分别达到高潮，明朝末年再次归于沉寂。

明代海南书院的文化教育功能有所增强，因为宋元时期海南书院大多是作为纪念先贤的祭祀祠堂来用的。明代海南书院的规范性程度有所增强。嘉靖、万历年间，海南虽然建立了多所书院，但受到明朝统治者四次禁毁私立书院的影响，学者、名流建立的私人书院也比较少。这些建成的书院大多是知府、知州、知县等筹建的作为官学补充的官办书院。相比于私立书院，官办书院尽管学术自由度有所欠缺，但书院的规范化管理程度

---

① 张廷玉等：《明史·卷二百九十四·列传第一百八十二·祝万龄》，北京，中华书局，2000 年，第 5049 页。

却相对较高。

明代海南书院一般设有掌教（或称山长）一人，院役三人，按月给予银钱。书院以官府拨给的学田出租为主要收入，按照一定数额对外招收童生、生员（秀才），教授其"四书""五经"、试帖诗、八股文等。书院订立了严格的章程，日常课程安排也比较规范。每天都有掌教给童生、生员讲解诵读，隔三差五有地方官员或外聘名儒前来讲学传授；每隔十天掌教会根据近期所教内容设置一次考试，简称师课或师考；每个月设有一次正规的官试（或称官课），由府州县官员或官学教授、学生、教谕等命题和主持。对于在每旬师考和每月官考中名列前茅、表现优秀的童生、生员，书院和官府还会赏银几钱以示鼓励。对于日常表现欠佳的童生、生员，学院也会采取取消膏火补助等方式进行惩罚。明代中后期海南书院管理机制趋向正规，而且已经具备了比较完善的教学体系。

此外，明代海南的书院不仅在教学功能上有所增强，而且在书院分布的地域范围上也有所扩大。宋元时期海南的书院多集中于琼山地区，而明代书院在地域上则呈现出由琼州府县向周边州县扩展的态势。嘉靖之后海南建立的14所书院除琼山地区3所外，其他11所均分布在琼山周边的儋州、临高、澄迈、文昌、定安、会同、乐会、万州等州县，涵盖了明代海南大部分州县（感恩、陵水、崖州不包括在内）。虽然比清朝书院全面覆盖海南各州县来说有所差距，但明代海南书院的兴盛状况却也是海南历史上前所未有的。

明代后期全国书院呈现出往州县、乡村扩展的趋势，究其原因，主要有二：其一，这是学院发展的必然趋势。学院作为官学的重要补充之一，在京师、府州官学发达的地区反而不如在州县、乡村的发展。在县村地区，官办书院的招生范围几乎能囊括数个乡村，有力地弥补了偏远县村官学不足、贫民子弟无法入学的缺陷。其二，明代中后期明朝统治者对书院严厉的禁毁政策迫使很多欲创建书院进行诠经讲学的有识之士远离王朝统治中心的是非之地，而将已有的书院搬迁至僻居一隅的县村或是在县村创建新的书院进行讲学。这一时期，海南在各县新建的书院大多为地方官员建立的用作官学补充的书院。

在培养科举人才上，海南历史上较为著名的书院莫过于清代的琼台书院。根据《琼台书院志》记载："自书院建后，文风丕振，会试始有登第馆选，此后春秋获隽，皆书院诸生。一代之风气，科名之得人，可见一斑。"琼台书院几乎包揽了当时海南所有的举人和进士，一时书院之学大有赶超官办府、州、县儒学的趋势。尽管明代海南所建的书院在文化影响力和人才培养力上无法与清代琼台书院相匹敌，但明代海南各地书院的存在对推动海南地区（尤其是下属县村）的文化教育发展却也作出了重要的贡献。书院为海南培养了不少秀才、举人等科举人才。明代海南书院制度的发展为清代海南书院的发展奠定了良好的基础。

　　然而不得不承认的是，尽管明代海南书院得到了较大的发展，但因为书院教育兴起较晚且很多都设在地方县村，书院的教育资源及教学能力有限，明代海南的书院教育往往只能培育出一般的科举人才。而有明一代，海南著名的贤才如王佐、丘濬、唐胄、海瑞、许子伟等大多出自官学，而且这些名人多集中在琼山及周边地区。

第五章
明代琼学的形成与影响

　　明朝开国时，一直被视为"偏远荒僻、文化沙漠"的海南却得到了朱元璋的格外夸赞，在《劳海南卫指挥》中，一句"南溟之浩瀚，中有奇甸"，令海南得名"南溟奇甸"。令朱元璋没有想到的是，他这鼓舞戍边兵将士气的夸赞措辞却在实际中得到应验。对于朱元璋的"神谕"，丘濬曾夸赞为"圣人之心与天通，物之美恶，必豫有以知其后之所必然于千百载之前"[①]。尽管朱元璋并非如丘濬所说的能预测未来的圣人，但他对海南"南溟奇甸"的夸赞之词，却成为明代海南文化发展的最佳诠释。

　　明代是海南文化发展的重要时期。这一时期中原文化通过府、州、县儒学，私塾，书院等多种形式输入海南。明代海南籍名士在中原文化主流圈中大放异彩又实现了对中原主流文化的反哺。可以说，明代中原文化与海南文化实现了畅通的双向交流和高度的文化融合。由此，中原文化实现了在海南的本土化，一批海南籍名贤脱颖而出，以这些名贤为载体的琼学得以逐渐形成和发展。

---

　　① 丘濬著，周伟民等校：《丘濬集·南溟奇甸赋（序）》，海口，海南出版社，2006年，第4456页。。

第一节　明代海南名贤辈出

明代，海南的官私教育和科举文化得到快速发展，中原文化在海南岛上蔚然成风。海南不仅科举中举、及第人士到达有史以来的巅峰，而且还诞生了很多声震海南、誉满全国、名垂青史的名人贤才。对此，海南清末民国初著名学者王国宪曾这样描述道：

> 海南风雅盛于有明，其时人文蔚起，出而驰誉中原，垂声海内。自丘文庄、王桐乡、唐西洲、钟筠溪、海忠介、王忠铭而后，有专集者数十家。海外风雅之盛，莫盛于是时。不仅理学经济，文章气节，震动一世也。[①]

"丘文庄、王桐乡、唐西洲、钟筠溪、海忠介、王忠铭"即明代海南名贤丘濬、王佐、唐胄、钟芳、海瑞和王弘诲，他们皆有文集或专著流传于世。所以说明代是海南人文蔚起、才贤辈出的时代。按照科考中举或及第的大致时间顺序，明代海南先后诞生了文昌名贤邢宥，"明代通儒、中兴贤辅、有明一代文臣之宗"丘濬，"吟绝"诗人王佐，"海南十大廉吏之一"廖纪，"岭南人士之冠"唐胄，"南溟奇才、岭海巨儒"钟芳，石湖奇才郑廷鹄，有"再世包公"之誉的"海青天"海瑞，"蜚英翰苑"的王弘诲，"一村双杰"之一的梁云龙，"一里三贤"之一的许子伟等享誉全国的名人。

一、明代海南名贤皆由科考出仕

明代海南名贤都是遵循古代"学而优则仕"的理念，通过科举考试或中举，或中进士而得以入朝为官的。在科举考试中表现优异的名贤大有人在，其中进士荣登三甲、名次较高者有丘濬、钟芳、邢宥、王弘诲等人，其中丘濬、钟芳、王弘诲三人都被选入翰林院任庶吉士。景泰五年（1454年），丘濬乡试第一，会试位居榜首，殿试位列二甲第一，与

---

① 王承烈著，刘杨烈点校：《扬斋集·序二》，海口，海南出版社，2004年，第171页。

探花仅一步之遥，之后即被选入翰林院担任庶吉士。邢宥于正统十三年（1448年）考中进士，比丘濬早六年，但名次略低，仅是二甲进士出身。钟芳在科举考试中表现也很突出。他乡试位居第二，会试本被主考官康海列为第一，后因其来自偏远崖州，受"状元不出三江外"偏见的影响而被迫屈居第七。殿试又因司礼监掌印太监刘瑾滥用私权、提携亲党，最终屈居二甲第三。王弘诲乡试第一，殿试赐"同进士出身"。此外，明代海南名贤中还有多人乡试、会试名列前茅，如唐胄乡试第二、会试第一，郑廷鹄会试名列第三。由此可见，明代海南名贤在科举考试中大多表现优异，只有极少数名贤如王佐、海瑞乡试中举后，会试却屡次名落孙山。

值得玩味的是，这些名贤在科举乡试、会试的笔试阶段大多名列前茅，但一旦进入皇帝亲自面试的殿试阶段，其所得名次却不太如人意。笔试优异、面试不佳通常可以归结于应试者的个人因素，比如文笔好但口才不佳或是气质不佳、面君胆怯等。但从这些名贤为官后不附权贵、刚正不阿的官场表现和性格特点来看，因这些原因而名次不佳的可能性比较小。细究其原因，有的令人扼腕叹息，有的让人啼笑皆非。这些名贤在京试时有因乡音浓重沟通有碍而影响成绩的，有因出生地荒僻而被误以为弄虚作假的，有因当权者弄权为私而被挤掉的，有因撰文映射到权贵而被排挤者的，虽极为不公平但却也是封建社会黑暗官场的常态。可笑的是，还有因相貌而被降进士名次的，如大学士丘濬[①]。但是话说回来，因相貌而影响到科考名次的情况，丘濬也并不是独例。科举取士对相貌的看重也是自古就有的，但大多是因容貌端秀而被擢升的。海南历史上就有一例，南宋海南才士郑真辅在高中进士后就曾因相貌俊秀、气宇轩昂而被特选为"探花使"，以行探花之礼。

明代海南名贤不仅个个文采斐然、科考卓越，而且大多官居高位。其中以丘濬官位最高，他生前官至从一品的少保兼太子太保户部尚书武英殿大学士，死后被追封为正一品的特进光禄大夫左柱国太傅。其次为廖纪，

---

① 阮元：《广东通志·卷三百一·列传三十四》，上海，上海古籍出版社，1990年，第5160页记载："廷试拟貌寝，置二甲第一。"

官居从一品的吏部尚书、太子太保。明代海南名贤中正（从）二品大员也有五位：薛远官至南京吏部尚书，邢宥官至都察院左都御史，海瑞官至南京都察院右都御史，王弘诲官至南京礼部尚书，梁云龙官至湖广巡抚。此外，还有唐胄、钟芳、郑廷鹄等近十人官至三品。值得一提的是，邢宥、丘濬、廖纪、唐胄、海瑞五人在《明史》中有传。可见，明代海南学者才人、灿如星斗，鼎臣继出、载誉中原。

这些明代名贤不仅能造福桑梓还能福泽全国，因此多被后世之人冠以美誉。其中丘濬与海瑞作为明代海南历史上影响最大的两位人物，在后人对明代海南名贤的各种赞誉中都占据重要席位。丘濬与海瑞并称"海南双璧"，二人与邢宥一起合称"海南三贤""一鼎三足"，与廖纪一起合称"南海三星"，与钟芳一道合称"琼州三星"，与许子伟一道合称"一里三贤"，与王佐、张岳崧并称"海南四大才子"。

二、明代海南名贤之间多有关联

由于海南的教育资源及名门望族、儒学世家多集中于海南北部的琼山及其周边州县，所以明代海南名贤也呈现出在琼山及周边地区集中的态势。上文提及的十多位海南名贤除廖纪和钟芳分别来自琼州府南部偏远的陵水和崖州外，其他名贤均来自琼山及周边地区。而且，由于部分业儒世家（如攀丹村唐氏家族）巨大的文化影响力，海南名贤呈现出往部分家族集中或与部分家族人员关联的态势，如丘濬、王佐、唐胄、海瑞均曾师从唐门。更进一步地说，看似分布于各个朝代、毫无关联的海南名贤，他们之间其实存在着错综复杂的人物联系，具体如下图所示。

邢宥 ← 挚友 ← 丘濬
唐舟 — 女婿兼学生 → 丘濬
唐舟 — 侄孙兼学生 → 王佐
唐舟 — 伯祖父 → 唐胄
丘濬 — 学生 → 王佐（唐瑶外孙）
廖纪 ← 鼓励科考 ← 丘濬
丘濬 — 曾孙 → 丘圻
丘濬 — 曾祖父 → 丘氏
丘郊
王佐 — 学生 → 唐胄
唐胄 — 长女婿 → 丘郊
钟芳 ← 岳父 ← 丘圻
丘郊 — 同窗 → 郑廷鹄
郑廷鹄 — 挚友 → 海瑞
唐胄 — 学生 → 海瑞
唐胄 — 夫人 → 海瑞
海瑞 — 姑父兼老师 → 郑廷鹄
海瑞因直谏入狱 王弘诲鼎力相助
王弘诲 — 许子伟
郑廷鹄 — 岳父兼老师 → 海贞范
郑廷鹄 — 老师 → 海氏大案人
海瑞 — 夫人 → 海氏大案人
海瑞 — 姑姑 → 海氏大案人
许子伟 护送海瑞灵柩回琼 安葬并守墓三年
梁云龙 — 学生 → 郑廷鹄
海瑞恭祝梁云龙进士及第
梁云龙参与同乡官祭海瑞

可见，明代海南的众多名贤之间大多存在直接或间接的联系。他们之间或是亲戚关系，或是师生的关系，或是同朝为官、携手互助的关系。需要说明的是，这里所讲的师生关系并不是严格意义上规范的老师与学生的关系，而只要是一方对另一方曾经有过学业上的教授和点拨，二者就算是师生关系。所以明代海南名贤大多集中于一地或一时期出现。攀丹村"一村多杰"、朱桔里"一里三贤"、梁沙村"一村双杰"等体现出地域上的集中。薛远、邢宥、丘濬"三贤一月同升"的现象体现出时间上的集中。"三贤一月同升"令举国上下为之赞叹，琼人至今以为美谈。丘濬《哭邢湄丘》诗中记载了这一事件："当年分手经今十，同月升官逮我三。"① 丘濬《祭邢都御史文》也有所涉及："同于一月之间，并命超升显位。兄为都宪，我为学士，大驰朝野之声，增重乡邦之气。"② 屈大均《广东新语》中

---

① 朱逸辉：《邢宥湄丘集》，海口，海南出版社，2004年，第181页。

② 丘濬著，周伟民等校：《丘濬集·祭邢都御史文》，海口，海南出版社，2006年，第4560页。

也有详细的记载：

> 成化二年秋，进薛公远户部尚书、邢公宥都御史、丘公濬翰
> 林学士，皆在一月。虽天下望郡亦稀现洵海外衣冠盛事也。[①]

海南三贤同于一月内升居高位，这在海南乃至全国都较为稀罕，因而朝野为之震动。这足以说明明代海南人才众多，时人誉之为"海外衣冠盛事"。

三、明代人文海南多得世人赞誉

后世之人对明代文化发达、才贤辈出的景象多有夸赞，他们给英才荟萃的海南冠之以极高的名誉，将明代海南誉为"海外邹鲁"。鲁、邹分别是圣人孔子和亚圣孟子的出生之地，是文德教化之风盛行的儒家文化发源地。因此，称海南为"海外邹鲁"，意为海南堪比邹鲁或说海南是孔孟在海外的故乡。

关于赞誉海南的"海外邹鲁"一词究竟起于何时，又出自何人之口，如今实在难以考证。而明代还有一个词"海滨邹鲁"也多见于有关海南的典籍中，如《正德琼台志》桐墩书院下附的注释所载："吾知琼虽远在海滨，异时弦诵之闻无间邹鲁，将不自兹始。"[②]已经将"海滨琼州"与"邹鲁"并列而言。而在广东按察副使涂棐创建同文书院时所作的记中，"海滨邹鲁"更是以整词的形式出现，即"海滨邹鲁，他日未必不移称于琼，庸书以俟。"[③]关于"海外邹鲁"和"海滨邹鲁"两个词，在文字意思上并没有太大区别，于是今人在用于赞叹明清以来的海南时多不作区分。但仔细想来，用"海外邹鲁"当更为恰当。尽管"海滨邹鲁"一词意指沿海文化昌盛之地，但从涂棐寄希望于"海滨邹鲁"的美名能"移称于琼"来看，此时"海滨邹鲁"一词早有特指，海南尚未获此殊荣。早在唐宋时期，"海滨邹鲁"一词多特指福建和广东的沿海地区，包括福建福州、泉州、莆田和广东潮阳、汕头等。

---

① 屈大均：《广东新语》，北京，中华书局，1985年，第284-285页。

② 唐胄：《正德琼台志·书院》，海口，海南出版社，2006年，第393页。

③ 唐胄：《正德琼台志·书院》，海口，海南出版社，2006年，第394页。

　　唐代早期，地处闽越地区的福建儒学教化并不兴盛，但在福州刺史管元惠的治理教化下，福州学风大变，已初现"邹鲁"之风。对此，《大唐故福州刺史管府君之碑》中有所记载："仍迁天私，聿敷朝化，诱彼闽越，俗成邹鲁。"及至宋代，福建学风渐进、人才辈出更盛于唐代，于是开始有了"海滨邹鲁"的美誉。据明代王应山所撰闽南地方旧志《闽都记》记载，宋代著名理学家朱熹还曾挥墨书写"海滨邹鲁"四字悬挂于福州城西门（迎仙门）之上。在宋代，因诗人陈尧佐在《送王生及第归潮阳》一诗中有一句"从此方舆载人物，海滨邹鲁是潮阳"，"海滨邹鲁"一词又被用来指代广东潮州，或称潮阳（今广东潮汕地区）。

　　因此，用"海滨邹鲁"一词夸赞海南容易引起误解。而且，"海外"较比"海滨"不仅体现出沿海的地理特征，更体现出距离京城极为遥远，所处较为偏僻的地域状况。古人对海南的描述用词多习惯用僻居千里的"海外"或"化外"。因而用"海外邹鲁"一词更符合对海南的描述，也更能体现出明代海南异于以往"文化沙漠"形象的文化景象。

　　值得一提的是，明代大学士丘濬在对海南的夸赞中除了使用"南溟奇甸"一词，还使用了类似于"海外齐鲁"的描述，可见于其《琼山县学记》：

　　　　然今日衣冠礼乐之盛，固无以异于中州，其视齐、鲁亦或有过之者。岂孔子欲居九夷之志，乘桴浮于海之叹，豫有以定于千载之前，万里之外哉！①

　　《论语·公冶长》篇曾记载孔子与弟子的一段对话，"子曰：'道不行，乘桴浮于海。从我者，其由与？'子路闻之喜。子曰：'由也，好勇过我，无所取材。'"从其斥责子路过于好勇可知，孔子想乘坐竹筏去海上游荡的言辞并不是孔子内心真正的志向，而只是周游列国，却志向不达、怀才不遇的感慨之辞。"乘桴浮于海"本为孔子一时意气或惆怅之语，却被丘濬引用来赞叹明代海南衣冠礼乐盛事的景象。丘濬托孔子"乘桴浮于海"的话语，认定孔圣人在千年之前就早已预料到万里之外的海南文人荟萃、鼎臣继出的景象，故而赞叹海南堪比齐鲁故乡，为孔圣人欲游海而去的心仪

---

① 唐胄：《正德琼台志·琼山县学记》，海口，海南出版社，2006年，第4255页。

之地。丘濬对明代海南的这种赞誉与"海外邹鲁"的赞叹程度相当。

在汉晋南北朝时期中原南征将士、来琼官员零星移风化俗的影响下，在唐宋时期贬官文人的文化教育积淀下，在明代统治者和文人大兴教育的作用下，明代海南得以脱去"蛮荒之地""文化沙漠"的帽子，而被冠名为"南溟奇甸""海外邹鲁"。从"紫贝名贤"邢宥、"理学名臣"丘濬、"岭海巨儒"钟芳、"南海青天"海瑞、"三朝硕士"王弘诲等人的思想中可以管窥到明代程朱理学独尊到程朱理学日渐式微、王湛心学日渐兴起再到整个理学逐渐衰败、西学东渐的全过程。明代海南籍名贤的思想始终保持着与同时代主流思想的高度一致。明代海南以儒家理学为核心的琼学思想的发展演变是整个明代理学思想发展演变的地域缩影。

第二节　明代"紫贝名贤"邢宥

邢宥（1416—1481 年），字克宽，号湄邱，明代琼州府文昌县水北都（今海南文昌市文教镇）水吼村人。邢宥历经明永乐、洪熙、宣德、正统、景泰、天顺、成化七朝，共历六位君王，主要活跃于正统、景泰、天顺和成化年间。邢宥天资聪颖、勤勉为学，10 岁能作《勉学》诗，14 岁补文邑生员，26 岁乡试中举，33 岁登二甲进士。自正统十三年（1448 年）科举出仕至成化六年（1470 年）致仕归乡，邢宥为官共 20 载（不包括致政归省的两年）。邢宥高中进士后被派往刑部观政，考察合格后，历任四川道监察御史、福建道监察御史和辽东巡按御史等职，并于景泰七年（1456 年）四月致政归省。天顺二年（1458 年）奉命返朝后，历任河南道监察御史、台州知府、晋江县令、苏州知府、浙江布政司左参政、都察院左都御史等职。成化六年（1470 年），邢宥致仕归琼、长居文昌，直至成化十七年（1481 年）病逝，享年 65 岁。邢宥善断冤狱，为官清廉正直、严而不苛，深受辖区百姓爱戴。因而后世之人将其与丘濬、海瑞并称为"海南三贤""一鼎三足"。

一、生平求学与为官要事

永乐十四年（1416年）重阳佳节，邢宥出生于文昌水吼村。

永乐十八年（1420年），5岁的放牛娃邢宥被林奕看重而得以免费进入林氏族学读书。

洪熙元年（1425年），10岁的邢宥作《勉学》诗一首而被乡人誉为"神童"。

宣德四年（1429年），14岁的邢宥得以补为文昌县儒学庠生，在县学月试、季考中稳居第一。

正统六年（1441年），26岁的邢宥乡试中举，以《礼记》中式。

正统十三年（1448年），33岁的邢宥登二甲进士第，并被分配到刑部观政。

正统十四年（1449年），34岁的邢宥出任四川道监察御史（正七品），经历"土木之变"。王振被杀后家仆孙太安被诬告匿财，牵连20多人。邢宥在督办此案时，顶着上级和舆论巨大的压力坚持秉公执法，为众人澄清冤情。

景泰二年（1451年），36岁的邢宥改任福建道巡按监察御史（正七品）。任职期间，邓茂七余党生乱，朝廷想让福建镇东军和延平军换防，邢宥以"人情重迁，山海异习，轻动或生他患"[1]为由力排众议、拒绝换防，最终被采纳。之后又有十几位乡民被诬告为盗贼将被斩首示众，邢宥延缓执行并查出真盗，还其清白。

景泰五年（1454年），39岁的邢宥改任辽东巡按御史（正七品）出巡辽东。初到辽东，正值苦寒之际。官储被盗，邢宥迅速查明是50多位军官擅自开仓分发所致。正好巡督到辽东的左都御史寇深想将这些人全部斩首示众、以正军风。邢宥则以正值用兵之际为由宽仁以待，最终只斩杀了为首的两人。于是，其余被罚守城者在日后瓦剌入侵时都能奋勇杀敌，保卫城池。之后，又有御敌主将曹义想冒领副将焦礼的战功，寇深为此对邢宥多有叮嘱，希望邢宥能多加庇护。邢宥不为所动，仍旧依照事实上奏

---

[1] 朱逸辉：《邢宥湄丘集·文昌湄丘邢公状》，海口，海南出版社，2004年，第185页。

朝廷。

景泰七年（1456 年），41 岁的邢宥致政归省。居琼期间，邢宥写诗作记、笔耕不辍。

天顺二年（1458 年），43 岁的邢宥奉命还朝，出任河南道监察御史（正七品）。巡视期间，邢宥锄强扶弱、惩贪治腐，不仅革除了数十所被豪强、贪官霸占的驿递，还将藩王侵占的土地悉数收回还给百姓。

天顺四年（1460 年），45 岁的邢宥被擢升为台州知府（正四品）。在台州期间，邢宥自己出资修葺府中官吏居所，改变台州百姓的争讼之风，惩治强占浮桥官田的恶霸，深得当地百姓拥戴，离开台州时，当地百姓持金帛相送。

天顺七年（1463 年），48 岁的邢宥被诬陷在河南巡按期间失察，受官司牵连，被贬谪为福建晋江知县（正七品）。

天顺八年（1464 年），49 岁的邢宥担任晋江知县不足三个月就遇宪宗即位大赦而官复原职，又因其在台州任上政绩卓越而被任命为苏州知府（正四品）。任职苏州期间，邢宥清查账目、严惩贪官污吏，并将清查出的巨款用于修建永丰粮仓、修筑沙河长堤、开通运道桥梁。成化二年（1466 年），江南大水，苏州受灾严重。邢宥以"民命在须臾，奏允而后给，则无及矣"[①]为由，在未获得朝廷准许的情况下冒着性命之忧开仓放粮、赈济灾民。后来又在开城收纳外来饥民、在苏州官仓粮食告急的情况下，多次以官府名义向富余者借粮以救助灾民。40 多万灾民因此得以饥而不死。其功德政绩不仅受到了朝廷的褒奖，还受到了百姓的爱戴，苏州百姓甚至为其修建生祠拜祭。

成化二年（1466 年），因邢宥在苏州治理有功，朝廷擢升邢宥为浙江布政司左参政（从三品），仍掌苏州府事。此时邢宥刚过知天命之年。

成化二年（1466 年）秋，邢宥再次得到提拔，官至督察院左都御史（正二品），被命前往南直隶，巡抚江南地区应天、苏州、常州等十一府州，由此达到了他为官生涯的巅峰。

关于邢宥的最高官阶，邢氏后人及许多学者都认为是都察院左佥都御

---

① 朱逸辉：《邢宥湄丘集·文昌湄丘邢公状》，海口，海南出版社，2004 年，第 186 页。

史，《苏州府志》也是记载为"左佥都御史"，而《明史·邢宥传》和《台州府志》中所载的又为都察院右佥都御史，过庭训《本朝分省人物考》则记载为"佥都御史"。其实无论是左还是右佥都御史都应当为历史误传。

首先，明代左、右佥都御史官阶正四品，而邢宥在任浙江布政司左参政时官阶已经是从三品，之后既然再次得到朝廷提拔，官阶只可能是上升为从三品以上，不可能降为正四品。

其次，从成化三年（1467 年）至成化六年（1470 年），明宪宗数次敕谕邢宥，对邢宥的称呼或为"都察院都御史邢宥"，或为"巡抚（应天）、苏、松、常、镇等处都御史邢宥"，或为"巡抚南直隶都御史邢宥"，其称呼皆为"都御史"。而成化五年（1469 年），宪宗皇帝在恩赐邢宥过世之妻林氏时称其为"都察院左都御史邢宥之妻林氏"，可见邢宥官位为"都察院左都御史"已是再清楚不过了。

再次，邢宥为感谢明宪宗半年内两度擢升之恩，曾作《任都御史纪恩》诗一首。无论是诗标题中邢宥自称的"都御史"，还是诗句"藩参既领一州易，都宪重兼百政难"[1] 中自称的"都宪"，都指代的是都察院的最高长官，即左右都御史。

然后，明朝官方及私人为邢宥所撰祭文中都是"都御史"一级的称呼。例如，邢宥的官方祭文《明皇帝祭文》中写有"遂有都宪之升"一句，"都宪"为"都御史"的别称，表明邢宥的最高官职是"都察院都御史"。而在与邢宥私交甚密的友人为邢宥撰写的墓碑铭中，对邢宥的称呼也都是"都御史"。例如，邢宥好友丘濬为其撰写的墓志铭开篇即为"都察院左都御史致仕邢公"，戴缙所写《文昌湄丘邢公状》开篇为"都察院左都御史巡抚南畿邢公"，礼部尚书刘吉为邢宥撰写墓碑铭则直接在标题中称呼"中顺大夫都察院左都御史邢公"[2]。同时期好友对邢宥官位的称呼很难出现误差，所以其言辞极为可靠。需要指出的是，海南先贤诗文丛刊《湄丘集》中收录的皇帝御赐祭文及戴缙、丘濬、刘吉为邢宥作的祭文都

---

① 朱逸辉：《邢宥湄丘集·任都御史纪恩》，海口，海南出版社，2004 年，第 66 页。

② 朱逸辉：《邢宥湄丘集·中顺大夫都察院左都御史邢公墓碑铭》，海口，海南出版社，2004 年，第 195 页。

是称呼"都察院左佥都御史"①，这是值得商榷的。在《御祭文》中虽称邢宥为"都察院左佥都御史"，但又有"都宪之升"之言，"都宪"作为"都御史"的别称与"左佥都御史"相互矛盾，疑为校注失误。而且在这本《湄丘集》中，还收录了丘濬一篇《祭都宪邢公文》，显然邢宥的最高官职取"都察院都御史"更为恰当。

最后，明清《琼州府志》《万历琼州府志》和《康熙文昌县志》等海南地方志中对邢宥的记载皆为"都察院左都御史"。可见，邢宥最高官位当为都察院左都御史无疑。

成化六年（1470年），因朝廷奸人当道、朝政日非，55岁的邢宥在官运亨通之时选择激流勇退，致仕还乡。归乡期间，邢宥筑"湄丘草亭"于水吼村东昆港北湄山丘上，自号"湄丘道人"，从此不问政事，只是专注于赋诗、作记、修谱。

成化十七年（1481年），邢宥病重去世，享年66岁，得朝廷官谕祭葬，与夫人林氏和葬于文昌水吼村铜斗山之阳。

二、家族熏陶、造就不凡

邢宥清正廉洁、刚正不阿、宽仁敦厚的性格和工于礼法、善于刑察、精于诗文的才干得益于文昌邢氏和林氏两大望族的熏陶和培养。

（一）性格受邢氏家族熏陶

邢宥出生于文昌人称"紫贝望族"的邢氏家族。"紫贝"是文昌在汉武帝时期的县名，后来地名虽然修改为文昌，但"紫贝"仍作为俗称被沿用。邢氏家族是明代文昌地区有名的大族。邢氏先祖自南宋建炎年间随王室避乱南渡，从汴梁迁往琼州居住，在文昌繁衍生息，逐渐成为文昌屈指可数的大家望族。对于文昌邢氏世族人才辈出的景象，邢宥的老师、时任文昌县儒学训导的曾兰曾描述道："余自随家之前，分教于琼，早已知文之邢氏为世族。及余领广省解任文训导，得与其孙庠生宥往来甚善，益知邢氏世系之盛，贤人之多，诚非他族所及也。"②而邢氏家族姓氏之大、族

---

① 邢宥著，刘美新点校：《湄丘集》，海口，海南出版社，2006年，第37-50页。

② 王丽洁：《邢宥传》，海口，南方出版社／海南出版社，2008年，第28页。

人之多，丘濬在为邢宥撰写的《文昌邢氏谱系序》中有更详细的描述：

> 海内氏族，所谓故家乔木者，皆自中州来，故其遗风流俗，往往而在，苏长公所谓衣冠、礼乐斑斑，盖指此也。其散在四州者琼为多，琼属邑文昌大族，可数者五六家，邢其一也。邢之先自汴来，盖在宋南渡初至今，子姓蕃衍，散居邑中者，殆居他姓什三四焉。所谓五六大族，其殷富一时，虽或过之；至论其盛且蕃，未有或先邢氏者也。岂非其一姓之尤大者乎？族不徒大而且多贤……①

可见邢氏家族是文昌地区"衣冠礼乐斑斑"的有名的几大家族之一。邢姓是文昌的大姓，当地三分之一的人都是邢氏人。文昌邢氏为邢氏十二公资政大夫肇周和十三公纲使公肇文的后代。两脉邢氏在文昌繁衍生息，其家族不仅人丁兴旺，子弟中也有不少人担任了地方官吏。虽然都是些参府、县尹、知军、千户、百户一类的小官，倒也算得是崇儒尚教的官宦世家。

邢宥是十三公纲使公肇文第十世孙，祖上虽有不少人在地方为官为吏，但传到邢宥祖父和父亲时，却成了"隐居处士"的白身。所以邢宥虽是出生于文昌的大姓家族，但却是平民出身，所以幼年不得不遵从乡村风俗和父亲之命过着乡村放牛娃的生活。所幸他的母亲出自书香官宦之家（邢宥外公为地方知县），而他的父亲虽为平民，倒也是礼义传家，所以邢宥自小受到了良好家风的熏陶，秉性不凡。

邢宥的父亲邢文广虽不是博学饱读之士，但却不是乡村粗陋鄙夫。从邢宥为其父亲所撰写的《先考侍御史府君墓碑记》中可以了解到，邢宥父亲是一个正直坦荡的人，其为人"少负刚侃，年逾弱冠，辄能与人谈理道，分曲直，不阿不矫，能人所不能"②。邢宥父亲还是一个善于论理、善于调节乡邻矛盾的人，"乡人凡有争竞不决者，往往相约同造其门取辨信

---

① 丘濬著，周伟民等点校：《丘濬集·文昌邢氏谱系序》，海口，海南出版社，2006 年，第 4058 页。

② 朱逸辉：《邢宥湄丘集·先考侍御史府君墓碑记》，海口，海南出版社，2004 年，第 127 页。

诼事"①。同时，邢宥父亲还是一个熟知儒家婚丧嫁娶之礼并能严格以礼法治家的人。邢宥言其不仅"葬祭皆尽礼"，而且"家训犹严"，又能"睦宗族，和乡党，厚姻戚，乐宾朋，敬长上，循礼度，海滨敬服"②。邢宥作为孝子在为父亲作祭文时不可避免地会拔高夸赞，但他对其父亲性格特点和所擅长能力的描述大体是比较客观的。所以，从邢宥对其父亲的描述中，我们看到了他父亲异于乡里鄙人优异的特质，即刚正不阿、耿直和善的性格和善于断讼的能力。这个性格特点和能力被邢宥完美地继承了下来。

其实不仅邢宥父亲性格、能力如此，邢氏家族中还有不少人也具有热心仁义的贤德和断决诉讼的才能。邢氏迁琼始祖除了邢宥祖上十三公邢肇文外，还有邢氏十二公资政大夫肇周。邢肇周的第九世孙邢贵与邢宥处于同一时期。邢贵，时人称"讷斋公"，乡试登副榜获得教职，在乡里具有一定的影响力。所以，当幼时聪颖的邢宥与其未来岳父、文昌乡贤林奕相遇时，林奕曾以邢宥为讷斋公侄辈而赞其为世家后代。邢贵的祖父及父亲都是能说善道又宅心仁厚的人。祖父邢道与在元末明初之际因曾祖父曾为元朝臣子而选择隐居乡里。乡里邻人因得罪地方权贵或恶霸而招惹杀人之祸时，其父母兄弟大多求助于邢道与。刑道与总会风雨无阻地赶去解救。值得一提的是，邢道与并非武功高强的侠义之士。他解救人于危难全凭三寸不烂之舌和颜婉词、以理服人。邢贵父亲邢安民，因宽厚仁德而被乡人推举为里正。在任期间曾解救被官军误抓的乡民多人。在乡里发瘟疫、尸体成堆时，他人唯恐避之不及，邢安民却主动安葬死者、抚恤遗孤。可见，邢贵祖先也多为宽厚仁德、能言善辩之辈。邢宥少年与伯父邢贵一家往来密切，受伯父家风影响较深。邢宥不仅在学业上多受伯父讷斋公的指点，就连去林奕家定亲还是其伯母讷斋夫人陪同前往的。

可见，宽厚仁德、善辨是非似乎是多位邢氏族人都具有的特点。邢宥的性格特点和为政方式当得益于邢氏家族的熏陶。值得一提的是，自古能

---

①　朱逸辉：《邢宥湄丘集·先考侍御史府君墓碑记》，海口，海南出版社，2004 年，第127 页。

②　朱逸辉：《邢宥湄丘集·先考侍御史府君墓碑记》，海口，海南出版社，2004 年，第127 页。

明诉讼、善治刑狱的人多严苛残暴有余而宽厚仁德不足。而邢宥既继承了家族善辩能断的理性头脑，又延续了家族热心侠义、和善待人的家风。邢宥自进士出仕在刑部观政后，虽历任多处官职，但究其性质皆为监督中央、地方官员及审理重大案件的御史一类，这是与邢宥清正廉洁、正气凛然的性格表现及工于礼法、善于刑察的才干分不开的。邢宥为官之时赈灾救民的举措彰显了他的仁德之心。所以邢宥好友、礼部尚书刘吉为邢宥写的《墓碑铭》中记载邢宥性格样貌为：

> 其平居，温温然不为崭绝崖岸，及临事，则断断有不可拔者。自为御史时，称有执守，虽于总宪者尚不屈就。既而出治两郡，他人殚智毕力愈不治，公未尝立奇，惟省徭均赋，节馈遗以理折狱，不为私挠而已。[①]

由此可知邢宥平素皆为温然敦厚的仁德之貌，而非威猛锐利的严厉之像。且其为官刚正不阿、宽严相济，行事多以情理服人，颇有其父"不阿不矫""善分曲直"之风，可谓青出于蓝而胜于蓝。对于邢宥严而不苛、廉洁从简的为政特点，丘濬在《湄丘邢公墓志铭》中也有所言及。邢宥一生行事宽厚仁德、廉洁清正，真正做到了与其名字相称。

（二）学业得林氏家族相助

邢宥虽出生于祖上多有为官、崇儒尚教的邢氏大家族，但邢氏传到邢宥父亲一代已家道中落、沦为平民家庭。尽管伯父讷斋公为粗通儒学之士，但由于他在邢宥幼年时常赴外地为官，邢宥也只是能阅览其藏书并略得其指点而已。所以，邢氏家族对邢宥的影响更多的是在性格的塑造和刑察才干的熏陶上。至于读书为学、科举进仕，邢宥多是得到溪西林氏家族的相助，其中主要是其恩师兼岳父林奕的培养。

林氏家族也是文昌地区的名门望族，被邢宥称之为"文昌通儒家"。据说林奕祖先林暹为唐朝邵州刺史林蕴第十世孙。林蕴则是唐朝睦州刺史林披的儿子。据说林披九个儿子都官至州牧，故而有"九牧"之称。迁琼林氏均宗其为祖，今文昌会文镇十八行村林氏家族中仍保留有"九牧堂"。

---

① 朱逸辉：《邢宥湄丘集·中顺大夫都察院左都御史邢公墓碑铭》，海口，海南出版社，2004年，第195页。

林奕家族与会文镇林氏家族同宗不同脉，林奕家族位于文昌市文教镇溪西村，与邢宥家族同镇邻村。

邢宥父亲邢文广仅为庶民，尽管其颇有才干，但在儒学传教上毕竟能力有限。且相对于书香世家来说，他对儒学教育的重视程度也没有那么高。所以幼小的邢宥并没有早早地入学读书，而是按照乡村习俗随乡童去山坡放牛。这里需要指出的是，有些学者认为邢宥是家里一贫如洗、无钱上学，这种说法有待商榷。邢宥母亲为知县之女，父亲虽为平民却也是能干之士，伯父邢贵更是会试登过副榜并当过县学训导的人，鼎家族之力不可能供不起邢宥上学。只能说因为邢宥此时才五周岁，年纪尚小，没有让他较早入学而已。

邢宥在放牛闲暇之时，遇邻村（文昌文教镇溪西村）林氏私塾林奕先生正在教授学童诵读《三字经》，小邢宥每每临窗听学，渐久则能熟背《三字经》章文。一日，邢宥在山坡一边放牛，一边背诵临窗听学的《三字经》。恰逢林奕经过，细问之下，邢宥对答如流，林奕深感惊奇，得知是讷斋公侄辈，更是对小邢宥赞叹不已。于是，林奕邀请邢宥免费进入林氏私塾读书。林奕登邢宥家门询问，邢宥父亲邢文广欣然同意。从此，邢宥开始了他的求学生涯。所以林奕对其有知遇、发蒙之恩。

邢宥天资聪颖、记忆力超凡，在林氏私塾表现优异，经常获得林奕的夸赞。林奕在私塾中教授《三字经》《千家诗》等启蒙读物，还教吟诗作对。邢宥10岁时，作《勉学》诗一首，恩师林奕颇为激动，便将邢宥的诗贴于学堂，并让其他学童诵读。一时乡人纷纷称赞邢宥为"神童"。其《勉学》诗内容如下："希贤希圣又希天，治国齐家此一肩。德业文章传世久，我今宜勉自童年。"邢宥这首诗之所以闻名遐迩不在于其诗文如何优美、词句多么工整，而在于其中所蕴含的立德修身、治国齐家的少年壮志。第一句诗文取典自宋明理学开山鼻祖周敦颐《通书·志学》中"士希贤，贤希圣，圣希天"的道德追求和儒家"修身、齐家、治国、平天下"的道德政治理想。可见，邢宥在蒙学阶段受林奕教诲颇多，少年之时就已深受儒家思想熏陶，立志高远、抱负不凡。

林奕对邢宥的第二个重要影响就是从邢宥的老师变成邢宥的岳父。老师将自己爱女许配给最得意的弟子在古代较为常见，明代海南先贤丘濬、郑廷鹄即是因此得以婚配，邢宥也是如此。林奕在平素教学过程中，对聪颖刻苦的邢宥甚是喜爱。邢宥升入县儒学后，林奕仍旧对其甚是器重、多有关爱，于是想将自己爱女林姑嫁于邢宥为妻。林奕对邢宥本就有知遇、发蒙之恩，而林奕爱女林姑又为贤良淑德之人，所以邢宥家人对这门亲事非常满意，然而林夫人却极为抵制。因此邢宥在林奕计谋的指导下，以牛畜毁坏师母稻田的名义登门道歉，却以定亲之礼行事，奉上定亲的点红槟榔，并对蒙在鼓里的师母行叩拜岳母之礼。尽管邢宥已做成"定亲"之实，林夫人仍不同意。这就有了林夫人智考邢宥的一幕。一日林夫人准备了家宴邀请讷斋夫人携邢宥赴席。席间，林夫人就桌上海鲜出上联"西刀、白带、水飞线，绣出金银花"让邢宥作对。林夫人所出上联中不仅指称了海南西刀、白带、水针、金银花四种鱼，而且还指称了女红之事。同时，其中还包括了方位、颜色、五行等因素，实在不容易对答。然而才智过人的邢宥略加思索后对出了"南蛇、黑辉、山竹青，弯成簸箕甲"的佳对。邢宥不仅以海南南蛇（蟒蛇）、黑辉（山龙蛇）、山竹青、簸箕甲（金、银环蛇）四种蛇对林夫人四种鱼，而且还能以竹簸之事对女红之事，并用南对西、用黑对白、用山对水、用"土"行簸箕甲对金银花。此佳对一出，林夫人喜笑颜开，16 岁的邢宥得以定亲而成为林奕的乘龙快婿。此后，邢宥不管是在县儒学求学还是赴省里或京城赶考都多得岳父林奕的资助和妻子林氏的支持。

在邢宥的求学和赶考生涯中，除林奕之外，还有两个重要的人物，即曾兰和丘濬。曾兰是文昌县儒学的训导，邢宥的恩师。邢宥在县学时，每次考试成绩均名列前茅，曾兰对其颇为器重。曾兰依照县儒学规范的教学内容教授邢宥"四书""五经"等儒家经典，同时还教给邢宥各种应对科举考试的文体写作。邢宥在县儒学读书时，最喜欢听曾兰讲授"三礼"，即《礼记》《仪礼》和《周礼》。所以，邢宥在乡试中是以其最擅长的《礼经》中式。丘濬是邢宥志同道合的挚友。二人相识于正统四年（1439年），时值邢宥 24 岁、丘濬 19 岁。二人相识之时，同为即将参加乡试的庠生，又皆为心怀壮志的少年英才，可谓志同道合，于是彼此惺惺相惜。因丘濬家居琼山，邢宥家居文昌，所以二人便经常相约在琼山与文昌交界的大致坡镇约亭谈诗论道、切磋学问并交流科考之事。邢宥虽先于丘濬出仕和致仕，但其无论在年龄还是中举、中进士的时间上都与丘濬只相差数年，而且二人还于同一月升迁至高位。可见，二人在为官生涯中也交集甚多，他们是在相互鼓励中共同成长。所以，邢宥去世后，丘濬深感悲痛。他为邢宥作诗和祭文多篇以表哀思，如《哭邢湄丘》《邢克宽画像赞》《祭都宪邢公文》《湄丘邢公墓志铭》等。

三、邢宥的主要著作和思想

当今之人知丘濬、海瑞者多，识邢宥者却较少。相比"明代通儒"丘濬，闲暇笔耕的邢宥一生所著并不算多；相比"再世包公"海瑞，善断疑案的邢宥名气也没有那么大。但后人却将邢宥与丘濬、海瑞一起合称为"奇甸三名贤""一鼎三足"，其中诸多原因值得探究。琢磨之下，可能有以下几种原因：

就共同特点来说：第一，三人均官居高位，邢宥最高官至二品都察院左都御史。第二，三人为官都不求功名利禄。为官期间，都一心为民、政绩斐然，而且为官都清正廉洁、不阿不骄，多得百姓爱戴。第三，三人都有著作、文集流传于世。就个人原因来说：第一，在进士集中出于琼山之时，来自文昌的邢宥能位列二甲，本就是非凡之事。第二，邢宥著述不多，但"作必据理，出语必据于道"[1]，其所展现出的儒家思想却是明代理学的重要缩影。第三，邢宥虽然在全国的文化及政治影响力上不如丘濬和海瑞，但其居住在海南的时间较长，其思想的形成基本是受海南儒学教育的影响，而其致政及致仕归乡时又能长期亲近海南百姓并致力于言传身教，因而对海南文化教育的反哺作用比较大。

邢宥并不算写作型的人才，他在外地为官时只写就了少量诗文，如《任都御史纪恩》《思亲》等，而他的著述大多为入仕之前或致政归省和致仕还乡后在海南文昌所作。邢宥生在文昌、长在文昌、归隐在文昌、逝在文昌，其居琼时间写作的时间比任何其他琼籍名贤都要长。邢宥在记述海南风景民俗、致力府县儒学教育、劝勉文昌后学、修缮家族谱系等方面

---

① 朱逸辉：《邢宥湄丘集·文昌湄丘邢公状》，海口，海南出版社，2004年，第187页。

所作的努力都是值得一提的。邢宥平生所著有《湄丘集》十卷，大多已失传，今仅存一卷。其著述大多为写景、记事、抒志的诗歌，闲暇惬意的游记，府州县殿堂儒学记和墓碑记一类，就其思想内容而言主要有以下几个方面。

（一）尊崇儒道，抑制佛老

明代官方独尊宋明理学，邢宥是正规官学中成长起来的科考人才，其思想主体与官方主流思想能保持基本一致。所以，邢宥是一个正统的儒家程朱理学的坚持者。与理学名家朱熹出入佛老后归本于儒学略有不同的是，邢宥自始至终就是儒学的坚定守护者。

邢宥将佛老之道视为邪说的思想集中体现于邢宥撰写的《林教志道字说》中。林教为邢宥夫人娘家族人林显之子，曾师从于邢宥。林教的字"志道"是大学士丘濬所赐。林教不惑之年还未获得任何功名，为此请求邢宥加以指教。邢宥以其字"志道"告诫，君子的志向在于求道，而不在求功名。接下来，邢宥细致地讲述了他心中所推崇的道：

> 圣人，与佛老权谋术数百家众技之道，于其法，无非教也。所教各有其道也。士志于道，志圣人之道，非志佛老权谋术数百家众技之道。圣人之道，载诸六经，经重五教，教君臣以义，义者君臣之道也。教父子以亲，亲者父子之道也。教夫妇以别，长幼以序，朋友以信，别者序者信者，夫妇长幼朋友之道也。子以四教，文以知此道也，行以履此道也，忠信以存此道也。教以道立，道以教明。吾子能志于道，则不耻恶衣恶食而可以入德矣。能志于道，则据德依仁可以驯致矣。有德有仁，则身修而家可教矣，不出家而成教于国矣。①

在该文中，邢宥明确提出了尊崇儒道、抑制佛老权谋术数百家众技之道的主张。邢宥的这一主张还散见于其他文记之中，如《邢氏家训规例》中教导子弟"必习读诗书，敦行礼义，崇儒教而黜异端"②。明人戴缙在其《文昌湄丘邢公状》中也记载了邢宥晚年抱疾之际仍不信佛老邪说的事迹，

---

① 朱逸辉：《邢宥湄丘集·林教志道字说》，海口，海南出版社，2004年，第136–137页。

② 王丽洁：《邢宥传》，海口，南方出版社 / 海南出版社，2008年，第170页。

其言邢宥："教子弟有法，谈及祭祷，以为自纾其爱敬且宽病者之心则可，若谓佛能生死人则不可，始终不听异端邪说焉。"① 可见，邢宥对佛老之说一贯采取罢黜的态度。

那么邢宥尊崇的儒道又是什么道呢？从《林教志道字说》引文可以看出，邢宥所尊崇的即是孟子所说的："父子有亲，君臣有义，夫妇有别，长幼有序，朋友有信"的五伦之道，也就是儒家传统所遵从的君君、臣臣、父父、子子的伦理纲常之道。这就是邢宥一生所擅长和奉行的礼法制度。邢宥认为"五伦"的纲常之道是儒士入德依仁的基础，是修身、齐家、治国、平天下的根基所在。所以，邢宥对人伦之道极为重视，他晚年致仕回乡为府县儒学作记时多次强调要重视人伦礼法。

邢宥是程朱理学坚持者，是儒家三纲五常礼法制度坚定的拥护者，不仅对佛老的学理思想表示排斥，对佛道修建殿阁及祭祀的做法也颇为不满。这种不满并非完全出于学派之见，而是邢宥倡行清廉节俭。所以他将"金碧辉煌，有腹民脂而耸老佛之殿阁者；风月潇洒，有殚民力而张宴赏之池亭者"② 皆视为食公禄而不为民政的失职之辈。对于邢宥排斥佛老殿阁一事，时人也多有记述，如刘吉记载为："俗喜奢，公率以俭约，诸游晏亭馆，老佛殿阁，一莫之顾"③。丘濬、戴缙皆评价邢宥为不乐华靡、力从简素之人，说邢宥"神祠惟涓洁其在祀典者，官廨惟修葺其关于用者，诸游晏亭馆老佛殿阁，一莫之顾"④。

（二）德行为先，仁德为本

与今人只有姓名不同，古人有名也有字。名为幼时父亲所起，字为成年加冠时尊敬之人所赐。邢宥，"宥"名为生父所起，"克宽"之字为行加冠礼时师长所起。邢宥作为明代邢氏家族光耀门楣的人，族中后学多前来请其赐字。其中有居住在南文的邢氏子弟邢顺、邢显、邢灏、邢政、邢

---

① 朱逸辉：《邢宥湄丘集·文昌湄丘邢公状》，海口，海南出版社，2004 年，第 187–188 页。

② 朱逸辉：《邢宥湄丘集·琼州府学射圃记》，海口，海南出版社，2004 年，第 105 页。

③ 朱逸辉：《邢宥湄丘集·中顺大夫都察院左都御史邢公墓碑铭》，海口，海南出版社，2004 年，第 197 页。

④ 朱逸辉：《邢宥湄丘集》，海口，海南出版社，2004 年，第 185–186 页、第 192 页。

敞五人，他们都是邢宥的侄辈，又曾得邢宥指点教诲。邢宥与五人是亦师亦父的关系，所以这五人在弱冠之年就曾请求邢宥赠"字"，但却因邢宥进京会试和为官而有所耽搁。在邢宥致政归省期间，他们再次请求邢宥赐"字"。邢宥于是作了一篇《五子字说》。这篇文章集中反映了邢宥重"德"的思想。

在《五子字说》中，邢宥交代完写作背景后，首先总论其重德的思想，其言："所贵于人者，德而已矣。凡天付与于人者，人能得之于己而不失，斯谓之德。君子所贵莫尚乎德，字宜从德。"[①] 邢宥认为人最珍贵的品质是"德"，然后他以"得"为"德"，"得之于天而不失"即为"德"，颇得《易传》阴阳天道"继之者善也"的精髓，是典型的程朱理学"人本乎天理"的思维模式。所以邢宥认为邢氏五子的"字"应从"德"。接下来邢宥再就五子之名一一论之，并对应赐字。

邢宥晚年致仕还乡时订立《邢氏家训规例》也告诫家人"为人必先道德而后功名，毋以嗜欲杀身，毋以财货败名节，毋以政事害民，毋以学术欺天下"[②]。由此可见邢宥对道德立身的重视。邢宥以道德立身，先道德而后文学，志道德而不累于功名，于是他告诫他的学生林教"志于道德者，功名不足以累其心。名之有无，宜莫之计"[③]。这一点从邢宥在官居高位之时并未贪恋权位而选择致仕还乡即可见一斑。

（三）隐而求道，敦进后学

儒家虽极力提倡出仕治国平天下，但也不乏"天下有道则见，无道则隐"的思想传统。而且孔子也曾有过"吾与点也"之意，即"暮春者，春服既成，冠者五六人，童子六七人，浴乎沂，风乎舞雩，咏而归"。曾点之乐既有"道不行则隐"的睿智也有"舞咏于自然"的惬意。邢宥于奸人当权、朝政日非之时，选择致仕还乡、隐居草亭而优游品书，颇得曾点之意。

成化六年（1470年），邢宥多次上奏致仕获准，终于"脱却樊笼得自

---

① 朱逸辉：《邢宥湄丘集·五子字说》，海口，海南出版社，2004年，第134页。

② 王丽洁：《邢宥传》，海口，南方出版社/海南出版社，2008年，第168页。

③ 朱逸辉：《邢宥湄丘集·林教志道字说》，海口，海南出版社，2004年，第136页。

由""乞得残形返故丘"",于是回乡途中作归休诗几首,满心期待归家后能过上""花下自吟移短塌,海中相伴有驯鸥。春田鸭粟家尝酿,长醉无人笑白头""[1] 和""一枕黑甜山舍午,半樽白泼水亭秋""[2] 的田园家居闲适生活。在邢宥致仕回乡的十余年里,邢宥确实是欣然享受着陶渊明般""采菊东篱下,悠然见南山""的田园之乐。他在村中东昆港边、明教溪畔的小土丘上自修了一间不侈不雅、简约古朴的竹草亭,并命名为""湄丘草亭"",兼得山水之意。邢宥晚年作《湄丘草亭记》一篇,将其归隐生活的闲暇惬意和内心旷达悠然的状态表现得淋漓尽致。

此外,邢宥晚年还作有很多如""相过暇日多贤达,诗酒优游忘岁年""[3] ""兴来活泼天机永,散步溪边看水流""[4] 般洒脱惬意、生趣盎然的诗歌。

但如果据此认为邢宥晚年是个只顾怡然自得、追求山林田园之乐的乡野老翁,或清净无为、适从自然的老庄隐者,那就大错特错了。尽管邢宥晚年好""顾田舍翁揖而进之,作浓淡观。不爱见乎车马客,与之话时事"",但是邢宥只不过是不愿话官场政治时事而已,并不代表不问世事。实际上,邢宥致仕归乡,虽做不了""治国、平天下""之事,但却一直奉行儒家""修身、齐家""之道。邢宥晚年居于文昌十余年,不仅致力于修订家谱、制定家规,严格以儒家礼法之道治家,而且还关心地方教育,多次为府县儒学作记、为乡里后学赠字作序,以砥砺后学传播儒道、弘扬人伦礼法。邢宥作为一个正统的儒者,即使退休在家也不忘修身、齐家,教化乡里后学、致力人文兴盛。邢宥在中原儒学海南化的过程中起着重要的作用。

此外,邢宥一生还著有很多反映海南自然风景、民情风俗的诗歌,如《登铜鼓岭》《海南风景》《草亭望海》《琼台杂兴》等诗篇及《海南村老歌》《安乐乡长寿歌》等歌谣,这为研究明代海南风景民情提供了重要的参考。

---

[1]　朱逸辉:《邢宥湄丘集·归休途中》,海口,海南出版社,2004 年,第 72 页。

[2]　朱逸辉:《邢宥湄丘集·休归咏怀(一)》,海口,海南出版社,2004 年,第 73 页。

[3]　朱逸辉:《邢宥湄丘集·寄南文德纯家》,海口,海南出版社,2004 年,第 85 页。

[4]　朱逸辉:《邢宥湄丘集·九日有怀》,海口,海南出版社,2004 年,第 82 页。

第三节　明代"理学名臣"丘濬

丘濬（1421—1495年），字仲深，号深庵，时人称其为"琼台先生"，明代琼州府琼山县府城下田村（今海南省海口市琼山区府城镇金花村）人。丘濬历经明永乐、洪熙、宣德、正统、景泰、天顺、成化、弘治八朝，共历七位君王，主要活跃于景泰、天顺、成化和弘治年间。丘濬幼年丧父，经祖父丘普和母亲李氏发蒙，少年成才。丘濬天资聪颖、过目成诵，6岁作《五指参天》诗名震乡里；八九岁入社学，因善于对联而让人刮目相看；19岁补郡庠生员；22岁补廪饩；34岁第三次参加会试，高居榜首，殿试位居二甲第一，被选入翰林院任庶吉士。从此，丘濬开始了他40多年的为官生涯。

丘濬一生可谓官运亨通，从被选入翰林到位极人臣，一路升迁，毫无波折。丘濬继庶吉士之后，历任翰林院编修、翰林院侍讲、翰林院侍讲学士、翰林院学士、国子监祭酒、礼部右侍郎（仍掌国子监事）、礼部尚书（掌詹事府事）、太子太保兼礼部尚书、文渊阁大学士（仍兼太子太保、礼部尚书）、少保兼太子太保户部尚书武英殿大学士。弘治八年（1495年）二月戊午，丘濬卒于任上，享年75岁，死后赠特进光禄大夫左柱国太傅，谥号文庄。丘濬为官42年，几乎都是在书斋中与文字打交道，前30多年最主要的政绩就是编书修史，晚年才得以官居高位，完成其"以文字治天下"的夙愿。

丘濬虽曾官居内阁宰辅之位，但其得以声震朝野、留名青史的主要原因却是其在文史上的造诣，所以《明史》有赞曰："丘濬以博综闻"[①]，事实上，丘濬屡次升官也是得益于此。

丘濬一生手不释卷，其阅览经书之博堪称明朝宰辅之绝，明人何乔新在为丘濬撰写的碑文中评价丘濬为："自六经诸史九流笺疏之书，古今词人之诗文，下至医卜老释之说，靡不探究……"[②]明神宗时期内阁首辅大臣

---

① 张廷玉等：《明史·卷一百八十一》，北京，中华书局，2000年，第3212页。

② 李焯然：《丘濬评传·附录二》，南京，南京大学出版社，2005年，第276页。

叶向高评价丘濬为："盖公起孤贫力学，既选居中秘，复博极群书，经史百家，旁及医卜老释，无不览观。"①晚明海南名贤王弘诲曾言："先生博极群书，牛毛茧丝，无不囊括，犹以不获尽读天下书为恨。"②崇祯年间任内阁首辅的周延儒也曾赞誉丘濬为："今天下学士大夫，以及经生家，无不知有琼山丘文庄先生也者。先生生平殚精学问，于坟籍无所不博。于国典朝章，民情物理，无所不谙会。"③可见，丘濬不仅是"博览"，而是"博极"群书，三教百家之言无不涉猎，而且所看之书大多能铭记于心。于是何乔新如此描述丘濬："公博极群书，凡举僻事问之，则曰出某书某篇，退取书阅之良是。尤熟本朝典故，乐为学者道之，纚纚如目前事。"④丘濬简直堪称"行走的图书馆"。

丘濬还笔耕不辍，其"著述甚富，一时海内作者，翕然推之"⑤。丘濬在世时，其作品就多被时人所推崇，其思想"发之文章，雄浑壮丽，四方求者沓至"⑥。丘濬平生著述无数，除了为朝廷修撰《寰宇通志》《大明一统志》《英宗实录》《续修通鉴纲目》《宪宗实录》五本通志、实录外，个人还有《大学衍义补》《朱子学的》《世史正纲》等名著及近万首诗歌，可谓"诗文满天下"。其诗歌大多信口纵笔、随性而写、随缘散去，所以保存下来的只有千余首，不过丘濬的《大学衍义补》《朱子学的》《世史正纲》《家礼仪节》《琼台诗文会稿》则均收录在《四库全书》之中而得以流传至今。

丘濬因其渊博的学识，海量的著述，较高的官位和清除时弊、振肃

①　丘濬著，周伟民等校：《丘濬集·丘文庄公集序（叶向高撰）》，海口，海南出版社，2006年，第3678页。

②　丘濬著，周伟民等校：《丘濬集·重刻琼台类稿序（王弘诲撰）》，海口，海南出版社，2006年，第3688页。

③　丘濬著，周伟民等校：《丘濬集·丘文庄公集序（周延儒撰）》，海口，海南出版社，2006年，第3680页。

④　李焯然：《丘濬评传·附录二》，南京，南京大学出版社，2005年，第277页。

⑤　丘濬著，周伟民等校：《丘濬集·重刻琼台类稿序（王弘诲撰）》，海口，海南出版社，2006年，第3688页。

⑥　李焯然：《丘濬评传·附录二》，南京，南京大学出版社，2005年，第276页。

纲常的政绩而冠绝一时，享誉后世。丘濬在世时，就曾因与南京兵部尚书薛远、都察院左都御史邢宥在同一月内获得升迁，而被时人称颂为"三杰同于一月升"。之后广东按察司副使涂棐在琼山府城西建表贤亭一座，将三人和琼山新坡镇林杰进士（浙江按察司副使）列为"海南四贤"加以表彰。丘濬去世后，明孝宗称其为"翰院名流"，而丘濬墓前石牌坊也有明孝宗朱笔御赐"理学名臣"四字。明代硕儒、心学江门学派创始人陈献章曾撰祭文夸赞丘濬学识显博，恨不能与其相识相交。刑部尚书何乔新在为丘濬作的墓志铭中曾言："岭南人物自张文献公有声于唐，余襄公、崔清献公有声于宋，迨公四人焉。"[①] 于是，后人依此将丘濬和唐朝宰相张九龄、北宋刑部尚书余靖、右丞相兼枢密使观文殿大学士崔与之四人合称为"岭南四杰"。南京礼部尚书、海南名贤王弘诲也将丘濬与张九龄、崔与之并论，认为丘濬与二人不分高低，甚至还略胜二人一筹。其言："说者谓岭南人物，张文献有声于唐，崔清献有声于宋，明兴，迨公而三，良非虚语。乃夷考二献，著述似不如公。而清献终老南海，相业尚输公一筹，未知孰为轩轾。"[②] 正德初期，明武宗给予丘濬前所未有的隆恩，他不仅为丘濬御制祭文夸赞丘濬"文章炳耀，学问渊源，气节凌霜，经纶弥天"[③]，而且为丘濬乡祠赐匾"仰止堂"、赐额"景贤祠"，并以丘濬配祀苏轼。明嘉靖进士凌迪知在著作《朝国名世类苑》中称丘濬为"中兴贤辅"，明万历进士吴伯与在其著作《国朝内阁名臣事略》中称丘濬为明朝"当代通儒"。明代万历进士过庭训在其《本朝分省人物考》中称赞丘濬"著述甚富，世称博学，为我朝之冠"[④]。国学大师钱穆延续前人称法将丘濬与邢宥、海瑞三人合称"奇甸三名贤""海南一鼎三足"[⑤]。此外，世人还将丘濬与明清海南名贤合称以作赞誉，如丘濬与海瑞二人合称"海南双璧"，与廖纪、海

---

① 李焯然：《丘濬评传·附录二》，南京，南京大学出版社，2005 年，第 277 页。

② 丘濬著，周伟民等校：《丘濬集·重刻琼台类稿序（王弘诲撰）》，海口，海南出版社，2006 年，第 3689 页。

③ 李焯然：《丘濬评传·附录二》，南京，南京大学出版社，2005 年，第 275 页。

④ 周骏富：《明代传记丛刊第 140 册·明分省人物考 12（过庭训撰）》，台北，台湾明文书局，1991 年，第 537 页。

⑤ 朱逸辉：《邢宥湄丘集·序（钱穆撰）》，海口，海南出版社，2004 年，第 16–17 页。

瑞三人合称"南海三星"，与钟芳、海瑞合称"琼州三星"，与"海瑞、许子伟"合称"一里三贤"，与"海瑞、王佐、张岳崧"四人合称"海南四大才子"或"四绝"。

一、生平求学与为官要事

永乐十九年（1421年）庚子月己巳日（十一月初十），丘濬生于琼山县府城西厢下田村。下田村后来被皇帝赐名金花（取意佛语金花圣地），于是改名金花村。

宣德元年（1426年），6岁的丘濬作《五指参天》诗一首得以名震琼山，时人誉之为"神童"。

宣德二年（1427年），丘濬7岁时，父亲丘传去世。同年，丘濬入小学。

正统四年（1439年），19岁的丘濬补琼州府郡庠生员。

正统七年（1442年），22岁的丘濬补廪饩。

正统九年（1444年），24岁的丘濬赴广东参加乡试中举为解元。

正统十三年（1448年），28岁的丘濬会试不第，得教谕一职。丘濬辞而不就，于是留在太学读书。

景泰二年（1451年），31岁的丘濬再次会试，仍旧名落孙山。于是回乡省亲。

景泰五年（1454年），34岁的丘濬第三次会试，终于登进士第，以会试第一、殿试二甲第一的好名次被选入翰林院任庶吉士。在"非翰林不入内阁"的明朝，丘濬官宦生涯的起点就比较高。

景泰七年（1456年），36岁的丘濬因参与修成《寰宇通志》，而被提前一年破格提拔为翰林院编修（正七品）。任职编修期间，丘濬不仅参与修成《大明一统志》，还自己编撰成了《朱子学的》一书。

成化元年（1465年），45岁的丘濬得以擢升翰林院侍讲（正六品），并担任应天府乡试主考官。同年，丘濬向大学士李贤献策两篇，即《两广用兵事宜》及《两广备御猺寇事宜》，第一次脱离书斋而参与到现实政务之中。

成化三年（1467年），47岁的丘濬因参与修成《英宗实录》而升任翰林院侍讲学士（从五品）。

成化五年（1469 年），49 岁的丘濬担任殿试读卷官。同年，母亲李氏去世，丘濬回家守制，在琼居住四年。

成化九年（1473 年），53 岁的丘濬在琼山创建石室，藏书近万卷。

成化十年（1474 年），54 岁的丘濬回京复职，撰成《家礼仪节》二卷。回京任侍讲学士期间，丘濬曾担任会试副总裁，致力于纠正科考险怪文风，引导学子言道以经世致用。

成化十三年（1477 年），57 岁的丘濬因参与修成《续修通鉴纲目》而被提升为翰林学士（正五品）。同年因祭酒一职空缺，丘濬得以迁升国子监祭酒（从四品），并担任南京乡试及礼部会试的主考官。

成化十六年（1480 年），60 岁的丘濬升礼部右侍郎（正三品），仍掌国子监事，其间撰成《世史正纲》。

成化二十三年（1487 年），67 岁的丘濬因撰成《大学衍义补》，朝廷特进其为礼部尚书（正二品），掌詹事府事。

弘治四年（1491 年）八月，71 岁的丘濬因修成《宪宗实录》，被加封太子太保（从一品）。两个月后，又晋升为文渊阁大学士，司制诰典机务。丘濬是明朝第一位以尚书身份入阁为政的大学士，这意味着内阁权力的进一步提升。明初太祖曾废除丞相制度，由皇帝直接统领六部。后来因为事务繁多，不得不增设中极殿（原华盖殿）、建极殿（原谨身殿）、文华殿、武英殿和文渊阁、东阁共"四殿""两阁"大学士。殿阁大学士初设时品级较低，为正五品，但却因为常常协助皇帝起草诏令、批答奏章而在明朝中叶后逐渐成为参与机要事务的内阁长官，地位日渐显赫。丘濬任文渊阁大学士时，内阁权力已逐渐超越六部之上，行使宰相之权，所以世人传颂丘濬时，多称其官居相位、权极宰辅。

丘濬晚年才得以入阁，却以年老体衰为由多次乞恩致仕，未获恩准，于是选择烛尽余晖。在此期间，丘濬不再局限于编书修史，而是尽其所能地参与现实政治事务。当然晚年位极人臣的丘濬也不可能跳脱其"作家型"的文人身份，于是其对国家政事的参与也都是借助于文字。任职期间，丘濬多次进呈奏疏以尽阁老之职。除了《乞严禁自宫人犯奏》是针对当时私自净身者聚众闹事、围殴吏部尚书耿裕的现实政治事件所提出的对策，其他进呈的奏疏大多为劝诫孝宗仁德勤政和改善文化教育状况的言辞，如《〈大学衍义补〉要务》《论厘革时政奏》《请昧爽视朝奏》等皆为对孝宗皇帝的警示劝诫之辞；而《请访求遗书奏》《乞储养贤才奏》及改善图书储藏制度的奏疏则是文臣丘濬关心文化教育的体现。可见，丘濬入阁之后，真正实现了他"以文字治天下"的夙愿。只可惜，丘濬入阁之时毕竟年逾古稀，73 岁时又右目失明，所以此时的丘濬已成为伏枥老骥，心有余而力不足了。

弘治七年（1494 年），74 岁的丘濬被加封为少保兼太子太保户部尚书武英殿大学士（取最高官阶仍为从一品）。对于丘濬最后所任的官职，《明孝宗实录》、何乔新所撰的《光禄大夫武英殿大学士文庄丘公神道碑文》、焦映汉的《邱文庄公传》及《琼州府志·丘濬传》等诸多典籍中都记载如上。户部尚书为正二品官，所以丘濬生前所任官位最高品阶应该是以"少保兼太子太保"而论的从一品官，而不是部分学者所说的"太保"正一品大员。正一品官阶应是丘濬死后才获得，即在丘濬去世时，明孝宗赠其一品"特进光禄大夫左柱国太傅"。海口水头村丘濬墓碑正中朱字题刻的"光禄大夫柱国少保兼太子太保户部尚书武英殿大学士特赠左柱国太傅谥文庄丘公"即为印证。丘濬生前所封，不论是荣誉称号"光禄大夫""少保""太子太保"，还是勋爵"柱国"皆为从一品，正一品"左柱国"和"太傅"皆为丘濬死后明孝宗所特赠。

二、家学启蒙，官学成才

丘濬之所以能成为博通经史、学富五车的明代大儒，既有他自身手不释卷、博览群书的因素，也离不开浓厚儒学家风的熏陶和社学、儒学及太学师长的器重和教诲。

（一）家风熏陶

丘濬祖上是福建晋江人。丘氏家族是官宦、书香世家，无论是在晋江时，还是迁琼后，世代子弟都有一官半职。丘濬一族迁琼始祖为丘濬曾祖父丘均禄。元朝末年，丘均禄因公干渡海来到琼州任都元帅府奏差，最后定居琼山府城。丘均禄在住所一里内购置田产，一边读书，一边耕种。此后，琼山丘氏家族一直坚持耕读传家。对此，丘濬在《学士庄记》中有所记载："予先世闽人，来居于琼，世数久远，自七世祖学正公以来，代有禄仕，惟先公早世，虽不仕，而亦有貤赠之命，世业虽以士，而率亦未尝废农，盖仕者其暂，而耕者其常欤[①]！"可见，丘氏家族为琼山官宦世族。丘濬曾祖父丘均禄在元朝任奏差一职，祖父丘普任临邑医官（临高县医学训科），官位不高，却都是吃皇粮的官府中人。丘濬父亲丘传英年早逝，未能出仕为官，但却因丘濬曾官居礼部右侍郎，而得以蒙受推恩，于成化十九年（1483 年）被赠为通议大夫礼部右侍郎。同时丘氏家族还是耕读传家的书香世家。丘家不仅男丁皆为读书之人，女眷也多出自书香之家。丘濬祖母柯氏是新建县学教谕柯孔传（家住琼山博茂村）的妹妹，母亲李氏是国子监贡生李奕周的女儿。可见，丘濬自幼便浸润在良好的儒学家风之中。

丘濬父亲丘传早逝，丘濬幼年主要受祖父丘普和母亲李氏发蒙。

丘普对童年时期的丘濬有着重大的影响。丘普虽为医学训科，但也是读儒家圣贤经书长大，受程朱理学浸润较深。丘濬及哥哥丘源的名字是由祖父丘普所取，取源浚流远之意。关于丘濬的名字，略值一提的是，当今许多人或沿用清朝避孔子名讳的做法将"丘"写作"邱"，或依照现代繁体转简体的手法将濬写作"浚"。但由于当今并不需避孔子名讳，而且在使用简化字时，古人姓名一般不做改动，所以还是以"丘濬"为宜。丘濬字"仲深"之"深"则正好与其名"濬"相对应，"仲"则为古代兄弟排名第二的通称，丘濬字"仲深"，丘源字"伯清"。除了为丘濬取名之外，丘普对丘濬最大的影响在于为丘濬发蒙并引导丘濬立下鸿鹄之志。丘濬才两岁时，祖父丘普就已教他认字识礼，由此，天资聪颖、过目不忘的丘濬幼年既能出口成章，六岁时作《五指参天》诗一首，被时人赞为栋梁之才。其诗文如下：

> 五峰如指翠相连，撑起炎州半壁天。
> 夜盥银河摘星斗，朝探碧落弄云烟。
> 雨余玉笋空中现，月出明珠掌上悬。

---

① 丘濬著，周伟民等校：《丘濬集·学士庄记》，海口，海南出版社，2006 年，第 4358—4359 页。

岂是巨灵伸一臂，遥从海外数中原。^①

据说丘濬少时曾作诗咏赞海南八景，大多已佚失，今只留存这一首咏叹五指山的诗。丘濬一生致力于扭转险怪诡谲、瑰丽不实的文风，写诗撰文力求雅正浑厚。诗文皆以"达意"为本，写景咏物之诗不纯写景，以景抒志、体道才是根本。从这首诗来看，他在幼年就已不自觉地契合了这一原则。全诗采用拟人手法写景言志，诗文豪迈、壮阔，从中可以看出少时丘濬辽阔的胸襟和凌云的壮志。现在看来，"撑起炎州半壁天""遥从海外数中原"两句恰恰是对丘濬由穷乡小子至位极人臣的一生最好诠释。

丘普对丘濬另一个重要的影响即是激励丘濬立下拜相兼济天下的大志。因为丘传早逝，丘普将光耀门楣的厚望全都寄托在丘源、丘濬两兄弟身上。对此，丘普曾感慨："吾先世，世以积善相承，然未有发者。今不幸而中微，然古人往往因微而大著，所以大发者，其在二孺乎""嗟无一子堪供老，喜有双孙可继宗"^②。虽然是老人丧子的自我安慰之说，但却能读出丘普作为儒家学者的睿智和远见，同时也能看出老人对两个孙子成长成才、光耀门楣的殷殷期盼。丘普更为智慧的举措莫过于他对两个孙子各自前程的期盼和预测。丘普根据兄弟二人长幼职责和天资禀赋的不同，曾对二人提出不同的期盼。他认为丘源只要做到"主宗祀，承吾世业，隐而为良医，以济家乡"就可以了，而对于丘濬，丘普则希望他能"立门户，拓吾祖业，达而为良相，以济天下"^③。兄弟二人自小在祖父的期盼和激励下成长，最终两人的前程走向皆应合了祖父的言辞，丘源传承祖宗医学世业，继任临高县医学训科，一生居琼操持家业；丘濬则官至宰辅，做到了光耀门楣并兼济天下。从丘濬推崇唐代岭南名相张九龄及会试不第后辞教谕不受两件事来看，丘普的殷切期盼一直深深地印刻在丘濬的心中。在祖父的激励下，少年丘濬立的不是求得一官半职堪为稻粱谋的小志，而是能指点中原、兼济天下的鸿鹄大志。

丘濬母亲李氏出自书香门第，外祖父李奕周为国子监贡生。丘濬幼

① 丘濬著，周伟民等校：《丘濬集·五指参天》，海口，海南出版社，2006年，第3864页。
② 丘濬著，周伟民等校：《丘濬集·可继堂记》，海口，海南出版社，2006年，第4365页。
③ 丘濬著，周伟民等校：《丘濬集·可继堂记》，海口，海南出版社，2006年，第4365页。

时，李氏也能教其读书识字，但在"女子无才便是德"的年代，这种学问上的教导毕竟只具有开慧、发蒙的功效。所以李氏对丘濬的主要影响并不在于此，而是在于其对儒家礼法的恪守上。丘濬父亲丘传去世时，李氏才28岁，两个孩子尚值幼年，一个9岁，一个7岁。深受宋明儒家礼制思想熏陶的李氏誓不改嫁，守节终生。李氏尽着慈母贤媳的本分终日勤持家务、孝奉双亲、抚养幼子。天顺元年（1457年），李氏因苦节守贞30年获礼部旌表"贞节"。成化七年（1471年），李氏去世时，明宪宗派遣琼州府知府吴琛前往谕祭，评价李氏为"守节教子，妇人所难，兼致旌褒，惟尔所独"①。可见李氏是封建社会谨遵儒家礼教、守节教子的贤良典型。节妇多为性格坚毅之人，丘濬耿介偏执的性格多是受李氏影响。

更为重要的是，李氏所展现出的女子贤淑之德及其自身对儒家礼法制度的恪守对丘濬的礼法观产生了很大的影响。所以丘濬为官后撰写《家礼仪节》《五伦全备忠孝记》等著作，不遗余力地宣扬儒家正统的礼法制度和三纲五常思想。而从《五伦全备忠孝记》第四出《施门训女》的内容来看，丘濬对于母亲李氏夫死从子、守节终身的做法也是极为赞同的。在这出戏曲中，丘濬假借施公训女之辞将封建社会妇女所该具备的"三从四德"的品行操守阐释出来并加以宣扬。曲末更进一步阐明若不守四德三从者，则为放荡不成人。针对丈夫去世后妇女守节的问题，丘濬借施公之口表达了自己的看法："不幸夫死，不许再嫁，嫁则失节，与禽兽无异，凡有事务，都从儿子所为，不要自去整理。"②可见，李氏以自身克己守节的操行给丘濬树立了示范，其严守儒家礼制的精神也深深地扎进了丘濬的心里。丘濬在该戏曲中大肆宣扬禁私欲、守纲常的做法，是宋明理学"存天理灭人欲"极端化的典型体现，也难怪明末戏曲家徐复祚会有"全是措大书袋子语，陈臭腐烂，令人呕秽"的评论。当然，对于具有浓厚儒家纲常礼法思想的丘濬，我们不能简单以今人的眼光斥之为愚昧、陈腐。丘濬毕竟处在理学大行天下的年代，丘濬的言辞正是一个理学大儒所该有的

---

① 李焯然：《丘濬评传·附录二》，南京，南京大学出版社，2005年，第260页。

② 丘濬著，周伟民等校：《丘濬集·五伦全备忠孝记卷一》，海口，海南出版社，2006年，第4596页。

思想。

（二）官学教育

丘濬作为明代大儒、理学名臣，在陈献章（号白沙）心学日益壮大、程朱理学逐渐式微之时，毅然担起了纠正程朱理学流弊、遏制心学的使命。丘濬之所以能坚定地充当程朱理学的卫道士，在于其自幼便接受正统的程朱理学教育，是二程和朱熹坚定的追随者。理学的思想观念已经深深地刻入丘濬的心中，已经完全内化为丘濬为学为政的价值标准和行为准则。面对心学的兴起，丘濬的反应是经受几十年理学思想浸润之人的本能反应，而浸润得越深，反应也就越强烈。

1. 府学就读，乡试小有所成

丘濬理学思想的形成是家风熏陶和官学教育合力作用的结果。比起长辈的启蒙教导和儒学家庭氛围的熏陶，官学教育在丘濬理学思想中所起的作用更大。丘濬 7 岁就入小学接受正统的儒学教育，自幼能诗善对，少年既能赋"应与凤凰为近侍，敢同鹦鹉斗聪明"[①] 的《八哥》诗及"占魁调鼎皆余事，更有冰霜节操高"[②] 的《梅花》诗。丘濬少年诗句中所展现出的聪慧和大志屡次震惊塾师。丘濬在学堂中超出常人的表现总能得到塾师的特别关注和器重，塾师也多会不遗余力地去教导他。

丘濬求学、科考生涯中多得贵人、恩师提携，一路顺风顺水，学识也更为精进。丘濬 13 岁时已熟读四书五经。丘濬 19 岁时参加院试，按察副使童贞认为"其文冠一郡"，而将其选为琼州府学庠生。丘濬 22 岁时参加由按察副使王琼佑主持的郡邑学试，以优异的成绩获得"廪饩"资助，即公家按月发给膳食津贴。在府学中，丘濬仍旧出类拔萃，不仅在平日各种考试中成绩都名列前茅，而且还常常语出惊人。丘濬曾就大雁落于学宫池塘一事作出"昔者地气自南而北，果有南人以文字乱天下。今也地气自北而南，安知无南人以文字治天下耶"[③] 的惊世评论。丘濬 24 岁时参加乡试，获得主考官王来的赏识，被列为乡试解元，其五篇策论被传诵一时。而

---

①　蒋冕：《琼台诗话》，台北，台湾学生书局，1972 年，第 14–15 页。

②　丘濬著，周伟民等校：《丘濬集·题梅》，海口，海南出版社，2006 年，第 3829 页。

③　丘濬著，周伟民等校：《丘濬集·雁集琼庠记》，海口，海南出版社，2006 年，第 4353 页。

且，王来还特别写诗一首赠予丘濬以示鼓励。其诗文 ① 如下：

> 五十名中第一人，才华惟子独超伦。
>
> 经明礼乐行文健，策对图书究理真。
>
> 春榜英才期角胜，夜窗灯火莫辞频。
>
> 从来显达由稽古，事业辉煌在此辰。②

在这首诗中，王来高度赞扬了丘濬超凡的才情，而且对丘濬接下来参加礼部会试的表现寄予了厚望。丘濬将这首诗珍藏，并铭记于心，日后在送别王来长子王钥赴江西上任时，又将此诗转赠给王钥以示共勉。

明初，朱元璋独尊程朱理学并规定各地府州县儒学必须以程朱注解的"四书""五经"等为读本。永乐时期，明成祖敕修《四书大全》《五经大全》《性理大全》，并颁行天下。各地府州县皆采用修订好的程朱理学读本，科举考试一律不能超出这些读本的范围。丘濬是接受过正统儒学教育、在琼州府学中成长起来的儒生，他在琼州府学及科考乡试中超凡卓越的表现足以表明丘濬对程朱理学读本的理解和运用的程度也是超出常人的。可以说，丘濬尚未高中进士前，就已经是位熟读经书的程朱理学追随者了。

2. 太学留读，声名传播京师

相比府学而言，太学在丘濬理学思想形成过程中起着更大的作用，因为太学的规格更高，藏书更多，而且太学中有更多的名师贤友指导、切磋。正统十三年（1448 年），28 岁的丘濬第一次满怀壮志参加礼部会试，却没有如愿荣登甲榜。从一时来看，会试落第对于丘濬来说是莫大的不幸，地方教谕的小小官职实在难以承载其兼济天下的抱负；从长远来看，会试落第对于丘濬来说或许也是一件幸事。正是因为会试失利，丘濬才得以留在全国最高学府——国子监读书。

丘濬在琼州时虽然出类拔萃，但地处偏僻海外的琼州教育条件毕竟有

---

① 丘濬著，周伟民等校：《丘濬集·送王侍御赴江西金宪》，海口，海南出版社，2006 年，第 3894 页。

② 丘濬著，周伟民等校：《丘濬集·送王侍御赴江西金宪》，海口，海南出版社，2006 年，第 3894 页。

限，不仅藏书稀少、残缺不全，而且还无硕儒、名士来教，所以，丘濬即使已经名震琼州，但其水平较比中原大儒来说显然还有所差距。如果丘濬初次会试就中进士，或许也拿不到太好的名次，无以进入翰林继而入阁为宰辅，最终可能就是得到个官职造福一方，即使最终仍得以官居高位，但博学程度恐怕有所欠缺。丘濬初次会试落第，却使他得到了进入国子监太学继续接受教育的机会。丘濬曾在《藏书石室记》中感慨其年少时求学条件的艰辛和无师友切磋、无好书可读的苦楚，其言：

> 不幸禀此凡下之资，而生乎遐僻之邦，家世虽业儒，然幼失所怙，家贫力弱，不能负笈担簦以北学于中国，中心惕然。思欲以儒自奋，以求无愧于前人，反求诸心，似知所爱慕者，甚欲质正于明师良友，引领四顾，若无其人，不得已而求之于书，书又不可得，而求之之难有如此者。[①]

"禀此凡下之资"当然是丘濬的自谦之辞，但后面所说的"生于遐僻之邦""欲质正于明师良友而无其人""求之于书而书又不可得"等描述却是实情。所以能入太学读书，也算是达成了丘濬欲"负笈担簦以北学于中国"的夙愿。而且丘濬还不需要经历负笈游学的颠簸之苦，而是拿着朝廷的补贴在太学里安然读书。

对于求师若渴、嗜书如命的丘濬来说，在太学的六年，是他增进学业、博通经史的黄金阶段。在太学里，丘濬不仅得以如愿博览群书，而且他还结识了诸多良师益友。丘濬在太学中表现仍旧非常优秀，在平日的考试中总能位居前列。时任国子监祭酒的萧镃对丘濬极为器重，"濬时杂诸生中，季试，先生得所作，特召以见，且加奖励"[②]。萧镃因赏识丘濬在太学季试中所撰写的文章，而亲自召见丘濬，并给予奖励。日后丘濬在太学中也多得萧镃的提点和关照。丘濬针对时政所发的言论都得到先生的首肯，日后在翰林院书作也都先交由先生阅览、指点。萧镃对丘濬的教育之恩，丘濬深表感念。在为恩师所作的《尚约先生集序》中，丘濬详尽地叙

---

① 丘濬著，周伟民等校：《丘濬集·藏书石室记》，海口，海南出版社，2006年，第4357页。

② 丘濬著，周伟民等校：《丘濬集·尚约先生集序》，海口，海南出版社，2006年，第4027页。

述了萧镃对他的教导之恩，并说道："虽然天下士出先生门者多矣！今所余无几，而濬独幸后死，又受知最深，所以永先生之传于不朽者，其责实在濬焉。"① 可见丘濬不仅是受过萧镃教导，还是萧镃最为器重的得意门生。

在太学中，丘濬还结交了同样因会试不利而留读太学的蒋希玉，因此得以与蒋希玉的儿子蒋冕有了一段师徒缘分。蒋冕是丘濬最得意的弟子，跟丘濬长子丘敦相交甚笃，二人曾共同为丘濬编纂《琼台类稿》《琼台吟稿》多卷。

由此可以看出，尽管丘濬是因为会试落第而被迫留在太学读书，但太学六年的读书时光却给了丘濬意想不到的收获。丘濬不仅学问日益广博，而且人脉也更加宽广。丘濬在结交良师益友的同时，也使自己文章逐渐为人所熟识，声名日渐传播于京师。所以丘濬在第三次会试时，主考官学士商辂、洗马李绍在阅卷时能清晰地分辨出丘濬的文笔。清人焦映汉在其《丘文庄公传》中有记载"甲戌复试，礼部学士商辂、洗马李绍为考试官，阅卷至论策，意出濬手。及榜既放，果然，众服二公之鉴"②。二位主考官对丘濬会试中的文章极为欣赏，于是将其列为榜首。虽然殿试落居二甲第一，但丘濬也因其出类拔萃的表现得以进入翰林院为庶吉士。

此外，何乔远《丘文庄公传》有记载，丘濬高中进士时洗马李绍曾夸赞丘濬"子海外孤生，安所师友，乃亦如是"③。"乃亦如是"则是说丘濬能跟"生于名邦"的刘定一样博学；张岳崧《丘濬传》则有更直接的夸赞表述，即："时洗马李绍偕诸学士会史馆谓濬曰：'子生海外，何从得书籍师友，而博洽如此。'"④ 其实洗马李绍的赞叹一则说明丘濬的不凡，一则从侧

---

① 丘濬著，周伟民等校：《丘濬集·尚约先生集序》，海口，海南出版社，2006年，第4028页。

② 丘濬、海瑞撰，焦映汉、贾棠编：《丘海二公文集合编·丘文庄公传》，清康熙十八年邱氏可继堂重刻本，1679年，第214页。

③ 唐启翠：《此生如痕——丘濬传·附录》，海口，南方出版社/海南出版社，2008年，第232页。

④ 唐启翠：《此生如痕——丘濬传·附录》，海口，南方出版社/海南出版社，2008年，第232页。

面印证了丘濬在太学所取得的进步。丘濬少年才俊，乡试能得第一，但毕竟是在相对文化水平都比较落后的广东地区的第一。来到京师会试所面临的局面却大不相同，与其相较量的已是全国各地的佼佼者。所以其前两次会试均名落孙山，第三次会试才得以高中进士。高中进士尽管不可否认有丘濬少年博学的因素，毕竟丘濬初入太学就能得到祭酒萧镃的器重，但令其得以"博洽如此"则应更多地归功于他在全国最高学府——太学求学的六年时光。太学六年的"博览群书"使得他从一个小有所成的乡下小子逐渐蜕变成能驱遣古籍、信手拈来的大儒。

3. 翰林编撰，堪为理学名臣

琼州府学教育只是让丘濬少年小成，太学教育让丘濬得以成为博学之儒，而翰林生涯则让丘濬成为博览群书、冠绝一时的理学名臣。对于求书若渴的丘濬来说，能进入藏书甚丰的翰林院为官是极为幸运的。翰林所从事的皆为讲读、纂修、考试之类的事务，也是最适合丘濬增长学识的职位。所以丘濬初入翰林时曾赋诗多首感慨这难得的机遇。丘濬在《初入翰林》诗中自言："入馆共通金殿籍，拜官常带玉堂衔。不才遭遇真多幸，编纂无能具自惭。"[1] 玉堂是翰林院的别称，丘濬入翰林后多次将玉堂比作古人追寻的仙山瀛洲，为群仙聚集之地。丘濬认为他能进入文人圣贤孜孜以求的翰林院，简直是其人生最大的幸事，也是"岭海几人曾到此"[2] 的稀罕事。明代民间有"点翰林"之称，因为进士入翰林院是需要皇帝朱笔勾选的，所以丘濬能进入翰林确实是件幸运和荣耀的事。然而，相比功名利禄来说，丘濬深感幸运的更重要的原因却是在翰林院中他能够饱览国家藏书并与群贤相互切磋。所以丘濬在《述怀》诗中曾说："我生幸逢辰，滥等厕英贤。出入清华地，昕夕相周旋。经史事幽讨，兀兀穷岁年。"[3] 在《初读书中秘预修天下志书柬陈宣之（三）》诗中又言"峥嵘杰阁展东头，圣

---

① 丘濬著，周伟民等校：《丘濬集·初入翰林》，海口，海南出版社，2006 年，第 3874 页。

② 丘濬著，周伟民等校：《丘濬集·初读书中秘预修天下志书柬陈宣之（四）》，海口，海南出版社，2006 年，第 3873 页。

③ 丘濬著，周伟民等校：《丘濬集·述怀》，海口，海南出版社，2006 年，第 3707 页。

代储才礼数优。四库有书资检阅，九关无禁任观游"①，可见丘濬在翰林院中可以朝夕与英贤共处，终日以诗书为伴，过着谈笑有鸿儒、俯仰有黄卷的日子。

除此之外，丘濬在翰林院时，明代历史上两大著名的政变（"土木之变"和"夺门之变"）给丘濬带来意想不到的机遇。丘濬进入翰林院时，距离明英宗被俘、明代宗上位已有五年。代宗在位时间越长，他对皇位就越发贪恋，心里也就越发惴惴不安。为了进一步稳固统治并为他的皇位正名，明代宗下令编修《寰宇通志》。初入翰林的丘濬得以参与编修。《寰宇通志》刚编成不久，就爆发了夺门之变，英宗取代代宗登上皇位。明英宗对于已编撰成功的《寰宇通志》心存芥蒂，他不仅下令毁掉《寰宇通志》的书版，而且还以《寰宇通志》"繁简失宜，去取为当"为由提出修撰《大明一统志》，丘濬得以担任纂修。七年内两部总志得以修纂成功实为明朝历史上的罕事，而对于丘濬来说，也是一生难得的机遇。在这两次修志过程中，丘濬不仅官位得以节节高升，学识也日渐长进。因为编纂通志时必须博采群书，所以这段时间，丘濬不是埋首翰林院览读藏书，就是静居书斋中拜读经史。"凡古圣贤所以用心而著于书，古帝王所以为治而具于经、史者，与夫古今儒生、骚客，所以论理道、写清景而寓于编简者。"②丘濬皆翻阅品读、口诵心记并与古人神交梦接。

之后，丘濬在翰林院又陆续参与编纂了《英宗实录》和《续修通鉴纲目》，自己也撰成了《朱字学的》《家礼仪节》等著作。升任国子监祭酒及为礼部侍郎仍掌国子监事时，丘濬再次与太学打交道，只不过此次不再是求学，而是为官。国子监期间，丘濬延续了在翰林院的工作，继续为朝廷编纂成了《英宗实录》，个人则陆续撰成了《世史正纲》《大学衍义补》等集大成之作。

翰林院生活对于丘濬来说是一种特殊的官学教育。翰林院为官撰书修史的经历使得丘濬能够博览群书，其学识获得了较大的增长。丘濬理学

---

① 丘濬著，周伟民等校：《丘濬集·初读书中秘预修天下志书柬陈宣之（三）》，海口，海南出版社，2006 年，第 3873—3874 页。

② 丘濬著，周伟民等校：《丘濬集·槐阴书屋记》，海口，海南出版社，2006 年，第 4353 页。

的重要思想在这一时期已经成型，由此，丘濬才得以在死后获得"冠绝一时"及"理学名臣"的美誉。

三、丘濬主要著作及其思想

丘濬一生不仅手不释卷，而且笔耕不辍。丘濬平生著述甚为丰富，类型也很多，有官修书籍、私著、诗歌、序文、祭文等。其诗歌主要由其儿子丘敦、学生蒋冕收录整理。在丘濬众多的著作中择其较为著名、常被人引用的作品，按撰成时间顺序排列，简介如下。

（一）丘濬主要著作列表

作品名	类型	撰写时间（公元纪年）	年龄	性质	内容简介
《五指参天》	七言律诗	宣德元年（1426）	6 岁	私著	描述五指山景色，抒发少年壮志
《雁集琼庠记》	记	正统七年（1442）	22 岁	私著	以雁落琼山学宫池塘分析地气变化对政治的影响。（南人以文字乱/治天下）
《许文正公论》	论	正统七年（1442）	22 岁	私著	不赞同汉人许衡在元朝外族政权为官
《投笔记》	传奇戏曲	正统十一年（1446）	26 岁	私著	描写东汉班固投笔从戎的故事
《初过梅关》《过梅关题张丞相庙》	七言绝句	正统十二年（1447）	27 岁	私著	过梅关睹物思人，表达对名相张九龄的敬仰之情
《捣衣曲》	拟古乐府	正统十四年（1449）	29 岁	私著	为蒋希玉送别，表达忧国之情
《悼亡诗》《祭妻弟金鼎文》	五言诗祭文	景泰二年（1451）	31 岁	私著	丘濬夫人金氏及妻弟金鼎相继去世，丘濬深感悲痛
《桐墩记》	记	景泰二年（1451）	31 岁	私著	为好友陈徽允在琼山创建的桐墩书院所作的记

作品名	类型	撰写时间 （公元纪年）	年龄	性质	内容简介
《述怀》 《初入翰林》 《初读书中秘预修天下志书柬陈宣之》四首	五言古诗 七言律诗	景泰五年 （1454）	34 岁	私著	表达初入翰林时的幸运与自豪，对翰林院极尽赞誉之词
《槐阴书屋记》	记	景泰五年 （1454）	34 岁	私著	丘濬入翰林时建于京城。讲述书屋周边环境及在书屋中品书、神交的生活
《寰宇通志》	地理总志	景泰六年—景泰七年 （1455—1456）	35—36 岁	官修	共 119 卷，记载了景泰五年全国各地建置沿革、学校、名宦等总志应有的各类详细信息（户口除外）
《延祥寺浮图记》	记	景泰六年 （1455）	35 岁	私著	尊崇儒道，反对大兴浮图之事
《送邢宥御克宽归省诗后序》 《赠乡友林廷宾南台御史序》	序	景泰七年 （1456）	36 岁	私著	为同乡友人邢宥致仕、林廷宾升迁作的送别诗
《说舟赠林宗敬》	杂说	天顺元年 （1457）	37 岁	私著	以行舟由风来比喻科考之事只能尽人事而听天命
《举鼎记》	传奇	天顺元年 （1457）	37 岁	私著	杜撰了秦穆公诏集诸侯临潼斗宝，伍员连举三次千斤鼎，慑服强秦的故事
《大明一统志》	地理总志	天顺二年 - 天顺五年 （1458—1461）	38—41 岁	官修	共 96 卷，记载了天顺年间全国各地建置、学校、名宦等总志该有的各类详细信息，包括周边国家
《梦亡妻》	七言绝句	天顺五年 （1461）	41 岁	私著	悼念亡妻金氏

续表

作品名	类型	撰写时间（公元纪年）	年龄	性质	内容简介
《朱子学的》	书	天顺七年（1463）	43	私著	仿《论语》体例作上下两卷（各十篇）。记述朱熹生平言行、理学道统，并就为学次第阐发己见
《英宗实录》	实录	天顺八年—成化三年（1464—1467）	44—47岁	官修	记录明英宗朱祁镇正统至天顺年间的诏敕、律令及政治、经济、文化等方面的大事
《两广用兵事宜》《广东备御猺寇事宜》	事宜	成化元年（1465）	45岁	私著	针对广东少数民族动乱，提出平定的对策
《后幽怀赋》	赋	成化六年（1470）	50岁	私著	壮志未酬，犹想尽忠报国的感慨之作
《琼山县学记》	记	成化七年（1471）	51岁	私著	为琼山县学所作，夸赞县学教育之功，有邹鲁之风
《藏书石室记》	记	成化九年（1473）	53岁	私著	细述幼年求学、求书的艰难，阐明建藏书石室的缘由，意在勉励同乡后学
《琼州府学祭器记》	记	成化九年（1473）	53岁	私著	阐明琼州府学祭孔的规格和仪礼
《崖州学记》	记	成化九年（1473）	53岁	私著	为崖州州学所作，表彰涂棐、徐君琦修缮州学之功
《万州迁学记》	记	成化九年（1473）	53岁	私著	记载万州州学迁移至原县学旧址的事迹和意义
《学士庄记》	记	成化九年（1473）	53岁	私著	丘濬为归老回乡所预备。记载了学士庄所处地点、建造缘由和周边景色
《愿丰轩记》	记	成化九年（1473）	53岁	私著	感慨为官20来年、辗转四任都不离文字之职，表达为官经世致用的志向

续表

作品名	类型	撰写时间 （公元纪年）	年龄	性质	内容简介
《武溪集序》	序	成化九年 （1473）	53岁	私著	丘濬手抄馆阁《武溪集》，友人印刻。序中盛赞宋代余靖，并彰明岭南出人才
《曲江集序》	序	成化九年 （1473）	53岁	私著	丘濬手抄馆阁《曲江集》，友人印刻。序中对唐朝名相张九龄赞誉甚高
《家礼仪节》	书	成化十年 （1474）	54岁	私著	据朱熹《家礼》增补删改而成，讲述儒家礼仪规范
《会试策问》五首	策问	成化十一年 （1475）	55岁	官用	京试题目，主题为君臣同游的得失、诸儒论性善恶的得失、理财与用人、道学与风俗、京师国防
《续修通鉴纲目》	史书	成化十二年 （1476）	56岁	官修	共27卷。续接朱熹《通鉴纲目》，记载宋太祖建隆元年（960年）至元顺帝至正二十七年（1367年）史事
《可继堂记》	记	成化十二年 （1476）	56岁	私著	讲述丘普为寝堂命名可继的缘由，并就此阐发深义
《太学私试策问》三首	策问	成化十三年 （1477）	57岁	官用	丘濬任祭酒时拟就的内部测试题，主题为君子所不为与大有为，改变险怪文风、宗程朱为道学正统
《文昌邢氏族谱序》	序	成化十五年 （1479）	59岁	私著	简述邢宥所在邢氏家族的谱系渊源和当今盛况
《大学衍义补》	书	成化十五—二十三年 （1479—1487）	59—67岁	私著	补真德秀《大学衍义》未言及的治国、平天下二纲目，详述了明朝初期政治、经济、文化等状况
《程子全书序》	序	成化十六年 （1480）	60岁	私著	叙述二程道学的传播情况，讲明该书的版本

续表

作品名	类型	撰写时间（公元纪年）	年龄	性质	内容简介
《世史正纲》	书	成化十七年（1481）	61岁	私著	共32卷，仿朱熹《通鉴纲目》和吕祖谦《大事记》，记秦始皇统一六国至明洪武元年的史事，附有评论
《湄丘邢公墓志铭》	墓志铭	成化十八年（1482）	62岁	私著	为好友邢宥作的墓志铭，概述其生平事迹及贡献
《平定交南录》	史籍	成化二十二年（1486）	66岁	私著	详述明成祖永乐年间朝廷平定安南的始末，及张辅所经历的事件和战役
《宪宗实录》	实录	弘治元年—弘治四年（1488—1491）	68—71岁	官修	记录明宪宗朱见深成化年间的诏敕、律令及政治、经济、文化等方面的大事
《尚约先生集序》	序	弘治元年（1488）	68岁	私著	感激萧镃的教导之恩，并盛赞萧镃的品行于文采
《〈大学衍义补〉要务》	奏	弘治四年（1491）	71岁	私著	摘取《大学衍义补》中的重要思想献给孝宗阅览
《入阁辞任第一、二、三奏》	章奏	弘治四年（1491）	71岁	私著	以资质庸下、年老体衰请辞内阁任事。未获恩准
《入阁谢恩表》	表	弘治四年（1491）	71岁	私著	感谢皇恩浩荡，自谦能力有限，必将委身殉国
《初入阁》	七言绝句	弘治四年（1491）	71岁	私著	丘濬感叹少时求书为学的艰辛，并感慨如今的福泽
《唐丞相张文献公开凿大庾岭碑阴记》	记	弘治四年（1491）	71岁	私著	记载张九龄的生平、著述及开凿大庾岭的功绩
《论厘革时政奏》	章奏	弘治四年（1491）	71岁	私著	以天象变化来警示皇帝勤勉为政、清除时弊

作品名	类型	撰写时间（公元纪年）	年龄	性质	内容简介
《壬子再乞休致奏》	章奏	弘治五年（1492）	72岁	私著	因目疾再次乞恩休致，乞如欧阳修、薛瑄致仕事例，放归田里、俾全晚节。皇上未准，赐免除早朝
《乞严禁自宫人犯奏》	章奏	弘治五年（1492）	72岁	私著	针对自宫者围攻尚书耿裕的恶性事件，提出对自宫者进行严厉制裁的措施
《请访求遗书奏》	章奏	弘治五年（1492）	72岁	私著	希望以朝廷之力访求天下遗书，保存圣贤经典
《乞免撰〈玉枢〉〈北斗〉二经序文奏》	章奏	弘治五年/六年（1492/1493）	72/73岁	私著	孝宗命丘濬为二经作序，丘濬婉拒，言其辞文卑浅，且永乐帝曾拒道士献经
《道南书院记》	记	弘治六年（1493）	73岁	私著	彰显周敦颐、二程、杨时、朱熹的理学道统，阐明道学南传的意义
《乞储养贤才奏》	章奏	弘治六年（1493）	73岁	私著	论述储养人才的重要性及存在的问题，提出将人才选拔培养制度化
《请昧爽视朝奏》	章奏	弘治七年（1494）	74岁	私著	以永乐帝勤于为政为例，劝勉孝宗勤政
《受一品封》四首	七言绝句	弘治七年（1494）	74岁	私著	感谢皇恩浩荡，定当鞠躬尽瘁的言辞
《五伦全备忠孝记》	传奇	不详	不详	私著	围绕五伦全和五伦备的经历，诠释君臣、父子、兄弟、夫妇、朋友五伦关系
《本草格式》（佚失）	医书	不详	不详	私编	按《周礼》五药之目所作，帮助识别药形、药性的书
《成语考》	词典	不详	不详	私编	仿《千字文》风格，解释各种成语、术语、谚语

（二）丘濬主要著作的思想主线

丘濬一生手不释卷、笔耕不辍，可谓著作等身。丘濬涉猎的领域之广，正如何乔新在为其撰写的墓志铭中所言："自六经诸史九流笺疏之书，古今词人之诗文，下至医卜老释之说，靡不探究……"[①] 可见丘濬学识之渊博，在明朝实属百科全书式的学者；何乔新又评价道："公博极群书，凡举僻事问之，则曰出某书某篇，退取书阅之良是。尤熟本朝典故，乐为学者道之，纚纚如目前事。"[②] 则足以可见丘濬学识之深厚，实为行走的书架。丘濬是博览群书、通晓古今的明代大儒，他在哲学、政治、经济、历史、法律、教育、民族、军事等诸多领域都有自己深刻的见解，其学说拒高谈阔论、力主经世致用。

丘濬的思想中被当代学者关注较多的是其经济思想，相对应的主要著作即是《大学衍义补》。学者热衷于从中西比较的视野中去审视丘濬经济思想的价值意义，探究丘濬比英国古典经济学创始人威廉·配第更早提出的劳动决定商品价值的劳动价值论观点。这种中西比较研究丘濬思想的方法确实是一种新颖且有意义的研究方式，但却不可因此而疏忽了丘濬著述的初衷和目的。丘濬经济思想的核心意义在于经邦济世，这种对经济的研究和探讨不是纯粹的经济学问题，而更应是国家治理的政治问题，乃至上达天道的哲学问题。丘濬对现实经济、民生的关注是对宋明儒学彰明《大学》三纲八目之义的沿承，是以格物致知为基础的下学上达，是对儒家治国平天下传统的矢志不渝。

作为被誉为"明代理学名臣"的大儒，丘濬的经济、历史等思想尽管具有其相对独立的价值和意义，但必须注意的是，其最终都要以理学为旨归。所以对于《大学衍义补》和《世史正纲》等著作的相关研究需要既分别放在经济学和史学的视野之下，又要将其置于理学的视域之中。理学才是丘濬思想的核心，也是明代中原儒学向海南文化输出的核心。丘濬理学思想的彰显与传播是促使明代琼学逐渐形成的重要基础，因而探究明代海南诸名贤尤其是丘濬的理学思想则是进一步揭示琼学的内容与发展脉络的

① 李焯然：《丘濬评传·附录二》，南京，南京大学出版社，2005 年，第 276 页。

② 李焯然：《丘濬评传·附录二》，南京，南京大学出版社，2005 年，第 277 页。

基础性步骤。

丘濬历经明永乐、洪熙、宣德、正统、景泰、天顺、成化、弘治八朝，政治上主要活跃于景泰、天顺、成化和弘治年间，其个人学术著作的活跃期则主要在天顺和成化年间。丘濬自天顺七年（1463 年）编纂了个人首部理学著作《朱子学的》后，在成化年间陆续撰写了《家礼仪节》《世史正纲》《大学衍义补》等重要著作。丘濬的这些著作既是对其个人思想和主张的总结，也是对当时思想的回应与纠正。

永乐十二年（1414 年）明成祖朱棣下诏编订以二程、朱熹等理学家注疏为标准的《五经四书大全》《性理大全》，并将其作为科举考试的范本，程朱理学受到推崇，其官方儒学的地位得以奠定。此后程朱理学的正统思想地位一直不可撼动，直至明朝中叶逐渐发生了变化。由于明朝官方长期对程朱理学的独尊及八股式科举考试的作用，世人学子为了功名利禄一味趋附程朱思想，致使程朱理学逐渐僵化和支离。由是，背离程朱理学的思想逐渐抬头，其体现则是以陈献章为代表的心学思想的逐渐崛起。丘濬生活的天顺和成化年间正处于程朱理学式微、心学复兴的思想转型期。

丘濬自小接受的是正统的官学儒学教育，后来一路经由琼州府官学、太学及翰林院任职而成长为一代大儒，其所接受都是以程朱理学为标准的官方正统儒学思想。丘濬一生的志向就在于"为往圣继绝学"，而这个"圣"中极为重要的一个人物则是朱熹。丘濬认为程朱理学才是儒学的正统，宋儒朱熹的出现使得自汉唐以来湮没已久的孔孟儒学再次彰显出来。

丘濬认为朱熹是儒家道统的继承者，是朱熹的出现才使得孔子之后湮没的正统儒学之义得以彰显和发扬。丘濬甚至认为朱熹是孔子第二，是在世圣人。朱熹再传弟子熊禾曾以"周东迁而夫子出，宋南渡而文公生"[1]的评价高度赞誉朱熹，这番评价得到了丘濬的推崇，丘濬在编写《朱子学的》时将其题于朱熹的肖像两旁。

1.《朱子学的》的理学思想

丘濬对朱熹极为推崇，所以他人生中第一部个人编纂的书籍《朱子学

---

① 丘濬著，周伟民等校：《丘濬集·朱子学的·道统第二十》，海口，海南出版社，2006年，第 3431 页。

的》即是对朱熹言论的选编。朱熹选辑周敦颐、张载、程颢、程颐等人的言论作《近思录》是为士人学子搭建理解北宋四子核心思想的桥梁，以通达孔孟之道、通晓四书五经。丘濬选辑朱熹言论作《朱子学的》，其动机也与朱熹编辑《近思录》类似，即为后生学者搭建理解朱子核心思想的桥梁，以接续道统、上达圣人之道。对此，丘濬在《朱子学的》卷末有明确表述。

丘濬所辑《朱子学的》书名的命名是受到程门弟子杨时和朱熹思想的影响。杨时认为"学以圣人为的"，即为学者需以圣人为目标，力求达成圣人之道；而朱熹在《中庸或问》注解"中和位育"时认为学者为学必须"志圣贤"，就如同射者射箭必"志中的"。所以在丘濬看来，其所辑的《朱子学的》不仅仅是对朱子语录的汇编，更是通达圣人之道的抓手。

《朱子学的》既是对朱子语录的汇编、朱子思想的呈现，也是丘濬理学思想的重要载体。丘濬对朱子言论的取舍及《朱子学的》的编排次第包含了丘濬个人的理学思想。《朱子学的》仿效了《论语》的编排形式，共20篇。对此丘濬作了说明："《学的》曷为而作拟《论语》也。"①《朱子学的·韦斋第十》则是对《论语·乡党第十》的直接模仿，即都是阐明其人的言谈举止、音容笑貌。《乡党》述孔子，《韦斋》述朱熹。"韦斋"二字是朱熹父亲朱松的号。《韦斋》开篇阐明了朱熹的家学渊源和师承。此外，《朱子学的·道统第二十》则是对《论语·尧曰第二十》形式的比拟。丘濬编纂《朱子学的》的分篇方式确实仿效了《论语》，但这种形式上的仿效只是丘濬崇敬圣贤及托古的表达方式，并不具有深刻的思想意义。

《朱子学的》分上下两卷的方式是仿效了朱熹的《小学》。蔡衍鋗在其为《朱子学的》作的序中指出："数百年后，有琼山丘文庄先生，雅摭其言，分上下卷以拟《小学》，总二十篇以拟《论语》。"②丘濬在《朱子学的后序》中也提及《朱子学的》"上编如《小学》之内篇，下编则其外篇

---

① 丘濬著，周伟民等校：《丘濬集·朱子学的后序》，海口，海南出版社，2006年，第3431页。

② 丘濬著，周伟民等校：《丘濬集·朱子学的蔡序》，海口，海南出版社，2006年，第3305页。

也"①。其实《朱子学的》除了在分卷上仿效朱熹的《小学》之外，其在编写旨趣上也可比拟《小学》，即都是为"初学者"或"浅学者"而作。既是为此而作，丘濬《朱子学的》的编排次第上必然与以往圣贤之书"由上及下"的开启方式不同，而表现为"由下达上"的为学次第。《朱子学的》的编排次第，最能体现丘濬在教育后学、严谨学风上的良苦用心，也是丘濬理学思想的重要体现。

丘濬《朱子学的》上卷的编写顺序体现了他所认为的儒者为学所应遵循的次第。上卷依次为《下学》《持敬》《穷理》《精蕴》《须看》《鞭策》《进德》《道在》《天德》《韦斋》十篇。因《韦斋》篇纯粹是为了完善对《论语》形式的仿效，没有思想性意义，故暂且舍去不论。其他九篇的编排则较为详尽地展现了丘濬所认为的"下学以上达"的为学次第。

丘濬《下学》开篇即选用了朱子"下学者事也，上达者理也，理只在事中"②之言，此篇结束也选用朱子"学者学夫人事，形而下者也，而其事之理，则固天理也，形而上者也。学是事而通其理，即夫形而下者，而得夫形而上者焉，非达天理而何"③，从而阐明其"人人都可以学而成圣"的理念。这个学而成圣的途径就是格物致知，即通过穷究"形而下的事之理"，而通达"形而上的天理"。可见，丘濬开门见山地表明了他"即事以穷理、下学而上达"的程朱理学立场。同时，这也反映了《朱子学的》整书编写的理念，即丘濬所言"上编由事以达于理，下编则由理而散之事。一以进德言，一以成德言也"④。

丘濬既然认为"古之学者，始乎士而终于圣人，不过下学上达而已矣"，那么他就必须阐明如何下学上达。丘濬认为儒者为学须先下学人事。

---

① 丘濬著，周伟民等校：《丘濬集·朱子学的后序》，海口，海南出版社，2006年，第3432-3433页。

② 丘濬著，周伟民等校：《丘濬集·朱子学的·下学第一》，海口，海南出版社，2006年，第3305页。

③ 丘濬著，周伟民等校：《丘濬集·朱子学的·下学第一》，海口，海南出版社，2006年，第3310页。

④ 丘濬著，周伟民等校：《丘濬集·朱子学的后序》，海口，海南出版社，2006年，第3433页。

而下学人事，则需要做到两点：持敬、穷理，即程颐所讲的"涵养须用敬，进学在致知"。按照"即事以穷理"的思路，丘濬《下学》篇后应该直接言穷理，《大学》八纲目也是从"格物致知"开始的。

尽管丘濬认为持敬极为重要，但《持敬》篇的篇幅却不太多，反而是《穷理》及如何穷理的相关篇章，丘濬着墨较多。对此，丘濬在《朱子学的》后序中有说明："自昔先儒论敬，皆自内而之外，而今反之何？自学者言，使有下手处尔。"①《周易》中言"敬以直内，义以方外"，持敬本是内在的修身涵养，讲求内修持而外显现。丘濬在《持敬》篇中却未过多讲内在修心体认之事，讲的不过是整衣冠、正容貌。这种自外而内的修习次第其实是为了浅学者持敬时有下手用功处，不至于陷入空谈心性的境地。此后，丘濬就"穷理以上达"着墨较多，也是这种自外及内的修习次第的体现。

至于学者如何穷理，在丘濬看来，当是格物。所以《穷理》开篇即言明"穷理"全在格物致知。朱熹说：《大学》是圣门最初用功处，格物是《大学》最初用功处。《大学》不说穷理，只说格物，要人就事物上理会。"②所以穷理全在格物。然而世间万物悉数繁多，学者该如何格物穷理？

"朱子曰：'上而无极、太极，下至于一草一木，昆虫之微，亦各有理。一书不读，则阙了一书的道理。一事不穷，则阙了一事的道理。一物不格，则阙了一物的道理，须著逐一件与他理会过。道之大原，固要理会，纤悉委曲处，也要理会。制度文为处也要理会，古今治乱处也要理会。精粗大小，无不当理会。程夫子云，穷理亦多端，或读书讲明道理，或论古今人物别其是非，或应事接物求其当否，皆穷理也。'"③

在朱熹看来，格物必须全尽。世间万物，上到无极、太极，下到草木昆虫之理都要穷究，精粗大小，都要理会，少格一物则缺了一理。对此，

---

① 丘濬著，周伟民等校：《丘濬集·朱子学的后序》，海口，海南出版社，2006年，第3433页。

② 丘濬著，周伟民等校：《丘濬集·穷理第三》，海口，海南出版社，2006年，第3314页。

③ 丘濬著，周伟民等校：《丘濬集·穷理第三》，海口，海南出版社，2006年，第3315页。

丘濬也是赞同的。丘濬认为"中外本末、隐显精粗"都要"一一周遍"，才是"儒者之学"①。然而世间万物如此之多，一一格之，如何格得尽？所以朱熹引程颐的话语阐明格物穷理并非要一物一事亲自格遍，读书讲学、评论古今、应事接物等都是格物穷理的方式。在诸多的方式中，朱熹认为读书最为有效，其言："穷理之要，必在于读书。读书之法，莫贵于循序而致精。"②丘濬对此深以为然，其言："穷理略于格物，而详于读书何？读书亦格物之一事。今之学者无师授，而欲舍读书以穷理，吾见其泛无归宿矣。"③所以，在丘濬看来，后生浅学者在没有圣贤良师指引的情况下，其为学求道最恰当、最有效的着手方式就是读书。

丘濬将这一理念贯彻于《朱子学的》上卷的排序之中，所以丘濬在《穷理》篇强调读书是穷理最重要的方法之后，紧接着《精蕴》《须看》两篇，就讲明学者该读什么书、如何读的问题。丘濬认为"彼夫"四书""五经"以及近世诸儒之书，穷理之具也"④。圣贤之书是群书中的精蕴，所以《精蕴》篇主要谈及"四书""五经"。《精蕴》开宗明义，其言：《精蕴》《须看》穷究得其中道理之后便是《鞭策》《进德》《道在》《天德》，意在"既穷理矣，用是而治心，由是而治身，以之正伦理，成治功，以至于穷神知化，参天地，赞化育，而极其功用之全。是则所谓圣神之能事，学问之极功也"⑤。丘濬认为学者通过"读该读的书"穷究得圣贤之理后，便能发现自我与圣贤的差距，因而要以希圣、希贤的心不断地"鞭策"自我、将圣贤言语体认于自身，以逐渐契合圣贤之道。经过如此修身守理，即能有所"进德"，便能执守人世君君、臣臣、父父、子子的

---

① 丘濬著，周伟民等校：《丘濬集·朱子学的后序》，海口，海南出版社，2006年，第3432页。

② 丘濬著，周伟民等校：《丘濬集·朱子学的穷理第三》，海口，海南出版社，2006年，第3319页。

③ 丘濬著，周伟民等校：《丘濬集·朱子学的后序》，海口，海南出版社，2006年，第3433页。

④ 丘濬著，周伟民等校：《丘濬集·朱子学的后序》，海口，海南出版社，2006年，第3432页。

⑤ 丘濬著，周伟民等校：《丘濬集·朱子学的》，海口，海南出版社，2006年，第3432页。

人伦纲常之道。最终通过敬守此道便能"彻上彻下与天无间"①，即由人世圣贤之道上达天道。

综上，丘濬通过《朱子学的》上卷九篇阐明了人人都可以通过下学而上达成为圣贤的思想。"下学"者必须先以"持敬"之心来"穷理"；穷理最重要的方式是读书。天下图书众多，其"精蕴"在"四书""五经"圣贤之书；读圣贤之书"须看"近世诸儒之书以作为辅助；读应读之书穷得其理后便是将这理体悟到自身加以"鞭策"，通过不断修习便能有所"进德"，从而通达人伦纲常之道。"道在"人世为人伦纲常之道，在天则为天道，本只是一个道，却又有所分离。人道如何与天道相贯通，就在于敬。敬为"天德"，通过敬守圣贤之道，学者便能上达天道，参赞天地化育。这也是《大学》中所说的格物、致知、诚意、正心、修身、齐家、治国、平天下的路径。

可见《朱子学的》虽然在分篇的形式上仿效了《论语》，但在篇名的命名上却没有像《论语》一样只是简单地提取首句前几个字。对于《朱子学的》篇名的命名，李焯然先生认为："这二十篇的篇名并不一定是特别设计的，部分是由选取内容中的关键词而成。不过无论方式如何，所选各章节显然是根据相关主题而细心编定的。"② 李焯然既然认可《朱子学的》各篇内容都是丘濬根据相关主题而细心编定的，为何却认为篇名不是精心设计的？单就《朱子学的》上卷九篇的篇名来论，其实丘濬都是经过精心思虑的。各篇的篇名不仅是相关篇章的主题，还是儒者为学求道的次第。丘濬如此用心地编排，意在给学者展现儒家全体大用的圣贤极致之学下学而上达的路径。这个下学上达的路径不能简单地理解为"道问学"的路径，由于其下学过程中一直强调持敬修德，且其最终能通达天道也是以敬德作为中介，所以丘濬所提倡的下学上达的过程实际是"道问学"与"尊德性"合一的过程。

就《朱子学的》的下卷而言，其篇名的设计虽然没有上卷那么用心，

①　丘濬著，周伟民等校：《丘濬集·朱子学的·天德第九》，海口，海南出版社，2006年，第3347页。

②　李焯然：《丘濬评传》，南京，南京大学出版社，2005年，第103页。

但也是认真思考过的。《朱子学的》下卷十篇依次为《上达》《古者》《此学》《仁礼》《为治》《纪纲》《圣人》《前辈》《斯文》《道统》。丘濬认为《朱子学的》上卷是"由事以达于理",下卷则是"由理而散之事"。下卷以《上达》开篇,言"圣人只是理会下学,而自然上达"①。丘濬选用朱熹这一句话起到承上启下的作用,既承接上卷整卷理念,即学者为学求道须潜心下学之意,又开启了下卷整卷理念,即天理散之于世间万事之中,学者贯通天道不能一味地就天道性理上思索、下功夫,而应从世间万事中发现天理流行。《古者》《此学》两篇主要在告诫学子求取形上之道不要好高,应该潜心从形下之处下功夫,循序渐进。

程朱理学者遵循无极而太极而阴阳而化生万物的宇宙生成论。在他们看来,世间万物都是天道造化。如朱熹所说,在世间万事万物中都可以窥得见天理流行。老鹰飞翔于天空、鱼儿腾跃于水中,这种遵循天道规律、各得其所的状态就是天理流行的展现。对于人而言,遵循天理也就是人人各得其所,各守其分。如此,便是人世间君王、臣子、父亲、儿子、丈夫、妻子等各自要安分守己;要时刻遵守人伦日用之间君君、臣臣、父父、子子、夫夫、妻妻和仁、义、礼、智、信的纲常之"礼";要对自己的欲望有所克制,只为可为之事,知其不可则不为,不断地"克己复礼"。

丘濬借用朱熹的言语告诫儒家浅学者要想通达天理,不能一味地从太极、无极的天道造化之初去求。那种高层次的体认和契合不是一般后学者能做到的。所谓"穷乡晚进"的学子则应下功夫于儒家的人伦日用之"礼",要时常讲礼、学礼,对儒家的礼了然于胸并且执守熟练,这样才能精通于人道继而体认天道。

前面几篇丘濬着重阐述为学求道要重视"仁礼"。在《仁礼》篇后,丘濬又以《为治》《纪纲》阐明"为治"与"为学"同理,也就是要为政以仁、为政以礼。对于学而优则仕的儒者来说,为学与为治本就是一回事,即朱熹所讲:"为学与为治只是一统事,他日之所用,不外乎今日之

---

① 丘濬著,周伟民等校:《丘濬集·朱子学的·上达第十一》,海口,海南出版社,2006年,第3358页。

所存。"① 所以今日"为学"的积累不过是为了他日出仕之时的"为治"。丘濬一生博览群书不是为了能成为行走的图书馆，而是想"以文字治天下"。他的学说是经世济用的，他的思想格局不会只停留在书生"为学"的层面，而会延伸至治国平天下的层面。"为治"是"为学"的主要目的，"为学"是为了更好地"为治"。所以"为治"是丘濬必然要涉及的主题。为治和为学一样都需要做到"仁礼"。为政者宽严相济便是有仁有礼，既要施仁政，以宽为本，省刑罚、薄税敛，又要立纪纲、守法度，严以相济。所谓立纪纲便是立"礼"，朱熹认为其根本在儒家君臣、父子、夫妇三纲之礼。

所谓立纪纲即是立儒家的伦理纲常，也就是儒家之礼的核心。纪纲由谁来立？朱熹认为："天下之纪纲，不能以自立，必人主之心术公平正大，无偏党反侧之私，然后纪纲有所系而立。"② 所以能立纪纲的必须是人主中的明君。在朱熹看来，"人主所以制天下之事者，本乎一心。而心之所主，又有天理人欲之异，二者一分，而公私邪正之路判矣。修德之实，本乎去人欲，存天理"③，封建王朝的君王治理天下时都凭的是君王的一颗心，而主宰这颗心的有天理、有人欲。唯有那些能去除自我私欲而契合天理的君王才能真正为天下正纪纲。可见"为治"与"为学"确实是同出一辙，唯有存"仁礼"之心，不断去私欲、正人伦，修心、修身以逐渐契合天理，才能达成参赞天地化育的最高境界。

丘濬作为程朱理学坚定的拥护者和忠诚的追随者，面临着和朱熹一样的由心学带来的挑战，而这种挑战所引发的危机甚至大于朱熹之时。自明成祖尊崇程朱理学为官方儒学以来，程朱理学的儒家正统地位一直不可撼动。到丘濬为官的明成化、弘治时期，由于长期与科举考试相捆绑，程朱

---

① 丘濬著，周伟民等校：《丘濬集·朱子学的·为治第十五》，海口，海南出版社，2006年，第 3387 页。

② 丘濬著，周伟民等校：《丘濬集·朱子学的·纪纲第十六》，海口，海南出版社，2006年，第 3394 页。

③ 丘濬著，周伟民等校：《丘濬集·朱子学的·纪纲第十六》，海南出版社，2006年，第 3394 页。

理学日渐支离、僵化、教条化，加之陈献章心学（白沙心学）的兴起，程朱理学面临着巨大的威胁。所以丘濬所处的年代，不是程朱理学独尊的黄金时期，而是理学逐渐式微、心学逐渐复兴的时期。在这样一个时期，作为程朱理学的坚定拥护者，丘濬撰文的目的除了表达对朱熹的崇拜与景仰，更重要的是扛起捍卫程朱理学正统的大旗。于是，继《前辈》篇直斥佛老和心学之后，丘濬又以《斯文》和《道统》两篇来做终结以彰明儒家的道统传承，告诫学子须以尧、舜、禹、汤、文、武、周公、孔子、孟子、周子、二程、张子、朱子为儒家正统，继而以道统神圣不可撼动的地位拒斥心学异端。

丘濬《朱子学的》下卷由理而散之事，以潜心下学则能自然"上达"开篇，承接上卷下学上达的思想，并开启下卷天理散之于万事万物之中、上达须着手于形下的主题；"古者"通达天理并不是从形上之处去寻，而是着手于洒扫应对、人伦日用之中，格物穷理，循序渐进；今日的学者想通达形上之理也须从形下处着手，学者须遵从"此学"，从君臣父子、起居食息来寻得天道；日用人伦间必须以"仁礼"为本，为仁即是要克服私欲、使自我言行符合于礼。为礼则既要在人伦日用之中保持爱敬之心、恪守各自本分，又要慎终追远、严肃对待婚丧嫁娶之礼；"为治"与"为学"一样，也要遵从仁礼。为政者宽严相济便是有仁有礼，既要施仁政，以宽为本，省刑罚、薄税敛，又要立"纪纲"、守法度，严以相济。今人欲为仁礼之学、仁礼之政当效法古代"圣人"和"前辈"，而这些可供学习的榜样都是儒家正统中的佼佼者。可见，丘濬《朱子学的》下卷各篇的联系虽然没有上卷那么紧凑，但依旧能看出丘濬对于其篇名及相关主题是做过整体性思考的。

综观丘濬《朱子学的》，上卷讲儒者通过读圣贤书格物致知、在人伦日用中自我鞭策、修习而通达圣贤之道、契合天理；下卷讲天理流行于万事万物中，在人世则体现为三纲五常之道，儒者须谨遵儒家正统、警惕异端邪说。所以，不论是上卷的"由事以达理"，还是下卷的"由理散之事"，其核心意思都是一样的，都能体现出丘濬作为一个程朱理学者该有的理学思想。尽管《朱子学的》全篇都是朱熹的言论，但是与纯粹的语录记载不同，该书中朱子的言语都是丘濬根据需要精心择选出来的，其思想是受到丘濬认可的。而且，丘濬为该书所撰的后序的整体思想也能证实这一点。丘濬为编纂《朱子学的》择选的朱子言语及各篇层次安排所花的心思集中体现了丘濬的理学思想。丘濬理学思想的核心与朱熹理学大体一致。

自程颐在对杨时的答疑中提出了"理一分殊"的命题，这一概念就成了程朱理学的重要命题。朱熹从"无极而太极"的宇宙生化角度为天理设立了最高的本体，并依照无极而太极而阴阳而万事万物的化生体系为天理散之于万事万物做出论证。朱熹继而将此观念贯彻落实到伦理层面，以彰明遵守人伦纲常之礼，各安其所、各守其分的必要性。丘濬继承了朱熹"理一分殊"的思想。但与朱熹不同的是，丘濬并没有过多地关注天理的本体论层面的东西。究其原因，一是因为朱熹已经做出了论述，二是因为丘濬的旨趣不同。丘濬更注重天理在伦理教化方面的作用，注重对人伦纲常之礼的认知与遵守。丘濬身处理学式微、心学复兴的时期，作为程朱理学的捍卫者，丘濬要承担纠正程朱理学僵化、支离的流弊，更要压制心学的崛起、避免士人学子沦于空疏之学。因而，丘濬更多的是引导为学者从形下实在处着手，而非空谈形上之理。丘濬遵循"理一分殊"思想，认为天理流行于万事万物之中，万事万物中的理只是天理不同的表现形式，其本质都是一个理。学者想要通达天理，无须就形上玄妙之处求，只需从人事之处着手，潜心下学自然能上达，人人都可以学而成圣成贤。至于下学上达的方式，丘濬认为首先是格物穷理，其中最重要的就是读儒家正统的圣贤书。对于读书穷理，丘濬比朱熹看得更重，这主要是出于纠正学风的需要。当时学者出于对僵化、教条化的程朱理学的背离和对心学思想的趋附，想舍弃以读书来穷理的手段，而更看重反观自我内心以体认天理的方式，由是，其学风日渐空疏。所以，丘濬着重强调读书是为了让为学者落到实处，避免为学者落入空谈无根的虚渺境地。强调读儒家正统的圣贤书而不是其他的书是为了确保学者不至于误入异端邪说，而能穷得"正确的理"。在丘濬看来，读书所要穷得的理最主要的是儒家人伦日用纲常之礼，这是天理在人世流行的表现形式。学者需要做的就是不断认知、熟悉、遵守并践行这礼，通过自我鞭策和修习增进德行修养，并以持敬之心体贴此礼，最终通达圣贤之道；而为政者也不过是要怀仁德公正之心订立符合此礼的纪纲，正伦理而治理天下，最终参赞天地化育。

2.《家礼仪节》的重礼理念

在《朱子学的·仁礼》篇中，丘濬选取了朱熹关于"礼即理"的论述，阐明"礼"只是无形之"理"有形的表现形式。儒家的"纲常之礼"是学者通达圣贤之道的、贯通天理的重要路径。礼有本有文。本就是礼的实质，即保持爱敬之心、恪守各自名分。文则是礼的表达形式，即坐行起居、冠婚丧祭等的仪式。丘濬《朱子学的》有不少篇幅谈及礼，除了《仁礼》篇中有少量篇幅是叙述具体的丧祭礼仪，其他则主要是就礼的"本"，即其根本精神、根本理念而谈，强调对礼的重视与遵守；对礼的"文"的层面论及则比较少。然而有本无文，就好像儒家学子知道谨守孔子"非礼勿视，非礼勿听，非礼勿言，非礼勿动"之言，却不知哪些是不能看、不能听、不能说、不能做的；知道要"克己复礼"，却不知道坐行起居哪些是符合礼、哪些是背离礼的。所以，想让自身的行为符合礼，为学者首先就要熟知礼的具体仪式。因而，丘濬在对"礼"的重要性有所强调后，觉得有必要再编写一部著作，贯彻《朱子学的》中重视"礼"的理念，将儒家之"礼"的具体仪式阐述出来，让后生学者习礼、执礼有可着手处。由此，丘濬编撰了《家礼仪节》。《家礼仪节》是丘濬的第二部个人著作，它是对朱熹《家礼》一书的增补删改和通俗化。

丘濬认为儒士大多只知读书而不知执礼，导致了儒礼不兴异端肆行。他认为佛道丧祭、祝祷之类的仪轨都是佛道之人趁儒家之礼湮没之际窃取儒家礼仪改换而得。一些儒士之所以甘心趋从，就其根本来说，那原本就是儒者自家的东西。丘濬认为一些儒士热衷于撰文攻击异端邪说、与佛道作口舌之争，其实是舍本逐末。丘濬所认为的"本"应是儒者知儒礼、执儒礼，于是他推出了朱熹的《家礼》一书。

儒家的礼之所以不能为世人所知晓、执行，艰涩难懂是其重要的原因。朱熹的《家礼》一书也是如此。丘濬意在继承和发扬朱熹《家礼》中的思想，同时通过简化和诠释，让儒家的礼更加通俗易懂、利于执行。丘濬《家礼仪节》基本沿用了朱熹《家礼》的编排方式，内容依次为《通礼》《冠礼》《婚礼》《丧礼》《祭礼》。大体是按照人成长的顺序，择取人生最重要的几个阶段的相关仪式来讲，包括出生、成人及冠或及笄、婚配、去世等的礼仪。《通礼》开篇即言祠堂祭祀，有报本反始、尊敬祖宗之意。全书由祠堂祭礼开始，又以祭祀之礼终结，这也是有所考虑的。《家礼仪节·祭礼》开篇引《祭统》之言："凡治人之道，莫急于礼。礼有五经，莫重于祭。祭之言犹察也，察者至也，言人事至于神也。"①这段话清晰地阐明了丘濬对礼，尤其是祭祀之礼特别重视的原因。礼为治国治人最重要的法则，而祭礼又是最重要的礼，因为祭礼是人与神相沟通的最直接方式，是穷神知化、参赞天地的礼仪。同时对祭礼的重视也凸显了儒家慎终追远之意，即丘濬所谓"使天下之人，人诵此书，家行此礼，慎终有道，追远有仪"②。所以丘濬此书大量篇幅都放在丧葬祭祀的礼仪上，因为其目的就在于使"慎终有道，追远有仪"，从而端正人心。需要提及的是，丘濬撰写《家礼仪节》时，正是他回海南为母亲服丧期间，这或许也是该书对丧、祭的礼仪有较多论述的原因之一。

丘濬《家礼仪节》和朱熹《家礼》的编排及内容大体一致，不过毕竟是增补删改版，《家礼仪节》除了文字内容更简约通俗化之外，还增添了许多礼仪用的道具及摆设的图画等。《四库全书总目提要》的作者曾质疑《家礼仪节》多了附图，这与《家礼》是不相符的。其实这种质疑是没有必要的，因为附图的这种不符并不是实质性的，这也只是丘濬为了便于浅学者理解的一种很好的方式。除此之外，《四库全书总目提要》的作者还认为丘濬《家礼仪节》中的部分礼仪是佛教的仪轨，而众所周知丘濬是极度排斥佛教的，所以，《四库全书总目提要》的作者将这种矛盾归结于后人对《家礼仪节》的改动和捏造③。这种质疑有一定的合理性，但换个角度来看，或许这种所谓的矛盾却正是丘濬礼学思想的真实体现。在《家礼仪节·原序》中丘濬阐明了一个重要的思想："世之学儒者，徒知读书而不

---

① 丘濬著，周伟民等校：《丘濬集·家礼仪节·祭礼》，海口，海南出版社，2006年，第3641页。

② 丘濬著，周伟民等校：《丘濬集·家礼仪节原序》，海口，海南出版社，2006年，第3438页。

③ 永瑢、纪昀：《四库全书总目提要·卷二五·经部二十五·礼类存目三·家礼仪节》，海口，海南出版社，1999年，第141页。

能执礼，而吾礼之柄，遂为异端所窃弄而不自觉。自吾失吾礼之柄，而彼因得以乘间阴窃吾丧祭之土苴，以为追荐祷禳之事。"①在这段话中，丘濬认为因为儒士不重视传承执守导致"儒家之礼"被"异端所窃弄"。"而彼因得以乘间阴窃吾丧祭之土苴"，"土苴"有糟粕之意，即佛道之人趁"儒礼不兴"之际，偷窃取得儒家丧祭礼仪中的一点小糟粕，便将之改换成佛道祝祷祈福的仪轨。仔细品味这段话，除了能看到丘濬对儒家的维护和对佛道的排斥，我们还能得到一个结论，即在丘濬看来，佛道的祝祷礼仪其实是蒙了面纱、伪装过后的儒家祭祀礼仪。既然丘濬认为佛道的祝祷礼仪本就是儒家的祭祀礼仪，那么在《家礼仪节》对儒家礼仪的阐述中出现了一些类似佛道礼仪的言论也就不足为奇了，因为那本就是儒家湮没的礼仪的一部分。当然，丘濬的这种思想在今人看来却是失之偏颇的，毕竟佛道的仪轨大多是自家的东西。道教生于中国、吸收了道家的理念，按照儒道同源的思想，还能勉强说得过去。而佛教却是诞生于印度，在传入中国之前早就有了自家的仪轨体系。传入中国后，在发展过程中尽管也受到了儒家的影响，但毕竟不能完全算是儒家的东西。当然，丘濬如此言论，本就为了排斥佛老、维护儒家，所以做不到很客观也在情理之中。

3.《世史正纲》的政治哲学

丘濬撰写的史学著作《世史正纲》也是对朱熹作品的仿效。《世史正纲》所采用的"纲目"体裁参考了朱熹的《资治通鉴纲目》，其撰写手法也非单纯记载史实，而是运用春秋笔法加以褒贬。其撰写的目的则在于正"纲"而使天下各安其位，即明辨伦理纲常，以使华内夷外、君令臣共、父传子继，这与朱熹修订《资治通鉴纲目》的宗旨大体一致。

丘濬和朱熹都试图借由历史的视野，通过对世事变迁的"格物致知"来阐明华夏正统及君君、臣臣、父父、子子的儒家纲常之道。丘濬所处的明朝和朱熹所处的南宋都面临着周边少数民族政权的威胁，丘濬"尊华夏而贱夷狄"的思想不单是对朱熹尊华攘夷思想的传承，更是对现实政治的回应。北宋王朝先后受到大辽和金国的侵扰，最终被金国所灭。身为南宋

---

① 丘濬著，周伟民等校：《丘濬集·家礼仪节原序》，海口，海南出版社，2006年，第3437–3438页。

臣子的朱熹对"夷狄"所带来的北宋亡国之痛有着深切的体会，因而在《资治通鉴纲目》中多处体现出"尊华夏而贱夷狄"的思想。丘濬《世史正纲》中的这一思想则更为突出。

丘濬所处的明朝同样面临着北方"夷狄"的侵扰。西蒙古瓦剌族多次寇掠明朝边境，明英宗朱祁镇在宦官王振的怂恿下御驾亲征，最终兵败被俘，史称"土木之变"或"土木堡之变"。该年为正统十四年（1449年），正值丘濬初次参加京城会试、落榜后留在太学读书之时。中原皇帝被邻边少数民族所俘震惊了明朝上下，也在丘濬心里造成了巨大的冲击。他深切地体会到"夷狄乱华"的痛楚。身为一名太学学生，丘濬虽无法有大的作为，但其忧国忧民之情却溢于言表。在众多达官显贵恐慌不安而想将都城南迁以求避乱自保之时，丘濬毅然支持并参与于谦发起的京师保卫战，并在这年作《捣衣曲》一诗，借惜别友人蒋希玉之情和女子思念戍边丈夫之言抒发忧国之意。成化年间，女真多次叛乱、鞑靼屡屡进犯也威胁到了明朝的统治。就在丘濬撰成《世史正纲》的前一年，明朝还因为鞑靼进犯河套而出兵。可见，丘濬深切地体会到了北方少数民族侵扰所带来了威胁，自然对"夷狄乱华"甚为警惕，所以《世史正纲》中有关华夷的言论充满了对现实政治的关怀，是对现实中"强势夷狄扰华"的抗争与回应。

如果以是否客观地记载和评论史实作为判断标准来评判丘濬《世史正纲》一书的价值，那么该书确实不具有足够重要的史学价值。事实上，丘濬的《世史正纲》尽管采用史书的撰写形式，但与其说它是一本史书，更不如说它是丘濬阐述儒家正位理念的道德政治哲学书。丘濬写作《世史正纲》一书，并不是为了让史料流传后世、让史实为后世所知，而是借"世史"以"正纲"，让后生浅学者能够借此书格物致知，明了并恪守父父子子的齐家之道、君君臣臣的治国之道和华华夷夷的安世之道，即通过正"纲"来达成"修身、齐家、治国、平天下"的目标。

4.《大学衍义补》的家国情怀

丘濬著书立说是从继承朱熹开始的，他的前两部个人著作都是对朱熹的"拿来主义"，《朱子学的》是朱熹语录择选，《家礼仪节》则是朱熹《家礼》的增补删改注解版。第三部个人著作《世史正纲》也是对朱熹《资治通鉴纲目》的仿效。在撰写《世史正纲》时，丘濬还同时撰写了他人生中的一部重要著作《大学衍义补》。丘濬的《大学衍义补》是对朱熹弟子真德秀《大学衍义》的补充，也是对朱熹推崇《大学》举措的沿承和进一步发展。可以说丘濬一生最为重要的几部个人著作皆是对朱熹的仿拟、继承和发展。《大学衍义补》是丘濬耗时最长的一本著作，也是集大成之作。如果说《朱子学的》和《家礼仪节》主要是为穷乡浅学者为学求道所作，《世史正纲》和《大学衍义补》则是为有功名者乃至皇帝治国平天下而作。这种格局的提升是与丘濬官位的提升相关联的。撰写前两部著作时，丘濬分别是七品的编修、从五品的侍讲学士，只是个翰林院里成日埋头理书修史的小官，撰写《世史正纲》和《大学衍义补》时却已是三品的礼部右侍郎，官位不同，思虑也自不相同。《世史正纲》是在撰写《大学衍义补》的期间完成的，它尽管是一部史学著作，却是以《大学》"格致诚正修齐治平"的理念为宗旨和依归的。《大学衍义补》则直接是就治国、平天下而论。丘濬撰成《大学衍义补》后上表进程给孝宗皇帝，孝宗阅览后很是欢喜，于是特晋升丘濬为正二品礼部尚书掌詹事府事，同时下旨令官方刊印此书，并御笔为此书作序。

《大学衍义补》起稿于成化十五年（1479年）、撰成于成化二十三年（1487年），是丘濬耗时八年的鸿篇巨著，是一本治国的百科全书。该书是对真德秀《大学衍义》的补充。真德秀（1178—1235年）是南宋著名的理学家，人称"西山先生"。真德秀早年常与朱熹的弟子交游论道，后拜入朱熹弟子詹体仁的门下，潜心研读朱熹的学说，为朱熹的再传弟子。他为确立理学的正统官学地位作出了重大贡献。真德秀用程朱理学指导政治，专门为皇帝创作了一本治国用书，即《大学衍义》。该书共43卷，包括《帝王为治之序》《帝王为学之本》《格物致知之要》《诚意正心之要》《修身之要》《齐家之要》六个纲目。该书撰成之后，即成为帝师讲学的教材，是帝王必读的书籍之一。

丘濬对真德秀的《大学衍义》极为推崇，但他认为真德秀只对《大学》八条目中的前六条目做出了演绎，即格物、致知、诚意、正心、修身、齐家，后两条目"治国、平天下"却没有涉及。对此，丘濬《大学衍义补》的原序中明确说明："宋儒真德秀因为《大学衍义》，掇取经、传、

子、史之言以实之，顾所衍者，止于格致诚正修齐，而治平犹阙。"① 所以丘濬试图倾尽平生之力为真德秀的《大学衍义》做补充，于是最终撰写出了《大学衍义补》。此书上呈后，明孝宗反复玩味、深表赞许，于是亲自作序并诏命刊行。明孝宗对丘濬的《大学衍义补》给出了高度的评价，他认为丘濬的《大学衍义补》"尤补《衍义之阙》"，该书"揭治国平天下新民之要，以收明德之功，采古今嘉言善行之遗，以发经传之指，而后体用具备，成真氏之完书，为孔、曾之羽翼"②。

丘濬《大学衍义补》卷首是对《诚意正心》条目的补充，其余一百六十卷则是对《治国、平天下》条目的演绎。此一百六十卷又被分为十二纲目，即《正朝廷》（四卷）、《正百官》（八卷）、《固邦本》（七卷）、《制国用》（十六卷）、《明礼乐》（十八卷）、《秩祭祀》（十三卷）、《崇教化》（十八卷）、《备规制》（十五卷）、《慎刑宪》（十四卷）、《严武备》（二十九卷）、《驭夷狄》（十四卷）、《成功化》（四卷）。

真德秀《大学衍义》有《诚意正心之要》一卷对《诚意正心》二条目作出演绎，但丘濬认为真德秀只讲"崇敬畏"和"戒逸欲"，却遗漏了"审几微"的思想。"盖天下之理二，善与恶而已矣。善者，天理之本然；恶者，人欲之邪秽。所谓崇敬畏者，存天理之谓也；戒逸欲者，遏人欲之谓也。然用功于事为之著，不若审察于几微之初，尤易为力焉。"③ 丘濬认为"崇敬畏""戒逸欲"是存天理、遏人欲的必要工夫。但比起在事情发展到显著时才来"敬"和"戒"，则不如在事情发展之初就细心审查这些微小的征兆并加以防范和引导。所以丘濬觉得只谈"崇敬畏"和"戒逸欲"是不够的，还要讲"审几微"。而且朱熹在诠释《诚意正心》的时候，也是有谈到"审几微"的。所以丘濬就在《大学衍义补》的卷首补了四目

---

① 丘濬著，周伟民等校：《丘濬集·大学衍义补原序》，海口，海南出版社，2006年，第3页。

② 丘濬著，周伟民等校：《丘濬集·大学衍义补原序》，海口，海南出版社，2006年，第3页。

③ 丘濬著，周伟民等校：《丘濬集·大学衍义补卷首》，海口，海南出版社，2006年，第13页。

《审几微》的论述。

《大学衍义补》一百六十卷则是《言真德秀所未言》。《正朝廷》《正百官》《固邦本》是从政治层面来谈的。丘濬分别以君王、臣子、百姓三个不同的阶层作为主体来阐述治理之道。想要治理好国家，君王是关键，百官是支撑，百姓是根本。丘濬对治理之道的阐述不偏重"理"而更偏重"用"，所以在讲君王"修德勤业"时，更侧重于劝诫君王要厘定纪纲名分、赏罚分明、广开言路等；《正百官》大多是讲如何选拔、如何定品级、如何考课等；《固邦本》则是侧重如何制民产、恤民患、除民害等。至于《大学衍义补》中《制国用》《明礼乐》《秩祭祀》《崇教化》《备规制》《慎刑宪》《严武备》《驭夷狄》等纲目则主要是从经济、礼制、教育、刑法、军事等层面详述了明朝初期的相关情况和今后治理的具体策略。总的来说，丘濬《大学衍义补》的前一百五十六卷都是比较经世致用的，堪称帝王治国理政的工具书。

丘濬的《大学衍义补》着实是一本涵盖了政治、经济、文化、教育、军事、刑法等各个方面的百科全书式的实用宝典。不过丘濬写作该书的旨趣又不局限于"实用"。在丘濬的思想体系中，"用"与"体"是合一的，形而下之"器"与形而上之"道"是合一的。

真德秀《大学衍义》有体有用，但偏重于体。真德秀只讲《格物》、《致知》、《正心》、《诚意》、《修身》、《齐家》六目，就是要君王从最切近的方面去体认天道。对于最能体现儒学"大用"的"治国、平天下"，真德秀却没有涉及。丘濬认为《大学》之教"其序不可乱，其功不可阙。阙其一功，则少其一事；欠其一节，而不足以成其用之大；而体之为体，亦有所不全矣"[1]。所以为了成其"大用"，丘濬续补了《治国》《平天下》两目的"衍义"。丘濬本着"体虽本乎一理，用则散于万事，要必析之极其精而不乱，然后合之尽其大而无余"[2]的原则诠释这两目，并从政治、经

---

① 丘濬著，周伟民等校：《丘濬集·大学衍义补原序》，海口，海南出版社，2006年，第4页。

② 丘濬著，周伟民等校：《丘濬集·大学衍义补原序》，海口，海南出版社，2006年，第4页。

济、教育、军事等多个方面做出了"精而不乱"的分析。其书框架之大，包罗万象。

　　然而，切不可就此认为丘濬的《大学衍义补》只是一部讲形而下之"用"的大宝典。丘濬所谓"体用合一"是以"理一分殊"的思想为基础的。"理"只是一个"理"，却散之于万事万物之中。丘濬竭尽所能地去分析"散之"的万事万物（此处指《大学衍义补》前一百五十六卷所涉及的治国的方方面面），只是要寻一个着手处，而不是休止符。丘濬最终还是要将其收归到一个"理"，即与天道相贯通，这才是他所谓的"全体大用"之学。所以丘濬《大学衍义补》最后要以《成功化》五卷作为收归。丘濬以此将形而下之用与形而上之道相贯通。所谓"成功化"即达成"圣神功化之极"。这就是《易传》所言的"与天地合其德，与日月合其明，与四时合其序，与鬼神合其吉凶"①，《中庸》所言的"致中和，天地位焉，万物育焉"②，《大学》所言的"止于至善"，即与天道相契合而参赞天地化育。参赞天地化育落实到现实层面就是"平天下"。丘濬认为"为学而至于平天下，学之道尽矣。为治而至于天下平，治之道极矣！"③"平天下"就是丘濬所说的"圣神功化之极"。这是为学、为治的最高境界，也是丘濬《大学衍义补》全书所要达成的最高理想。

　　《大学衍义补》涉及的内容很广，资料也非常详细，可谓包罗万象、精密细致；通过如此细致的阐释，丘濬最终要达成的写作旨趣则是"衍治国平天下之义，用以收格致诚正修齐之功。举本末而有始有终，合内外而无余无欠，期必底于圣神功化之极，庶以见夫《大学》体用之全"④。丘濬在撰写《大学衍义补》时始终强调要辩证处理本与末、始与终、内与外、体与用的关系，而其旨趣就是揭示儒家全体大用之学。所以《大学衍义补》是一本倾注了丘濬理学思想的经世致用的集大成之作。

---

① 丘濬著，周伟民等校：《丘濬集·成功化》，海口，海南出版社，2006年，第2464页。

② 丘濬著，周伟民等校：《丘濬集·成功化》，海口，海南出版社，2006年，第2501页。

③ 丘濬著，周伟民等校：《丘濬集·成功化》，海口，海南出版社，2006年，第2464页。

④ 丘濬著，周伟民等校：《丘濬集·进〈大学衍义补〉表》，海口，海南出版社，2006年，第10页。

（三）丘濬对海南文化的影响

丘濬作为明代位极人臣且博览群书的"理学名臣"，对全国的政治、经济、文化都产生了一定影响。身为海南人的丘濬对海南文化的发展也产生了重要的影响。海南文化尤其是海南儒学文化在秦、汉、晋、唐时期并没有获得太大的发展，及至宋朝诸多中原名流被贬戍琼时，中原主流文化才在海南获得了一定的发展。明朝开国以来，朝廷重视儒家官学教育在各地兴办官学推动了儒学在各地的发展。有了宋朝贬谪文化的积淀和明朝政府的兴学重教，海南地区的儒家文化得到了较大的传播和发展，由是催生出了一批本土的儒学名士。这些琼籍名儒大多心系桑梓，在功成名就后通过各种方式反哺海南，推动海南儒家文化的发展。丘濬作为海南历史上极负盛名的重臣、大儒，他对海南的影响也表现为许多方面。比如政治上丘濬直接向皇帝奏请体贴海南卫军的远调之苦，免除远调而驻守琼州专职防海寇，丘濬还制定专门的治黎、治瑶策略以稳定海南的统治。就文化层面来说，丘濬对海南文化发展的影响主要从丘濬在海南期间的文化贡献和在京为官时对海南文化的影响两方面来阐述。

1. 丘濬在海南期间的文化贡献

丘濬出生在琼州府琼山县府城下田村（今海南省海口市琼山区府城镇金花村），自幼居住在海南接受家学熏陶，后来上社学、郡学都在海南。28岁初次会试没有中第便留于京城太学读书，在此之前都在海南生活。31岁再次会试落第后回海南省亲直至34岁第三次参加会试才离开。会试中第后，在翰林院为官，一路官运亨通，却很少得闲回乡。丘濬为官期间，唯有在其49岁母亲李太夫人去世时才得以回乡守制，居琼四年。54岁再次入京为官直至75岁卒于任上，其间再未回过海南。丘濬一生大约有一半时间待在海南，一半时间待在京城。比较而言，在京城的时间稍微多些。不过丘濬在京城期间也常常心系海南，临死前还多次上奏恳请致仕归乡。

丘濬在海南生活的35年里写就了不少作品，大多是诗歌和记，比如幼年所作的著名的《五指参天》诗、会试时作的《初过梅关》和《过梅关题张丞相庙》诗等；记则大多是丘濬上琼州府学后所作，比如著名的《雁集琼庠记》。丘濬在26岁的时候还创作了一部描写东汉班固投笔从戎的传奇戏曲《投笔记》。这些作品体现了少年丘濬超凡的志向和广阔的心胸，是今人了解早年丘濬思想的重要材料。

丘濬再会试落榜而回琼省亲的那年，恰逢其结发妻子金氏及妻弟先后去世，丘濬作《悼亡诗》和《祭妻弟金陵文》以表哀思，后世之人也能借此对丘濬的家庭状况了解一二。同年，丘濬还撰写了《桐墩记》和《林弁宗敬字说》。《桐墩记》是丘濬为好友陈徽允在琼山创建的桐墩书院所作的记，《林弁宗敬字说》则是丘濬给对同乡后学的勉励。这些作品体现了丘濬对家乡友人和后学的关怀与支持。

丘濬年近五十回乡为母亲守制的四年里，也创作了很多的作品，比如《后幽怀赋》《琼山县学记》《南海县学记》《藏书石室记》《琼州府学祭器记》《崖州学记》《万州迁学记》《学士庄记》《野花亭记》等。这些作品以府学、县学学记为主，体现了丘濬在海南守制期间对海南地方办学的关注和支持。这些作品也是今人研究明代海南官学的重要参考文献。丘濬回琼期间还将其在馆阁中手抄的张九龄的《曲江集》和余靖的《武溪集》交付友人刻印出版，并亲自为二书作序。这有效地保存了广东籍名人的珍贵历史文献，同时也促进了二人思想在广东（包括海南地区）的传播。此外，丘濬回琼守制期间着手于《家礼仪节》一书的准备工作，并于回京之后不久撰成此书。该书是对朱熹《家礼》的增删补改，是对《朱子学的》"重礼"思想继续拓展，它有效地传承了儒家的礼仪，展现了丘濬排斥异端邪说、倡导以儒家之礼修身、齐家、治国、平天下的夙愿。

丘濬对于海南文化的发展还作出了一个重大贡献，即是勉励、指导海南晚辈后学精进学业。丘濬亲自敦促海南后学所取得的成果中最典型的体现就是丘濬的学生王佐。王佐是海南历史上著名的爱国诗人、世称"吟绝"。这段师生情谊开始于丘濬高中进士之前。王佐7岁丧父，由母亲独自抚养。其母出身书香世家，是攀丹村唐瑶的女儿、唐舟的侄女。王佐10岁左右时，随母亲回外公家，并留在攀丹学堂读书。当时丘濬住在岳父唐舟家，一边帮岳父管理攀丹学堂，一边为参加科举考试做准备。年长8岁、才华出众的丘濬成了王佐的恩师与挚友，他悉心教导王佐，使其受益匪浅。正统十二年（1447年），王佐乡试中举。次年，王佐进京参加会试却名落孙山，于是留在太学读书长达19年。其间，王佐曾在丘濬门下刻苦攻读。王佐一生著述颇丰，所以尽管他并没有高中进士，也没有位极人臣，但其在京都却颇得赞誉，在海南更是享有盛誉。王佐的主要著作有《鸡肋集》《琼台外纪》《琼崖表录》《经籍目略》《庚申录》《原教篇》《金川玉屑集》等，其主要以诗文享誉后世，尤其是忧国忧民的诗文，如《天南星》《鸭脚粟》《海外四逐客》等。明代琼州府提督副使胡荣称誉王佐的诗文"当比拟唐宋诸大家"。王佐因其诗文之多、之好，而得以以"吟绝"或称"诗绝"之名跻身于明清海南"四大才子"（其他三位分别是"著绝"丘濬、"忠绝"海瑞、"书绝"张岳崧）之列。

作为丘濬的得意门生兼挚友，王佐不仅像丘濬一样苦心研读、勤于著述，还将这种笔耕不辍的精神延续下来，传给自己的学生。在王佐的学生中最为著名的莫过于被《明史》誉为"岭南人士之冠"的唐胄。唐胄出身于琼山府城攀丹村最有名的唐氏家族，本就是王佐的外亲。作为长辈的王佐平日里对唐胄这位晚辈就多有指导和提携。王佐晚年致仕归乡后受到了琼州府官员的礼遇，时任琼州知府的王子成对王佐极为尊敬，于是在正德六年（1511年）邀请王佐来主持修撰琼州府志。此时的王佐年事已高，于是王佐便让自己的晚辈亲戚兼学生唐胄来协助编撰这部琼州府志。唐胄正好已经辞官归琼，于是他欣然应允。然而由于在编写早期海南的建置沿革时，唐胄与王佐的观点有较大的差异，一番争论之后，王佐拂袖而去。不久之后，王佐因病去世，生前除了仅仅完成了一篇《东岳行祠会修志序》，尚未着手于实质性的府志修撰工作。修撰琼州府志的重担最终落在了唐胄的身上。于是，唐胄花了长达十年的时间，于正德十六年（1521年）才完成了这部地方志的修撰。唐胄将其命名为《正德琼台志》。这部地方志尽管是唐胄主持修撰，却包含了丘濬、王佐、唐胄三人的心血。在《正德琼台志》的序中，唐胄曾写道"文庄公晚年尝言己有三恨，郡牒未修一也。桐乡王公载笔数十年，录郡事警官，志前后擅易之陋，乃命所集为《外纪》，以自成一家之书"①。修撰琼州府志是丘濬的遗愿，作为丘濬的学生，王佐谨记此愿，并根据所见所闻撰写了反映琼州地区风土人情的《琼台外纪》。尽管该书并没有完整地流传下来，但王佐的学生唐胄却将

---

① 唐胄：《正德琼台志·琼台志序》，海口，海南出版社，2006年，第4页。

其主体内容保存在《正德琼台志》之中。所以一部《正德琼台志》实际凝结了三人的志愿，丘濬发愿、王佐作略稿、唐胄扩充为全稿。唐胄是位善于修撰地方志的学者，除了《正德琼台志》之外，他还撰有《广西通志》《江闽湖岭都台志》等。

　　总的来说，丘濬对后学的直接影响主要体现在王佐身上。不过除了直接教导外，丘濬其人、其书对海南后学也产生了间接的影响，如唐胄、郑廷鹄、海瑞等人不仅对丘濬的为人、为官都非常敬佩，而且对丘濬的著作及思想都有较深的研究。

　　丘濬对海南后学更广泛的影响则主要体现在建造藏书石室。丘濬所建的藏书石室并不仅仅是用于其个人阅读的私家图书馆，而主要是为海南的穷乡学子所建设的公共图书馆。因为书籍稀缺，丘濬幼年不得不四处求书、借书。对于海南学子求学却无书读的艰辛丘濬深有体会。所以丘濬为了避免同乡后学遭受同样的痛苦，便修建了藏书石室，以供后学者使用。同时丘濬还作了《藏书石室记》以勉励海南后学勤奋读书、专心为学。藏书石室确实为海南的学子求学提供了便捷，比如海瑞的学生、明代进士许子伟早年就经常在丘濬的藏书石室阅读。

　　2. 丘濬在京城为官对海南文化的影响

　　丘濬自初次进京会试后，便在京城断断续续居住长达40载。在此期间，丘濬撰写了很多名著（篇）。丘濬28岁初次参加会试并未取得功名，便留在太学读书，其间丘濬多关注北方战事，作《捣衣曲》一首，名为赠别友人、实为忧国忧民。丘濬读书只为治国的心思溢于言表。丘濬34岁时高中进士，并被选入翰林院任庶吉士，从此开始了他40多年的为官生涯。丘濬为官与"文字"有不解之缘。他为官的一半时间都在翰林院从事编书工作，历任官职包括翰林院编修、翰林院侍讲、翰林院侍讲学士、翰林院学士，所编史籍包括《寰宇通志》《大明一统志》《英宗实录》《续修通鉴纲目》等。之后升任国子监祭酒、礼部尚书也都是与文字打交道。晚年得以位居高位也多是借由其《大学衍义补》《宪宗实录》等撰著之功。丘濬为官42年，几乎都是在与文字打交道，其在京为官最主要的政绩就是编书修史，撰写著作、策文，主持会试、纠正学风等，由此晚年才得以官居高位，完成其"以文字治天下"的夙愿。

丘濬在京城期间著作颇丰，除了参与官修的多部史籍外，还撰成了《朱子学的》《世史正纲》《大学衍义补》等著作。同时，丘濬在京城为官期间也创作了很多诗歌和记，如《初入翰诗》《初入阁诗》《受一品封》等诗歌和《留耕亭记》《筠庄记》《可继堂记》《道南书院记》等记。此外，丘濬作为一名关心国家政事的朝廷官员，他也撰写了很多时政奏章，如《两广用兵事宜》《两广备御猺寇事宜》《乞严禁自宫人犯奏》等。这些作品大多被收辑在《琼台吟稿》和《琼台类稿》中。其中《两广用兵事宜》《两广备御猺寇事宜》则是丘濬专门针对广西、广东（包括海南）地区为祸作乱的地方贼寇所提出的治理政策。其策略深得宪宗嘉许，尽管最终在剿灭贼寇时此策略被韩雍全盘否定，但丘濬却也因此而扬名。同时，此策略的提出也加深了朝廷官员对两广地区少数民族详细情况的了解，为后人对两广少数民族（包括海南黎族、苗族等）的治理提供了借鉴。

丘濬在京城期间撰写的几部重要著作都得到了朝廷的允许而在全国公开刊印发行。这些作品也在海南地区得到了广泛传播，成为琼州后学学习拜读的重要书籍，有效地促进了程朱理学思想在海南的传播。丘濬在京城撰写的作品除了对海南文化的发展产生了间接影响外，有些作品与海南直接相关。这些作品不仅是对海南文化发展状况的反映，同时也提升了海南的知名度、增进了世人对海南的了解，如丘濬所作的《南溟奇甸赋》。此赋对海南的描述涵盖了地理自然环境、物产珍奇、交通状况、历史文化、民风民俗等，丘濬试图借此扫除世人将海南视为猛兽纵横、毒障丛生、文化贫瘠的蛮荒之地的偏见，从而向世人展现有着旖旎风光、魅力民俗和多彩文化的海南。而《留耕亭记》《筠庄记》《可继堂记》等则是丘濬为海南的居所建筑所做的记，这都是丘濬为海南历史文化留下的宝贵材料。

丘濬通过博集群书、笔耕不辍终成一代大儒。丘濬其人、其文是海南后学崇敬、仿效的榜样，也是中原儒学文化在海南传播的有效见证。

第四节 明代"岭海巨儒"钟芳

钟芳（1476—1544 年），又名黄芳，字仲实，号筠溪，明代琼州府崖州高山所（今海南省三亚市崖城镇水南村）人，原籍琼州府琼山县（今海南省海口市琼山区）。钟芳历经成化、弘治、正德、嘉靖四朝，主要活跃于正德和嘉靖年间。钟芳自幼聪颖，7 岁作《马契》诗，被誉为神童；10 岁中秀才进入崖州州学读书；25 岁参加乡试中举，名列第二（亚元）；32 岁入京参加会试中进士，位列二甲第三，其考卷最初深受主考官康海赏识，被列为会试第一，后因种种原因而被列为会试第七，殿试后，则位列第六。时人敬称其为"钟崖州""钟进士"。高中进士后，钟芳因才学出众而被选为翰林院庶吉士，时人称赞其为"丘文庄后又一南溟奇才"。被选为翰林院庶吉士后又被提拔为翰林院编修的钟芳本应仕途无量，却因在铲除太监刘瑾及其奸党的风波中受到牵连，被贬到宁国府（今安徽省宁国市）任七品推官。钟芳因在任上政绩有嘉，两年后被提拔为漳州府（今福建省漳州市）同知，之后历任漳州府代理知府、南京户部员外郎、南京吏部稽勋司郎中、南京吏部考功司郎中、浙江提学副使、广西布政司右参政、江西左布政使、南京太常寺卿、南京兵部右侍郎、南京户部右侍郎。嘉靖十三年（1534 年），钟芳请求致仕回乡获准。嘉靖二十三年（1544 年）病故，享年 60 岁，朝廷追赠其为都察院右都御史。后世称其为上继文庄（丘濬），下启忠介（海瑞）之人，《广东通志》一书中则盛赞钟芳为"岭海巨儒"。

一、生平求学与为官要事

成化十二年（1476 年），钟芳出生于琼州府崖州高山所（今海南省三亚市崖城镇水南村）。

成化二十二年（1486 年），钟芳自幼聪颖好学，10 岁入崖州州学读书。

弘治十四年（1501 年），钟芳参加乡试中举，为亚元。

正德三年（1508 年），钟芳高中进士，位列二甲第三，成为崖州历史上第一位进士。钟芳随即被选为翰林院庶吉士，而后任翰林院编修。

正德五年（1510 年），在翰林院深造三年本应获得升迁的钟芳因在铲除太监刘瑾及其奸党的风波中受到牵连被贬为地方小官，任宁国府（今安徽省宁国市）推官（正七品）；在任期间钟芳积极清理积案，严惩贪赃枉法者。

正德七年（1512 年），钟芳因精于吏治、善于诉讼，升任漳州府（今福建省漳州市）同知（正五品），代理知府。

正德九年（1514 年），钟芳因提出剿抚倭寇的策略得当及整治漳州内乱、平定漳州物价、改进漳州民俗有功而被调回留都南京任户部员外郎（正五品），不久又转任南京吏部稽勋司郎中（正五品），掌理文武百官功勋之事；后又转任南京吏部考功司郎中（正五品），掌管人事考核与安排。

正德十三年（1518 年），钟芳南归祭扫。

正德十六年（1521 年），钟芳升任浙江提学副使（正四品），在任期间在革除科考弊端、改善学风、选拔人才上卓有成效。

嘉靖二年（1523 年），钟芳升任广西布政司右参政（从三品），为当地百姓消除虎患、排忧解难，百姓为此刻石碑以作纪念。嘉靖四年（公元 1525 年），钟芳在广西布政司右参政任上，亲自征召客船打通了断藤峡被阻隔了 70 年的交通。后来，钟芳还为王守仁平息广西地区的叛乱献上分置土官的良策，平定叛乱后获皇帝"两赐金帛"。

嘉靖七年（1528 年），钟芳升任江西左布政使（从二品），厘清藩禄、军需，惩治恶霸、奸吏，肃清了全省的风气。嘉靖八年（公元 1529 年），钟芳因继母独自在家乡年老无依，请求致仕回乡以尽孝道，未获恩准。

嘉靖九年（1530 年），钟芳调任留都南京任太常寺卿（正三品）。南归扫墓祭祖后于次年上任。到任后兼任国子监祭酒，亲自讲论经义。胄子莫不感动而尊钟芳为"学圣"。

嘉靖十一年（1532 年），钟芳升任南京兵部右侍郎（正三品），革除弊政。该年八月，钟芳再次请求致仕归乡，未获恩准。

嘉靖十二年（1533 年），钟芳改任南京户部右侍郎（正三品），奉旨总督太仓，整顿漕政。钟芳以才不能胜任为由第三次请求致仕归乡，仍未获恩准。其间因大同兵变，钟芳奏请只诛杀叛逆者、招降胁从者，不镇压殃及无辜百姓，其政见与当朝"以多杀首级为贵"的理念不合而被罢免职位，后官复原职。

嘉靖十三年（1534年），南京太庙遭雷电失火，钟芳陈上《自陈不职疏》将失火责任归咎为自己渎职而第四次请求致仕回乡，终获恩准。于是钟芳迁居至其原籍琼山府城的达士巷居住，辟出一室取名"对斋"，余生不进闹市，唯以读书著述为乐。

嘉靖二十三年（1544年），钟芳回乡居住十年后，因病逝世，享年69岁。朝廷追赠其为都察院右都御史（正二品），赐葬于琼州府琼山县东山镇钟宅坡。

钟芳高中进士后，因为才华横溢而被选入翰林院，本应是官运亨通。不料因刘瑾之案的牵扯从原本高高在上的京官，被迫贬至宁国府担任推官，从此开始在安徽、福建、浙江、广西、江西等地辗转颠沛，所幸因钟芳在各地任上都卓有成效，故而能得以一路升迁。钟芳为官一生，担任过法官、文官、学官、武官和财官，真可谓"洋洋文教，赫赫武备"。

二、家风熏陶，良师点拨

（一）家风、村风的熏陶

钟芳出生寒微，祖上虽为三国魏太傅钟繇，但传至宋代龙图学士钟佃时，因其受命征战南方而最终落籍于琼州，已经是地位不太高的军户。传到钟芳祖父钟京时更是家道中落，以至于钟京在很小的时候就被过继给其母亲的娘家抚养，并随了母亲的娘家姓黄。于是钟芳的父亲钟明也随黄姓，即便到了钟芳这一代，仍旧姓黄。所以钟芳早年一直被唤作"黄芳"。而且钟芳的儿子钟允谦早年也是随黄姓，其在嘉靖八年（1529年）高中进士时，榜上登的仍是黄允谦。最终钟芳一家得以恢复钟姓完全是由于钟芳的不懈努力，钟芳分别于正德三年（1508年）高中进士和嘉靖二年（1523年）任广西布政司之时向皇上上疏，奏请恢复"钟"姓，但都没有获得恩准。后来钟芳第三次上疏，其奏折感动了时任大司马的王荆山。王荆山从中加以疏通最终使得钟芳复姓之事得到了皇上的恩准，而且其家族相对低贱的军籍出生也一并被解除。由此可见，在钟芳光耀门楣之前，它的家境是比较困难的。

　　钟芳的父亲钟明是靠种田、卖浆养家的。尽管家境清贫，但钟芳的父母却勤劳节俭，贤德大义。钟明夫妇为求生计，常在宁远河路旁搭建茅寮卖浆，以供过往行人解渴、休憩。二人做买卖童叟无欺，多得百姓称赞。一天清早，有位姓陈的小吏在茅寮中喝浆解渴，休憩完后因着急赶路，将随身的包裹遗落在寮中。钟明夫妇捡到包裹后打开发现其中有三百金。二人并未将重金占为己有，而是张贴失物招领告示等候失主前来认领。傍晚收摊之际，仍旧没人认领，钟明夫妇不顾家中尚有饿着肚子的孩子，仍旧在寮中等候。终于在深夜等着了慌慌张张、极为焦虑的陈姓小吏。经过核实无误，钟明夫妇当即将全部钱财归还给失主。这笔钱财本是陈姓小吏从百姓手中收上来的税收。官银被弄丢了，他早已心急如焚。没想到这笔官银还能原数不动地找回，陈姓小吏喜出望外，愿意拿出一半银子来酬谢钟明夫妇。钟明夫妇直言："吾不私其全，而利其半乎？亟投柜，吾卖浆足自给也。"毅然谢绝其好意。钟明夫妇拾金不昧的故事于是在崖州各地传为美谈，这个故事也被收录在《钟氏族谱·钟筼溪年谱》之中。清光绪年间崖州知州唐镜沅为纪念和宣扬钟明夫妇拾金不昧的举措，专门修建了一座寮，并将其命名为"还金寮"，并刻碑记之。碑上《鼎建钟公还金寮序》中写道："坐视数百金，弃之如敝履，与圣人富贵浮云之心何异哉？"[①]可见钟明虽只是一介卖浆郎，但却因其高尚的品德，受到了世人的尊敬和赞誉。钟芳就是在这种高尚品德和良好家风的熏陶中逐渐成长起来的。所以钟芳在各地为官都能做到富贵不淫、贫贱不移、威武不屈。

　　钟明夫妇虽然家境清贫，但对几个孩子的教育却非常重视，他们坚信"万般皆下品，唯有读书高"。钟明夫妇有钟苏、钟芳、钟英三个儿子，钟芳排行老二。钟芳幼年母亲去世，后由继母抚养。之后大哥钟英和父亲钟明相继去世。继母独自抚养钟芳和钟英。继母也极为重视教育。她一人挑起家里家外所有重担，只为让钟芳和钟英能专心求学。若不是在乡试渡海中惨遭海难而葬身大海，钟芳的弟弟钟英也将光耀门楣。

　　钟芳的父母与继母这种重教的传统既是家风熏陶的结果，更是受到村风的影响。钟芳所居住的崖州高山所（今三亚水南村）尽管偏居海外一

---

　　① 作者注：今三亚崖城孔庙内仍存放着此碑。

隅，但却也是个人文化成的宝地。这主要得益于唐宋元时期谪居此地的文人。据传，唐代高僧鉴真大师、宋代诗僧惠洪大师都曾在此居住过。唐宋时期，因奸臣陷害而遭贬崖州的很多贤臣名相，诸如初唐宰相韩瑗、晚唐宰相李德裕、北宋宰相丁谓、北宋宰相卢多逊、南宋宰相赵鼎、爱国名臣胡铨等都寓居于水南村。元代著名诗人王仕熙、女纺织家黄道婆也都曾寓居于此。因为这些谪居的名人才士兴办教育、改化民风的举措，孤悬于最南端的水南村渐渐成了礼乐兴盛、人文昌茂之地，而今被誉为海南四大文化古村之一。

钟芳受到水南村文化氛围的熏陶，自幼聪颖过人，于是其父母更是对他寄予了厚望。相传钟芳 7 岁时，崖州地区干旱歉收，为补贴家用，钟芳祖父钟京将家中的一匹马卖给了马贩子陈士郎。在订立卖马的契约凭证时，文化水平不高的钟京面露难色，于是唤得钟芳前来撰写。马贩子陈士郎起初深表怀疑，看完钟芳的《马契》诗后却大赞其为"神童"，最后甚至连马都不要了，而将买马钱赠给钟芳以作读书之用。这首让人刮目相看的《马契》诗内容如下：

> 立契高山钟锦堂，西里买马陈士郎。
>
> 家中早养马一匹，今年天旱马难当。
>
> 聚首会面先商议，善价而沽不久长。
>
> 钱马过交后不反，任君骑过龙眼山。

可见，钟芳确实自幼聪颖过人。此外钟芳也善于作对子，于是有了崖州地区流传的佳话。木屐店老板出上联："入吾门矮二寸"；钟芳对言："出你店高三分"。于是店家赠送给钟芳和他父亲各一双鞋。此时，携着娘子路过的小官吏恰巧看到这一幕，于是戏谑钟芳："父一双，子一双，两双欠账。"小钟芳对言："官两口、娘两口，四口吃人。"由此可见少年钟芳的聪敏。所以钟芳少年时便在崖城小有名气，被时人誉为"崖州神童"。

（二）良师的教导

钟芳受到家风、村风的熏陶，聪慧过人。而其能在 25 岁时乡试中举、名列亚元，仅仅靠聪慧是远远不够的，还需要有良师的指引。关于钟芳的良师，不得不提到纪纲正。纪纲正，字恒之，其祖上因被贬谪戍边而迁居崖州。纪纲正博览经史百家，且颇有气节。然而屡次科考却都名落孙山，而且还屡受排挤，于是无心科考而选择退居家乡"振兴崖州儒学"。回乡后，他将自家一室收拾出来题名为"东崖"，自号"东崖先生"。于是他"读书老其间，无复有功名心，钩深探赜不知倦"①。在他看来"书如灵丹，服之便可入仙，穷通修短浮沤耳，奚欣戚之为"②，所以他一生都手不释卷，除非是病得太厉害。纪纲正还依此创办了"东崖书舍"用来教书授业，并慷慨捐出大部分祖产用以助学。一时崖州学子纷纷前来求学，"凡进谒聆謦欬者，罔不踊跃思奋，崖之学者多出其门，文昇武弁皆尊尚之"③，可见纪纲正办学兴教受到了崖州各阶层人民的推崇。

钟芳的父母也在这时将钟芳送入纪纲正门下的。钟芳在纪纲正门下潜心求学，纪纲正也因钟芳的年少才高而对其格外关注，并将其视为自己的得意门生。正是因为纪纲正的发蒙点拨，钟芳才得以在 10 岁时便考入崖州学宫继续深造。弘治十八年（1505 年），踌躇满志的钟芳正在为会试做准备时，恩师纪纲正去世。钟芳闻讯深感悲痛，于是作《祭东崖纪公文》（旧稿）、《祭纪东崖文》（甲戌稿）和《东崖先生纪公墓志铭》以尽哀思。铭文中，钟芳对恩师给予了很高的评价，钟芳称"先生积学渊宏，秉心刚毅。怀玉不售，卒老遐荒"④，他认为恩师博学多才却不得扬名，就如同藏于木椟之中宝玉。他感慨"先生挺生幽退，苦学厉行，于古有光，而弗克显名于天下"⑤，而自己作为先生门人却不能为恩师分担一毫，也不能弘扬

---

① 钟芳著，周济夫点校：《钟筼溪集·东崖先生纪公墓志铭》，海口，海南出版社，2006 年，第 381 页。

② 钟芳著，周济夫点校：《钟筼溪集·东崖先生纪公墓志铭》，海口，海南出版社，2006 年，第 381 页。

③ 钟芳著，周济夫点校：《钟筼溪集·东崖先生纪公墓志铭》，海口，海南出版社，2006 年，第 381 页。

④ 钟芳著，周济夫点校：《钟筼溪集·祭纪东崖文（甲戌稿）》，海口，海南出版社，2006 年，第 332 页。

⑤ 钟芳著，周济夫点校：《钟筼溪集·东崖先生纪公墓志铭》，海口，海南出版社，2006 年，第 382 页。

恩师之名，由此深感羞愧。钟芳对先生"学以全知，教以广仁"[①]的高尚师德甚为崇敬，对先生"兹叨宠荣"的拳拳师恩感谢不已。事实上，钟芳对纪纲正的夸赞也并非"学生之私老师"的谬赞，纪纲正慨捐祖产、教书授业，耕读终老、表正乡邻的举措确实堪称仁德表率，由其被今人尊崇为崖州历代儒林乡贤之首也可见一斑。有这样的良师指引，钟芳在才学增进和德行修养上都受益非凡。

日后，钟芳将从家风、村风、师风中习得的这种严谨的学风和仁义的德行传承给了自己的后代。其长子钟允谦于嘉靖八年（1529 年）高中进士。钟芳父子由此成为海南历史上屈指可数的七对父子进士之一，被崖州之人称赞为"海外衣冠盛世"。钟芳次子钟允直于嘉靖元年（1522 年）年仅 20 岁时就乡试中举，比父亲钟芳和大哥钟允谦中举都要早。然而天妒英才，体弱多病的钟允直在 24 岁尚未来得及参加会试时就英年早逝。即便如此钟家一门三贤也仍旧为当时崖州地区所罕见，而为时人所称道。

三、钟芳的主要著作及思想

钟芳高中进士时就因其来自天涯海角的偏远之地而遭受质疑。质疑解除后，钟芳被选入翰林院，在京城便小有名气，时人称赞其为"丘文庄后又一南溟奇才"。这种将其与丘濬相比拟的夸赞不仅得到了时人的认同，今人也甚为认可。今人将丘濬和钟芳喻为海南岛或称琼崖一北一南的两颗巨星，是海南文化史上最闪耀的两颗明珠。此外，钟芳与丘濬、海瑞还被世人并称为"琼州三星"，认为钟芳上承丘濬、下启海瑞。钟芳之所以得到这么高的赞誉，主要在于他的"仕优学然"。

仕途上，在"非进士不得入翰林，非翰林不得入内阁"的明朝，钟芳的翰林出身为钟芳的名誉添色不少。这也正是时人认为其是"丘文庄后又一南溟奇才"的主要原因。因为丘濬也是高中进士后就被选入翰林院。与丘濬长久供职于翰林、一路升迁、终入内阁的亨通官运不同的是，钟芳在被选入翰林后却经历了较大的滑铁卢。从翰林出身的天之骄子而被迫沦为

---

① 　钟芳著，周济夫点校：《钟筼溪集·祭东崖纪公文（旧稿）》，海口，海南出版社，2006年，第 332 页。

宁国府一介小小的七品推官。但是钟芳从这个断决诉讼的小法官做起，为官一任、造福一方，也获得一路升迁，最终官至正三品南京户部右侍郎，死后被追赠正二品都察院右都御史。尽管钟芳在生前官位品级上与官至从一品少保兼太子太保的丘濬相差甚远，但就钟芳在官位上的贡献及受时人的爱戴程度来看，却不比丘濬低。丘濬一生以文字治天下，其为官成就多在著书修史，涉及实政的就是革除科考弊政，改善学风、考风、文风。相比而言，钟芳却是事务型官员。钟芳担任过断决诉讼的推官、治理一市或一省的同知或布政使、掌管官员功勋的吏部稽勋司郎中、掌管人事考核与安排的吏部考功司郎中、督查教育的提学副使、讲授经义的国子监祭酒、领兵作战的兵部侍郎和总督太仓的户部侍郎等。在各任上尽管涉及法务、教育、人事、军事、财政等诸多方面，钟芳都卓有成效。钟芳廉洁自守的节操和惩恶除霸的举措也多受当地百姓拥戴。

（一）钟芳的主要著作及其与理学名家的交流

相比于仕途的成就，著书立说才是钟芳扬名青史的主要原因。钟芳学识渊博，历史、律法、军事、经济、教育、医药、数术皆有涉及。其一生著述颇丰，主要有《钟筠溪家藏诗文集》《春秋集要》《学易疑义》《小学广义》《皇极经世图》《续古今纪要》《崖州志略》《读书札记》《养生举要》等。钟芳生前尽管笔耕不止，却无心于扬名立言。钟芳弟子多次恳请将其著作结集出版，但是因为钟芳的谦逊低调，其诸多的著作在生前并没有被刻印传播。而且钟芳去世时仍留有遗言告诫家人，其著作书稿只可家藏用以训诫子孙后代，切勿高调示众。但其长子钟允谦不忍父亲一生心血付诸东流，而将父亲的遗稿整理刻印，命名为《钟筠溪家藏集》，当时有幸能读到此书的名流雅士都赞叹不已。然而因为刻印的份数不多，所以在当时并未获得广泛流传。所幸宁波的天一阁珍藏了一本，并且在撰修《四库全书》时将其进献出来，所以钟芳的主要著作得以被编入《四库全书存目》。遗憾的是，《四库全书》只是"存目"，即只在目录中收录了钟芳的著作，著作内容却并没有被收编进去。《明史》中也是如此，只列出了"钟芳《学易疑义》三卷""钟芳《春秋集要》二卷""钟芳《小学广义》一卷""钟芳《续古今纪要》十卷"的字样，而没有收录其文，以致钟芳的著作和思想并没有产生广泛的影响。当今北京大学珍藏的《钟筠溪家藏

集》刻印本是目前所能发现的唯一藏本，1997 年经由齐鲁书社影印出版，于是今人才有幸得以拜读钟芳的大作。

尽管钟芳的著作并没有在其生前得到广泛的传播，但钟芳博学多才、思想精深的美名却并未因此而有所损减。这主要得益于两点：其一，钟芳在任国子监祭酒时名声大振，钟芳讲论经义，求诸身心，在座太学胄子为之感动。朝廷诰命中称赞钟芳"学识宏博，造诣精纯，早蜚声于翰院"。其二，钟芳与明代著名心学家王守仁、罗钦顺、王廷相、吕楠等人交往颇多，这些名人的著作有不少是由钟芳作序的，这也说明钟芳在理学圈中有着一定的影响。

具体说来，钟芳与王守仁的交往开始于嘉靖六年（1527 年）。当时兵部尚书王守仁奉命总督两广军务，镇压广西田州土官的叛乱，时任广西布政司右参政的钟芳向王守仁献上"分置土官、仁义招抚"的策略，最终不动一兵一卒便平息了叛乱。之后钟芳又协助王守仁攻破断藤峡、打通阻隔长达 70 年的交通，并继而平定了湘军的兵乱。由此，王守仁对钟芳刮目相看。二人常在作战之余切磋思想。之后钟芳与王守仁虽然没有直接的交集，但有缘的是他们都在江西任过职。正德十二年（1517 年），王守仁以都察院右佥都御史的身份巡抚赣南，并且在赣南主政长达三年，其间王守仁运用其哲学思想治理赣南，促进了当地理学思想的发展。钟芳则在嘉靖七年（1528 年），担任江西右布政使。更为凑巧的是，就在这一年，王守仁因病请辞归乡，途经江西南安青龙铺（今江西省赣州市大余县青龙镇）时病重身亡。钟芳闻讯悲痛万分，披麻送行，并撰写《祭王阳明文》一篇以尽哀思。祭文中言："某岭海末学，忝在交游，宦辙所经，每亲绪论。"[①] "某岭海末学"是钟芳对自己的谦称，由此可以看出，王守仁常与钟芳谈论理学思想。而钟芳也皆有所受益，于是他又道："退而取其大旨，略其异同，循其所可循，而不辨其所不必辨，盖其过激处于圣教未尝损，

---

① 钟芳著，周济夫点校：《钟筼溪集·祭王阳明文》，海口，海南出版社，2006 年，第 334 页。

而鞭辟近里处于学者则有益也。"① 可见，钟芳认为他们二人的思想是大同小异，他对王守仁的思想是有所保留地接受。钟芳在给著名理学家罗钦顺的回信中具体地阐述了他对王守仁的"不辨"与"吸取"，在一定程度上为王守仁做出了辩护。

"故愚于阳明格致之论，置之不与辨者，正执事所谓堆叠无用，知其决不能易程朱之说，而不必辨也。然因渠所论以沉潜圣门之教，反覆曾子三重笾豆有司，及子夏切问近思等言，殊觉猛省，不敢泛滥，驰骛无益，虽极愚陋，不能推广知识，而鞭辟近里，似亦不为无助。故于渠知行合一之说，取其意不袭其辞，借其言以发明圣学之准的，而俗学之卑陋，禅学之空虚，皆洞见其用意之私，而惟恐陷溺乎其中也。"②

钟芳对王守仁思想不作争辩的部分正是王守仁龙场悟道所得的关于格物致知的独到理解。王守仁认为格物不是向外求，而是反求诸己，因为在他看来"圣人之道，吾性自足，向之求理于事物者误也"。钟芳对此并不赞同，但也不作争辩，因为他认为王守仁的思想"决不能易程朱之说"，所以没有必要特意分辨。殊不知，此格物致知之论却是王守仁心学（阳明心学）与程朱理学的重要分别之处，是极需要加以辨别的。其次，钟芳也承认王守仁的一些言论有愚陋之处，不值得驰骛，但王守仁"鞭辟近里，务求实得"的功夫对于为学求道却是有益的。至于王守仁"知行合一"的思想，在钟芳看来，不要过分拘泥于其措辞，应取其知与行合一、强调实践的要意而为捍卫儒家正统道学所用。在钟芳看来，彰显阳明心学至少比学者陷入程朱末学卑陋支离和禅学空虚无根的泥潭之中要好得多。

明中叶，还有一位著名理学家也与钟芳交往甚深。这就是能与王守仁分庭抗礼的罗钦顺，时人称其为"江右大儒"。钟芳与罗钦顺的交集则主要是钟芳任南京吏部稽勋司郎中和考功司郎中期间，钟芳不接受官员的贿赂，秉公考核评定官员，因而受到了时任吏部尚书罗钦顺的器重。罗钦顺

---

① 钟芳著，周济夫点校：《钟筼溪集·祭王阳明文》，海口，海南出版社，2006年，第334页。

② 钟芳著，周济夫点校：《钟筼溪集·奉罗整庵第二书》，海口，海南出版社，2006年，第281页。

除了在政事上征求钟芳的意见外，平日还经常与钟芳探讨理学思想。之后尽管不在一处共事，他们二人还常有书信往来。《钟筠溪集》收录了钟芳回复罗钦顺的四封书信，分别为：《奉罗整庵太宰书》《奉罗整庵第二书》《奉罗整庵第三书》和《复罗整庵书》，信中主要探讨"格物致知"等理学问题。此外，罗钦顺更是邀请钟芳为其理学名著《困知记》作序。在序中，钟芳对罗钦顺此书的思想给予了很高的评价：

> 整庵先生慨然以卫道为己任，爰述是编，根据往言，意皆独得。于凡理气之微，心性之辨，圣学之旨要，治道之机括，神化之妙用，信口拈掇，新意出焉，非允蹈之不能若是亲切有味。至论朱陆异同，尤为明确，真膏肓之针砭。要之儒与释氏所以异，不越乎思、寂一字间，先生于此搜剔不遗余力，辟榛芜而反之正，自昔排斥异教，未有若是悉者，卫道于是乎有功矣。[①]

钟芳认为罗钦顺在理气、心性、圣道等精微之处都有独到的见解，论及朱陆（朱熹、陆九渊）之学的异同则能切中要害，而对佛教异端思想的排斥则能一针见血。所以在钟芳看来，罗钦顺在捍卫儒家圣人之道上有功。

明代还有一位与罗钦顺一起构建了"气学"论的理学大家也与钟芳交往甚密，此人便是王廷相（号浚川）。王廷相被誉为"明代前七子"之一，可见其在文学上的造诣。其实王廷相除了擅长诗文，他在理学思想上也有独到的见解。钟芳与王廷相的交往也源自共事。嘉靖十一年（1532年），钟芳升任南京兵部右侍郎。此时他的直属上级正是担任南京兵部尚书的王廷相。王廷相听取钟芳"清除累旧，精简队伍"的建议，顺利地革除了"马快船"积累已久的弊政、保证了朝廷的军需供给。于是王廷相对钟芳颇为器重。而二人都曾被贬至宁国府任职的相似经历又使得二人惺惺相惜。于是二人在私下里常常相聚在一起吟诗论道。《钟筠溪集》收录了钟芳拜读王廷相诗作的《读浚川诗》，贺王廷相在南京任满的《〈贺司马浚川王公荣满〉二首》及《贺浚川先生王公荣满序》，和王廷相诗文韵律

---

① 钟芳著，周济夫点校：《钟筠溪集·〈困知记〉序》，海口，海南出版社，2006年，第102页。

的《和王司马浚川韵奉寄》及《〈长至前二日赏东麓亭和司马王俊川韵〉二首》，可见钟芳私下与王廷相交从甚密，二人也曾一道出游赏景、即兴对诗。其中《和王司马浚川韵奉寄》一诗中讲述了钟芳与王廷相相识相交时，钟芳在地位、名气上都与王廷相悬殊较大，以致时人以小人之心讽刺钟芳对王廷相有谄媚之嫌。王廷相却能不计云泥之别而与钟芳相惜相济、共定杵臼之交。其诗文如下：

> 我昔漫游天帝都，一柯敢谓安丘隅。
>
> 为轮为弹信所遇，时人却笑非善图。
>
> 浚川海内知名久，甫川英风互先后。
>
> 我如小鸟无高翔，出谷嘤嘤在求友。
>
> 几回和月拜枫宸，长安紫陌飞霜轮。
>
> 一朝解组向林樾，仙凡谁谓分天人。
>
> 踟蹰饯赠情何极，瑶篇绮句铿金石。
>
> 归悬古壁隐苍龙，伴我行吟共栖息。
>
> 鸥沙坐占岂伤廉，从前汗漫成虚淹。
>
> 回瞻何啻九万里，五云乔岳森岩岩。[①]

除此之外，王廷相还邀请钟芳为其诗集《王氏家藏集》和理学集《慎言》作序。由此可见，二人交往之深。

钟芳与理学大家吕楠（号泾野）也有很深的交谊。钟芳与吕楠同为正德三年（1508 年）登榜的进士，钟芳位列二甲第三，吕楠则是状元。二人皆被选入了翰林院。钟芳和吕楠同在翰林院任职，平素交往也很多，工作之余，他们二人经常讨论理学问题。从《钟筠溪集》收藏的钟芳与吕泾野的两封书信《与吕考功泾野》和《复吕泾野》来看，二人私下里还通过书信讨论理学思想，他们讨论的主要是朱陆之分、格物致知说和王守仁的知行合一说等理学问题。

据琼山后学林士元记载，钟芳不仅与王守仁、罗钦顺、王廷相、吕楠等理学名家私交颇深，其与理学名家湛若水（号甘泉）和何瑭（号柏斋）

---

① 钟芳著，周济夫点校：《钟筠溪集·和王司马浚川韵奉寄》，海口，海南出版社，2006年，第 579 页。

也有往来。钟芳常与这些名家相聚或是书信论道，并且这些名家的名著还有不少是由钟芳作序，这足见钟芳在当时理学界小有影响。钟芳自身本就博学多才，加之经常与这些理学名家交流思想，其理学功底日渐深厚，思想造诣也越发高深。琼山后学林士元在《筠溪文集后序》中给予了钟芳极高的评价："愚观月湖所辑《国朝理学名臣录》，薛文清为盛，近时诸公讲学，整庵为盛，嗣有录者，其迨整庵与我筠溪矣。"①在林士元看来，钟芳也是可以入选《国朝理学名臣录》的人物。

（二）钟芳的理学思想

1. 格致工夫

"格物致知"一词源自《大学》所言的"格物、致知、诚意、正心、修身、齐家、治国、平天下"，因《大学》在宋明时期被推崇至很高的地位，大学的八条目也受到儒家学者的强烈关注。其前两条目"格物致知"则成了宋明理学的一个重要概念，是学者为学的重要功夫之一。因为《大学》中只言其字，却并没有详细解释其含义，所以同是"格物致知"，理学两大主要流派程朱理学和陆王心学的解释却大相径庭。

在朱熹看来，"理即事"，"格物致知"就是"即物而穷其理"，如何去格物而穷究其理，则是程颐所谓"今日格一物，明日格一物"，然后脱然自有贯通处。所以，程朱理学认为格物致知是在基于"理一分殊"的前提下，向外在的万事万物中去穷究得天理。这种格物并不强调将世间万物一一格尽，而是于一事上穷尽，其他可以融会贯通。然而在陆九渊看来，"天之与我者，即此心也""心即理也""此理本天之所与我，非由外铄"，于是其言"宇宙即吾心，吾心即宇宙"，所以学者穷理不是向外在世界"格物"，而是向内"格心"，即反求诸己。

王守仁先生曾笃信朱熹的格物之学，于是对着庭院的竹子"格"了七天七夜却一无所获。最终在龙场悟得"圣人之道，吾性自足，向之求理于事物者误也"，而与陆九渊殊途同归。于是王守仁放弃了格物的功夫，转向了"致良知"，即知行合一的功夫。

---

① 钟芳著，周济夫点校：《钟筠溪集·筠溪文集后序》，海口，海南出版社，2006年，第702页。

　　钟芳在与罗钦顺书信往来时也详细地阐明了自己对朱熹格物致知的理解和对王守仁放弃格物功夫的看法，从中可以看出其对"格物致知"独到的见解。对于程朱强调格物致知的功夫，钟芳是比较认同的。他说"若格物致知，则《或问》所引程子九条乃学者用力之序，后五条则涵养本原之功。要之皆自《中庸》尊德性道问学来，九条者道问学之事，五条者尊德性之功，此存心致知，交修并进者也"①。可见钟芳不仅认同程朱对格物致知功夫的强调，而且在"尊德性"与"道问学"上也不认同部分人所持有的"朱子重道问学，陆子重尊德性"的看法。钟芳认为程朱在"尊德性"与"道问学"上是合一的，格物致知功夫即是二者合一的体现。所以，钟芳进一步指出"学者欲穷究夫所当然之则，与其所以然之故，而不于天理人事致力，将曷据焉"②，以强调格物致知的必要性。但是钟芳对程颐的格物致知之说，也不是全盘接受，而是有所保留的。

　　钟芳以"力有弗逮"的委婉方式拒绝了程颐谈论天地、鬼神的玄妙之语，以"程子盖偶及"来摒弃了程颐要从渣滓沉痼中窥得万物生生的盎然春意及天道大化流行的思想。若是细论二程的话，钟芳显然更亲近程颐而不是程颢。但是钟芳认为程颐于读书、讲明道义、评论人物中去格物的务实功夫，还是可取的。而且其天理散于万事万物之中，学者要不断涵养以贯通天道的宗旨也是值得推崇的。由此看来，钟芳在为学求道上还是比较务实的。这与其同乡先贤丘濬下学以上达的思想也有异曲同工之处。

　　钟芳明确地指出不能将程子的"格物"作机械的理解而去就一草一木死死的格，也不是要试图将世间的万事万物一一格尽，这是颜回一样的圣贤之人也无法做到的事情。程颐所说的"今日格一物，明日格一物"和孟子所谓"万物皆备于我"，并非是就自然界中物的实体而言，而是就其中所蕴含的人伦事物之理而言。所谓"故穷理未有出于六经"，即是说圣人典籍高度地涵盖了人伦事物之理，所以读圣贤书就是格物穷理的最好抓

---

　　① 钟芳著，周济夫点校：《钟筼溪集·奉罗整庵太宰书》，海口，海南出版社，2006年，第 277 页。

　　② 钟芳著，周济夫点校：《钟筼溪集·奉罗整庵太宰书》，海口，海南出版社，2006年，第 278 页。

手。这点，钟芳与丘濬的看法极为一致。其实在这段文字中，钟芳作为程颐的卫道者，尽管他没有明确地指出卫道所针对的对象，但也可以推测出其所指的是支离空疏的程朱末学和专心"格"竹子无果后放弃格物的王守仁。

接下来的卫道，钟芳的看法则是对程颐"格物致知"有所发挥了。在钟芳看来，格物穷理并不只是往外求，还要反求诸己，关照自我内心，于心意、念虑之处穷得天理。钟芳认为"如此，则格物与诚意本自相关，何谓其支离而悬绝耶"。所以钟芳试图通过反身观照自我内心的意念将格物和诚意、将道问学与尊德性统一起来。钟芳以此为程朱理学卫道，并认为如此才能纠正程朱末学的流弊和阳明心学的空虚，即所谓："俗学不达此理，正因认物字之误，而又本无反身实践之功，故其为学泛滥支离而失之杂。阳明厌之，而谓格致之说启之也，遂傲然以程朱为非，是率天下于空虚固陋之归己，岂不误哉！"[①] 然而，事实是，钟芳在卫道时已经无意识地受到了王守仁的影响，而表现出要调和程朱与王守仁的意向。所以他在《奉罗整庵第二书》中指出"于阳明格致之论"可以"置之不与辨"，尽管钟芳说"不与辨"的原因是"知其绝不能易程朱之说"而没必要辨，但是在"需不需要格致""是格物还是格心"这样大是大非的问题上都"不与辨"的话，似乎是一个正统的程朱理学者所绝不能接受的。有意思的是，尽管钟芳在信末说了"不与辨"，但是在这封信中钟芳实际上已经辨了，只不过他不是与王守仁直接辨而已。

钟芳认为王守仁舍弃格物的功夫而以致良知来替代不免过于任性作为，容易误导学者借口"良知"而趋利避害以满足私欲。因为对这个"良知"没有一个客观的诠释标准。钟芳继而说道，孟子所谓人人都可以成圣成贤也并不是靠"良知"的自觉来达成的，而是要通过勤学努力来实现的。在孔子看来勤学极为重要。所以在子路说出没必要读书时，孔子曾对其加以斥责，并做出"六言六蔽"的训诫。孔子认为，"仁、知、信、直、勇、刚"（六言）是君子所推崇的良好品德，但是如果"不好学"的话，

---

① 钟芳著，周济夫点校：《钟筼溪集·奉罗整庵太宰书》，海口，海南出版社，2006年，第279页。

此"六言"即会成为"六蔽",即"愚、荡、贼、绞、乱、狂"。钟芳借孔孟之言阐明王守仁所谓"致良知"而"自得其理"是难以实现、同时也是不符合圣训的。所以钟芳进一步阐述古人在学习"洒扫应对,事亲敬长"时也还要"学习诗书礼乐",意在强调学者既要在事物上磨炼,也要读书明道,并以此回应王守仁只就事物上磨炼以求得"致良知"而不太重视后天学习的思想。

然而,尽管钟芳对王守仁的致良知有明确的抨击,但在信末,钟芳还是采取了有所取舍的相对宽容的态度。所以钟芳对王守仁"知行合一"学说的态度不是严厉抵制,而是"取其意不袭其辞"。王守仁的知行合一是基于其"良知"观点所进一步提出的"致良知"的工夫。王守仁认为人人皆有良知,但良知总是被人的私欲所蒙蔽,所以要在"事上磨炼"以"去蔽明心",让良知呈现出来并扩充到事事物物,即"致良知"。"致良知"是"自觉其良知"的"知"与"良知扩充至事物"的"行"的统一。从"致良知"的层面看,"知"即是"行","行"即是"知",知行是合一的。钟芳所谓"取其意"并没有明确指出如何取其意。但从钟芳对王守仁的批评以及钟芳为学笃实、强调读书与实践相统一的精神来看,钟芳应该是要舍弃王守仁"致良知"之说,而取其"于事物上磨炼"的务实之意,即钟芳所一直强调的"学无大小,以行为本"。

钟芳对王守仁的"不辨",对阳明心学思想的"纵容",可能出于以下原因:一是鉴于与王守仁的交情,不可过度争论。二是钟芳已经无意识地受到了王守仁思想的影响,对其思想的容忍度增强。三是钟芳持有客观、理性的治学态度,所以对阳明之学是有选择地接纳,如他对王守仁"鞭辟近里"的工夫,即层层分析、切实为学的工夫还是颇为认可的,他认为这对学者有所助益。四是为了纠正程朱末学的流弊,钟芳需要对阳明心学和程朱理学加以调和。这一点应该是最主要的原因。

2. 理气关系

理气关系是宋明理学的重要命题之一。对于这一命题,大理学家朱熹有系统的论述。简而言之,"理"在朱熹的思想体系中是一个具有本体意义的范畴,是他学说体系的核心。在理气关系上,朱熹认为理和气是"二物";就二者先后关系上来说,朱熹认为二者本无先后可言,但是硬要分出个先后，则是先有"理"，后有"气"。总的来说，朱熹比较侧重谈"理"，通过"理一分殊"来构建他的理学体系，对"气"则没有作过多的分析。

钟芳在理气关系上是朱熹的忠实拥护者。在《钟筠溪集》中收录了钟芳撰写的一篇《理气》论，其思想与朱熹大体一致。钟芳撰写这篇《理气》论，不单纯是为了记述朱熹的理气思想，而是有针对性地回应他所处时代其他学派对朱熹理气观的非议，即"卫道"。

钟芳说："《易》曰：'一阴一阳之谓道。'本义云'阴阳叠运者气也，其理则所谓道'，语意本无可疑"[①]。在钟芳看来，《易传·系辞》中的这句话表明气和理是二分的：气是气，是阴阳的交替运行；理是理，是阴阳之气交替运行中所蕴含的规律。钟芳认为这本来就是非常清晰明了的，但是"近来学者议其析理气为二，是未得其旨也"[②]。这些抨击朱熹"析理气为二"是"未得其旨"的学者认为"则理之与气，固未尝离而为二，亦未尝混而无"[③]。他们认为"理"就是指阴阳之气的理，理、气本是合一的，二者无先后之分。但钟芳却认为"若谓理气不可分言，则夫子何为分之，曰太极生两仪乎[④]"。紧接着，钟芳又从孔夫子所言的"性相近也，习相远也"，做出剖析论证，仔细辨别孔子的"性相近"之"近"，指出"性相近"不是"性相同"，但也不是"性相异"。那么"性"中的"同"和"异"都是来自于哪里呢？钟芳认为分别是来自"理"和"气"。"气虽不齐，而理无不善。不善者气逐乎物，而淫于邪，善则理御夫气，而合乎天则者也"[⑤]。所以在钟芳看来，"气"和"理"是二物，"理"是相同的、是纯善的，"气"却各不相同。人的善与不善，就在于"理"能不能驾驭"气"。就"理"之"纯善"来看，钟芳认为《易传·文言》中所言的乾坤之德"极诚无妄，张子所谓天地之性，而孟氏性善之说所自出，盖独得夫

---

① 钟芳著，周济夫点校：《钟筠溪集·理气》，海口，海南出版社，2006 年，第 208 页。

② 钟芳著，周济夫点校：《钟筠溪集·理气》，海口，海南出版社，2006 年，第 208 页。

③ 钟芳著，周济夫点校：《钟筠溪集·理气》，海口，海南出版社，2006 年，第 208 页。

④ 钟芳著，周济夫点校：《钟筠溪集·理气》，海口，海南出版社，2006 年，第 208 页。

⑤ 钟芳著，周济夫点校：《钟筠溪集·理气》，海口，海南出版社，2006 年，第 208 页。

本真者也"①，也就是说张载所讲的"天地之性"、孟子讲的"人性本善"都是就"理"的层面而谈的，是《易传·系辞》所讲的"继之者善也"的那部分。所以，钟芳坚定地持有"理""气"二元并共同影响"人性"的观点。他强烈指责当时部分学者所持的"性一"说，认为这是将尧、桀混作一谈，背离了圣人立教的本意。

钟芳在《理气》篇中对"人性"的探讨并不是为了解决人性论的问题，而是为了阐明其所持的"理气"观，即理气为二物。所以在《理气》篇中，钟芳先从理气关系切入，转而分析人性，最后又回归到理气关系的论述。钟芳在文末指出部分学者认为"太极非专言理，乃总阴阳混沦而言"②，这些学者意在说明太极即是言"理"，也是言阴阳之"气"，"理""气"是合一的。钟芳从"形而上"与"形而下"，"道"与"器"的关系的角度来阐明"理"是形而上的"道"的层面，气是"形而下"的"器"的层面。"道""器"不可能混为一谈，所以"理""气"也不可能混而为一。钟芳最后指出"今议者以元气流行为道，而昧乾坤之大德，失夫子之旨矣"③，直接抨击"理气一元论"者不符合孔夫子的思想，非儒家正统。

钟芳全文并未点出"今议者"的名字，但不难推测出其论难的主要对象是罗钦顺和王廷相。罗钦顺极为反对朱熹将"理""气"视为"二物"的观点，他认为"吾夫子赞《易》，千言万语只是发明此理，始终未尝及气字，非遗之也，理即气之理也"④。罗钦顺并不认为"理"可以单独作为"一元"，他认为"理"必须就"气"上求。基于其核心的"理气一元"论思想，罗钦顺试图消解"天命之性"和"气质之性"的分殊。王廷相则在罗钦顺的基础上，进一步坚定了"气本论"的立场，认为"理"为"气"之理，"气"之外没有悬空独立的"理"，并由此认为"性"出于"气"，气质之性之外无本然之性。可见钟芳所抨击的确属二

---

① 钟芳著，周济夫点校：《钟筼溪集·理气》，海口，海南出版社，2006年，第209页。
② 钟芳著，周济夫点校：《钟筼溪集·理气》，海口，海南出版社，2006年，第210页。
③ 钟芳著，周济夫点校：《钟筼溪集·理气》，海口，海南出版社，2006年，第210页。
④ 罗钦顺：《困知记·答林正郎贞孚》，北京，中华书局，1990年，第142页。

人无疑。而且，钟芳也确实与二人交往颇多，平素也经常相互论难，切磋理学问题。

从钟芳在"格物致知"和"理气关系"上的论断可以看出，钟芳尽管跟心学派的王守仁和气学派的罗钦顺、王廷相交往颇深，也多少受到了他们三人的影响，但骨子里，钟芳仍是个正统的程朱理学者。他与他的同乡丘濬一样，都扛起了革除程朱理学流弊、捍卫程朱理学正统的大旗，都是程朱理学的忠诚卫道士。不同的是，丘濬所处的年代，是程朱理学式微、白沙心学初兴的时期，丘濬并没有过多地受到心学思想的影响，而且丘濬与陈献章也没有直接的交流，所以丘濬对心学的排斥是极为强烈的，直接斥其为"异端"；而钟芳所处的年代尽管也是理学式微的时期，但却是心学大兴的时期。一方面，学者已经受到了白沙心学的影响；另一方面，阳明心学也日渐兴起并走向兴盛。而且钟芳与王守仁私交甚深，所以钟芳对阳明心学的批判显然要宽容得多，因而更多地展现出调和程朱理学和阳明心学的意愿。另外，与丘濬不同的是，钟芳在卫道时除了要面临心学的挑战，还必须面对气学所带来的威胁，所以钟芳还要扛起驳斥气学思想的大旗。不过，总的来说，钟芳与丘濬是"大同"而"小异"。二人思想的细微不同折射出的是程朱理学逐渐式微、心学以及气学逐渐兴起的思想变化。

尽管钟芳与理学名家王守仁、罗钦顺、王廷相等人都有往来论难，尽管琼山后学林士元认为其也是可以入选《国朝理学名臣录》的人物，但是钟芳却并未获此殊荣，钟芳在理学上的影响力也远不及三人。究其原因，思想史的攫笔者往往更青睐自成一家、领导一派的思想家。钟芳虽然有深厚的理学积淀，堪称一代大儒，但他毕竟没有创建出自己独特的思想体系，其在理学思想上的主要见解也没有超越程朱的理学框架。当然，这并不是说钟芳在理学思想上没有自己独到的见解，而且这也并不影响钟芳成为"岭海巨儒"，成为仅次于丘濬的明代海南历史上最具代表性和影响力的理学大儒。

第五节　明代"南海青天"海瑞

　　海瑞（1514—1587年[①]），字汝贤，号刚峰，明代琼山府城下田村（今海口市琼山区府城镇金花村）人。海瑞历经正德、嘉靖、隆庆、万历四朝，主要活跃于嘉靖、隆庆、万历年间。海瑞四岁丧父，由母亲谢氏独自抚养长大。谢氏性格刚直，对海瑞要求极为严格。在谢氏性格影响下，海瑞养成了刚直不阿、不畏权贵的性格。海瑞幼时，母亲谢氏口授《孝经》《大学》《中庸》等书为海瑞发蒙。在母亲的严格要求下，海瑞自幼饱读诗书经传。待海瑞年长，海瑞母亲遍访严师大儒，先后将海瑞送入琼山私塾和石湖书院上学。海瑞26岁时才从私塾转入琼山郡学读书。嘉靖二十八年（1549年），海瑞参加乡试中举。之后海瑞分别于嘉靖二十九年（1550年）和嘉靖三十三年（1554年）两次参加会试，但都名落孙山。于是，海瑞放弃了科举考试，接受了朝廷的指派，去福建延平府南平县当教谕。之后海瑞历任浙江严州府淳安县知县、江西赣州府兴国县知县、户部主事、兵部主事、尚宝司司丞、大理寺右侍丞、大理寺左侍丞、两京通政司右通政、都察院右佥都御史、南京吏部右侍郎、南京都察院右都御史。万历十五年（1587年），海瑞病逝，享年73岁，得谥号"忠介"，被追赠为"太子少保"。海瑞自号"海刚锋"，一生清廉刚正、铁面无私，时人称赞其为"海青天""南包公"。后世之人将海瑞与丘濬并称"海南双璧"，与丘濬、邢宥三人并称"海南三贤""一鼎三足"，与丘濬、许子伟三人并称"一里三贤"，与丘濬、廖纪三人合称"南海三星"，与丘濬、钟芳三人合称"琼州三星"，与丘濬、王佐、张岳崧四人并称"海南四大才子"。

一、生平求学与为官要事

　　正德九年（1514年），海瑞出生于琼山府城下田村（今海口市琼山区府城镇金花村）。

[①]　作者注：生卒年有争议，本文以吴晗先生的观点为准。

嘉靖五年（1526 年），海瑞进入琼山私塾读书。

嘉靖十五年（1536 年），海瑞进入石湖书院学习，拜入郑廷鹄门下。郑廷鹄（1505—1563 年），字元侍，号篁溪，明代琼州府琼山县（今海南省海口市琼山区）人。早年在海贞范门下求学，后娶得先生爱女海氏大安人（海瑞的姑姑）为妻。郑廷鹄是进士出身，致仕归乡后在海南创办了石湖书院，教书传道。郑廷鹄对丘濬的著作深有研究，身为海瑞的启蒙老师，对海瑞的思想有较大的影响。

嘉靖十九年（1540 年），26 岁的海瑞进入琼山郡学读书。郡学同学因海瑞的博学而将其当作师长看待，敬称其为"道学先生"。

嘉靖二十八年（1549 年），35 岁的海瑞参加乡试中举。乡试中撰写的一篇时务策文《治黎策》被传诵一时。

嘉靖二十九年（1550 年），海瑞参加会试落榜，其撰写的《平黎策》没有得到朝廷的重视。

嘉靖三十二年（1553 年），海瑞再次参加会试，仍旧未能荣登甲榜。

嘉靖三十三年（1554 年），海瑞接受朝廷派遣赴福建延平府南平县担任教谕。任职期间，海瑞致力于整顿学风，并拒绝在明伦堂向上官下跪以维护师道尊严。其举措引起了不小的争议，却也获得了一些上级官员的认可。

嘉靖三十七年（1558 年），海瑞升任浙江严州府淳安县知县（正七品）。海瑞在任期间推行廉洁政治、不逢迎上级官员，得罪了严嵩的党羽鄢懋卿。

嘉靖四十年（1561 年），海瑞原定升任浙江嘉兴府的通判（正六品），因鄢懋卿的党羽从中作梗而未得升职。后因鄢懋卿被罢免，海瑞才得以在嘉靖四十一年（1562 年）改任江西赣州府兴国县知县（正七品）。

嘉靖四十三年（1564 年），海瑞被调入京城担任户部主事（正六品）。次年十月，海瑞携带棺材冒死直谏，向明世宗朱厚熜呈上了震惊朝野的《治安疏》，又称《直言天下第一事疏》。这篇疏文最终导致海瑞身陷囹圄，却也使得这位"海刚峰"成为"一代直谏名臣"而扬名朝野并留名青史。而且，幸运的是，海瑞入狱不久后世宗皇帝就驾崩了。明穆宗朱载垕（坖）即位后，海瑞得以出狱复官，仍任户部主事。

隆庆元年（1567年），海瑞被平级调入专管皇帝玉玺的尚宝司担任司丞（正六品），其间海瑞呈上《乞终养疏》请求致仕回乡照顾老母，未获恩准。其间海瑞陷入了徐阶和高拱的派系斗争之中，向皇帝上了一道斥责高拱、支持徐阶的《乞治党邪言官疏》，后来了解到实情的海瑞为自己冤枉高拱而深感懊悔。

同年，海瑞升任大理寺右侍丞（正五品），后又改任大理寺左侍丞（正五品）。该年年底，海瑞升任南京通政司右通政（正四品）。

隆庆三年（1569年），海瑞改任北京通政司右通政（正四品）。

同年，海瑞升任都察院右佥都御史（正四品），总督粮储、提督军务、巡抚应天十府。海瑞在任上清廉简政、锐意兴革，在惩恶除霸、兴修水利上政绩卓越，深受百姓爱戴，但也受到豪绅权贵的嫉恨而被不断弹劾。海瑞上呈《被论自陈不职疏》和《告养病疏》激烈驳斥弹劾之人，猛烈抨击豪绅权贵、腐败臣子。后来高拱再次上台，海瑞被处以"回乡候调"，而被迫离职。

隆庆四年（1570年），海瑞离任归乡，候调长达16年。

万历十三年（1585年），明神宗朱翊钧下诏海瑞复官担任南京都察院右佥都御史（正四品）。海瑞尚未到任，明神宗朱翊钧又下诏海瑞改任南京吏部右侍郎（正三品）。海瑞可谓老骥伏枥，在垂暮之年复官，在任上仍旧清正廉明，政绩卓越。

万历十四年（1586年），海瑞升任南京都察院右都御史（从二品）。在任期间，海瑞不满官场腐败乱象，于是向皇帝上奏，希望通过采取严酷的刑法来杜绝吏治的腐败。因此得罪了众多权贵而遭到弹劾。由于贪官庸吏玩弄权力，万历皇帝又日渐昏庸，年迈的海瑞感到心灰意冷，于是多次向皇帝上疏乞请回乡颐养天年，但都未获得恩准。

万历十五年（1587年），海瑞病故于南京官邸，享年73岁。万历皇帝赐予海瑞谥号"忠介"，追赠其为"太子少保"（正二品）。此外，皇帝颁下《御制祭葬文》赞誉海瑞为"直言敢谏之忠臣"，并命海瑞学生许子伟（琼山人）护送海瑞灵柩归琼安葬，命广东布政司分守海北兼管海南道左参政徐立奎按谕祭葬的规格安葬海瑞。同时，皇帝还颁旨允许海瑞入祭北京祀坛，允许各地给海瑞建专祠供奉。

相比于丘濬、钟芳二人高中进士后即被选入翰林院任庶吉士的高起点，海瑞进士落第后担任教谕的仕途起点显然是很低的。而且海瑞出仕时年龄也相对较大，已是不惑之年。但是海瑞为官十数年所获得的名气却并不比二人小。这主要是得益于海瑞刚直清廉、敢于谏言的性格，得益于海瑞不畏权贵、一心为民的为官原则。海瑞为官所到之处，豪绅权贵皆有所忌惮怨恨，黎民百姓却都爱戴拥护。即便海瑞写奏疏刚毅激昂地"骂"明世宗，明世宗龙颜大怒却也囿于其忠直上谏的形象没有当即处死海瑞，不过却在日后将其逮捕入狱以示惩戒。所以明神宗在海瑞迟暮之年下诏命其回南京复官，并不是看中海瑞的治理能力，而是看中海瑞"廉洁清正、不畏权贵"的名声。这种名声使得海瑞在朝野上下具备强大的震慑力，在百姓心中具有正面的影响力。通过对直谏忠臣的包容与重用，明神宗可以彰显自己"明君"的形象，并博得百姓的爱戴。海瑞清正廉明、刚正不阿的"青天"形象已经化作了清官文化一个文化符号，后世之人以其典型形象创作了诸多谏臣、清官文化题材的作品。可见，海瑞尽管在入仕起点上不如他的两位同乡前辈丘濬和钟芳，但在身前身后的名气上，海瑞却高于二人而享誉全国。不过，海瑞尽管在名气上更胜一筹，但在儒家思想的成就上却不如丘濬和钟芳二人。

二、海瑞的主要著作及其思想

海瑞是政治实干型的官员，尽管有很多的著作，但大多是时务性的策文和呈给皇上的奏疏，如《治黎策》《平黎策》《治安疏》等，还有部分记录出游的诗、记和与友人往来的书信等。海瑞在理学思想上的相关著述并不多，从《严师教戒》《训诸子说》《教约》《先进于礼乐章》等讲义中可以略微了解海瑞的儒学思想理念。但海瑞的理学思想则集中体现于海瑞写的《朱陆》及《学问之道无他，求其放心而已矣》等文章中。

海瑞早年在郡学中接受的是正统的程朱理学教育，在其初任福建南平县教谕时，他用的也是朱熹编写的《四书章句集注》，向学生传授的也是正统的程朱理学。海瑞在担任教谕时是推崇朱熹的为学之道和循序渐进的为学次第的。海瑞还强调"学以知为先。读书所以致知也"①。此观点不仅是受朱熹的影响，也是受其同乡先贤丘濬的影响。海瑞在郡学读书时非常崇拜丘濬，他跟丘濬的曾孙丘郊有很深的交情。海瑞熟读丘濬的著作，所以海瑞对丘濬"下学而上达""为学须循序渐进""格物之要在读书"的思想深为认同也在情理之中的。而且海瑞在担任教谕时，又得从事官学教育。此时的官学就是程朱理学。所以，海瑞在早期也是程朱理学的卫道士。但是从海瑞最主要的理学文章《朱陆》的总体思想来看，海瑞的思想取向在之后发生了重大的变化，呈现出由程朱理学向心学转型的趋势。

《朱陆》开篇即言"朱陆之论定久矣，何自而辨之？辨之以吾心而已"②。正如海瑞所言，朱熹和陆九渊的争论分别是由来已久且思想界已有公论的命题，那海瑞为什么还要特意撰文再"辨"一下？海瑞自答"辨之以吾心而已"。这有两层含义：一则说明海瑞通过自我体认，对这个问题的看法与之前有所不同了，所以就需要撰文"辨"一下。二则说明海瑞认为朱陆之别就在于是否求之于"心"。

在《朱陆》这篇文章中，海瑞一反之前任教谕时告诫诸学子的"学问在格物、在读书、在循序渐进"的观点，转而求之于"心"。海瑞尤其推崇孟子"求放心"之说，认为"未有舍去本心，别求之外，而曰圣人之道者"③，圣人之道需求之于"本心"。海瑞专门撰写了一篇文章《学问之道无他，求其放心而已矣》来强调"学问"与"人心"的"合一之道"。海瑞认为：

> 学也者，学吾之心也。先圣人得心所同然于古，是以有古
> 之学。学非外也。问也者，问吾之心也。贤人君子得心所同然于

---

① 海瑞著，李锦全、陈宪猷点校：《海瑞集·教约》，海口，海南出版社，2006 年，第263 页。

② 海瑞著，李锦全、陈宪猷点校：《海瑞集·朱陆》，海口，海南出版社，2006 年，第713 页。

③ 海瑞著，李锦全、陈宪猷点校：《海瑞集·朱陆》，海口，海南出版社，2006 年，第713 页。

今，是以有今之问。问非外也。[①]

学者为学就是"学"自足的这颗"本心"，"问"也是向内在本心追问的功夫，而非向外寻求的功夫。如此，莫非海瑞已经放弃了读书的学问？海瑞继而论述道："学问之功为求放心而设。……曰：圣人也，无事于学乎？曰：下焉者就学复其初，上焉者涵泳从容、得养于正。"[②] 由此得知，海瑞并不认为可以舍弃读书做学问，而是依据孔子"生而知之"和"学而知之"的区分，认为天资低下者则需要通过读书等向外求的学问积淀来"复其初"，即通达本心；天资高上者如圣人，则无须假借于"学"，而只需要涵养本心。

"学问"只是"求放心"的工具而已。可见，海瑞的思想已经完全转向了心学。所以海瑞在《朱陆》篇中直接驳斥了朱熹读书、格物致知的功夫。

海瑞对于朱熹要博览天下群书、格尽天下事物是持怀疑态度的。他指出，朱熹批判韩愈只说"诚正"，不讲"格致"，做的是无头学问。海瑞则又把矛头指向朱熹，认为朱熹将"格物""致知"作为《大学》的"头一事"，却只是做得"《大学》先之之功"，即只开了头而没有续好后。海瑞认为朱熹这是"无得于心"，也就受到了限制而无法真正"致知"。此为海瑞就《大学》八条目所言，意在强调"诚意""正心"的功夫。所以海瑞直白地批判朱熹道："朱子只要人读书讲说、研究于外，予不知朱子之所谓矣。"[③]

在对朱子读书格物、向外求道做出直白的批判后，海瑞又进一步犀利地抨击朱熹，说朱熹妄指陆九渊为禅学。其实是他自己只知道训诂，不懂得求"心"。海瑞道：

---

① 海瑞著，李锦全、陈宪猷点校：《海瑞集·学问之道无他，求其放心而已矣》，海口，海南出版社，2006年，第761页。

② 海瑞著，李锦全、陈宪猷点校：《海瑞集·学问之道无他，求其放心而已矣》，海口，海南出版社，2006年，第761-762页。

③ 海瑞著，李锦全、陈宪猷点校：《海瑞集·朱陆》，海口，海南出版社，2006年，第714页。

儒者寂守其心，中涵事物，有天下国家之用。禅宗废弃百
应，徒为空虚寂灭之养。朱子指陆为禅，然则将不讲其心，就外
为天下国家之用。呻吟其占毕，而曰某章某句如此，某章某句如
彼，然后为能学欤？……朱子则《楚辞》、《阴符》、《参同契》，
皆其年年月月训诂之册。不知此一训诂，何日而已也。末年之
悔，谓"令此心全体都奔在册子上"，若有得矣。而先入之深，
读书为主，而待其余，未见其真能脱去旧习，收功一原也。危疾
一日前，犹解《诚意》章，在溺于诵说，没身不复。[①]

海瑞认为儒家和禅宗的区别在于是否有颗"活心"，儒家讲求诚敬涵
养此"心"，禅宗则追求空虚寂灭，连这颗"本心"都不要了。所以，海
瑞指出朱熹"指陆为禅"显然是对陆九渊的污蔑，因为陆九渊主要是讲要
涵养此心、求其放心。至于朱熹常讲的读书格物，海瑞认为他是拘泥于章
句训诂而不知为学的真谛。而且，海瑞还认为朱熹在晚年对这种训诂的方
式有所懊悔。朱熹认为其一辈子都误将此心放在册子上了，而不知道反
观自我。海瑞的这种看法应该主要是受到王守仁心学的影响。王守仁在
其理学名著《传习录》中，专门附录了一篇《朱子晚年定论》，摘录了不
少朱熹答吕子约的言辞。其中就有海瑞所指的这一句："孟子言'学问之
道，惟在求其放心'，而程子亦言'心要在腔子里'。今一向耽着文字，令
此心全体都奔在册子上，更不知有己；便是个无知觉不识痛痒之人，虽读
得书，亦何益于吾事邪？"由此，海瑞认为朱熹晚年曾懊悔没有好好涵养
"此心"，但海瑞也指出朱熹的这种懊悔不过是一念闪过，其终究没有改掉
"旧习"。

接着，海瑞进一步对朱熹诠释圣人经典的误端做出了批判：

朱子平生误在认格物为入门，而不知《大学》之道，"诚"、
"正"乃其实地，以故一意解书……阳明致良知，其释经不取朱
子之说者，多说在心性上。朱子释经全说在多学而识上。阳明鹘
突其说诚有之，然犹不失为本原之养也。犹第一义也。朱子则落

---

① 海瑞著，李锦全、陈宪猷点校：《海瑞集·朱陆》，海口，海南出版社，2006 年，第
715 页。

而下之，离而去之矣。道问学之功，为其尊德性而设，正与孟子学问求放心同义。①

在海瑞看来，朱熹误在以"格物"为入门，而不知"诚意""正心"才是《大学》之道的根本，于是一味地为解书而解书。其诠释圣贤经典时不知道从心性上去体认，而只是一味地强调要多学强记，以致离本心越来越远。而且朱熹误在不知道"道问学"只不过是达成"尊德性"的一个手段，却误将"道问学"当作目的，颠倒了"道问学"与"尊德性"的关系。海瑞认为，王守仁在这点上尽管也有些许模糊，但大体是能得其要旨的。文末，海瑞引用了王守仁批判朱熹的一段话，即"今之尊信晦翁，无异于战国之尊信杨、墨也"②，海瑞对于此段话的态度是"无可辩驳"。由此可见海瑞对朱熹的批判和对王守仁的推崇。

海瑞思想呈现出由程朱理学向阳明心学的转变并不意味着他的思想有内在矛盾，其思想转变正是明代理学思想发展变化的缩影。海瑞与丘濬、钟芳一样都是处在程朱理学日渐式微、白沙心学或阳明心学逐渐兴起的转型时期。不同的是，丘濬与钟芳所处的年代，心学只是初兴而日渐蓬勃，心学的影响力还不足以在根本上撼动程朱理学的地位，所以从小接受正统程朱理学教育的丘濬与钟芳最终还是成了程朱理学的卫道士。然而海瑞所处的年代，却是阳明心学已经大为兴盛的时期，"非朱熹而从阳明者"越来越多，海瑞身处阳明心学的洪流中也难免深受其影响。而且，从海瑞清廉刚正、不阿权贵的性格来看，海瑞若要保持这种"苏世独立，横而不流"的品格，必定需要有一个强大而无可撼动的内心作为支撑。所以，海瑞较之他人，更容易受到这种"放心先立乎其大"的思想和反求诸己、直指本心的修养工夫的影响。

丘濬、钟芳、海瑞三人的理学思想折射出了明代程朱理学逐渐式微、心学日渐兴起并走向强盛的思想轨迹。程朱理学的式微和流弊的突显，在

---

① 海瑞著，李锦全、陈宪猷点校：《海瑞集·朱陆》，海口，海南出版社，2006年，第716页。

② 海瑞著，李锦全、陈宪猷点校：《海瑞集·朱陆》，海口，海南出版社，2006年，第718页。

丘濬、钟芳、海瑞等人的年代变迁中日益加剧，心学的发展则在丘濬、钟芳、海瑞所处的不同年代依次呈现出初兴、小有影响、大兴的态势。明代海南学者丘濬、钟芳、海瑞的理学思想作为明代海南文化的重要组成部分，其发展的轨迹体现了琼学的发展变化，也折射出了整个明代理学思想的发展轨迹。

第六节　明代"三朝硕士"王弘诲

王弘诲（1542—1616 年），字绍传，世称忠铭先生，晚年号"天池老人"，明代琼州府定安县龙梅村（今海南省定安县龙梅乡）人。王弘诲历经嘉靖、隆庆、万历三朝，主要活跃于万历年间。王弘诲自幼聪颖，3 岁识字；4 岁握笔学写；5 岁即入私塾读书；8 岁参加县试成绩可嘉；11 岁参加院试获秀才身份而得以入定安县学读书；19 岁参加乡试高中解元；22 岁参加会试、殿试，得赐"同进士出身"，之后被选入翰林院任庶吉士。此后王弘诲历任翰林院检讨、翰林院编修国子监司业、南京右春坊右谕德、国子监祭酒、南京吏部左侍郎、礼部右侍郎、礼部左侍郎、吏部左侍郎、南京礼部尚书。万历四十五年（1617 年），王弘诲病故，享年 76 岁，被朝廷追赠太子少保。明神宗赞誉其为"三朝硕士，一代伟人"。

一、生平求学与为官要事

嘉靖二十年（1541 年），王弘诲出生于琼州府定安县龙梅村（今海南省定安县龙梅乡）。

嘉靖二十一年（1542 年），王弘诲周岁抓周抓了书本。

嘉靖二十四年（1545 年），3 岁的王弘诲开始认字。4 岁时开始学写字。

嘉靖二十六年（1547 年），王弘诲 5 岁时入私塾，能写日常用字。

嘉靖二十七年（1548 年），王弘诲 6 岁时已熟记《千家诗》。

嘉靖二十九年（1550年），王弘诲8岁时参加县试，县令对其深为赞许，但因担忧他年少成名反倒不可长久，于是叮嘱其父亲不可令其过早科考，而要潜心求学。

嘉靖三十一年（1552年），10岁的王弘诲参加府试，名列前茅，获得童生资格。

嘉靖三十二年（1553年），11岁的王弘诲赴广东雷州参加院试，成绩优秀而得以成为秀才，有了进入官学读书的资格。主持院试的学正李逊对王弘诲深为赞赏，他称赞道："夫南溟奇甸，后文庄百余年，而有子哉！"①

嘉靖三十三年（1554年），王弘诲入定安县学读书。

嘉靖三十四年（1555年），王弘诲转入琼州府学读书。

嘉靖四十年（1561年），20岁的王弘诲赴广州参加乡试，高中解元。在明代海南的科考历史上也就丘濬和王弘诲二人获此殊荣。乡试中举后，王弘诲进京参加会试，途经金陵时巧遇父亲王允升。王允升被选为贡生进京参加廷试，归来途中一病不起，生命垂危。王弘诲细心照料，王允升仍不见好转，最终客死异乡。王弘诲谨遵父亲遗愿只身一人千里护棺回乡安葬，其中艰难可想而知。回琼后，王弘诲又为父亲守孝三年。

嘉靖四十四年（1565年），服孝期满的王弘诲在京城参加会试名列第二十，殿试成绩则有所落后，只名列三甲第八十九名，被赐予"同进士出身"。不过，王弘诲却在翰林院择选优秀进士的考试中表现优秀，得以入选成为翰林院庶吉士。

隆庆四年（1570年），王弘诲被授予翰林院检讨（从七品），参与撰写《世宗实录》。

隆庆五年（1571年），王弘诲母亲寿终正寝，王弘诲回乡丁忧，守孝三年。

万历二年（1574年），王弘诲服丧期满，回京复职。张居正让其参与《穆宗实录》的收尾工作，《穆宗实录》修成后张居正让王弘诲继续参与编修《世宗实录》。

---

① 王弘诲著，王力平点校：《天池草·中宪大夫广东提刑按察司副使洪西李公墓志铭》，海口，海南出版社，2006年，第427页。

万历四年（1576年），王弘诲呈上《奏改海南兵备道兼提学道疏》，该疏次年获皇帝恩准。明代海南早期只设有兵备道，未设提学道，而主管海南童生院试的提学却驻扎在雷州。所以海南学子在本府州县只能参加县试和府试，院试要奔赴广东雷州。雷州与海南隔着一道琼州海峡，海浪汹涌、风暴难测，加之倭寇横行，很多学子在渡海过程中命丧深海。王弘诲深感海南学子科考艰难，于是向皇帝上疏，请求改海南兵备道为兵备道兼提学道，如此，海南学子即可在海南参加院试。王弘诲此举史称"奏考回琼"，它方便了海南学子科考，为海南教育和科举作出了积极的贡献。

万历五年（1577年），《世宗实录》修成，王弘诲擢升翰林院编修（从六品）。次年，王弘诲被安排管理文官诰敕，这是个为皇帝草拟圣旨，能时常见到皇帝的美差。

万历七年（1579年），王弘诲参与重修《大明会典》，同年晋升为国子监司业（正六品）。

万历十年（1582年），王弘诲升任南京右春坊右谕德兼翰林院署院事（从五品）。

万历十一年（1583年），王弘诲升任国子监祭酒（从四品）。

万历十二年（1584年），王弘诲升任南京吏部左侍郎（正三品），同年改任礼部右侍郎兼翰林院侍读学士。其间王弘诲被委任为《大明会典》副总裁，并充经筵讲官。

万历十四年（1586年），王弘诲改任礼部左侍郎（正三品）兼翰林院侍读学士。

万历十五年（1587年），《大明会典》编纂完成，王弘诲被加太子宾客（正三品），升俸一级，其祖宗三代都被皇帝赠封三品诰命。

万历十六年（1588年），王弘诲改任吏部左侍郎（正三品）兼掌詹事府教习庶吉士。

万历十七年（1589年），王弘诲担任会试副主考、殿试试读卷官。同年升任南京礼部尚书（正二品）。此后，王弘诲多次向皇帝上疏谏言，有海瑞"直谏"之风，然其谏言皆不获采纳，于是向皇帝上疏乞求致仕归乡，但未获恩准。

万历二十年（1592年），王弘诲任南京礼部尚书三年考满，第二次上疏乞求致仕未获恩准，但皇帝加封王弘诲三代二品诰命，并恩准其回乡探亲。王弘诲途经广东韶州时结识了意大利传教士利玛窦，此后王弘诲与利玛窦常有往来，并将其引荐给万历皇帝。

万历二十二年（1594年），王弘诲在家乡定安兴建的尚友书院落成，同乡后学许子伟为其作《尚友书院记》。

万历二十三年（1595年）年末，王弘诲探亲期满，回南京复职。其间王弘诲还赴京参与主持会试，重编《国朝名臣录》并为之作序。此后王弘诲多次乞求致仕，未获恩准，直到第十九次乞请，才获准归乡。此后长居家乡定安。

万历四十三年（1615年），王弘诲病故，享年七十三岁。朝廷追赠其为太子少保（正二品）。

王弘诲少年成名，乡试第一，中进士后被选为翰林院庶吉士，从此参与修撰国史而一路晋升最终官至正二品南京礼部尚书，任职期间也多次主持会试。王弘诲的以上种种，和同乡前辈丘濬有太多相似。除了出仕比丘濬早、最终官位品级却稍低于丘濬之外，王弘诲的人生轨迹与丘濬大体相同。而且王弘诲与丘濬一样抱有"以文字治天下"的夙愿，二人都是呕心沥血地编史却不满足于做"蠹书虫"而"生死陈编中"，希望可以在实政中有所作为。王弘诲简直可以被称为"丘濬第二"。然而，奇怪的是王弘诲在海南历史上的名气却远不如丘濬。后世之人的各种名誉称赞（如"南海三星""海南四大才子"等）中，都未见王弘诲的名字。其中原因，值得深究。

二、王弘诲的主要著作及其贡献

王弘诲一生手不释卷、笔耕不辍。任职翰林院期间，王弘诲参与编写了《世宗实录》《穆宗实录》，主持重修了《大明会典》。个人著作主要有《天池草》《南溟奇甸》《尚友堂集》《来鹤轩集》《吴越游记》《居乡约言》《文字谈苑》等，但流传至今的只有《天池草》和《南溟奇甸》。王弘诲尽管有诸多著作，但令他留名青史的却不是他的著作，而是他所作的贡献。其贡献中最为闪光的有两点：一是对海南教育的贡献，二是对中西文化交流的贡献。

（一）海南教育事业的热心者

王弘诲对于明代海南的教育事业有诸多贡献，其中最为突出的是他在万历四年上奏《请改海南兵备道兼提学道疏》获得皇帝恩准，这方便了参加院试的海南学子，有效地提升了海南学子对科举的热情，促进了明代海南科举事业的发展[①]。

其次则是创办书院。宋朝朱熹、陆九渊等理学家引领了书院讲学的风尚，一时全国各地争相创办书院。明朝初期，因为朝廷规定"非科举不得为官"且"科举必出自学校"，所以书院的发展有所沉寂。但由于科举制度弊端日益凸显，官学日益腐败，书院办学在成化年间又逐渐兴盛起来，并在正德、嘉靖年间蔚然成风。然而到了嘉靖后期至万历初期，当朝者为了控制思想，大肆摧毁书院、禁止自由讲学。尤其是张居正当权期间，为了遏制学者以讲学为由抨击时政，他严令禁止创建书院和聚众讲学，并且拆毁了许多早年建成的书院。王弘诲对张居正禁毁书院的举措是极为不满的，因为王弘诲比较推崇朱熹的书院讲学方式。在其《尚友堂会约言》中，他表达了对书院讲学的推崇：

> 隆古之世，道德粹白，风俗淳美。士有操行而无议论。学绝道丧，百家之言烦兴，遂致纷纷藉藉，不可胜究。司世教者忧之，于是始倡为白鹿、鹅湖、石鼓书院之会，相与翕聚精神，讲求圣门一段真正学脉，然后洙泗以来不绝如线之绪，赖以不坠。明兴，江门、余姚相继崛起，揭主静、良知宗旨，振起聋聩。一时从学之士，如寐方醒，羽翼昭明之初，于是为大。今海内士大夫辟堂讲学，所在而有，乃真儒之效，若不少概见，何哉？岂斯文之兴，实关气运，时尚有所待耶？[②]

王弘诲认为自礼崩乐坏、百家之言兴起，各种学说争论纷纷、莫衷一是。朱熹、陆九渊等有识之士对此深感担忧，于是相继创办书院，聚众

---

① 作者注：关于王弘诲《奏考回琼》的详情及对这一事件的评价，此前已有详细论述，此处从略。

② 王弘诲著，王力平点校：《天池草·尚友堂会约言》，海口，海南出版社，2006年，第337-338页。

讲学、谈经论道，圣人之学才得以延续。明代陈献章、王守仁延用聚众讲学的方式使得心学思想得到广泛传播。当今士大夫创办书院、聚众讲学是"真儒"之道。所以，王弘诲认为创办书院、讲学论道是极为迫切的一件事。

万历二十七年（公元 1599 年），王弘诲致仕归乡后，开始亲自在尚友书院教书授业。王弘诲在书院讲学不倦，从早晨到傍晚、从春天到冬天不曾停歇。其讲学不漫谈自己的所闻所见，而是结合个人所感来读经论道、修养德行，引导学生体认圣人之道。其"教之成，至于化俗赓绎，周洽垂久，而遗范绪训，犹足以启后人，而使之觉悟而感奋。[①]"王弘诲在增进定安文风，培育、启迪后学上作出了重大贡献。为了方便学子读书，王弘诲还在定安龙梅村修建了定安第一座古塔——龙门塔，他将毕生所藏的大量经史典籍和个人著作都存放在塔内藏经库中。从此，定安学风大为振兴。在这样良好学风的熏陶下，清代定安县孕育出了海南探花第一人——张岳崧。

王弘诲除了在定安创办尚友书院外，他还资助许子伟在文昌兴建了玉阳书院，资助修缮了定安学宫、澄迈天池书院等。同时，王弘诲晚年还来回奔波于这些书院之间讲学授课。对于学业有所精进的学子，王弘诲不吝赞誉，而且还给予他们物质奖励以示勉励。王弘诲在推动海南教育事业的发展上可谓鞠躬尽瘁，贡献不小。

王弘诲还聚集了若干琼州的文人雅士建立了一个名为"龙冈社"的团体，用以会友讲学。"龙冈"社名取《乾》卦六爻龙德之象，重在以《乾》卦九三爻辞"君子终日乾乾，夕惕若厉"来勉励社团成员要不断地进德修业。同时王弘诲以《乾》卦九四爻辞"或跃在渊"和九五爻辞"飞龙在天"作为期许，期盼该社将有所成就，能与朱熹的白鹿洞相比肩。因此，王弘诲参照《白鹿洞洞志》所载的白鹿洞洞规作为龙岗社的社规，即"学以立志为根源，以会友、辅仁为主意，以致知、格物为门路，以戒慎、恐惧为持循，以惩忿、窒欲、迁善、改过为检查，以稽古、穷经为征信，以

---

① 王弘诲著，王力平点校：《天池草·尚友书院记》，海口，海南出版社，2006 年，第 640 页。

尽性、至命为极则。^①"王弘诲对朱熹的思想较为推崇，对朱熹白鹿洞讲学的理念也极为认可。所以，王弘诲建立的龙冈社就按照此规定进行管理，每月定期举办文会，会有讲诵，有课业。王弘诲的"龙冈社"尽管并没有达到他自己所期许的"安知异时龙冈之非鹿洞"的程度，但在琼州地区还是小有名气，也是琼州文人所喜闻乐见的。

（二）利玛窦入京的牵线人

明朝一直实行闭关锁国的政策，这种"闭"不仅体现在政治、经济政策上，也体现在文化思想的设防上。西学在明代晚期逐渐进入中国人的视野，但由于朝廷严厉驱逐外国人、禁止外国人传教的政策，大多数中国人对西学极为排斥。王弘诲成为打破这个文化思想壁垒，开启中国士大夫认识西学文化之风的先导者。王弘诲被认为是明末清初西学东渐的引路人主要缘于其对利玛窦的赏识和引荐。

利玛窦于嘉靖三十一年（1552年）出生于意大利马塞拉塔，先后在耶稣会、罗马大学学习，师从著名的数学家开普勒和克拉维斯（伽利略的同事）。利玛窦精通神学、哲学、数学、天文学、物理学、地图学等。利玛窦有众多的标签，但其最主要的身份是传播基督教的神父。利玛窦于万历十七年（1589年）定居广东肇庆，并在此建立了中国大陆的第一个传教会所。后来利玛窦前往韶州传教。利玛窦在韶州的传教并不顺利，期间他多次遭到中国人的抵触和袭击。有一次教堂遭遇强盗抢劫，利玛窦等多名教堂神职人员受伤。官府表示一定要严加惩治，但利玛窦却没有状告仇家应有的愤怒态度，反而以基督教的博爱与宽容请求官府宽恕罪犯，从轻发落。结果这些被宽恕的罪犯却并不感激利玛窦，反而在获释当天要暴力驱赶利玛窦等传教士。造成这样的结果或许与明朝政府对外国人的严禁政策及中国人的心理抵御有关。

万历二十年（1592年），王弘诲担任南京礼部尚书三年考满，皇帝恩准其归乡探亲。王弘诲路经韶州时听闻了利玛窦的这些奇闻逸事，对其"以德报怨"的品德有所感触，遂而主动前往教堂拜访了利玛窦。交谈中，因为利玛窦神父对罪犯的宽仁，王弘诲深感基督教博爱、宽仁的教义与中

---

① 王弘诲著，王力平点校：《天池草·龙冈社会引》，海口，海南出版社，2006年，第318页。

国儒家思想中的仁义之道如出一辙，"这种宽仁使他相信，基督教教义是难以理解的尽善尽美，他对这一点赞不绝口。[①]"除此之外，更让王弘诲惊叹的是利玛窦在天文、历法、地理、数学等领域的造诣。王弘诲"跟他们差不多谈了一整天，而且他不仅十分大方地表示友谊，还赠送贵重礼品，最使他高兴的是对一些数学问题的解法……他答应在回北京时，将把利玛窦带到京城去校正中国历法中的错误。[②]"王弘诲一诺千金，在探亲期满回南京时，中途绕道南昌带上利玛窦神父。这让利玛窦能够避过明朝政府限制外国人入境和传教的盘查，经过一番波折最终得以立足南京传教。万历二十六年（1598 年），朝廷告知时任南京礼部尚书的王弘诲"必须在皇帝诞辰时间到达北京，作为南京六部的代表向皇帝祝贺。[③]"王弘诲此去北京就带上了利玛窦。他想借此机会将利玛窦引荐给皇帝。但由于当时正值日本大肆侵略朝鲜并扬言要侵占中国的时候，朝廷对外国人极为排斥，所以利玛窦无缘觐见皇帝，只得回到南京。在王弘诲的推崇和引荐下，利玛窦在南京的传教活动进行得比较顺利，而且利玛窦向中国人传播了很多西方先进的科学知识。同时，王弘诲也向利玛窦介绍中国文化，引导利玛窦阅读儒家和道家经典，并且借由利玛窦将中国文化传播至欧洲。例如，利玛窦翻译了《论语》和《道德经》，撰写了传播中华文化的《交友论》，这些著作都在西方得到了广泛的传播。利玛窦在南京逐渐有了一定的影响力，并结识了不少两京（南京、北京）的高级官员，其中就包括万历皇帝跟前的红人张诚大太监。正是在王弘诲和这些官宦的引荐和疏通下，利玛窦最终才能够在万历二十八年（1600 年）觐见万历皇帝，并被破格允许留居北京传教。

王弘诲无意中成为利玛窦入京的牵线人，他在促进西方先进科学思想

---

① ［意］利玛窦、［比］金尼阁著，何高济等译：《利玛窦中国札记》，北京，商务印书馆 / 中国旅游出版社，2017 年，第 289 页。

② ［意］利玛窦、［比］金尼阁著，何高济等译：《利玛窦中国札记》，北京，商务印书馆 / 中国旅游出版社，2017 年，第 288 页。

③ ［意］利玛窦、［比］金尼阁著，何高济等译：《利玛窦中国札记》，北京，商务印书馆 / 中国旅游出版社，2017 年，第 332 页。

的传入和中西文化的交流上发挥了重要的作用。不过，需要认清王弘诲所发挥的这种作用是间接的。部分学者将其当作近代思想启蒙先驱、严复之前传播西学第一人，却是过度夸赞了。从王弘诲个人的著作来看，其思想并没有受到西学的影响。王弘诲对西学的"引路"更多是一种"睁开眼睛看世界"的增长见识的心态，是认为基督教思想与儒家思想并不排斥的包容态度。但其仍保持着"明朝乃天朝上国"的高贵心态，他思想的主体仍旧是中国的儒家思想。他并没有"师夷文化"的强烈诉求。从王弘诲所展现的思想态度，我们恰好能看到明末西方思想逐渐传入，明朝士大夫从排斥到逐渐接受的过程。这也是推动近代思想萌芽的过程。

后 记

2012 年，我带着迷茫与憧憬首次踏上了海南岛，来到三亚学院工作。当时除了喜欢海南的自然风光之外，对于海南历史文化竟是一无所知。一次偶然的机会，我拜读了几位与海南相关的历史人物的诗作，第一次真切地感受到自然的风光与诗人的情怀联系得如此天衣无缝，诗人笔下的风景，竟然比眼前所见更具魅力，更令人神往。在这里，既有"珠崖风景水南村，山下人家林下门"的悠然，也有"天公见我流涎甚，遣向崖州吃荔枝"的豁达；既有"身骑箕尾归天上，气作山河壮本朝"的精忠，也有"一种清芬伴明月，莫言生处在南州"的进取。深受震撼的我，觉得自己应该为海南文化做点什么。我鼓足勇气，与时任三亚学院院长的陆丹教授共同提出"琼学"概念，力图开辟海南文化研究的新路径。

十年回首，心生愧疚。尽管一直耕耘于海南文化，其间或有小成，而对比于当时的立愿，仍然相去甚远。幸得师友同事，一直鼓励鞭策，令我无法弃笔息念，终成此书稿。

本书是我与同事们一起努力的集体结晶。全书由我做提纲、统稿并负责第一章写作之外，亦有海南卫生健康职业学院刘霞老师负责写作第四、五章共 15 万余字，三亚学院许永华老师负责写作第二章共 6 万余字，燕山大学文法学院周俊老师负责写作第三章 4 万余字。

本书是国家社科基金项目"文化交流视野中的琼学研究"结项书稿的部分内容，几经蹉跎，今能付梓，感谢三亚学院的支持及资助，感谢人民日报出版社寇诏老师等人的辛苦工作！

黄守红

2022 年 11 月写于三亚学院